罗定年鉴

LUODING NIANJIAN

2023

《罗定年鉴》编纂委员会 编

方志出版社
Publishing House of Local Records

图书在版编目（CIP）数据

罗定年鉴. 2023 / 《罗定年鉴》编纂委员会编.
北京 : 方志出版社, 2023.11
ISBN 978-7-5144-5900-5

Ⅰ. ①罗… Ⅱ. ①罗… Ⅲ. ①罗定－2023－年鉴
Ⅳ. ①Z526.54

中国国家版本馆 CIP 数据核字（2023）第 229943 号

责任编辑：李丝雨
责任校对：张玉霞
责任印制：梅中英
出 版 者：方志出版社
地　　址：北京市朝阳区潘家园东里 9 号（国家方志馆 4 层）
邮　　编：100021
网　　址：http://www.zgfzcb.cn
发　　行：方志出版社图书营销中心（010-67110500）
印　　刷：东莞市比比印刷有限公司
开　　本：889 毫米 ×1194 毫米　1/16
印　　张：24.75
字　　数：728 千字
版　　次：2023 年 11 月第 1 版
印　　次：2023 年 11 月第 1 次印刷
定　　价：198.00 元

编辑说明

一、《罗定年鉴》是罗定市贯彻国务院《地方志工作条例》、《广东省地方志工作条例》编纂出版的一部年度资料性文献，自2000年12月开始公开出版发行，一年一卷，以出版年号为卷次名称。《罗定年鉴》由中共罗定市委、罗定市人民政府主办，《罗定年鉴》编纂委员会编纂，具体事务由中共罗定市委党史地方志办公室负责。

二、《罗定年鉴》以马克思列宁主义、毛泽东思想、邓小平理论、“三个代表”重要思想、科学发展观、习近平新时代中国特色社会主义思想为指导，坚持辩证唯物主义和历史唯物主义的立场、观点和方法，客观载录罗定市自然、政治、经济、文化、社会等方面的基本情况，以积累资料、总结经验、指导工作，发挥“存史、资政、育人”作用。

三、《罗定年鉴（2023）》记述时限为2022年1月1日至12月31日。根据具体情况，个别事项适当上溯或下延。

四、《罗定年鉴（2023）》主要收集和记载2022年罗定市经济、社会发展与变化的基础地情资料，全面、系统、准确地反映罗定市经济和社会发展变化情况以及取得的成就。全书设概貌、大事记、年度关注、政治、经济、社会、生态环境、教育、科学、文化、传播媒体、卫生•健康、体育、镇（街）、人物•荣誉、附录等类目。

五、《罗定年鉴（2023）》采用分类编辑法。主体内容设类目、分目、次分目、条目4个结构层次，以条目为表现内容的基本形式。不同层次的标题，在字体、字号和版式设计上都有明显区别。全书条目的标题统一用黑体字加【】表示。部分包含多方面资料的条目，则按内容分段标目，分段标题用楷体字表示。

六、《罗定年鉴（2023）》中数字用法、标点符号用法分别采用国家标准《出版物上数字用法》（GB/T 15835—2011）、《标点符号用法》（GB/T 15834—2011），计量单位采用国家技术监督局1993年12月发布的《量和单位》系列国家标准。

七、《罗定年鉴（2023）》资料由各镇（街）、市直及上级驻罗定各单位专人撰写，并经供稿单位主要领导审定，年鉴编辑部负责编纂、排版、校正等。图片由供稿单位、摄影爱好者提供。为对史料负责，撰稿人在其撰写的条目后署名。

八、《罗定年鉴（2023）》中个别单位报送的统计数据口径不同，使用时以统计部门最终公布数据为准。

撰稿人名单（排名不分先后）

王　岩　王文彬　王明潮　王俞钧　王维娇　王斌森　区文海　区巧娴　文　莉　尹世友　尹继深　邓兴通　邓　祺　龙秋虹　龙雪惠　卢　君　卢衍伶　叶鸿锋　叶超才　宁江龙　伍丽珊　刘　演　刘文天　刘伟斌　刘灼荣　刘继成　刘镕源　江雪梅　麦雅芳　杜丽婷　杜浩斌　巫柔颖　李　鼎　李小玲　李东儒　李华龙　李志华　李经华　李荣开　李秋红　李莉玲　李莉莉　杨秀林　肖冬棉　吴兴勃　吴何芝　吴倚莹　吴海鸣　何正力　何瑞云　辛　玉　辛智平　沈进才　张　冰　张达鹏　张伟华　张秋美　张雅婷　张龄云　张锦波　张靖川　陈　宁　陈　茹　陈　鹏　陈力维　陈广鹏　陈飞华　陈戈文　陈远枝　陈志芳　陈志通　陈谷平　陈妙云　陈建岐　陈祝容　陈海婷　陈献秀　陈镇聪　范浩林　范家玮　林水兰　林灿荣　林金玉　林彦均　罗妙娟　周水芹　周德群　冼国柱　赵伟龙　胡　梅　钟荣浩　祝　莹　莫晓强　徐傲然　郭卓泽　唐福进　黄小珍　黄仔强　黄伟健　黄雨薇　黄卓婷　黄梅锋　黄琬雯　曹　艳　崔智浩　梁艺軒　梁文胜　梁业娇　梁汝发　梁志文　梁灼恒　梁昌明　梁炽锋　梁振宇　梁婉琳　彭庆文　程燕飞　焦珊硕　曾彩云　曾燕玲　谢　意　蓝　永　蓝　淳　蓝桂生　赖以婵　赖冬兰　赖国章　赖金铃　雷　婷　蔡伟桃　谭秀玲　谭冠泉　谭烜杰　谭梦婷　黎　泓　黎万和　黎志森　黎泽林　黎顺和　黎鸿雁　黎懿科

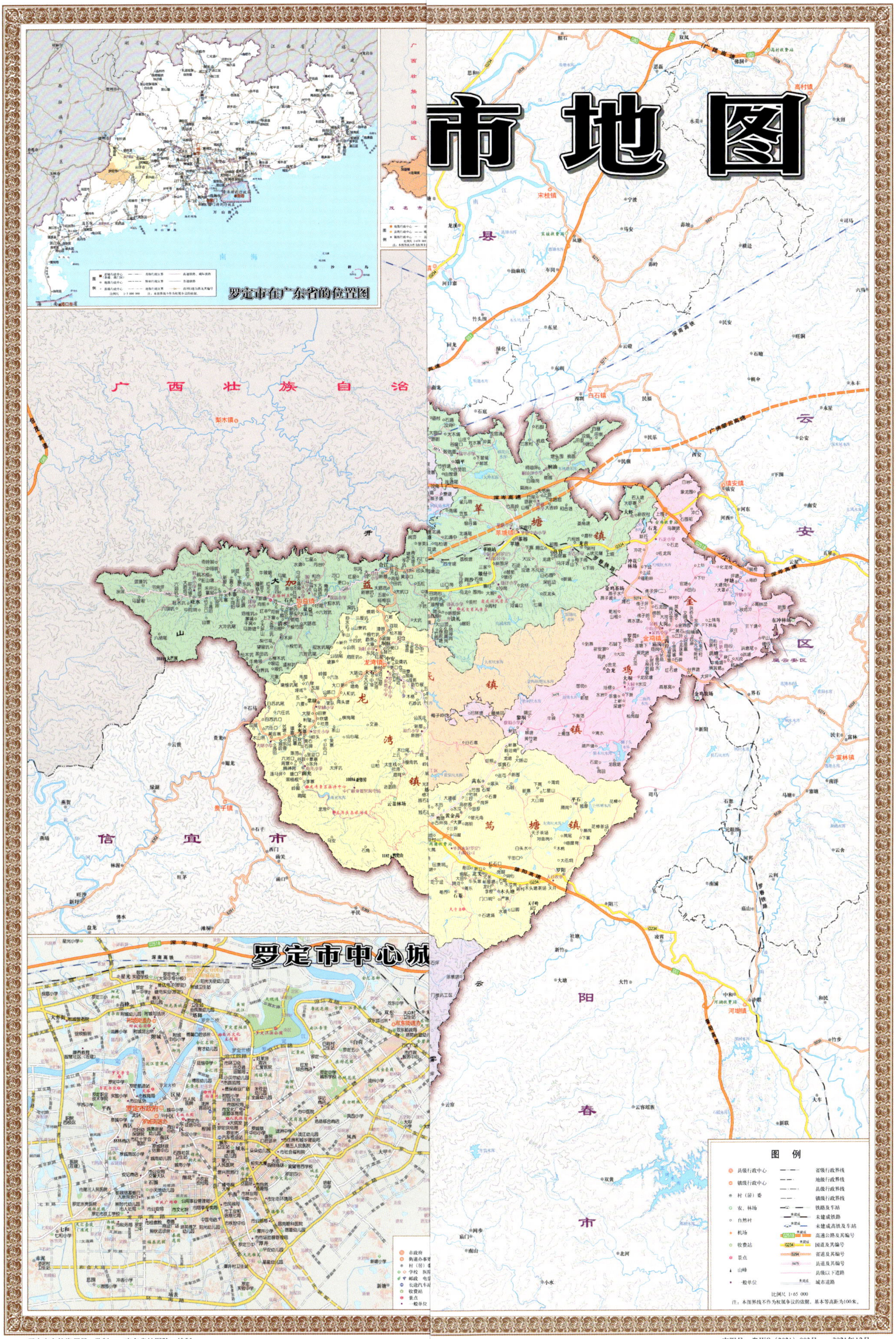

罗定市自然资源局 监制 广东省地图院 编制
审图号：粤WS（2021）003号 2021年12月

数字罗定 2022

- 土地面积 2334.70 平方千米
- 年末户籍总人口 1292344 人
- 地区生产总值 319.19 亿元
- 第一产业增加值 68.11 亿元
- 第二产业增加值 83.80 亿元
- 第三产业增加值 167.29 亿元
- 一、二、三产业比重 21.3 ∶ 26.3 ∶ 52.4
- 农林牧渔业总产值 104.51 亿元
- 规模以上工业增加值 32.44 亿元
- 金融机构本外币存款余额 454.11 亿元
- 金融机构本外币贷款余额 280.24 亿元
- 社会消费品零售总额 137.49 亿元
- 税收收入 14.94 亿元

- 地方一般公共预算收入 13.55 亿元
- 地方一般公共预算支出 69.95 亿元
- 实际利用外资 1.05 亿元
- 外贸出口总额 12.4 亿元
- 外贸进口总额 14.18 亿元
- 城镇常住居民人均可支配收入 32073 元
- 农村常住居民人均可支配收入 20197 元
- 粮食种植播种面积 3.95 万公顷
- 粮食总产量 26.06 万吨
- 商品房销售面积 53.47 万平方米
- 商品房销售金额 28.99 亿元
- 全社会用电量累计 187085.05 万千瓦时

图片专辑

01 大事要闻

▲ 2022 年 1 月 21 日，中国共产党罗定市第十四届委员会第二次全体会议在罗城召开

（罗定市融媒体中心／供图）

▲ 2022 年 3 月 10—11 日，罗定市第十七届人民代表大会第二次会议在罗城召开。图为 3 月 11 日会议现场

（罗定市融媒体中心 / 供图）

▲ 2022 年 3 月 9—11 日，中国人民政治协商会议第十一届罗定市委员会第二次会议在罗城召开。图为 3 月 10 日会议现场

（罗定市融媒体中心 / 供图）

▲ 2022 年 1 月 7 日，罗定市举行农村电商培训和创业就业基地开班仪式暨罗定市天溪冷链物流产地仓一期项目启动仪式 （罗定市融媒体中心／供图）

▲ 2022 年 1 月 10 日，罗定市公安局开展警察节庆祝活动 （罗定市融媒体中心／供图）

▲ 2022 年 1 月 24 日，罗定市收听收看云浮市党史学习教育总结会议并召开罗定市党史学习教育总结会议

（罗定市融媒体中心／供图）

▲ 2022 年 1 月 25 日，罗定市召开 2021 年度党委（党组）书记抓基层党建工作述职评议会

（罗定市融媒体中心／供图）

▲ 2022 年 3 月 21 日，“我的家庭我守护　不让毒品进我家”2022 年云浮市禁毒宣教活动启动仪式在罗定市素龙街道凤塘村文化广场举行（罗定市融媒体中心 / 供图）

▲ 2022 年 4 月 14 日，罗镜镇在十九路军抗日爱国广场举行纪念蔡廷锴将军 130 周年诞辰系列活动（叶　龙 / 摄）

▲ 2022 年 6 月 1 日，罗定市开展“喜迎二十大　争做好队员”主题活动　（罗定市融媒体中心／供图）

▲ 2022 年 6 月 27 日，罗定市举行 2022 年“广东扶贫济困日”活动启动暨广州豪进集团有限公司向罗定捐赠公务用车仪式

（罗定市融媒体中心／供图）

▲ 2022 年 7 月 11 日，第二届全国象棋冠军元老赛在罗定开幕　　（罗定市融媒体中心／供图）

▲ 2022 年 8 月 19 日，2022 年南国书香节（罗定分会场）在罗定市新华书店开幕　（罗定市融媒体中心／供图）

▲ 2022 年 8 月 30 日，国家心理健康和精神卫生防治中心调研组到云浮市（罗定）第三人民医院开展心理健康和精神卫生调研工作

［云浮市（罗定）第三人民医院 / 供图］

▲ 2022 年 9 月 23 日，主题为“庆丰收 迎盛会”的罗定市庆祝 2022 年中国农民丰收节活动在罗平镇双莲村举办

（罗定市融媒体中心 / 供图）

▲ 2022 年 9 月 27 日，罗定市举行庆祝中华人民共和国成立 73 周年和云浮市建市 28 周年升国旗仪式

（罗定市融媒体中心 / 供图）

▲ 2022 年 9 月 30 日，罗定市 2022 年烈士纪念日公祭活动在烈士陵园举行 （罗定市融媒体中心 / 供图）

03 创文创卫

▲ 2022 年 7 月 8 日，罗定市召开 2022 年创建广东省县级文明城市工作会议　（罗定市融媒体中心 / 供图）

◀ 2022 年，罗定市道安办组织多警种多部门到双东街道开展摩电统一整治行动

（罗　正 / 摄）

▲ 2022 年，罗定市文塔半岛地区城市更新项目（一期）完成，正式向市民开放　　（罗　正／摄）

▲ 2022 年 3 月 4 日，罗定市举办“喜迎二十大　志愿建功行”2022 年学雷锋全民志愿服务行动月启动仪式（罗定市创文办／供图）

◀ 2022 年 3 月 8 日，罗定市举行系列新时代文明实践活动，图为“魅力女性 快乐巾帼”油纸伞志愿服务活动现场

（罗定市创文办／供图）

◀ 2022 年 3 月 25 日，罗定市新时代文明实践中心在素龙街道凤塘村开展志愿服务送教下乡走进乡村复兴少年宫活动（罗定市创文办／供图）

▲ 2022 年 5 月 26 日，罗定市在罗城街道南区小学开展“科技创造 超越梦想”2022 年科技周活动

（罗定市创文办／供图）

◀ 2022 年 6 月，罗定市开展创建广东省县级文明城市活动。图为志愿者们进行道路平整工作
（素龙街道办 / 供图）

▲ 2022 年 8 月 14 日，罗定市新时代文明实践中心主办的“八段锦进社区　科学健康强体魄”医疗健身志愿服务活动走进附城街道
（罗定市创文办 / 供图）

▲ 2022 年 9 月 6 日，双东街道新时代文明实践所在双东街道龙凤村新时代文明实践站开展“学习村规民约　争做文明村民”移风易俗主题宣传活动（罗定市创文办／供图）

▲ 2022 年 12 月 29 日，罗定市人民广场正式落成开放（罗　正／摄）

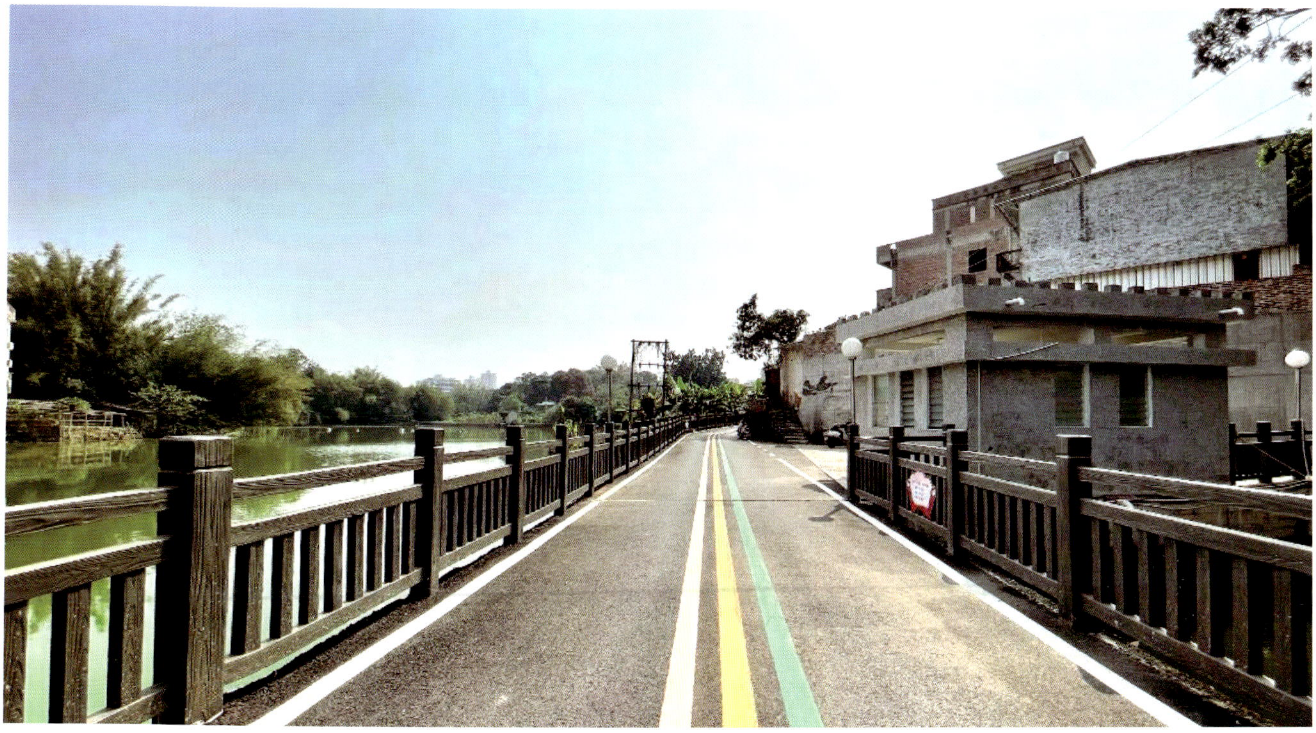

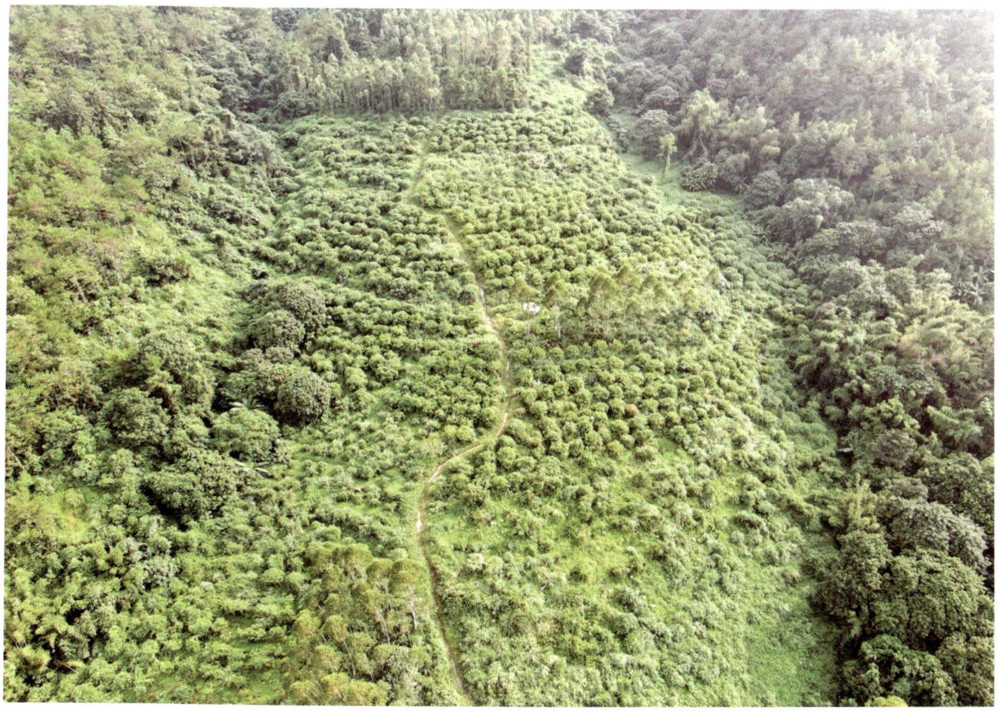

04 乡村振兴

▲ 2022年，附城街道平西村开展创建省级生态宜居美丽乡村示范村工程。图为新规划建设的平西村村道一角

（附城街道办／供图）

◀ 2022年，分界镇推动金田、金河、罗星等村建成连片产业种植带。图为分界镇金垌村橄榄种植基地

（分界镇政府／供图）

▲ 2022 年，金鸡镇特色产业带动农户实现“家门口”增收致富。图为金鸡镇石龙村火龙果基地

（金鸡镇政府 / 供图）

▲ 2022 年，罗定市大力发展风电产业。图为龙湾镇榕木村风车山 （龙湾镇政府 / 供图）

▲ 2022 年，罗定市加快推动垦造水田项目。图为船步镇仓地村垦造水田项目施工现场　（船步镇政府 / 供图）

▲ 2022 年，罗定市对接粤港澳大湾区“菜篮子”工程打造优质肉品供应基地。图为苹塘镇海大罗定益豚（澳塘）生猪现代化养殖小区厂区　（苹塘镇政府 / 供图）

▲ 2022 年，罗定市美丽乡村建设显成效。图为罗定市替滨镇金滩村银竹根自然村一角 （替滨镇政府 / 供图）

▲ 2022 年 4 月 14 日，罗镜优质农产品展示中心、核雕文化展示馆揭幕 （罗定市融媒体中心 / 供图）

▲ 2022 年 7 月 5 日，罗定市气象局协助农户抢收倒伏早稻。图为农机手正抓住有利时机抢收倒伏的早稻

（罗定市气象局 / 供图）

▲ 2022 年 7 月 10 日，罗平镇长岗坡下稻浪滚滚，一片丰收景象 （李世友 / 摄）

◄ 2022 年 11 月 24 日，泗纶镇乡村振兴示范带项目沙街骑楼翻修升级改造工程正式动工建设

（泗纶镇政府 / 供图）

◄ 2022 年 12 月 22 日，泗纶镇明镜村 50 兆瓦分散式风电项目测风塔正式动工建设

（泗纶镇政府 / 供图）

◄ 2022 年春耕时节，农户正在进行机械化插秧作业

（罗定市融媒体中心 / 供图）

▲ 2022 年，罗定市加益镇生态农业产业基地一角　　（加益镇政府 / 供图）

▲ 2022 年，龙湾镇大力发展南药产业。图为棠棣村南药观景平台　　（龙湾镇政府 / 供图）

05 疫情防控

▲ 2022 年 1 月 8 日，罗定市组织收听收看云浮市疫情防控工作视频会议　（罗定市融媒体中心／供图）

◀ 2022 年 2 月 1 日，替滨镇开展入户宣传疫情防控工作（罗定市新型冠状病毒感染疫情防控指挥部办公室／供图）

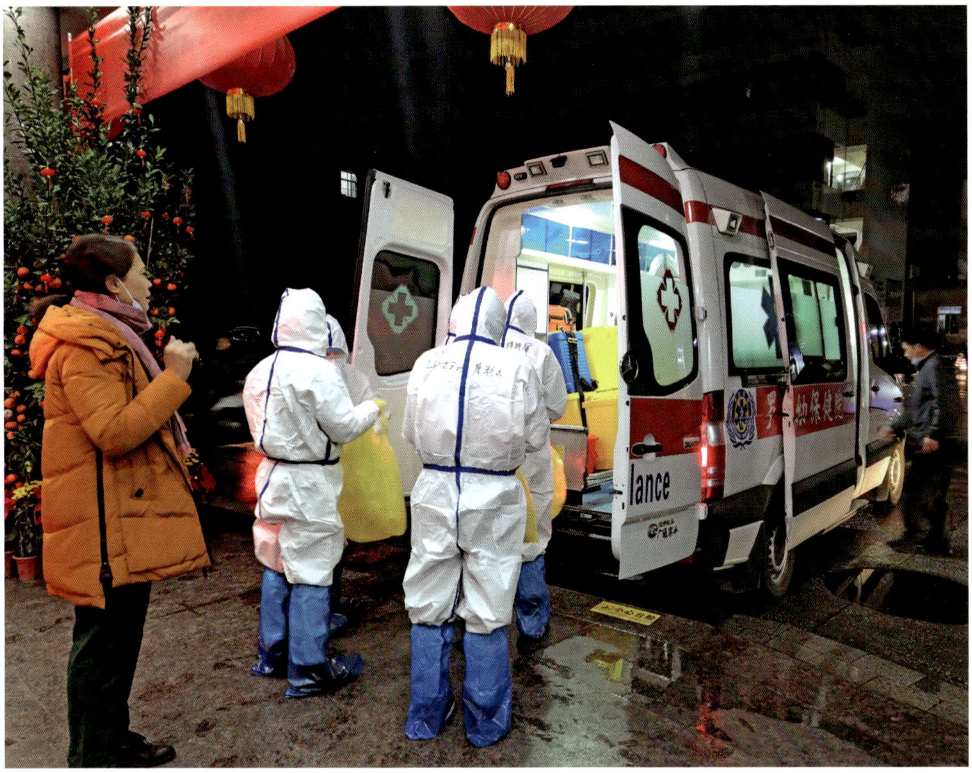

◀2022年2月1日凌晨，罗定市组织核酸采样队伍到龙湾镇开展大规模核酸采样工作

（罗定市妇幼保健院／供图）

▲2022年2月9日，首批支援云浮输入性新冠肺炎疫情防控款物捐赠仪式在罗定市举行

（罗定市融媒体中心／供图）

▲ 2022 年 2 月 10 日，罗定市欢送支援罗定的广东省新冠肺炎防控指挥办疫情防控组现场指导组领导专家

（罗定市融媒体中心 / 供图）

▲ 2022 年 2 月 13 日，翔顺控股集团有限公司支援云浮输入性新冠肺炎疫情防控款物捐赠仪式在罗定市举行

（罗定市融媒体中心 / 供图）

▲ 2022 年 2 月 15 日，龙湾镇旗垌村两个小朋友向值守点人员表达感谢

（罗定市新型冠状病毒肺炎疫情防控指挥部办公室 / 供图）

▲ 2022 年 4 月 2 日，云浮市疫情防控指挥办流调溯源专班到罗定市疾病预防控制中心开展专项督导工作

（罗定市疾控中心 / 供图）

◀ 2022 年 4 月 6 日，罗定市第五人民医院在罗定泷州小学进行核酸采样工作
（罗定市第五人民医院 / 供图）

◀ 2022 年 4 月 27 日，素龙街道接送群众到卫生院接种新冠疫苗
（罗定市新型冠状病毒肺炎疫情防控指挥部办公室 / 供图）

▲ 2022 年“10·6”疫情防控阻击战中，泗纶镇有序组织开展全员核酸检测工作 （泗纶镇政府 / 供图）

▲ 2022 年 10 月 9 日，罗定市总工会开展疫情一线工作人员慰问关爱活动　（罗定市融媒体中心／供图）

▲ 2022 年 11 月 18 日，罗定市举行支援广州新冠肺炎疫情防控医疗队伍出征仪式　（罗定市卫生健康局／供图）

▲ 2022 年 11 月 19 日，罗定市人民医院举行支援广州市、云浮市核酸检测机动采样队出征仪式

（罗定市人民医院 / 供图）

▲ 2022 年 11 月 30 日，罗定市举行接管云安方舱医院医疗队伍出征仪式 （罗定市卫生健康局 / 供图）

06 史志动态

◀ 2022 年 3 月 7—9 日，《广东印记》广东省情系列微视频项目摄制组到罗定市拍摄“泗纶蒸笼”专题微视频纪录片。图为 3 月 7 日拍摄现场

（罗定市委党史地方志办 / 供图）

◀ 2022 年 4 月 11—15 日，《广东印记》广东省情系列微视频项目摄制组到罗定市拍摄“罗定综合地情”专题微视频纪录片。图为 4 月 12 日拍摄现场

（罗定市委党史地方志办 / 供图）

◀ 2022 年 7 月 28 日，罗定市在烈士陵园、罗定革命史料馆、罗定升起第一面五星红旗旧址——加益中学举行云浮市中共党史教育基地街牌揭幕仪式。图为烈士陵园街牌揭幕仪式（罗定市委党史地方志办/供图）

◀ 2022 年 10 月 27 日，罗定市委党史地方志办党支部到双东街道大众村党总支开展“奋进新征程 建功新时代——开发利用党史地方志资源”党建共建赠书活动（罗定市委党史地方志办/供图）

◀ 2022 年 12 月 19 日，罗定市委党史地方志办到挂点帮扶的附城街道新竹村宣讲党的二十大精神（罗定市委党史地方志办/供图）

目 录

概 貌

大事记

年度关注

政　治

经　济

社 会

生态环境

教 育

科　学

文　化

传播媒体

卫生·健康

体 育

镇（街）

人物·荣誉

附　录

索　引

概 貌

基本市情

自然地理

【区域位置】 罗定市位于广东省西部，地处北纬22°25′11″～22°57′34″，东经111°03′08″～111°52′44″。东邻云安区，东南接阳春市，西南靠信宜市，东北连郁南县，西部与广西岑溪市交界，是中国大西南地区通往珠三角的一个重要门户。全市辖17个镇、4个街道，辖区面积2334.70平方千米，其中农业用地面积208011.93公顷，建设用地面积22414.48公顷，未利用地面积3045.29公顷。全市有耕地面积37370.42公顷，其中水田、旱地共36183.34公顷。

【地貌】 罗定市西部、西北部和南部一部分为云开大山山地，东部为云雾山山地，中部、东北部和南部为盆地、丘陵地带。全境形似东西南为边围，向东北开口的箕状盆地。罗定红盆内满布红色粉砂岩，面积约800平方千米，为省内山区罕见的盆地。西部为高山区，有10座海拔超过1000米的山峰。最高峰为龙须顶，海拔1327米。东南缘为云雾山余脉，延伸至金鸡、苹塘、㮾塘等地一带衍生为岩溶地貌，峰林耸立，溶洞广布。

（罗定市自然资源局）

建置沿革

【州、郡、县】 罗定古代名称众多，春秋为百越（粤）地。秦属南海郡，秦始皇三十三年（前214）设开阳县。西汉元鼎六年（前111）置端溪县，隶属交州苍梧郡，今罗定在端溪县境内。东晋末，析端溪县置龙乡县和夫阮县。南朝期间，龙乡县一度并入端溪县。南朝齐建元三年（481），复设龙乡县。南朝齐永明年间（483—493），设广熙郡，郡治龙乡县；析龙乡设永熙县、罗平县。

南朝梁、陈年间（502—589），撤销罗平、夫阮两县。先后设有2州3郡4县：泷州、建州，平原郡、开阳郡、广熙郡，龙乡县、开阳县、永熙县、安南县。泷州辖平原郡、开阳郡、龙乡县（属泷州平原郡并为郡治）、开阳县（属泷州开阳郡并为郡治）；永熙县、安南县属建州广熙郡（郡治在今郁南县）。

隋开皇九年（589），改龙乡县为平原县，开皇十八年（598）再改为泷水县。隋大业三年（607），改泷州设永熙郡，治所不变。开阳、安南二县被撤销。

唐武德四年（621），改永熙郡复为泷州。复设开阳县。次年，复设安南县，永熙郡改永宁县。泷水、开阳属泷州。安南、永宁仍属建州。唐贞观十八年（644），安南、永宁改属泷州。唐天宝元年（742），改泷州为开阳郡，治所及领县不变。

同年，永宁县改称建水县。唐至德二年（757），安南县改称镇南县。乾元元年（758），改开阳郡复为泷州，州辖泷水（州治）、开阳、建水、镇南四县。此后直至北宋开宝五年（972）长达214年不变。

北宋开宝六年（973）撤销泷州，开阳、建水、镇南3县并入泷水县。自此至明万历四年（1576）的603年间，市境只设泷水县，无州（郡）政权。

明万历五年（1577），平定罗旁瑶民暴动，升泷水县为罗定直隶州，同时设东安县（今云安区、云城区）和西宁县（今郁南县），由罗定直隶州统辖，意为“罗旁平定，东安西宁”。“罗定”之名由此产生。

【罗定县】 民国元年（1912），废罗定州，改设罗定县。中华人民共和国成立后，罗定县隶属广东省西江专区。1952年起隶属广东省粤中行政区。1958年11月，罗定县与郁南县合并，称罗南县，隶属江门专区。1959年1月复称罗定县，县机关仍设在罗城镇。1961年4月，恢复罗定、郁南二县建制。分县后的罗定县、郁南县均隶属广东省肇庆地区。

1979年，罗定县（今罗定市）隶属广东省肇庆地区。1988年，罗定县隶属广东省肇庆市。

【罗定市】 1993年4月8日，经国务院批准，撤销罗定县设立罗定市（县级），由广东省直辖，肇庆市代管。1994年4月5日设立云浮地级市，罗定市改由云浮市代管。

（罗定市委党史地方志办公室）

表1 罗定市建置沿革表

朝代	时间	隶属	州、郡建置	县建置	说明
旧石器时代晚期	前10000—2070				已有人类在今罗定境内劳作、繁衍、生息
夏、商、周	前2070—214				今罗定境内为百越（粤）之地，部落众多
秦	始皇三十三年（前214）	南海郡		开阳县	《古今图书集成》、杜佑《通典和［康熙］《罗定州志》等书记载
西汉	元鼎六年（前111）	交州苍梧郡端溪县			端溪地域包括今罗定及德庆、云城、云安、郁南、信宜诸地。郡治广信，县治今德庆
东汉		交趾苍梧郡端溪县			
	建安八年（203）	交州苍梧郡端溪县			
三国吴	黄武五年（266）	广州苍梧郡端溪县			
		交州苍梧郡端溪县			
	永安七年（264）	广州苍梧郡端溪县			
晋	太康元年（280）	广州苍梧郡端溪县			析端溪置元溪
	永和七年（351）	广州晋康郡端溪县			析苍梧置晋康郡。郡治元溪

续表 1

朝代		时间	隶属	州、郡建置	县建置	说明
晋		晋末（约 419）	广州晋康郡		龙乡县	析端溪置龙乡、夫阮县，龙乡县治今罗定太平古龙
			广州晋康郡		夫阮县	
南朝	宋	永初元年（420）	广州晋康郡		龙乡县	晋康郡领县十二，龙乡、元溪、端溪、晋化、都城、夫阮、侨宁、封兴、荡康、思安、辽安、开平
			广州晋康郡		夫阮县	
		元嘉年间（424—453）	广州晋康郡		端溪县	晋康郡领县九，元溪、端溪、晋化、都城、夫阮、侨宁、安遂、永始、武定
			广州晋康郡		夫阮县	
		建元三年（481）	广州晋康郡		龙乡县	析端溪仍置龙乡县
			广州晋康郡		夫阮县	
	南齐	永明年间（483—493）	广州广熙郡	广熙郡	龙乡县	析晋康置广熙郡。析龙乡置永熙、罗平县。郡治龙乡，即今罗定太平潭白
			广州广熙郡	广熙郡	永熙县	
			广州广熙郡	广熙郡	罗平县	县治今罗定罗平
			广州晋康郡		夫阮县	
	梁		泷州平原郡	泷州，平原郡	龙乡县	析龙乡、永熙置开阳、安南。撤罗平县
			泷州开阳郡	泷州，开阳郡	开阳县	郡治开阳，即今罗定船步
	陈		建州广熙郡	建州，广熙郡	永熙县	析广熙置平原、开阳、罗阳三郡兼置泷、建二州。撤夫阮县
			建州广熙郡	建州，广熙郡	安南县	
						撤广熙郡
隋		开皇九年（589）	泷州	泷州	平原县	改龙乡为平原，以郡名县，州治平原
			泷州	泷州	开阳县	撤开阳郡
			建州	建州	永熙县	撤罗阳郡
			建州	建州	安南县	
		开皇十八年（598）	泷州	泷州	泷水县	改平原为泷水，罗阳改为正义
			泷州	泷州	开阳县	
			建州	建州	永熙县	罗阳郡改为罗阳县
			建州	建州	安南县	

续表 1

朝代	时间	隶属	州、郡建置	县建置	说明
隋	大业三年（607）	永熙郡	永熙郡	泷水县	改泷州置永熙郡，领县六，泷水、怀德、良德、安遂、永熙、永业、永熙、郡治泷水。建州撤，并撤开阳、正义，并入泷水
		永熙郡	永熙郡	永熙县	安南并入永熙
唐	武德四年（621）	泷州	泷州	泷水县	改永熙郡复为泷州
		泷州	泷州	开阳县	析泷水置开阳县，并置正义县正义县后撤
		南建州	南建州	永熙县	复析置南建州。隶以永熙郡之安遂、永熙、永业
	武德五年（622）	泷州	泷州	泷水县	
		泷州	泷州	开阳县	
		南建州	南建州	永宁县	改永熙为永宁
		南建州	南建州	安南县	复析泷水置安南
	贞观元年（627）	岭南道	泷州		
	贞观八年（634）	岭南道	药州		改南建州为药州
	贞观十八年（644）	岭南道	泷州	泷水县	
		岭南道	泷州	开阳县	
		岭南道	泷州	永宁县	改永宁，安南属泷州。撤药州
		岭南道	泷州	安南县	
	天宝元年（742）	岭南道	开阳郡	泷水县	改泷州为开阳郡。郡治泷水县
		岭南道	开阳郡	开阳县	
		岭南道	开阳郡	建水县	改永宁曰建水。县治今罗定附城丰盛古城及素龙龙税古城阁
		岭南道	开阳郡	安南县	
	至德二年（757）	岭南道	开阳郡	泷水县	
		岭南道	开阳郡	开阳县	
		岭南道	开阳郡	建水县	
		岭南道	开阳郡	镇南县	改安南曰镇南
	乾元元年（758）	岭南道	泷州		改开阳郡仍为泷州。领县如旧
	咸通三年（862）	岭南东道	泷州		

续表 1

朝代	时间	隶属	州、郡建置	县建置	说明
南汉	南汉（917—971）	岭南东道	泷州	泷水县	州治泷水县
		岭南东道	泷州	开阳县	
		岭南东道	泷州	建水县	
		岭南东道	泷州	镇南县	
宋	开宝六年（973）	康州晋康郡		泷水县	改泷水县隶康州晋康郡。州治端溪。开阳、建水、镇南皆并入泷水。撤泷州
	至道三年（997）	广南东路康州晋康郡		泷水县	
	大观四年（1110）	广南东路康州晋康郡		泷水县	升晋康为望郡
	绍兴元年（1131）	德庆府		泷水县	升康州为德庆府
	绍兴七年（1137）	德庆州		泷水县	改德庆府为州，仍领泷水
	绍兴十年（1140）	德庆府		泷水县	复改德庆州为府
	绍兴十四年（1144）	永庆军德庆府		泷水县	置永庆军节度
元	至元十四年（1277）	湖广行中书省广西道德庆府		泷水县	德庆府改隶广西道
	至元十七年（1280）	湖广行中书省广西道德庆府		泷水县	改府为路置总管府
	元二十九年（1292）	江西行中书省广东道德庆路		泷水县	德庆路改隶江西省行中书广东道。元大德八年（1304）泷水县治从开阳乡迁至建水乡羊禄埠即今罗城
明	洪武元年（1368）	江西行中书省广东道德庆府		泷水县	改路为府
	洪武二年（1369）	德庆府		泷水县	德庆府领县四，端溪，泷水废封州以封川、开建来属
	洪武九年（1376）	广东布政使司肇庆府		泷水县	改府为州隶肇庆府。端溪井入州
	永乐年间（1403—1424）	广东布政使司岭西道肇庆府		泷水县	
	成化二十一年（1485）	广东布政使司肇庆府		泷水县	

续表 1

朝代	时间	隶属	州、郡建置	县建置	说明
明	弘治九年（1496）	广东布政使司岭西道肇庆府		泷水县	
	万历五年（1577）	广东布政使司罗定道	罗定州		升流水县为罗定直求州，领东安、西宁二县。“罗旁平定，东安西宁”。朝廷取罗旁瑶民暴动已被平定之意，命名罗定。罗定之名由始出现
清	康熙二年（1663）	广东布政使司岭西道	罗定州		
	康熙六年（1667）	广东布政使司	罗定州		
	康熙九年（1670）	广东布政使司高雷廉道	罗定州		
	康熙十六年（1677）	广东布政使司罗定道	罗定州		
	康熙二十一年（1682）	广东布政使司高雷廉道	罗定州		
	雍正八年（1730）	广东布政司肇罗道	罗定州		
	同治六年（1867）	广东布政使司肇阳罗道	罗定州		
民国	民国元年（1912）	广东省		罗定县	废罗定州。原隶罗定直隶州的东安和西宁两县独立设置
中华人民共和国	1949 年 10 月	广东省西江专区		罗定县	
	1952 年	广东省粤中行政区		罗定县	
	1958 年 11 月	广东省江门专区		罗南县	罗定县、郁南县合并，县机关设在罗城
	1959 年 1 月	广东省江门专区		罗定县	县机关仍设在罗城
	1961 年 4 月	广东省肇庆地区		罗定县	恢复罗定县、郁南县建制
	1988 年	广东省肇庆市		罗定县	
	1993 年 4 月	广东省直辖肇庆市代管		罗定市	撤县建市
	1994 年 4 月	广东省直辖云浮市代管		罗定市	

行政区域

【概况】 2022年，罗定市行政区域面积2334.7平方千米，辖罗镜、太平、分界、罗平、船步、㶏塘、苹塘、金鸡、围底、华石、㶏滨、生江、黎少、连州、泗纶、加益、龙湾17个镇和素龙、双东、附城、罗城4个街道。全市有村（居）民委员会336个，其中村民委员会306个，社区居民委员会30个。 （罗定市民政局）

表2 2022年罗定市各镇（街）村（居）委情况表

单位：个

镇别	村（居）委	村（居）委名称
罗镜	25	罗镜社区居委，龙甘、水摆、椽安、石淇湾、镜西、塘埇、驸台、红光、官渡头、大平岗、镜坡、镜东、龙星、龙岩、镜南、云沙、云龙、步贺、美河、新星、新东、新中、新西、横桥
太平	17	太平社区居委，丽塘、太东、洞美、励志、太西、埒口、腾笔、太北、木利、双角、潭白、古龙、西良、东良、镇安、黄豆坪
分界	10	分界居委、三和、石牌、分界、金河、金田、金垌、罗星、罗金、罗光
罗平	24	罗平社区居委，山田、古莲冲、古勇、望天、竹围、㶏阳、营下、牛路、塘屋、乌龙、沙头、新村、平垌、新光、黄牛木、㶏东、㶏北、㶏西、泗盆、双莲、㶏塘、围头、罗周围
船步	19	船步社区居委、船东、廻龙、大围、红岭、垌心、云罗、双㶏、聂垌、山垌、炉星、炉埇、河背、龙岗、谋平、仓地、蓝村、甘步、船北
㶏塘	13	㶏塘社区居委，都近、石碑、㶏南、红星、石菴、北羌、木头塘、罗阳、平石、㶏东、黄金㶏、大旺塘
苹塘	12	苹塘社区居委，谈礼、周沙、墩仔、茶榕、良官、龙吉、大虾、澳塘、桐油、瑞平、道村
金鸡	11	金鸡社区居委，石龙、大岗、罗贯、西岸、坪塘、洪塘、大垌、会龙、庙岗、黎垌
围底	16	围底社区居委，秋风、陀埇、城围、凤山、五华、莲塘头、文岗、寻贤、古薄塘、官塘、古模、杨村、泗和、㶏社、渡头
华石	11	华石社区居委，古范、木埇口、马路、大未、三屋、荔枝埇、寨脚、莫村、双豆、雅言
㶏滨	14	㶏滨社区居委，金滩、山河、思理、㶏滨、高竹、车田、永坑、夜护、六云、潮岭、㶏田、梅竹、思甲
生江	12	生江社区居委，生江、里午、安全、八达、八和、㶏兵、云桂、碗窑、三和、七记、双脉
黎少	19	黎少社区居委，寨坪、田心、里塘、㶏濮、丽芝、泗片、大塘、圆珠、隆久、㶏泽迳、三家店、横岗、大陂、赤岭、松木、黄沙口、坡塘、黎少
连州	17	连州社区居委，古榄、车战、五和、连东、连州、连北、官田、万车、木坪、㶏升、云致、白马、平北、高垌、蒲垌、云良
泗纶	28	泗纶社区居委，新城、连城、鸭脚、山栗、胜乐、双龙、分会、杨绿、泗安、荣安、青桐、高和、沙底、黄丽、泗联、双坝、泗荣、铁陆、松南、南山、升平、和平、明镜、和合、都门、新和、双德

续表 2

镇别	村（居）委	村（居）委名称
加益	10	加益社区居委，旺水、木寨、排阜、石头、清水、双益、合江、灵凡、鳌头
龙湾	12	龙湾社区居委，上赖、旗垌、榕木、永乐、双合、中安、垌旺、大石、棠棣、金充、南充
素龙	24	素龙社区居委，素龙、凤塘、赤坎、潭井、平南、凤西、大甲、大灼、新塘、马兰、桃子埇、中村、沙步、上宁、岗咀、沙豪岗、大榄、埇表、棠梨、思围、赤坭、七和、龙税
双东	9	双东社区居委，双东、龙凤、以民、大同、陈皮、六竹、大众、白荷
附城	23	附城社区居委，平西、丰盛、罗溪、同仁、大旁街、高峰、塔脚、星光、康任、平湾、天策、新乐、新民、冲丽、四东、黄沙、云龙、太平、新竹、沙口、东冠、木护
罗城	10	东区、南区、西区、北区、中区、石围、细坑、柑园、区屋、城东社区居委
合计	336	

资源物产

【土地资源】 农业用地　农业用地分耕地、种植园用地、林地、人工牧草地、农村道路、湖泊水面、水库水面、坑塘水面、沟渠、设施农用地、田坎 11 部分，总面积 208011.93 公顷。其中，耕地面积 37370.42 公顷，占农业用地总面积的 17.96%；种植园用地面积 11205.81 公顷，占农业用地总面积的 5.4%；林地、人工牧草地面积 150286.16 公顷，占农业用地总面积的 72.3%；农村道路面积 1163.83 公顷，占农业用地总面积的 0.6%；水库水面面积 1160.02 公顷，占农业用地总面积的 0.6%；坑塘水面面积 3803.39 公顷，占农业用地总面积的 1.8%；沟渠面积 982.83 公顷，占农业用地总面积的 0.5%；设施农用地面积 397.14 公顷，占农业用地总面积的 0.2%；田坎面积 1642.27 公顷，占农业用地总面积的 0.8%。

建设用地　建设用地包含城镇村用地、工矿用地、交通运输用地、水工建筑用地、风景名胜及特殊用地五大部分，总面积 22414.48 公顷。城镇村用地面积 19322.92 公顷，占建设用地总面积的 86.2%。其中，城市 2260.54 公顷，建制 1282.7 公顷，村庄 15779.68 公顷。工矿用地面积 649.19 公顷，占建设用地总面积的 2.9%。交通运输用地面积 2248.12 公顷，占建设用地总面积的 10%。其中，铁路用地 95.74 公顷，公路用地 2103.62 公顷，机场用地 46.98 公顷，管道运输用地 1.78 公顷。水工建筑用地面积 125.42 公顷，占建设用地总面积的 0.6%。风景名胜及特殊用地 68.83 公顷，占建设用地总面积的 0.3%。

未利用地　未利用地总面积 3045.29 公顷，其中，其他草地 1501.02 公顷，占未利用地总面积的 49.3%；河流水面 1351.13 公顷，占未利用地总面积的 44.4%；内陆滩涂 157.86 公顷，占未利用地总面积的 5.2%；裸土地 27.63 公顷，占未利用地总面积的 0.9%；裸岩石砾地 7.65 公顷，占未利用地总面积的 0.3%。

耕地　耕地分水田、水浇地、旱地，总面积 37348.4 公顷。其中，水田 26770.34 公顷，占耕地面积的 71.6%；水浇地 1187.08 公顷，占耕地面积的 3.2%；旱地 9413.00 公顷，占耕地面积的 25.2%。

种植园用地　种植园用地分果园、茶园、橡胶园、其他园地，总面积 11205.81 公顷。其中，果园 8557.91 公顷，占种植园用地面积的 76.4%；茶园 34.29 公顷，占种植园用地面积的 0.3%；橡胶园 1.25 公顷，占种植园用地面积的 0.01%；其他园地 2612.36 公顷，占种植园用地面积的 23.3%。

林地　林地分乔木林地、竹

林地、灌木林地、其他林地，总面积150285.93公顷。其中，乔木林地139616.14公顷，占林地面积的92.9%；竹林地4183.09公顷，占林地面积的2.8%；灌木林地760.9公顷，占林地面积的0.5%；其他林地5725.80公顷，占林地面积的3.8%。

草地　草地分人工牧草地和其他草地，总面积1501.25公顷。其中，人工牧草地0.23公顷，占草地面积的0.02%；其他草地1501.02公顷，占草地面积的99.98%。

湿地　湿地总面积157.86公顷。其中，内陆滩涂157.86公顷，占湿地面积的100%。

城镇村及工矿用地　城镇村及工矿用地分城市、建制镇、村庄、采矿用地、风景名胜及特殊用地，总面积20040.94公顷。其中，城市2260.54公顷，占城镇村及工矿用地面积的11.3%；建制镇1282.7公顷，占城镇村及工矿用地面积的6.4%；村庄15779.7公顷，占城镇村及工矿用地面积的78.7%；采矿用地649.19公顷，占城镇村及工矿用地面积的3.2%；风景名胜及特殊用地68.83公顷，占城镇村及工矿用地面积的0.3%。

交通运输用地　交通运输用地分铁路用地、公路用地、农村道路用地、机场用地、管道运输用地，总面积3411.95公顷。其中，铁路用地95.74公顷，占交通运输用地面积的2.8%；公路用地2103.62公顷，占交通运输用地面积的61.7%；农村道路用地1163.83公顷，占交通运输用地面积的34.1%；机场用地46.98公顷，占交通运输用地面积的1.4%；管道运输用地1.78公顷，占交通运输用地面积的0.05%。

水域及水利设施用地　水域及水利设施用地分河流水面、湖泊水面、水库水面、坑塘水面、沟渠、水工建筑用地，总面积7422.85公顷。其中，河流水面1351.13公顷，占水域及水利设施用地面积的18.2%；湖泊水面0.06公顷；水库水面1160.02公顷，占水域及水利设施用地面积的15.6%；坑塘水面3803.39公顷，占水域及水利设施用地面积的51.2%；沟渠982.83公顷，占水域及水利设施用地面积的13.2%；水工建筑用地125.42公顷，占水域及水利设施用地面积的1.7%。

其他土地　其他土地分设施农用地、田坎、裸土地、裸岩石砾地，总面积2074.69公顷。其中，设施农用地397.14公顷，占其他土地面积的19.1%；田坎1642.27公顷，占其他土地面积的79.2%；裸土地27.63公顷，占其他土地面积的1.3%；裸岩石砾地7.65公顷，占其他土地面积的0.4%。

【矿产资源】　罗定市已发现矿产32（亚）种，已查明资源储量的矿产19种。有矿产地和矿点112处（固体矿产109处，液体矿产3处）。其中矿区16处，包括大型矿床1处，中型矿床4处，小型矿床11处；矿点96处，其中，金属矿有锰矿、铁矿、锡矿、金矿、金红石5种，非金属矿有石英砂、陶土、瓷土、石灰石、大理石、花岗岩等11种。储量大、开发前景好的有锰矿、石灰石、石英砂。锰矿主要分布在新榕、连州，已初步查明储量超过1000万吨，锰矿含量20%～30%，含铁量30%，属低磷锰矿。石英矿主要分布在分界、太平、罗镜等镇，已查明储量达1亿立方米，二氧化硅含量达97%以上，自然白度达80%以上，是烧制玻璃、马赛克的主要原材料。石灰石矿主要分布在苹塘、金鸡、茜塘等镇，以裸露矿为主，储量超过30亿吨，主要用于生产水泥、石灰、复粉等建筑材料。金鸡镇的红菱大理石“帝女红”，石质幼嫩坚韧，水裂纹少，耐冷耐热，可加工高级装饰材料。

【植物资源和野生动物】　植物资源　植物资源有乔木植物：桫椤、香樟、格木、红椿、蝴蝶树、枫香、泡桐、黄连木、紫薇、重阳木、四眼木、黄樟、山乌桕、石栎、杉木、马尾松、湿地松、火炬松、加勒比松、竹柏、窿缘桉、大叶桉、柠檬桉、尾叶桉、红锥、白锥、米锥、罗浮栲、樟树、楠木、火力楠、苦楝、川楝、麻楝、皂荚、凤凰木、台湾相思、大叶相思、马占相思、黑木相思、南洋楹、喜树、木麻黄、荷木、红荷木、红苞木、非洲桃花心木、荔枝、龙眼、黄皮、枇杷、柿、乌榄、橄榄、柚木、木菠萝、杧果、银桦、任豆、鸭脚木、鬣蒴、木槿、千年桐、梧桐、乌桕、八角、天竺桂、槁木、石栗、板栗、锥果、紫荆、海棠果。灌木植物：岗松、桃金娘、黄牛木、盐肤木、山蚂蟥、算盘子、绢毛相思、柑橘、油茶、山茶、山芝麻、野牡丹、丁香、九里香、红豆、黄豆、绿豆、赤小豆、苎麻。草本植物：毛竹、青皮竹、黄竹、粉单竹、大芒、芒萁、鹧鸪草、龙草、剑麻、葛藤、茅草、蕨类、水稻、花生、玉米、香芋、红高粱、狗脊、野山芋、番薯、淮山。药用植物：茯苓、木贼、小叶海金沙、金毛狗脊、骨碎补、半边旗、侧柏、鱼腥草、小叶榕、桑树、穿破石、五指毛桃、桑寄生、火炭母、土荆芥、土牛七、鸡冠花、马齿苋、莲、威灵仙、蛇总管、山八角、阴香、山苍子、肉桂、香胶木、金樱子、南蛇簕、决明子、千斤拔、鸡血藤、葫芦茶、佛手、三丫苦、两面针、桔梗、鸡骨香、蓖麻、无患子、铁包金、益母草、车前草、巴戟天、金银花、土党参、半边莲、野菊花、鹅不食草、九里明、茅根、淡竹叶、水菖蒲、天冬门、七叶一枝花、土茯苓、参薯、春砂仁、姜等。

野生动物　野生动物有穿山甲、娃娃鱼（蝾螈）、虎纹蛙、野猪、黄猄、果子狸、野兔、黄鼠狼、松鼠、蝙蝠、草龟、金钱龟、石螺、蟒蛇、银环蛇、过山风、四脚蛇、青竹蛇、虾、树蛙、蟾蜍、蛤蚧、石蛤、黄鳝、塘鲺、乌龟、生鱼、鹰、隼、小鸦鹃、麻雀、乌鸦、猫头鹰、鹧鸪、百灵鸟、黄莺、八哥、野鸭、灰喉针尾雨燕、啄木鸟、相思鸟、白头翁、喜鹊、毛鸡、崖鹰、画眉、斑鸠等。

（罗定市自然资源局）

【水资源】　水量　2022年，按全国水资源利用分区，罗定辖区面积2334.70平方千米，均属于西江下游区，处于亚热带地区，流域受热带海洋性气候的影响，雨量充沛，属暴雨区，多年平均年降雨量1641.7毫米，4—9月为雨季（多年平均雨季降雨量1243毫米），最大年降雨量2056.5毫米（1996年），最大日降雨量255.3毫米（1976年9月20日）。

地表水　2022年，罗定市地表水资源总量23.86亿立方米，多年平均地表水资源总量21.29亿立方米。全市水资源空间分布不均，由于降雨集中在汛期，而蓄水工程有限，导致绝大部分水资源流失，10月至次年3月的枯水季节，降雨量分布为西南多而东北少，地区分布不均匀。

地下水　罗定市的地下水多属浅层地下水，补给源主要为大气降水和地表水体，地下水大小取决于两种补给量的总和，与降水量的分布并不一致。2022年，罗定市地下水资源总量7.23亿立方米，多年平均地下水资源总量6.89亿立方米，每年变化不大。全市基本上为山丘区，而山丘区的地下水资源即是河川基流量，因此地表水资源和地下水资源的不重复量为0，地表水资源量等于水资源总量。

（罗定市水务局）

气候特征

【气候】　2022年，罗定市的主要气候特点是年平均气温接近气候平均值、前汛期无台风影响、高温天数多，后汛期台风雨解旱及时灾害少。全年平均气温为22.4℃，比30年气候平均值（1991—2020年）22.6 ℃偏低0.2℃；全年降雨量1598.4毫米，比30年气候平均值（1991—2020年）1368.5毫米偏多229.9毫米；全年总日照时数1756.2小时，年总日照时数比30年气候平均值（1991—2020年）1587.4小时偏多168.8小时。按气象行业标准，2022年全省开汛日为3月24日，较常年平均开汛日期（4月6日）提前。“龙舟水”期间（5月21日至6月20日）降水量266.1毫米，出现了1次持续10天（6月6—15日）的降雨过程，过程中有1天（6月9日日降水量为84.6毫米）日降水量达到暴雨量级，且过程雨量达234.8毫米，“龙舟水”强度属略偏重的年景。全年出现高温天气（日最高气温≥35.0℃）43天，分别出现在5—9月，其中5月出现1天，6月出现8天，7月出现18天，8月出现10天，9月出现6天；全年有3个台风对罗定市造成风雨影响，分别是出现在7月上旬的第3号台风“暹芭”、8月上旬的第7号台风“木兰”、8月下旬的第9号台风“马鞍”。

四季气候特征　春季（3—5月）温度缓慢上升，冷暖、晴雨变化频繁。2022年罗定市春季平均气温23.1℃，与气候平均值23.0℃相近，最高气温35℃（高温），出现在5月29日，最低气温9.5℃，出现在4月4日；罗定市出现1天高温天气；总降雨量412.6毫米，比气候平均值395.6毫米偏多17毫米，即比常年平均值偏多4.3%；总日照时数456小时，比气候平均值300.3小时偏多155.7小时，即比常年平均值偏多五成。

夏季（6—8月）雨量集中，降水强度大，天气炎热光照充足。2022年罗定市夏季平均气温28.5℃，比气候平均值28.6℃略低0.1℃，最高气温38.8℃，出现在7月25日，最低气温23.3℃，出现在6月15日；出现36天高气温天气，6月出现8天，7月出现18天，8月出现10天；总降雨量668.7毫米，比气候平均值590.3毫米偏多78.4毫米，即比常年平均值偏多13.3%；整个夏季出现1次暴雨降水过程，出现在6月9日；总日照时数518.5小时，比气候平均值511小时偏多7.5小时。

秋季（9—11月）气温迅速降低，且日较差大。2022年罗定市秋季平均气温24.5℃，比气候平均值23.8℃偏高0.7℃，最高气温36.9℃，出现在9月18日，最低气温14.3℃，出现在11月30日；出现6天高气温天气，均出现在9月；总降雨量272.9毫米，比气候平均值249毫米偏多23.9毫米，即比常年平均值偏多9.6%；总日照时数532.6小时，比气候平均值476.1小时偏多56.5小时，即比常年平均值偏多一成。

冬季（12月至次年2月）天气晴朗，寒冷，少雨，有霜冻，多偏北风。2022年罗定市冬季平均气温14.7℃，比气候平均值15.1℃偏低0.4℃，最高气温27.8℃，出现在2023年2月2日；最低气温2.0℃，出现在2023年1月30日。总降雨量88.8毫米，比气候平均值132.4毫米偏少43.6毫米，即比常年平均值偏少近三成；总日照时数375.6小时，比气候平均值300.8小时偏多74.8小时，即比常年平均值偏多二成以上。

日照 2022年，罗定市总日照1756.2小时，日照百分率44%，年总日照时数比30年气候平均值1587.4小时偏多168.8小时。月日照量各月日照时数变化柱形图（见图1）。除1月、2月、5月、6月、8月、11月日照时数比气候平均值偏少外，其余月份均比气候平均值偏多。

气温 2022年，罗定市年平均气温22.4℃，比30年气候平均值（1991—2020年）22.6 ℃偏低0.2℃，最高气温38.8℃，出现在7月25日，最低气温4.3℃，出现在12月19日。全年出现高温天气（日最高气温≥35.0℃）43天，分别出现在5—9月，其中5月1天，6月8天，7月18

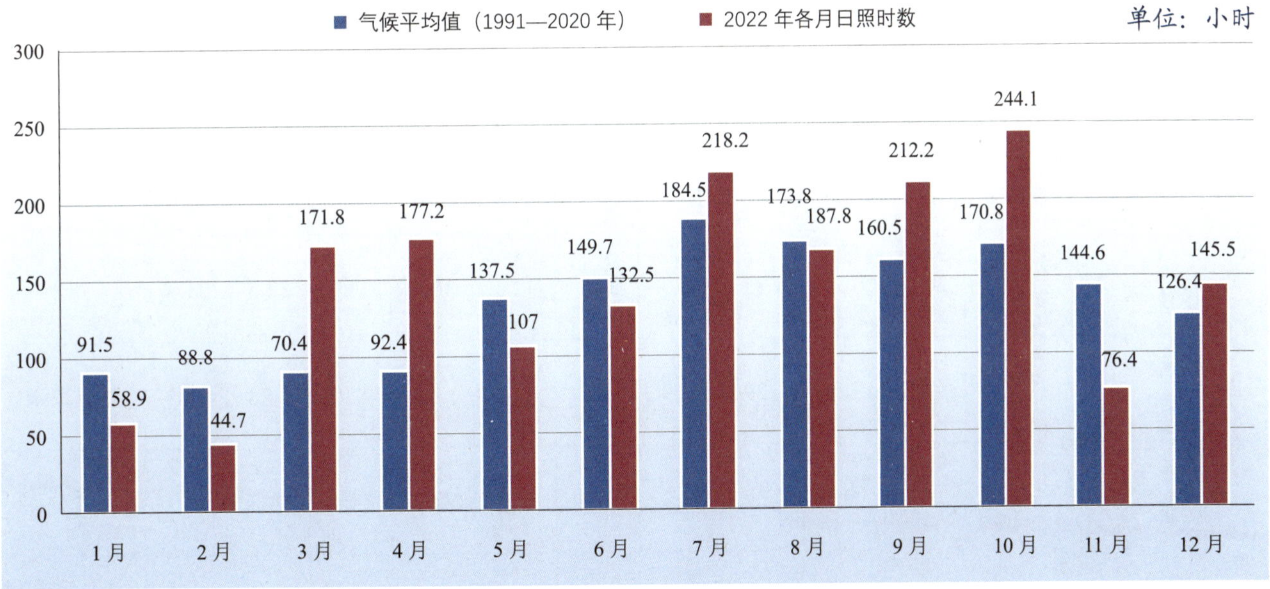

图1 2022年各月日照时数变化图

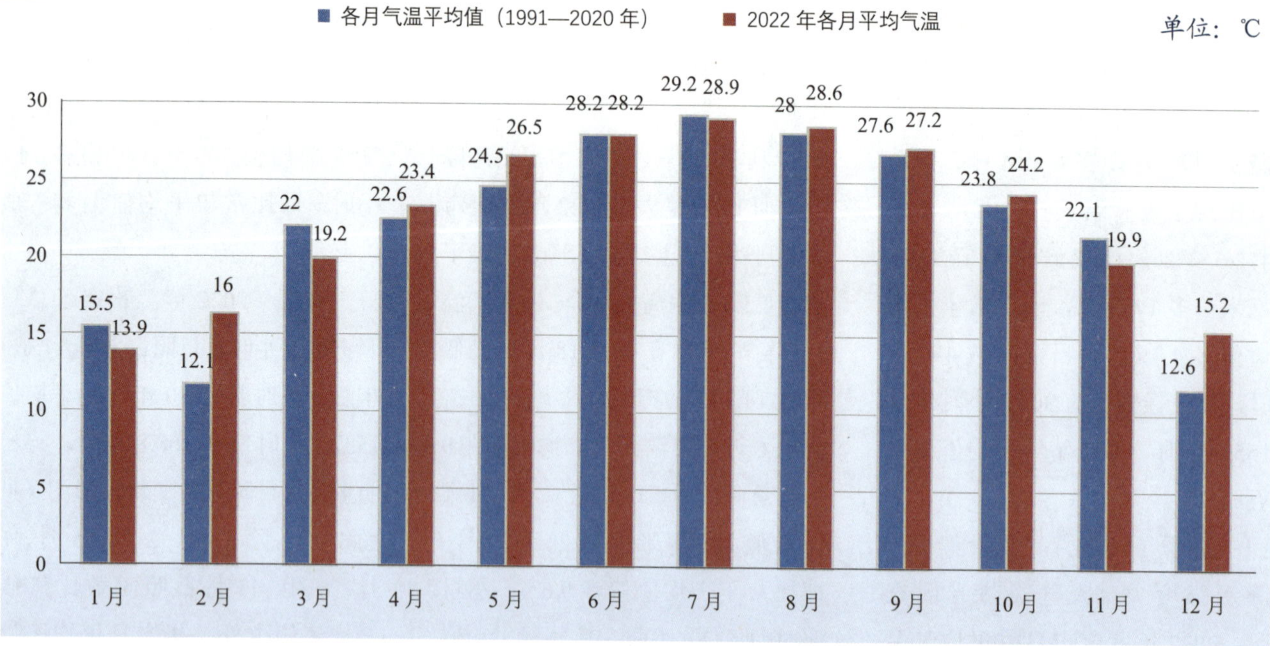

图 2　　2022 年各月平均气温变化图

天，8 月 10 天，9 月 6 天。各月平均气温与气候平均值变化图显示（见图 2），上半年除 2 月、4 月、5 月平均气温比气候平均值偏高外，其余月份平均气温比气候平均值略偏低或持平，下半年 8 月、10 月、12 月平均气温比气候平均值明显偏高，12 月平均气温比气候平均值偏低，其余月份与气候平均值相接近。2022 年无出现霜冻天气。各月平均气温、最高气温、最低气温月极值（见表 3）。

雨量　2022 年，罗定市年降雨量 1598.4 毫米，比 30 年气候平均值（1991—2020 年）1368.5 毫米偏多 229.9 毫米，全年日降雨量 ≥ 0.1 毫米的天数有 154 天，全年日降雨量 ≥ 50.0 毫米（暴雨）的天数有 6 天，分别出现在 2 月 19 日降雨量 57.2 毫米、2 月 20 日降雨量 58.5 毫米、5 月 1 日降雨量 52.8 毫米、5 月 12 日降雨量 69.9 毫米、6 月 9 日降雨量

表 3　　2022 罗定市各月平均气温和气温极值统计表

单位：℃

月份		1月	2月	3月	4月	5月	6月	7月	8月	9月	10月	11月	12月	全年
平均气温		15.5	12.1	22	22.6	24.5	28.2	29.2	28	27.6	23.8	22.1	12.6	22.4
最高气温	极值	27.3	27.8	34.4	34	35	36.5	38.8	37.6	36.9	33.9	32.5	21.8	38.1
	日期	27	28	26	28	29	29	25	2	18	5	28	22	7 月 25 日
最低气温	极值	7.1	4.8	9.6	9.5	15.7	23.3	24	23.8	22.3	14.4	14.3	4.3	4.4
	日期	20	5	8	4	2	15	31	26	5	13	30	19	12 月 19 日

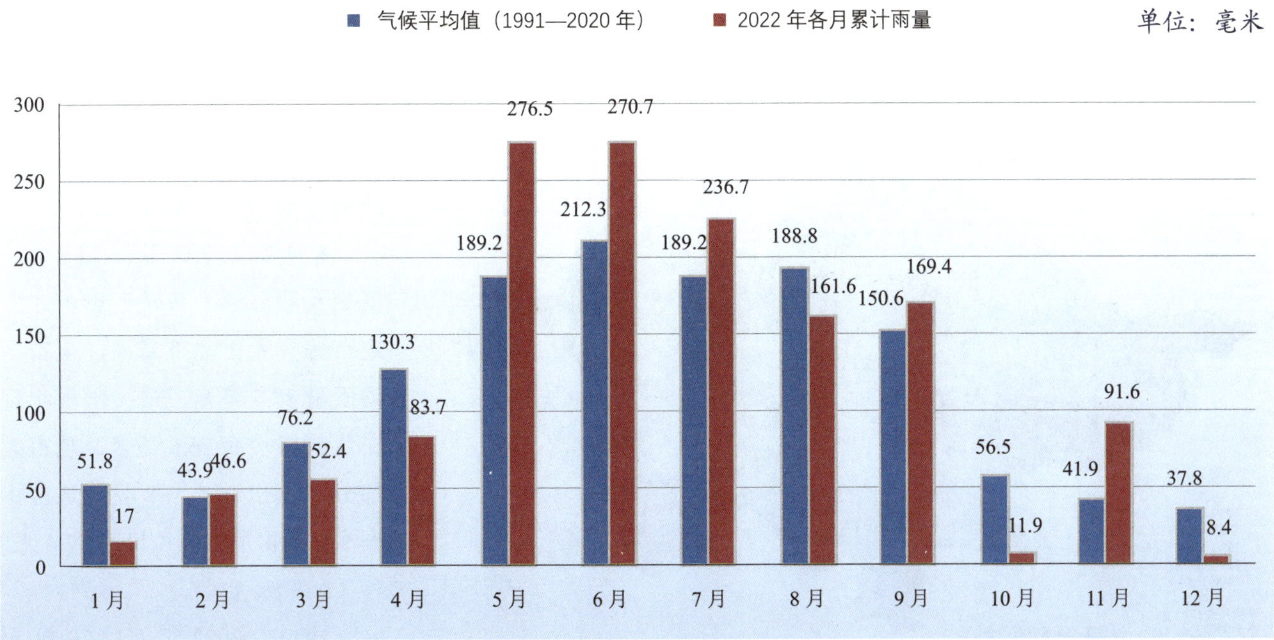

图 3　　2022 年各月降水量变化图

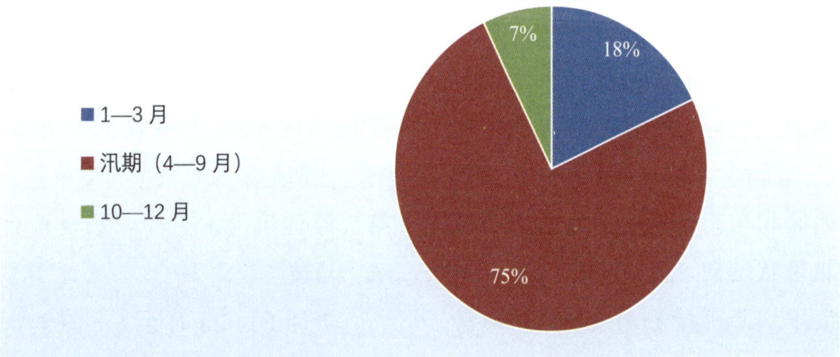

图 4　2022 年各时期降水量占全年降水量的百分比

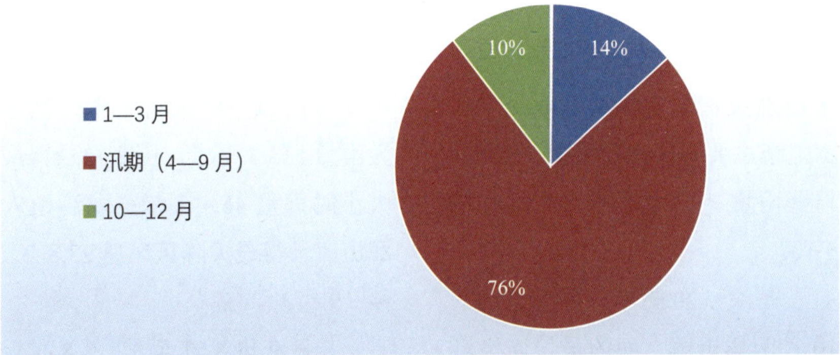

图 5　同期降水量气候平均值（1991—2020 年）所占百分比

84.6 毫米、9 月 18 日降雨量 50.9 毫米。全年最大日降雨量出现在 6 月 9 日 84.6 毫米。是年，汛期（3 月 24 日至 10 月 26 日）降雨量 1210.2 毫米，比 30 年气候平均值（1991—2020 年）1111.6 毫米偏多 98.6 毫米，即比历年同期平均值偏多近 1 成。前汛期（4—6 月）降雨量 630.9 毫米，比气候平均值（1991—2020 年）531.8 毫米偏多 99.1 毫米，比历年同期平均值偏多近两成，后汛期（7—10 月 26 日）降雨量 579.3 毫米，比气候平均值（1991—2020 年）579.8 毫米接近。各月降水量与气候平均值比较变化柱形图（见图 3），其中 5 月、6 月、7 月、11 月份降水量均比气候平均值明显多，2 月、8 月、9 月份与气候平均值相接近，其他月份均比气候平均值偏少。各时期降水量占全年降水量的百分比（见图 4），与同期降水量气候平均值所占比例（见图 5）相比，罗定市 2022 年汛期降水量在年降水量中所占比例比气候平均值相接近，汛期前降水量在年降水量中的比例比气候平

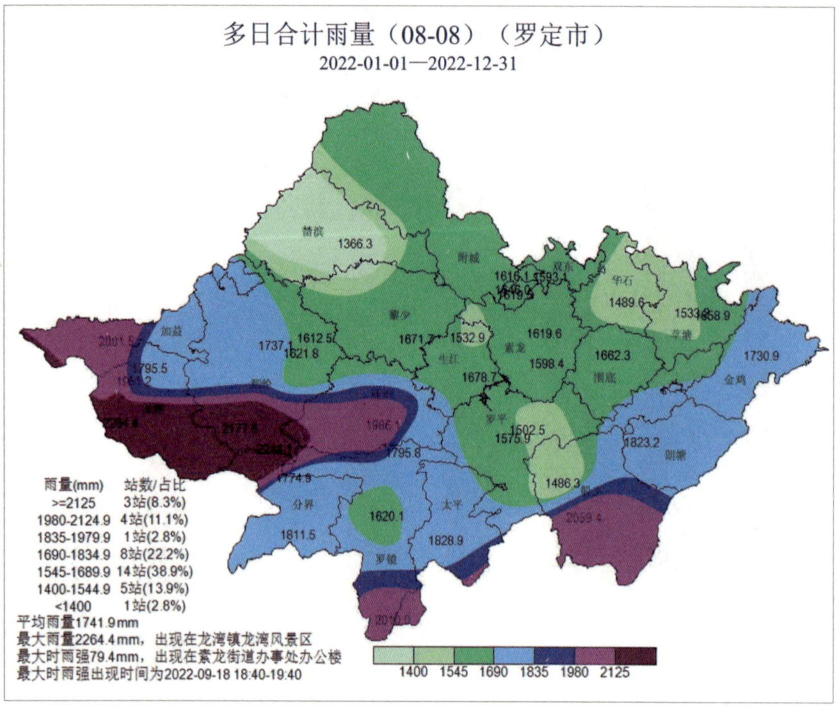

图 6 2022 年全市降水量分布图

均值偏多 4.4%，汛期后降水量在年降水量中的比例比气候平均值偏少 3.5%。全市降水量分布情况（见图 6），降水量集中在西南部地区和东南部地区，呈西南至东北带状走向，区域分布明显，全市平均降雨量 1741.9 毫米，年最多降水量出现在龙湾镇龙湾风景区内气象观测站点，达 2264.4 毫米，最大时雨强出现在素龙街道气象观测站。

【自然灾害】 水灾 2022 年，罗定市主要强降水过程有 11 次，日降雨量≥ 50.0 毫米（暴雨）达 6 天。

旱灾 2022 年，罗定市 8—10 月两场透雨之间的最长连旱日数 28 天，出现在 10 月 4—31 日，后延至下一场透雨的开始日期 11 月 22 日，则最长连旱日数为 49 天，出现了秋冬连旱的情况，即 2022 年罗定市秋旱属重旱年景。

台风 2022 年有 3 个台风对罗定市造成较为明显的风雨影响，分别是第 3 号台风“暹芭”、第 7 号台风“木兰”、第 9 号台风“马鞍”。

7 月 1 日 20 时至 6 日 8 时，受第 3 号台风“暹芭”外围云系及其远离后残留云系影响，罗定市出现持续性强降水并伴有阵风 6 ～ 7 级。全市出现大暴雨局部特大暴雨，平均雨量 193.7 毫米，其中龙湾镇风景区录得全市过程最大雨量 513.3 毫米，围底镇录得最大小时雨量 46.4 毫米；龙湾镇人和山庄录得最大阵风风速 23.8 米 / 秒（9 级）。

8 月 9 日 8 时至 12 日 8 时，受第 7 号台风“木兰”影响，罗定市普降暴雨，局部大暴雨，全市平均雨量 81.5 毫米，8 站录得 100 ～ 249.9 毫米的降水，龙湾风景区录得全市最大过程雨量 169.8 毫米，同时录得最大小时雨强 29.3 毫米；全市有 12 站出现 6 ～ 7 级阵风，罗平镇录得最大阵风风速 14.8 米 / 秒（7 级）。

8 月 24 日 8 时至 26 日 8 时，受第 9 号台风“马鞍”影响，罗定市普降大雨局部暴雨，全市平均雨量 37.5 毫米，最大雨量出现在黄鹤塘水库 76.6 毫米。全市大部分乡镇出现 6 ～ 8 级阵风，山垌水库录得最大阵风风速 17.4 米 / 秒（8 级）。

冷害 2022 年 1 月 29 日至 2 月 10 日，受强冷空气影响，罗定市持续低温阴雨天气，过程日平均气温下降 10.4℃，2 月 5 日罗定国家站录得过程最低气温 4.8℃，罗镜镇黄鹤塘水库录得过程最低气温 2.9℃。2 月 18—25 日，受强冷空气和切变线影响，罗定市出现了大范围降温和持续性强降水天气，过程日平均气温下降 11.1℃，本次过程罗定国家站 2 月 25 日录得今冬以来最低气温 5.3℃，罗镜镇黄鹤塘水库 2 月 20 日、23 日录得全市最低气温 1.0℃；

低温阴雨 2022 年，罗定市出现 2 次低温阴雨过程，过程出现在 2 月 1—10 日，过程最低气温出现在 2 月 5 日，日最低气温 4.8℃；过程二出现在 2 月 19—25 日，过程最低气温出现在 2 月 25 日，日最低气温 5.3℃。

寒露风 2022 年，罗定市出现一次持续 6 天的寒露风天气过程，出现在 10 月 10—15 日，过程日平均气温 21.1℃，过程最低

气温出现在10月12日，日最低气温14.4℃。（罗定市气象局）

民族宗教

【民族】 2022年，罗定全市有少数民族29个，少数民族人口7945人，人口较多的有壮族、瑶族、侗族、苗族、黎族、土家族、布依族等，主要分布在加益镇、龙湾镇、泗纶镇、船步镇等。主要是因婚嫁、工作迁居罗定市，其中加益镇合江村是少数民族聚居村，全镇有少数民族365户，共1104人，主要是壮族、苗族、瑶族、彝族等少数民族。

【宗教】 2022年，罗定市有佛教和基督教，其中佛教信教群众2600人，基督教信教群众800人。登记宗教活动场所4处，其中，佛教3处，分别为灵山寺、开元寺、开阳寺；基督教1处，为罗定基督教礼拜堂。

（罗定市委统战部）

人口语言

【人口】 罗定市总户数348772户，户籍总人口1292344人（男性691609人、女性600735人）。其中，城镇人口517660人，乡村人口774684人，城镇人口占总人口的40.1%，乡村人口占总人口的59.9%。总人口中0～17周岁325487人，占总人口的25.2%，18～34周岁345735人，占总人口的26.8%，35～59周岁421984人，占总人口的32.6%，60周岁以上199138人，占总人口的15.4%。

（罗定市统计局）

【语言】 罗定市地方方言有白话、能古话、客家话（涯话）和闽南话4种。

白话 罗定白话是粤语的一个分支，分布在全市21个镇（街）：罗城、附城、替滨、加益、龙湾、罗镜、船步、苹塘、苹塘、金鸡、双东、黎少、生江、连州、泗纶、罗平、太平、分界、华石、素龙、围底等镇（街）的全部或部分地区。

客家话（涯话）分布在分界、罗镜、太平、罗平、船步、苹塘、苹塘、金鸡、华石、素龙、双东、黎少、生江、连州、泗纶、龙湾等镇（街）的部分地区。

闽南话 分布在太平、罗平、船步和苹塘等镇的一些地区，人数最少。

能古话 主要分布在围底、素龙、太平、罗平、华石、罗镜、分界、苹塘、双东等镇（街）的部分地区。能古话最具罗定地方特色，是古代罗定地方民族语言的活化石。保留了不少先秦越族，中古时代俚、僚族的越话、俚语成分。

（罗定市委党史地方志办公室）

经济社会发展

【概况】 2022年，罗定市地区生产总值319.19亿元，同比增长1.8%。其中，第一产业增加值681103万元，第二产业增加值837952万元，第三产业增加值1672855万元，同比分别增长5.2%、0.2%、1.3%。人均生产总值33857元，同比增长1.5%。

农业生产 2022年，罗定市农林牧渔业实现产值104.51亿元，同比增长6.1%。全年复耕撂荒地623.3公顷，新建高标准农田300公顷，11个高标准农田历史项目竣工验收。新增县级农业龙头企业7家、农民专业合作社46家。德康、海大2个生猪养殖项目建成投产。罗镜镇被认定为全国"一村一品、一镇一业"示范村镇。

工业生产 2022年，罗定市培育"小升规"企业7家、专精特新中小企业5家，推动35家企业开展数字化改造。完成工业投资29.29亿元，同比增长21.8%。全市规模以上工业产值142.77亿元、增加值32.44亿元，同比分别下降2.1%、3.3%，降幅逐步收窄。

服务业 2022年，罗定市支持绿色金融产品创新，大力实施"普惠金融+智慧县域"，年末金融机构本外币存款余额454.11亿元、贷款余额280.24亿元，同比分别增长10.1%、7.2%。开展汽车促消费活动、"家520"、"夜经济"、家电"以旧换新"等惠民让利促消费活动，助推家电、新能源汽车等大宗消费增长。全年社会消费品零售总额137.49亿元，同比增长1.6%。

【园区经济】 2022年，罗定市广东罗定产业转移工业园在建或计划建设的基础设施项目24个，引入企业项目146个，规模以上企业增至28家，规模以上工业总产值99.15亿元，税收4.65亿元。恒安纸业、微容电子二期、广东金正龙、至盛纸业、嘉裕电子等项目加快建设，德信物流、康侨制药、星光脂胶、汇星科技等项目建成投产或试产。省级现代农业产业园增至4个。

【镇域经济】 2022年，罗定市在明确各镇（街）发展定位、细化完善30条工作措施的基础上，13个部门出台配套政策，形成“1+13”政策体系，在人才、土地、财政等方面保障镇域经济发展。21个镇（街）新增市场主体4798户、“四上”企业13个，同比分别增长13.6%、5.5%。全市338个镇域经济项目完成投资101.72亿元，96个项目建成投产。

【资源经济】 2022年，罗定市黎少镇、连州镇500兆瓦平价农光互补光伏发电等3个项目实现部分并网发电，新增太阳能发电量6000万千瓦。完成4宗矿山矿权外资源处置，挂牌出让采矿权1宗。完成水田垦造193.5公顷、拆旧复垦73.3公顷。抽水蓄能电站项目前期工作稳步推进。

【项目建设】 重点项目有序推进 2022年，罗定市80个县级以上重大项目完成投资80.3亿元。其中，15个省重点项目完成投资28.18亿元，42个云浮市级重点项目完成投资54.38亿元，分别完成年度投资计划的133.6%、104.2%。

项目要素 2022年，罗定市拓宽企业项目融资渠道，17个项目获得专项债券资金10亿元，7个项目通过政策性开发性金融工具基金审核，各类金融机构帮助企业获得信用贷款170.42亿元。处置批而未供地62.1公顷，处置闲置土地117公顷，获得用地指标115公顷。

项目储备 2022年，罗定市引进招商项目21个，计划总投资53.9亿元。全年新增企业投资备案项目263个，计划总投资178.22亿元。入库国家重大项目建设库投资项目230个（不含房地产），计划总投资937.89亿元。

【体制机制创新】 科技创新能力提升 2022年，罗定市新培育高新技术企业4家，科技型中小企业增至50家。组织申报各类科技立项78项，获得专利授权589件，有效发明专利92件。云浮市电子设备工程技术研究中心等3家工程技术研究中心通过认定，创建众创空间1个、科技企业孵化器3个，全市规模以上工业设立研发机构比例超40%。

营商环境优化 2022年，罗定市贯彻落实国家、省、市稳经济政策措施，对138家特困行业企业实施社保缓缴政策，为1157户市场主体退税减税缓税4.31亿元。市政务服务大厅连续2年被评为广东省县级标杆培育大厅，政务服务事项进驻率97.8%。深化商事制度改革，企业开办全流程时限压缩至0.61天，商事登记设立时间压缩至0.5天核准。

区域合作不断加强 2022年，罗定市抢抓产业有序转移政策机遇，围绕工业、农业、文旅和商贸物流四大领域梳理形成《罗定市第一轮省内招商（产业需求）意向清单》。深化与佛山禅城对口帮扶工作，编制《拟与佛山对接合作项目计划》，开展合作项目14个。全市外贸进出口总额26.58亿元，同比增长16.9%。

【城乡面貌】 城市功能品质不断提升 2022年，罗定市完成国土空间总体规划（2021—2035年）“三区三线”第四轮划定工作。推进城市形态更新，罗定市人民广场、文塔半岛（前广场）工程、城区碧道示范段、东华路一期工程等工程建成开放，泷州大桥建成通车。新建5G基站800多处，开通4G基站2649处。国家卫生市、广东省县级文明城市创建工作深入开展，城区“六乱”现象得到有效整治。

乡村振兴战略深入推进 2022年，罗定市实施“十村精品、百村示范、千村整治”工程，开展“四小园”（小菜园、小果园、小花园、小公园）建设自然村3210个，完成集中供水自然村3748个，建成干净整洁村标准自然村956个、美丽宜居标准自然村2337个。“十里长虹”“竹梦世界 稻乡泗纶”等乡村振兴示范带扎实推进，4条精品旅游线路沿线旅游配套设施一期工程基本完成，精品段连线连片效果显现。

生态环境质量不断改善 2022年，罗定市细化中央生态环境保护督察整改措施46项，完成整改5项，达到时序进度41项。全年空气质量优良率95.1%。全市建成村级污水处理设施136个，2951个自然村实现生活污水收集，罗定江河段断面水质、省控大湾断面水质、城市集中式饮用水水源地水质均达到考核标准，镇级以上千吨万人饮用水源水质全部达标。完成高质量水源林建设671.1公顷、新造林抚育274.1公顷，义务植树65万株，全市森林覆盖率63.5%。

【社会事业】 民生保障 2022年，罗定市城乡居民人均可支配收入24301元，同比增长6%。城镇新增就业4981人，城镇登记失业率控制在3.5%以内。企业职工基本养老保险、失业保险、工伤保险参保分别达到4.56万人、4.08万人、5.59万人。城镇和农村低保标准分别由每人每月830元、580元提高至860元、610元。新建城乡居家养老服务中心站26个，市区域养老服务设施整体提升工程加快建设，全市养老机构护理型养老床位占比53.8%。全市发放住房保障租赁补贴294户，完成农村危房改造121户。

公共服务 2022年，罗定市县域医共体建设扎实推进，基层医疗机构“优质服务基层行”活动持续开展，群众住院次均费用同比下降7.6%。教育事业稳步发展，新（改、扩）建学校12所，增加优质学位9100个。改善农村学校办学条件，建成义务教育学校项目21个。推进文化惠民工程，开展公共文化服务活动190多场次，建成文化馆分馆15个、图书馆分馆12个，169个建制村（社区）综合性文化服务中心达到提质增效标准。

社会环境 常态化开展扫黑除恶斗争，打掉涉恶犯罪集团1个、涉恶犯罪团伙10个，全市刑事治安警情同比下降15.7%。推进安全生产源头治理，生产安全事故发生起数、事故死亡人数同比分别下降10.5%、54.6%。“粮安工程”扎实推进，粮食综合生产能力达到24.87万吨，粮食安全考核被评为良好等次。优抚对象各项政策得到落实，双拥共建活动广泛开展。国防、综治、信访、消防救援、地方志等工作扎实推进，民族宗教、外事侨务、妇女儿童、老龄和助残等事业全面进步。（罗定市发展和改革局）

精神文明建设

【文明城市创建】 2022年，罗定市全面、全域、全员开展广东省县级文明城市创建，城区划分26个大网格、178个小网格，市四套班子领导带头进网格，实行定人、定岗、定责、定标准管理。对华侨里、中瑶塘、教师村3个老旧小区进行改造；市人民广场及周边升级改造工程、江滨公园（北区）改造工程、文塔公园整改工程竣工；城区智慧停车项目新增4956个车位；完成大新、茶亭、城东、孖塘等农贸市场的升级改造；对大新前路人行道、罗城街道细坑社区文林路、平南路口及人行道、素龙潭井路段等进行硬底化改造建设。

【文明村镇创建】 2022年，罗定市下发罗定市文明村镇测评体系操作手册责任分解表，使文明村镇创评考核量化、细化，实行动态管理。至年底，全市有省级文明镇（街）2个，市级以上文明镇（街）16个，县级以上文明镇（街）21个，县级以上文明镇（街）比例100%；国家级文明村（居）1个，省级文明村（居）2个，市级文明村（居）22个，县级以上文明村（居）292个，其中33个省定贫困村全部达到文明村创建标准，全市文明村（居）覆盖率在95%以上。10月9日，罗平镇、双东街道龙凤村、苹塘镇良官村、太平镇丽塘村4个省级以上文明村镇顺利通过省考评组的验收考核，继续保留文明村镇的荣誉称号。

【文化服务】 文化惠民 2022年，罗定市举办各类文艺演出9次、各类文化活动17次，举办书法展览等各类公益活动4次，完成55场粤剧送戏下乡活动。

公共文化服务 2022年，罗定市图书馆组织开展展览、征文、竞赛、讲座、手工等各类线上线下阅读推广活动58场次，参与各类活动13000人次。市博物馆接待群众6.8万人次，举办以党史学习教育为主的特色专题展览9个，开展免费讲解服务62场次，宣传教育活动22场次。其中，线上活动5场次，参与3200人次；讲座3场次，参与380人次；开展文物保护法律宣传48次。

公共文体设施建设　2022年，罗定市文化馆建成分馆15个，服务点45个；图书馆建成分馆12个，服务点36个；建制村（社区）综合性文化服务中心提质增效达标建设已完成169个。

▲ 2022年4月16日，罗定市新时代文明实践中心开展“4·23世界读书日——阅读滋养心灵　书香点亮文明”志愿服务活动（罗定市委宣传部／供图）

【新时代文明实践站（所）建设】 2022年，罗定市按照“有场所、有队伍、有活动、有项目、有机制”的标准，建成1个新时代文明实践中心、5个新时代文明实践示范点、21个新时代文明实践所和336个新时代文明实践站，实现市、镇（街）、村（社区）全覆盖。

【志愿服务活动】　2022年，罗定市组建404支服务队伍、8.6万名文明实践志愿者，开展志愿服务活动5000多场次，服务时长超过900万小时。

【先进典型示范引领】　2022年，罗定市组织开展评先表优活动。立锋电影队队员黄志成入选第八批广东省岗位学雷锋标兵和第七批全国岗位学雷锋标兵名单；义工张文滔获得“广东好人”“广东最美志愿者”荣誉称号；太平镇社工张文桑获得“广东最美志愿者”称号；“罗定心连心‘扶志助飞’公益项目”被省文明委评为“广东省最佳志愿服务项目”；罗定市谢颖宜、李言邦、梁雨婷3名学生被评为2022年云浮市“新时代好少年”；黄月怡家庭、岑思莲家庭、黄晓蕾家庭3个家庭被评为2022年云浮最美家庭。

【未成年人思想道德建设】　2022年，罗定市实施未成年人思想道德建设提升工程。全市83家中小学校组织教职工学习《中小学教师职业道德规范》《新时代中小学教师职业行为十项准则》，签订师德师风建设目标责任书；全市17所中小学获得“云浮市文明校园”称号；市委宣传部连同市教育局、团市委抓住传统节日和重大纪念日契机，开展“扣好人生第一粒扣子”、“争做新时代好少年”、中华优秀传统文化传承、“劳动美”社会实践、“阳光成长”心理健康教育等主题教育实1000场次，参与10万人。

（罗定市委宣传部）

大事记

1月

5日　“燃起来”——云浮市学习贯彻中共十九届六中全会精神八大特色宣讲进乡村进基层暨“万家春联我来‘贴’”罗定市专场活动启动仪式在黎少镇田心村举行。

6日　广东恒健投资控股有限公司考察组到罗定市考察，洽谈高新电子产业链投资合作事宜。

7日　罗定市农村电商培训和创业就业基地衔牌揭幕暨罗定天溪冷链物流产地仓一期项目启动仪式在罗定市农村电商培训和创业就业基地举行，广东省委原常委、原政法委书记、省政协原副主席梁伟发，省人力资源和社会保障厅二级巡视员张广立，就业服务管理局局长夏义兵，省农业农村厅二级巡视员郑宏宣，省商务厅二级巡视员黄欣，省新供销天业冷链集团总经理林长青以及罗定市相关领导等共同为罗定市农村电商培训和创业就业基地衔牌揭幕。

10日　南海区九江镇乡贤关杰初、吴绮兰伉俪定向慈善捐赠仪式在罗定市金鸡镇举行，定向支持罗定市用于乡村振兴和教育事业的善款400万元，并举行交接仪式。

13日　双东街道棋协、分界镇棋协成立，至此，罗定市21个镇（街）全部成立棋协，在全国率先实现镇（街）棋协全覆盖。

18日　广东省禁毒基金会向罗定市辖区内的派出所和禁毒大队捐赠25台毛发检测研磨设备。捐赠仪式在市禁毒办举行，广东省禁毒基金会副理事长兼秘书长莫廉出席捐赠活动。

△ 罗定市核雕协会成立大会暨罗定市核雕协会会员代表大会第一届第一次会议在罗镜镇举行，大会选举产生罗定市核雕协会第一届会长、副会长、监事长和秘书长。

20日　罗定市政府投资项目代建中心成立并举行揭幕仪式。

21日　中共罗定市第十四届委员会第二次全体会议在罗城召开，罗定市委书记王雄飞代表市委常委会作报告，市委副书记、市长罗永雄就经济工作作专题讲话。市委委员、候补委员出席会议。部分正处级老领导，市有关领导，市纪委常委、市监委委员，市人大常委会办公室主任，各镇（街）党政主要负责人；市直及上级驻罗定有关单位党员主要负责人和市第十四次党代会部分基层代表列席会议。

24日　罗定市党史学习教育总结会议在市第三会议室召开，云浮市委党史学习教育第二巡回指导组到会指导。

△ 罗定市2021年度党委（党组）书记抓基层党建工作述职评议会在市委党校召开。

25日 广东省爱国卫生运动委员会发布公告，授予广东省107个镇“广东省卫生镇”荣誉称号，其中罗定市罗镜镇、分界镇、苹塘镇榜上有名。

26日 “传承粤剧文化 建设美丽罗定”2022年罗定市迎新春粤剧专场晚会在市文化中心大剧院举行。

27日 罗定市江滨公园（北区）开园暨博学路通车仪式在罗定市江滨公园北区举行。

28日 “感恩驻镇帮扶 共赏粤曲风华”2022年罗定市迎新春粤剧专场晚会在市文化中心大剧院举行。

2月

1日 云浮市委书记、市人大常委会主任、市疫情防控指挥部总指挥卢荣春在罗定市主持召开云浮市疫情防控应急指挥部专题工作会议。云浮市委副书记、市长、市疫情防控指挥部副总指挥李庆新出席会议。省疾控中心副主任何剑峰到会指导。会上，云浮市委副书记、罗定市委书记王雄飞通报罗定市有关输入性疫情风险处置情况。云浮市委常委、常务副市长吴泽桐部署有关疫情防控工作，云浮市领导谢月浩、谢思佳、谢超武、徐贤荣、罗立旷在罗定市会场参会。

2日 云浮市委书记、市人大常委会主任、市疫情防控指挥部总指挥卢荣春在罗定市主持召开云浮市疫情防控应急指挥部专题工作会议，云浮市委副书记、市长、市疫情防控指挥部副总指挥李庆新出席会议。省疾控中心主任邓惠鸿、副主任何剑峰到会指导。云浮市领导王雄飞、吴泽桐、谢月浩、谢思佳、王弘、谢超武、梁绍雄、徐贤荣、罗立旷参加会议。

8日 云浮市委书记、市人大常委会主任、市疫情防控指挥部总指挥卢荣春在罗定市主持召开隔离场所管控工作专题会，省指导组成员、省卫生健康委二级巡视员冯惠强到会指导。市领导谢思佳、王弘、徐贤荣、苏全喜参加会议。

△ 云浮市委书记、市人大常委会主任、市防控指挥部总指挥卢荣春在罗定市主持召开市新冠肺炎防控工作调度会，云浮市委副书记、市长、市防控指挥部副总指挥李庆新在龙湾镇前线指挥部参加会议。会议指出，2月8日，国务院联防联控机制新闻发布会通报“云浮市疫情已经得到控制”，标志着云浮市疫情防控取得阶段性重要成果。各县（市、区）以电视电话会议形式参加会议，设罗定市主会场及其他县（市、区）分会场、云浮新区分会场和前线指挥部会场（龙湾镇会场）。会上，省卫健、疾控专家就有关问题作专题发言。云浮市领导王雄飞、林少威、吴泽桐、李立群、谢月浩、谢思佳、王弘、梁仁球、谢超武、梁东海、梁绍雄、王巍、徐贤荣、罗立旷、苏全喜参加会议。

△ 教育部网站发布《关于公布2021年度全国青少年校园足球特色学校、试点县（区）、“满天星”训练营、改革试验区和全国足球特色幼儿园名单的通知》，其中罗定市太平镇中心小学被评为“2021年度全国青少年校园足球特色学校”。

9日 首批支援云浮新冠疫情防控款物捐赠仪式在罗定市举行。受云浮市委书记卢荣春、市长李庆新委托，云浮市副市长梁东海出席仪式并代表市委、市政府接收相关捐赠。仪式上，佛山对口帮扶云浮指挥部和衍生健康医药、南方东海钢铁、金晟兰冶金、云浮石材行业协会、鑫国源能源、德鸿控股等企业和协会捐款捐物合计600万元。

△ 国家卫生健康委、国家中医药局发文通报表扬2021年“优质服务基层行”活动中表现突出、服务优质机构，其中罗定市罗镜镇中心卫生院上榜。

△ 住房和城乡建设部、国家发展和改革

委员会、财政部、自然资源部、农业农村部、民政部、科技部联合发布《关于开展全国重点镇增补调整工作的通知》，公布3675个全国重点镇名单。同时，废止原2004年公布的全国重点镇名单。其中广东123个镇榜上有名，云浮占4个，其中罗定市船步镇上榜。

11日　广东省教育厅公布全省中小学第三批中华优秀文化传承学校和第五批艺术教育特色学校名单，其中，罗定市喜耀粤西学校（传承项目：扎染）被评为“广东省中小学中华优秀文化传承学校”，罗定实验中学（艺术特色项目：硬笔书法）、罗城中心小学（艺术特色项目：丙烯画）被评为“广东省中小学艺术教育特色学校”。

16日　广东省教育厅公布第三批“广东省绿色学校”名单，罗定市有罗定中学、城东学校等22所学校上榜。

17日　广东省科技厅、省财政厅、国家税务总局广东省税务局联合发文公布“广东省2021年第一批、第二批高新技术企业名单”，其中罗定市宝捷电子有限公司入选广东省2021年第一批高新技术企业名单；广东广立建设工程有限公司、广东泷水农业发展有限公司、罗定市广富生态农业发展有限公司、罗定市金津农业有限公司入选广东省2021年第二批高新技术企业名单。

18日　广东省农业农村厅对外公布2021年广东省重点农业龙头企业名单，其中罗定有13家企业上榜，涵盖食品、生态农业等行业，分别是罗定市食品企业集团公司、罗定市稻香园农业科技股份有限公司、广东星光脂胶科技股份有限公司、罗定市恒兆蒸笼有限公司、罗定市长岗坡食品有限公司、罗定市源香食品有限公司、罗定市骏达香料有限公司、罗定市原始蛋鸡养殖有限公司、广东桂之神实业股份有限公司、广东海惠生态农业发展有限公司、罗定市绿家农业发展有限公司、罗定市周生林产化工厂、罗定市金津农业有限公司。

21日　云浮市精神文明建设委员会办公室公布2021年度“云浮好人”名单，共19人被评为2021年度“云浮好人”。其中，罗定市公安局刑事侦查大队特情工作中队一级警长沈灿云、佛山市南海区驻罗定市附城街道新民村第一书记崔现忠、罗定市公安局交通警察大队信息综合室主任许权入选“敬业奉献类”好人名单。

△ 云浮市人民政府授予云浮市10名中医师为“云浮市名中医”，其中罗定市4人上榜，分别是罗定市中医院中医骨伤科主任中医师刘建卫、罗定市中医院中医内科主任中医师彭家柱、罗定市中医院中医骨伤科主任中医师郑明锋、罗定市中医院中医内科副主任中医师李建汉。

△ 广东省文化和旅游厅发布《关于第五次全国文化馆评估定级情况的通报》，罗定市文化馆被文化和旅游部评为“国家一级文化馆”。

△ 罗定市纪委监委召开巡察工作会议暨十四届市委第一轮常规巡察工作动员部署会。

22日　罗定市人大常委会组织驻罗定的全国、省、部分云浮市人大代表开展集中视察活动，对罗定市交通运输网络建设进行集中视察。

△ 罗定市稻米产业高质量发展工作座谈会在市第三会议室召开。

23日　罗定市民营经济高质量发展工作座谈会在市第三会议室召开。

25日　广东省农业农村厅公示2021年度省级休闲农业与乡村旅游示范单位候选名单和前八批示范点监测合格单位名单，其中长岗坡红色文化旅游区进入2021年度休闲农业与乡村旅游示范点候选名单；苹塘镇海惠农业观光园等单位进入《广东省休闲农业与乡村旅游示范点监测合格名录（2013—2020）》，继续保留“广东省休闲农业与乡村旅游示范点”称号。

28日　罗定市“1·31”疫情防控档案收集工作专题会议在市卫生健康局召开。

△ 云浮市妇联、市农业农村局公布第十批云浮市巾帼创业示范基地名单，其中罗定市

3个基地上榜，分别为罗定市科泰种养专业合作社、罗定市华石镇唐果果园、罗定市素龙街道羊桥唐兄家庭农场。

3月

3日　罗定市纪念“三八”国际妇女节112周年暨2022年全市妇女工作会议在市委党校礼堂召开。

4日　“喜迎二十大　志愿建功行”罗定市2022年学雷锋全民志愿服务行动月启动仪式在江滨公园广场举行。

△ 罗定市纪委第十四届二次全会在罗城召开，市委书记王雄飞出席会议并讲话。

6日　农业农村部公示第十二批全国“一村一品”示范村镇名单，全国共396个村镇入选，其中罗定市罗镜镇（丝苗米）入选。

7日　罗定市2022年组织工作会议在市委党校礼堂召开。

△ 罗定市禁毒重点整治攻坚会暨禁毒委员会全体会议在市第三会议室召开。

9日　罗定市在石牛山森林公园开展2022年义务植树活动。

△ 罗定市2022年春季“阳光征兵”电脑随机选择审批定兵会在市文化中心举行。

10—11日　政协第十一届罗定市委员会第二次会议在市委党校礼堂召开。会议补选了潘泽辉为十一届政协秘书长，黄冰锋、覃伟濠、黎安民为十一届政协常委。

11日　罗定市第十七届人民代表大会第二次会议在市文化中心召开。会议应出席人大代表399名，实到362名。大会选举童志强为罗定市监察委员会主任。

18日　罗定市春季农业生产现场会在船步镇召开。

20日　广东省委原常委、原政法委书记，省政协原副主席，中国警察协会副主席梁伟发等一行到罗定培献中学考察指导工作。

21日　“我的家庭我守护不让毒品进我家”2022年云浮市禁毒宣教活动启动仪式在罗定市素龙街道凤塘村文化广场举行。

△ 广东省农业农村厅公布2021年度广东省新增国家级、省级农业龙头企业名单，罗定市金津农业有限公司被评为“省级农业龙头企业”。

23日　罗定市首家个企地联营加油站——亿兴加油站正式开业，该加油站位于素龙街道大甲村鹰掌岗自然村。

24日　罗定市禁毒重点整治攻坚冲刺推进会在市第三会议室召开。

29日　广东广播电视台新闻频道《社会纵横》栏目播出《省级非遗：罗定豆豉酿制技艺》。

30日　云浮市委组织部印发通知，评定一批云浮市党员教育基地，其中长岗坡党员教育基地（2018年10月初定，本次复审确定）、连州革命战斗党员教育基地被评为“云浮市党员教育基地”，罗平镇委党校被评为“云浮市示范镇街党校”，黎少镇大陂村被评为“云浮市红色美丽乡村”。

30—31日　中共中央政治局委员、广东省委书记李希；省委副书记、省长，深圳市委书记王伟中到罗定学宫、长岗坡党员教育基地、广东微容电子科技有限公司等地调研。省领导张福海、王志忠参加调研。

31日　广东省水利厅党组书记、厅长王立新率调研组到罗定市调研水务工作。

△ 广东省交通运输厅党组书记、厅长李静率调研组到罗定市调研交通项目规划建设和交通运输疫情防控等工作。

△ 中宣部公布第七批全国学雷锋活动示范点和岗位学雷锋标兵名单，其中，罗定市立锋电影放映队队员黄志成被中宣部评为“全国岗位学雷锋标兵”。

△ 由广东省乡村振兴局和广东省妇女联合会联合开展的“全省乡村振兴驻镇帮镇扶村优秀巾帼队员”评选结果出炉，全省共204名优秀巾帼队员获通报表扬，其中罗定市5名优秀妇女上榜，分别为覃洪飞、梁宁、彭洁银、冯敏英、宋福杰。

是月　由广东省文学艺术界联合会、广东省作家协会联合主办的“第三届广东文艺终身成就奖”获得者名单揭晓，全省14名文学艺术大家入选，著名粤语相声表演艺术家、罗定杰出乡贤黄俊英获“第三届广东文艺终身成就奖”殊荣。

4月

1日　国家森林草原防灭火指挥办公室督查组组长、国家林业和草原局广州专员办副专员贾培峰，在广东省应急管理厅、省林业和草原局有关负责人的陪同下带队到罗定市检查清明节期间森林防灭火工作。

△ 广东省国资委党委副书记、主任李成率队到罗定市罗平镇调研指导乡村振兴驻镇帮镇扶村工作。

2日　中央电视台科教频道《味道》栏目摄制组走进罗定市拍摄历史悠久的传统美食罗定皱纱鱼腐和罗定豆豉，让观众感受罗定独特的地方饮食文化和地域风情魅力。

7日　云浮市政协主席梁丽娴率队到罗定市调研中央及省委政协工作会议精神贯彻落实情况。

12—13日　珠海市委副书记、市长黄志豪率政企考察组到罗定市沟通帮扶罗定市农商银行改革发展事宜，并就金融、产业、文旅等多领域进行交流，云浮市委副书记、市长李庆新，云浮市委副书记、罗定市委书记王雄飞陪同调研。

14日　第三届广东省中小学青年教师教学能力大赛获奖名单出炉，罗定市11名教师获奖。

20日　云浮市委书记、市人大常委会主任卢荣春，市委副书记、市长李庆新，市政协主席梁丽娴到罗定市调研。云浮市领导王雄飞、谢思佳、徐贤荣等参加调研。

21日　华发集团常务副总经理、华发投控集团董事长谢伟率华发集团考察组到罗定市考察，云浮市委副书记、罗定市委书记王雄飞会见华发集团考察组一行。

22日　中共罗定市第十四届委员会第三次全体会议在罗城召开。罗定市委委员、候补委员出席会议。部分正处级老领导，市有关领导，各镇（街）党政主要负责人，市人大常委会办公室主任、市政协秘书长，市纪委常委、市监委委员，市委办、市府办副主任，市直及上级驻罗定有关单位党员主要负责人，市第十四次党代会部分基层代表列席会议。

△ 罗定市禁毒重点整治迎检工作部署会在市第三会议室召开。

25日　罗定市十七届人民政府第一次廉政工作会议在市第三会议室召开。

26日　云浮市关心下一代工作委员会主任招炳德带领调研组到罗定市开展关心下一代工作调研。

27日　广东省核查组到罗定市附城街道考察丰盛村创建第九批“全国民主法治示范村（社区）”工作。

△ 罗定市科技局召开高新技术企业授牌仪式暨2022年科技创新政策宣贯会，对罗定市2021年获得国家级高新技术企业认定的10家企业进行集中授牌。

28日　广东省政协常委、香港工商总会会长、信义能源控股有限公司董事长李圣泼率考察组一行到罗定市考察调研，并就玻璃制造、光伏产业等领域开展合作进行座谈交流。

29日　罗定市农产品产地冷藏保鲜整县推进试点县建设工作会议在市农业农村局召开。

5月

1日　罗定市疫情防控、安全生产暨自建房安全防范工作会议在市第三会议室召开。

6—7日　广东电视台珠江频道《全民叹世界》栏目组走进罗定市分界镇，对分界镇的旅游和美食文化推广等进行为期2天的摄制。

7日　罗定市2022年精神文明建设暨创建广东省县级文明城市工作推进会在市委党校礼堂召开。

9日　罗定市人民政府与广州市建筑集团有限公司举行战略合作框架协议签约仪式。

12—13日　罗定市在市委党校举办2022年度创建广东省县级文明城市工作提升培训班。

13日　广东省政协党组成员、副主席郑振涛率省政协调研组到罗定市开展“推进‘双减’政策下中小学校美育教学改革与社会协同发展”专题调研，并走访慰问在罗定的省政协委员，了解罗定市学校美育工作开展情况、存在问题及工作建议。

17日　罗定市人民政府与广东省建筑工程集团有限公司在市第三会议室举行战略合作框架协议签约仪式。

18日　罗定市“喜迎二十大、永远跟党走、奋进新征程”五四青年座谈会在市第三会议室召开。

△ 广东省人力资源和社会保障厅下发通知，批准全省224家单位设立博士工作站，罗定市中医院榜上有名。

△ 罗定市宣传思想文化工作会议在市委党校礼堂召开。

26日　广东省应急管理厅厅长王中丙率调研组到罗定市开展应急管理工作调研。

30日　中国象棋协会副主席、广东省棋牌管理中心主任、中国象棋国际特级大师吕钦走进罗平镇中心小学古勇教学点就象棋特色学校创建工作进行调研。

31日　广东省农业农村厅党组书记、副厅长刘棕会率队到罗定市调研农业农村工作。

△ 罗定市人民政府与中国建筑第八工程局有限公司签订战略合作框架协议。云浮市委副书记、罗定市委书记王雄飞，中国建筑第八工程局有限公司副局长、华南分局局长韩兴争出席签约仪式并讲话。

6月

1日　“喜迎二十大　争做好队员”云浮市学习宣传贯彻习近平总书记在庆祝中国共产主义青年团成立100周年大会上的重要讲话精神暨云浮市少先队校外实践教育基地少先队分批入队仪式在罗定市长岗坡党员教育基地举行。

2日　广东省农业农村厅公布2022年省级现代农业产业园建设名单，罗定市生猪产业园位列其中。

5日　云浮市委副书记、市长李庆新率队到罗定市检查督导重点项目建设和债券支出情况。

9日　2022年罗定市创建广东省县级文明城市工作推进会在市第三会议室召开。

10日　罗定市市场监管局为广东态森德制药有限公司发放计量标准考核证书。这是该局颁发的首份计量标准考核证书，实现罗定市企业最高计量标准“零”的突破。

13日　罗定市新冠疫情防控工作会议在市第三会议室召开。

16日　罗定市在文化广场开展“遵守安全生产法　当好第一责任人”为主题的罗定市2022年“安全生产月”宣传咨询日活动。

△ “喜迎二十大　奋进新征程”2022年广东社会科学普及周主题日活动在罗定市长岗坡党员教育基地举行。广东省社科联党组书记、主席张知干，党组成员、专职副主席曾赠，一级巡视员李夏铭，云浮市委常委、宣传

部部长谢思佳出席活动。广东省各地级以上市社科联负责人，部分2022年广东省优秀社科普及专家、工作者、优秀社科普及作品的作者、优秀社科普及基地和社科普及工作先进单位代表等有关人员参加活动。

20日　大型系列电视专题节目《约见·云浮文物》开机仪式在罗定市长岗坡党员教育基地举行。

21日　罗定市2022年党管武装工作会议在市第三会议室召开。

24日　罗定市政协在市委党校礼堂举办学习贯彻省第十三次党代会精神暨委员履职培训班。

△云浮市打击治理电信网络诈骗违法犯罪暨“6·26”国际禁毒日宣传现场会在罗定市召开。

26日　罗定市2022年“6·26”国际禁毒日“青春彩虹跑　无毒人生路”禁毒宣传活动在江滨公园举行。

△广东药科大学党委副书记、校长翟理祥率调研组到龙湾镇调研南药产业和乡村振兴发展情况。

27日　罗定市2022年“广东扶贫济困日”活动启动仪式暨广州豪进集团有限公司向罗定市捐赠公务用车仪式在市文化中心广场举行。云浮市委副书记、罗定市委书记王雄飞出席活动并宣布罗定市2022年“广东扶贫济困日”活动正式启动。广州豪进集团有限公司董事长、总裁刘国杰等出席活动。仪式上，刘国杰代表豪进集团向罗定市捐赠200辆摩托车和人民币200万元，罗定市委副书记、市长罗永雄代表罗定市接收用车钥匙以及捐赠支票，并回赠荣誉牌匾。

27—28日　广州至信药业股份有限公司董事长、总裁魏平率考察组一行到罗定市调研。

28—29日　广东省委常委、宣传部部长陈建文到罗定市博物馆、罗定学宫等调研，省委宣传部、省文化和旅游厅有关负责人，云浮市领导卢荣春、李庆新、王雄飞、谢思佳等参加相关活动。

29日　罗定市在市委、市政府机关大院举行2022年“广东扶贫济困日”捐款活动。

30日　罗定市统一战线助力稳经济惠企政策宣讲会在市第三会议室召开。

△罗定市在市农业农村局召开扶贫济困日活动重点企业座谈会。

7月

1日　广东省统计局党组书记、局长杨新洪到罗定市调研指导统计工作，并走访慰问统计战线老党员。

7日　罗定市2022年精神文明建设委员会全体会议在市委常委会会议室召开。

8日　2022年罗定市创建广东省县级文明城市工作会议在市委党校礼堂召开。

△广东省妇联表彰2022年全省50户“五好家庭”，其中罗定市黄文权家庭榜上有名。

9日　广东（罗定）天溪冷链物流产地仓一期项目动工仪式在罗定市豆豉鸡产业园举行。广东省委原常委、省政协原副主席梁伟发，广东新供销天业冷链集团有限公司董事长黄邦郁等出席动工仪式。

△罗定市作家协会召开第三次会员大会，会议选举产生新一届理事会和主席团成员，叶来标当选市作家协会主席。

11日　由中国象棋协会、罗定市人民政府主办，广东省象棋协会协办的2022年第二届全国象棋冠军元老赛在罗定市奥斯威酒店开幕。中国象棋协会副主席、广东省象棋协会会长吕钦等出席开幕式。

15日　由中国象棋协会、罗定市人民政府主办，广东省象棋协会协办的2022年第二届全国象棋冠军元老赛闭幕式暨罗定市“全国象棋之乡”授牌仪式在罗定市举行。

18日　云浮市政协党组书记、主席梁丽娴率调研组到罗定市调研基层政协工作。

20日　广东省委原常委、原政法委书记、省政协原副主席梁伟发，省人社厅党组书记、厅长陈敏率调研组到罗定市调研指导人力资源和社会保障工作。省人社厅党组成员、副厅长谢忠保参加调研。

21日　广东省道安办率检查组到围底镇检查指导道路交通安全管理工作。

△ 广东省驻泰国经贸代表处首席代表暨泰国广东商会会长、香港盈信集团执行董事长林国鑫率考察团一行到罗定市考察调研。泰国广东商会常务副会长、福联置业有限公司董事长林镇雄，泰国广东商会名誉会长、中财经文化资产管理（深圳）有限公司总裁倪壁雄等企业家参加考察。

23日　广东省人民政府公布第十批广东省文物保护单位名单，云浮市共5处文物保护单位入选，其中罗定市罗城街道石围社区谭御史祠榜上有名。

25日　2022年云浮市“助力稳经济，平等享就业”残疾人就业专场招聘会在罗定市残疾人联合会举办。

26日　罗定市公安机关在城区开展夏季治安打击整治“百日行动”大巡游活动。

△ 云浮市第一届青少年机器人竞赛在市培献中学举办，广东省科协事业发展中心主任叶新鹏等出席活动。

△ 中银普惠金融乡村振兴南粤行（云浮罗平站）融资对接活动在罗平镇人民政府举行，中国银行广东省分行纪委书记邓又辉等出席活动。

28日　“喜迎二十大　奋进新征程”云浮市中共党史教育基地衔牌揭幕仪式在罗定市烈士陵园举行。加益镇、连州镇分别在罗定升起第一面五星红旗旧址——加益中学、罗定革命史料馆同步举行云浮市中共党史教育基地衔牌揭幕仪式。

△ 罗定市委在市第三会议室举办理论学习中心组（扩大）专题报告会，邀请广州碳排放权交易中心总经理孟萌作有关“双碳”政策与碳交易机制的专题报告。

8月

4日　教育部、中国福利会、中国宋庆龄基金会联合公布第十五届宋庆龄奖学金获奖名单，广东省有84名学生上榜，其中罗定市第一小学学生黄梓乾榜上有名。

△ 广东省农业农村厅调研组一行到替滨镇调研特色南药肉桂产业发展情况。

△ 广东省委常委、统战部部长王瑞军率调研组到罗定市就贯彻落实省第十三次党代会精神，推动现代特色农业高质量发展，做好新时代基层统战工作开展调研。省委统战部副部长、省民族宗教委党组书记张科，省农业农村厅党组书记刘棕会，省农业农村厅二级巡视员何国威，云浮市有关领导参加调研。

7日　2022年全国稻米精深加工产业技术创新发展大会召开，罗定稻米龙头企业之一罗定市丰智昌顺科技有限公司被国家稻米精深加工产业技术创新战略联盟授予“全国稻米精深加工产业技术创新示范企业”称号。

11日　云浮市委书记、市人大常委会主任卢荣春，市长李庆新，市政协主席梁丽娴率市四套班子成员到罗定市调研督导学生防溺水和河长制、湖长制工作。

15日　罗定市政务服务中心在2022年广东省县（区）标杆政务服务中心评估中，被广东省政务服务数据管理局评为2022年广东省县（区）级“标杆培育政务服务中心”。

△ 罗定中学4支队伍在2021—2022年全国青少年电子信息智能创新大赛总决赛智慧

物流挑战赛中表现优异，获 1 个全国二等奖、2 个全国三等奖和 1 个优秀奖。

16 日 在第二十二届广东省青少年机器人竞赛活动中，罗定市廷锴纪念中学师生参赛团队获一等奖（全省第四名）。

△ 云浮市委副书记、市长李庆新到罗定市豆豉鸡产业园、太平镇荣富电子有限公司、罗定市华耀科技有限公司、雅达电子（罗定）有限公司、罗定市产业转移工业园等地调研经济发展情况。云浮市委副书记、罗定市委书记王雄飞参加调研。

△ 罗定市人民政府决定授予勇救落水儿童的李昌军、李进、李兵、李文贵、梅单思 5 人“见义勇为”荣誉称号。

17 日 中建铁路投资建设集团有限公司华南分公司总经理龚道义率考察组一行到罗定市调研。

18 日 广东省人大常委会原主任、中国科学院研究员卢钟鹤，中国科学院研究员张焕芬及广州岭南文化研究会部分专家学者到罗定市参加由罗定市人民政府、广州岭南文化研究会合编的《千年文脉话龙龛》新书发行座谈会。

△ 由广东省医师协会主办的 2022 年中国医师节庆祝大会暨广东医师学术大会在广州举行。大会上，对本届“广东医师奖”50 名获奖医师进行表彰。罗定市人民医院副院长梁伦昌获“广东医师奖”称号，云浮地区仅 1 人获得此荣誉。

19 日 广东省教育厅调研组到罗定市实地调研农村小学体育场地设施建设情况。

△ 四川德康农牧食品集团股份有限公司副董事长夏毅强率调研组一行到罗定市调研食品深加工项目。

△ 由罗定市委宣传部、罗定市新时代文明实践中心主办，罗定新华书店承办的 2022 年南国书香节罗定分会场在新华书店开幕。

22 日 罗定市退役军人和其他优抚对象优待证首发仪式在市退役军人事务局举行。

△ 罗定市在市委党校礼堂召开新的社会阶层人士联合会成立大会暨第一届第一次会员大会。全体会员选举产生罗定市新的社会阶层人士联合会第一届理事会、监事会成员，陈兴锋当选联合会会长。

22—28 日 广东省第七届少数民族传统体育运动会在韶关市乳源瑶族自治县举行。本次运动会，罗定市代表队参加的两个竞赛项目摘得 1 枚银牌、6 枚铜牌。

23 日 央视农业农村频道《CCTV-17 农业农村》聚焦罗竹蒸笼产业发展，在《我的美丽乡村》栏目播出《竹香满罗定》专题报道。

26 日 由国家体育总局武术运动管理中心、中国武术协会联合主办的 2022 年全国自由搏击锦标赛在贵阳清镇市开赛，共有来自全国各地 44 个参赛单位的 181 名运动员参赛。除各省代表队之外，长期活跃在各大职业擂台和商业市场的知名俱乐部及明星运动员均有报名，罗定市素龙街道中村村杨桥自然村运动员唐其钦，获全国自由搏击锦标赛 57 公斤级冠军。

27 日 “助学重教十五载　奋进喜迎二十大”——罗定市泷州教育基金会第 15 年助学奖学奖教活动在市委党校礼堂举行。广东省委原常委、原政法委书记、省政协原副主席梁伟发，原广东省经委主任、广东省罗定商会会长彭书宝，广东省教育厅原巡视员、省民办教育协会会长赵康，云浮市副市长徐贤荣及有关单位主要负责人，乡贤代表和热心公益的优秀企业家，部分中小学校长和受助、受奖师生代表参加活动。

29 日 广东省乡村振兴局发布《2022 年广东省优秀乡村振兴调研报告和优秀镇域乡村振兴规划评选结果公示》，由泗纶镇党委政府和佛山市禅城区驻泗纶镇工作队联合撰写的《泗纶镇乡村振兴规划》入选 2022 年广东省优秀镇域乡村振兴规划，是云浮市唯一一个一等奖。

30 日 云浮市第六届职工职业技能大赛——云浮市电商直播短视频创作技能竞赛在罗定市电商大厦举行。

△ 2022 年云浮罗定市“夜经济”促消费

活动启动仪式在罗定市农产品交易博览中心举行。

△ 2021—2022 学年世界机器人大会青少年电子信息智能创新大赛华南赛区（广东）复赛结束，罗定中学有 6 支队伍在智慧物流挑战赛（团队）中获奖，其中初中组和高中组各有 2 支队伍荣获一、二等奖并成功晋级全国决赛。

31 日　广东微容电子科技有限公司的检测中心通过中国合格评定国家认可委员会（CNAS）认可，成功跻身国家认可实验室行列。

9 月

1 日　罗定市委理论学习中心组举行专题学习会，深入学习研讨《习近平谈治国理政》第四卷和习近平总书记在省部级主要领导干部专题研讨班上的重要讲话精神，推动习近平新时代中国特色社会主义思想在罗定落地落实。

△ 广东省政务服务数据管理局党组书记、局长杨鹏飞率队到罗定市调研指导数字政府改革建设、政务服务工作。

3—4 日　广东省社科院党组书记郭跃文，省社科院副院长、研究员赵细康率课题组到罗定市开展《南江流域生态环境保护与高质量发展研究》和《南江文化创造性转化创新性发展》两个课题的研究。

5 日　罗定市志愿服务联合会成立大会在市委党校礼堂召开，会议宣读罗定市志愿服务联合会成立批文，举行罗定市志愿服务联合会揭牌仪式；同时向联合会会长、监事长、副会长等组成人员颁发当选牌匾，并为 21 支志愿服务队伍授旗。

6 日　罗定市 2022 年第一期“罗定人大讲坛”在市委党校开讲。

7 日　罗定市教育工作暨庆祝第 38 个教师节大会在市委党校礼堂召开。

△ 云浮市 2022 年森林火灾应急演练在罗定市罗镜镇镜南村委山场举行。

8 日　罗定市附城街道举行 2022 年推进镇域经济高质量发展工作现场会。

13 日　罗定市委在市第三会议室举办理论学习中心组（扩大）专题报告会暨南药产业发展顾问聘任仪式，聘请中山大学药学院院长胡文浩，教授葛发欢为罗定南药产业发展顾问，并邀请胡文浩作肉桂产业发展专题报告。

△ 罗定市在市第三会议室召开南药（肉桂）产业发展座谈会，就南药（肉桂）产业发展进行探讨交流。

14 日　市直机关工委在市人民医院举行 2022 年市直机关新党员入党宣誓仪式，来自市直机关 61 名 2022 年新发展的预备党员进行庄严宣誓。

14—23 日　云浮市重点工作任务专项督查组对罗定市镇域经济和村级集体经济工作开展为期 10 天的督查，并于 15 日召开督查工作见面会暨专题会。

△ 广东省三水强制隔离戒毒所到分界镇金垌村委举行“广东省三水强制隔离戒毒所禁毒宣传服务站”揭幕仪式，该宣传服务站是云浮市首家村级禁毒宣传服务站，也是省三水强隔戒所首次在村级设立的禁毒宣传服务站。

△ “喜迎二十大　争做强国复兴好少年”2022 年罗定市“新时代好少年”先进事迹发布会在罗定第一小学举行。

21 日　罗定市疫情防控工作会议和中共二十大维稳安保工作推进会在市第三会议室召开。

△ 罗定市禁毒工作会议暨禁毒示范创建动员部署会在市第三会议室召开。

△ 罗定市摩托车、电动自行车挂牌整治工作推进会在市第三会议室召开。

△ 罗定市丰智发展有限公司举行关心下一代工作委员会成立挂牌仪式，成为罗定市首家民营企业关心下一代工作委员会。

22 日　广东省国资委党委书记、主任刘胜率队到罗定市罗平镇调研乡村振兴工作，省国资委党委副书记、副主任贺宇，省旅游控股集团党委书记、董事长车持强，省旅游控股集团党委委员、副总经理罗乾国，省中行党务工作部部长林健妮等参加调研。

23日　主题为“庆丰收　迎盛会”的罗定市庆祝2022年中国农民丰收节活动在罗平镇双莲村举办。

△广东省二医·云浮公益健康帮扶系列行动（罗定站）在附城社区卫生服务中心开展，为基层群众提供义诊服务。

24日　罗定市正式启动HPV疫苗免费接种进校园工作，按照知情、自愿、免费的原则，为适龄女性免费进行HPV疫苗接种。

26日　罗定市2022年度选调生培训班在市委党校多媒体室开班。

27日　云浮市举办“喜迎二十大　建功新时代”庆祝建市28周年重大项目集中签约动工竣工活动。在罗定分会场现场集中签约项目6个，总投资21.7亿元。

28日　罗定海关举行首个“关长接待日”接访活动，听取企业和社会各界的政策咨询、情况反映和举报投诉，帮助企业排忧解难。

29日　云浮市关心下一代党史学习教育基地在罗定市黎少镇横岗村革命先烈李芳春故居揭牌，云浮市关工委主任招炳德等出席活动。

△云浮市政协主席梁丽娴率队到罗定市开展视察活动。

30日　罗定市在市烈士陵园开展2022年烈士纪念日公祭活动。

△由中共罗定市委宣传部、市文化广电旅游体育局主办，市文化馆承办的“喜迎二十大　一起向未来”2022年罗定市庆祝中华人民共和国成立73周年文艺晚会（线上展演）在文化中心大剧场举行。

是月　《2022广东省区县高质量发展百强研究》在“2022县域经济创新发展论坛广东分论坛”上重磅发布，罗定市上榜，排名第64位。

10月

8日　广东省农业农村厅公布广东省2022年农民专业合作社省级示范社名单。其中，罗定市3家农民合作社入选，分别为罗定市罗镜镇泷龙农作物专业合作社、罗定市天鉴种养专业合作社、罗定市众润康中药材种植专业合作社。

11日　广东省人社厅、广东省应急管理厅印发决定，授予39个单位“广东省应急救援先进集体”荣誉称号，其中罗定市森林消防大队榜上有名。

△2022年省级“一村一品、一镇一业”专业村、专业镇名单出炉，其中，罗定市4个村入选2022年省级“一村一品、一镇一业”专业村名单，分别是罄滨镇罄滨村（肉桂）、生江镇七记村（辣椒）、罗平镇泗盆村（蚕桑）、连州镇云致村（肉桂）。

12日　云浮市委副书记、市长、市疫情防控指挥部常务副总指挥李庆新在罗定市主持召开疫情防控工作阶段性总结会议，云浮市领导王弘、梁绍雄、徐贤荣、罗立旷参加会议。

19日　云浮市委副书记、市长李庆新到罗定市调研并主持召开经济工作座谈会，深入学习贯彻习近平总书记重要讲话和重要指示精神，认真落实“疫情要防住、经济要稳住、发展要安全”的重要指示要求，研究部署罗定经济发展、安全稳定等工作。

△　国家卫健委、全国老龄办联合发出《关于命名2022年全国示范性老年友好型社区的通知》，其中罗定市太平镇太北村榜上有名。

21日　《光明日报》头版刊发《大美中国　丰收在望》，展现罗定市罗平镇长岗坡秋日丰收美景。

△罗定市人民政府与中水国曼（广州）能源发展有限公司新型储能项目签约仪式在市委常委会议室举行。

25日　“云浮有礼·2022乡村旅游十大手信”评选

结果正式出炉，罗定渔湾肥四鱼腐入选。

26 日　罗定市残疾人联合会第七次代表大会在市委党校礼堂召开。大会听取并审议通过了罗定市残疾人联合会第六届主席团的工作报告，选举产生了罗定市残疾人联合会第七届主席团主席、副主席、委员，副市长蓝美当选为新一届残联主席团主席。同时，选举产生罗定市出席云浮市残疾人联合会第六次代表大会的代表，推荐云浮市残联第六届主席团委员人选。

△ 2022 年罗定市新时代文明实践所（站）建设工作推进会在市第三会议室召开。

27 日　中国共产主义青年团罗定市第十八次代表大会在市委党校召开。大会依法选举产生共青团罗定市第十八届委员会，王龙波当选为书记，罗笑、陈健当选为副书记，大会审议通过大会工作报告的决议。

28 日　广东省民政厅调研组到附城街道社工站开展“双百工程”标杆社工站调研工作。

30 日　广东省农业科学院水稻研究所 2022 年晚造新品种新技术现场观摩会在罗定市举办，示范展示 200 多个优质新品种和配套绿色高效栽培技术。

31 日　广东省人力资源和社会保障厅、广东省消防救援总队联合发文表彰广东省“119 消防奖”获奖单位和个人，罗定市红十字义工组织荣获该奖项。

△ 中共罗定市委、罗定市人民政府决定给罗定市消防救援大队记集体三等功。

11 月

2 日　罗定市在市第三会议室召开全市领导干部会议，传达学习中共二十大精神，对做好全市学习宣传贯彻工作进行动员部署。

3 日　云浮市政协主席梁丽娴一行到罗定市中顺洁柔（云浮）纸业有限公司、罗定市水轮机厂有限公司和罗定市星际酒店等企业走访调研，听取企业需求，并提出工作意见。

△ 广东省老区建设促进会会长陈开枝率调研组到罗定市调研老区红色遗址保护利用情况，就进一步做好老区红色遗址保护利用工作提出指导意见，助力老区振兴发展。

4 日　为期 2 天的 2022 广东云浮 • 罗定稻米节活动在云浮（罗定）农产品交易博览中心拉开序幕。

6 日　云浮市委副书记、市长李庆新到罗定市看望慰问一线防疫人员，检查指导疫情防控工作。

9 日　“抓消防安全　保高质量发展”2022 年罗定市消防宣传月活动启动仪式在市文化中心举行。

△ 2022 年罗定市应急管理干部培训班在市委党校礼堂开班。

10 日　中共二十大代表、云浮市委书记卢荣春在罗定市召开中共二十大精神宣讲会。

△ 云浮市关工委名誉主任吴驹贤，云浮市关工委主任招炳德率调研组一行到罗定市调研关心下一代工作。

11 日　由罗定市文化广电旅游体育局主办，泷江体育发展（罗定）有限公司承办的罗定市国民体质监测工作在泷江幼儿园进行。

△ 罗城街道举行镇域经济创业园开园揭牌暨“1+20”融合发展启动仪式。

12 日　2022 年全国象棋业余棋王赛“全国象棋之乡”罗定市分会场暨罗定市第十四届中小学生象棋比赛在罗定市培献中学举行。

13 日　罗定市武术协会梁家拳、少林拳训练基地在素龙潭井文化广场揭牌。

16 日　罗定市 2022 年度城乡居民养老保险缴费续保工作推进会在市人力资源和社会保障局召开。

△ 广东省农业农村厅认定 10 个专业合作社案例为“2022 广东最佳农民合作社典型案例”，罗定市宏扬农作物种植合作社榜上有名。

△ 罗定市 2022 年基层专职人民武装干部履职考评大会在市人武部举行。

16—17 日　云浮市厅级退休干部到罗定市开展以“喜看新时代，阔步新征程”为主题的考察调研活动。

18日　罗定市人民政府与雅达电子（罗定）有限公司在常委会议室举行新能源科研制造基地项目战略合作框架协议签订仪式。

18—20日　罗定市集结129名医护人员组成多个医疗队，分批奔赴广州防疫一线，为广州疫情防控工作贡献罗定力量。

22日　“燃起来”——云浮市学习贯彻中共二十大精神奋斗故事我来“讲”　村里人讲村里事市级示范专场活动在茜塘镇罗阳村启动。

23日　十四届罗定市委第三轮巡察动员部署会在市交通运输局举行。

24日　罗定市地名管理委员会发出《关于“泷江大桥”命名的公告》，公告指出，经市人民政府办公室批复，同意以“泷江大桥”作为泷州新城道路和桥梁工程（站前路北沿线首期工程）（罗定四桥）名称。

△ 2022年云浮市（罗定）应急物资中转接驳站实战演练在罗定市德信物流园举行。

25日　罗定市为新开办企业提供首套印章免费刻制服务（含企业公章、发票专用章、财务专用章、合同专用章，共4枚印章），在原先赠送2枚印章的基础上，持续拓展深化惠企福利。

28日　罗定市疫情防控和安全生产工作会议在市第三会议室召开。

12月

2日　罗定市“身边案身边事身边人警示教育大会”在市第三会议室召开。

6日　广东省现代农业装备研究所、德康集团调研组一行到苹塘镇海惠农业生态园调研农业农村工作。

7日　罗定市在素龙街道办召开镇域经济发展工作现场推进会。

8日　根据《关于印发〈云浮市促进南药产业高质量发展的若干政策措施〉等“1+3”系列文件的通知》的要求，按照《2021年“云浮市十大南药品牌”评选推介活动实施方案》，云浮市中医药局会同云浮市工业和信息化局牵头组织评选活动，评选出2021年“云浮市十大南药品牌”。其中罗定市众润康中药材种植专业合作社“桂康润”牌肉桂、桂枝入选种植类品牌，一力制药（罗定）有限公司“好立康”牌穿王消炎片等中成药、广东荣兴香料科技有限公司“荣兴”牌肉桂油入选工业类品牌。

△ 2023年度罗定市党报党刊发行工作会议在市委党校礼堂召开。

12日　罗定市在市委党校礼堂召开全市党政办公室主任会议暨办公室业务培训班。

13日　罗定市在市委党校礼堂举办2022年罗定市领导干部学习宣传贯彻中共二十大精神暨习近平法治思想专题培训班。

△ 罗定市政府、市政协在市第三会议室联合召开罗商·市长面对面协商座谈会。

15日　罗定市“真抓实干、马上就办、办就办好”专题教育实践活动动员会在市委党校礼堂召开。

20日　2022中国水产预制菜风云榜正式公布，其中罗定市天谷农业科技有限公司获2022中国水产预制菜十大调味品企业奖。

21日　2022年云浮市冬种生产推进会在罗定市连州镇召开。

22日　由广东省文联指导，广东省摄影家协会主办的2022年度“广东摄影目的地”评选活动落下帷幕，最终选出16个区域为2022年度“广东摄影目的地”，其中，罗定市罗平镇长岗坡景区成功入选。

29日　罗定市八大民生工程落成开放仪式在市人民广场举行。八大民生工程总投资约8.1亿元，新增道路约7700米，新建（改造）面积约54600平方米，项目自2019年开始规划，2020年开始陆续动工建设，已全部建成并投入使用。

30日　中国少年先锋队罗定市第四次代表大会在市教育局会议室召开，会议选举产生中国少年先锋队罗定市第四届工作委员会正副主任、委员。

年度关注

罗定市江滨公园（北区）开园暨博学路通车

2022 年 1 月 27 日，罗定市江滨公园（北区）开园暨博学路通车仪式在罗定江滨公园（北区）举行。罗定市江滨公园建设工程（北区）项目总投资 6410 万元，占地面积 8.9 公顷，分两大主题区域。一个是七彩梦想园，占地 6.6 公顷，建有中心广场、映山红公园、亭廊、景观桥、人工湖及湿地景观、停车场等，以景观为主；另一个是运动休闲乐园，占地 2.3 公顷，主要设施有门球场、篮球场、乒乓球场、休闲活动场地等，以运动、休闲为主。江滨公园（北区）以保护与展示罗定江“一河两岸”自然景观与罗定历史文化为主，沿河岸建设亲水低堤 570 米，形成兼具生态、景观、娱乐、文化、艺术、休闲、教育功能的泷州新城公园。泷州新城道路和桥梁工程（博学路）项目总投资 8300 万元，呈西北走向，起点与建业路相交，终点与泷江中路相交；路线全长 1.19 千米，双向六车道，路幅宽度 40 米，采用城市次干道标准，设计车速 40 千米 / 小时。

▲ 2022 年 1 月 27 日，罗定市江滨公园（北区）开园暨博学路通车，全面推进“高成色民生”建设

（罗定市融媒体中心 / 供图）

2022 年广东社会科学普及周主题日活动在罗定市举行

2022 年 6 月 17 日，“喜迎二十大、奋进新征程”2022 年广东社会科学普及周主题日活动在罗定市长岗坡党员教育基地举行。省、云浮市社科联领导以及广东省各地级以上市社科联负责人，部分 2022 年广东省优秀社科普及专家、工作者，优秀社科普及作品的作者，优秀社科普及基地和社科普及工作先进单位代表等有关人员参加活动。广东社会科学普及周启动仪式上，颁发新设计制作的广东省社科普及示范基地牌匾，为获得优秀社科普及专家、优秀社科普及工作者、优秀社科普及作品作者、优秀社科普及基地和社科普及先进单位代表颁发荣誉证书。广州、惠州、云浮、阳江、汕尾 5 个地级以上市社科联负责人分别就广东社会科学普及未来五年规划谈设想或提出意见建议。会后，与会领导为省社科普及基地——长岗坡党员教育基地揭牌。参会代表参观长岗坡党员教育基地和长岗坡渡槽，到罗定学宫、罗定市博物馆、素龙街道七和村松蔄华南教育历史研学基地等社科普及基地调研。

2022 年第二届全国象棋冠军元老赛在罗定举行

2022 年 7 月 11 日，由中国象棋协会、罗定市人民政府主办，广东省象棋协会协办的 2022 年第二届全国象棋冠军元老赛在罗定市奥斯威酒店开幕。本次大赛为期 5 天。中国象棋协会副主席、广东省象棋协会会长吕钦，云浮市委副书记、罗定市委书记王雄飞，云浮市政协原副主席、省象棋协会原副主席江汝生等出席开幕式。开幕式上，王雄飞宣布 2022 年第二届全国象棋冠军元老赛正式开幕，罗定市有关领导和吕钦分别致辞。象棋全国冠军、特级大师柳大华、陶汉明、赵国荣、于幼华、吕钦、徐天红 6 名棋手分别按抽签规则进行首场对决。7 月 15 日，元老赛闭幕式暨罗定市“全国象棋之乡”授牌仪式在罗定市举行。国家体育总局棋牌运动管理中心副主任郭玉军，中国象棋协会副主席、广东省象棋协会会长吕钦，云浮市委副书记、罗定市委书记王雄飞，云浮市政协原副主席、广东省象棋协会原副主任江汝生以及罗定市相关领导等出席仪式，为 6 名象棋全国冠军、特级大师颁发奖章以及奖金。仪式上，郭玉军为罗定市颁发“全国象棋之乡”牌匾，王雄飞宣布第二届全国象棋冠军元老赛正式闭幕。经过为期 5 天的角逐，陶汉明、吕钦、柳大华分别获得冠亚季军。

罗定市新阶联成立

2022 年 8 月 22 日，罗定市在市委党校礼堂召开罗定市新的社会阶层人士联合会（简称“新阶联”）成立大会暨第一届第一次会员大会。市委书记王雄飞出席会议并讲话。大会听取新阶联筹备工作报告，表

▲ 2022 年 8 月 22 日，罗定市在市委党校礼堂召开罗定市新的社会阶层人士联合会成立大会暨第一届第一次会员大会（罗定市融媒体中心／供图）

▲ 2022 年 9 月 23 日，主题为“庆丰收　迎盛会”的罗定市 2022 年中国农民丰收节活动在罗平镇双莲村举办。图为启动仪式

（罗定市融媒体中心 / 供图）

决通过《罗定市新的社会阶层人士联合会章程（草案）》《罗定市新的社会阶层人士联合会选举办法（草案）》。大会选举产生新的社会阶层人士联合会第一届理事会、监事会成员，陈兴锋当选联合会会长。会议举行罗定市新阶联揭牌仪式，向新阶联理事会班子成员及监事会组成人员颁发证书；云浮市新阶联负责人为罗定市新阶联授旗；罗定市有关领导致贺词，新当选的新阶联会长在会上作表态发言。新阶联的职责范围包括沟通交流、培养会员、参政议政、维护权益、服务社群、对外联络等。是年，全市有新的社会阶层人士 8.6 万人，新阶联发展会员 137 名。

罗定市举办 2022 年中国农民丰收节活动

2022 年 9 月 23 日，主题为“庆丰收　迎盛会”的罗定市庆祝 2022 年中国农民丰收节活动在罗平镇双莲村举办。华南农业大学艺术学院党委书记刘红斌，云浮市、罗定市农业农村局相关负责人出席活动并分别致辞。活动中，刘红斌为罗定市获得 2021 年中国农民丰收节乡村振兴公益视频大赛广东省数字农业大展“十强县（区）”称号的单位颁发证书，宣布“罗定市庆祝 2022 年中国农民丰收节活动”正式启动。活动内容包括庆丰收的文艺会演、罗定农业产业发展成果展、农耕文化展、名优农特产展、罗平文旅发展成果展等，展示罗定市实施乡村振兴战略取得的丰硕成果。全市有 1.3 万公顷全国绿色食品原料（水稻）标准化生产基地，是广东省首个全国绿色食品原料（水稻）标准化生产基地，“罗定稻米”“泷州初心蛋”2 个产品被评为第 3 批全国名特优新农产品；有 13 家企业 15 个农产品被评为“粤字号”农业品牌，罗定稻米、罗定肉桂、罗定皱纱鱼腐、罗定豆豉 4 个产品被省农业农村厅认定为广东省“粤字号”农产品区域公用品牌，罗定稻米、罗定肉桂 2 个主导产品的产地被省农业农村厅认定为广东省特色农产品优势区。全市有绿色认证企业 10 家、产品 14 个；无公害农产品认证企业 27 家、产品 104 个；有机认证企业 5 家、有机产品 14 个。

2022广东云浮·罗定稻米节活动在罗定举办

2022年11月4日，为期2天的2022广东云浮·罗定稻米节活动在云浮（罗定）农产品交易博览中心拉开序幕。本届稻米节活动以网上云展会为主导，开展线上网络直播带货、推介展销，线下举办开幕式。活动在新华网“溯源中国”平台打造“罗定稻米”系列品牌线上XR（扩展现状）数字虚拟3D展厅，立体化展示“罗定稻米”品牌的产品、生产加工环境、品牌发展历程等内容。开幕式上举行了云浮罗定大米及米制品、生鲜白条猪、豆豉鸡、竹蒸笼等购销合同签约仪式，签约项目10个，签约总金额12.94亿元。开幕式现场为罗定市颁发“全国农作物病虫害绿色防控整建制推进县”牌匾；为罗定市农馨种养有限公司颁发“全国农作物病虫害绿色防控技术示范推广基地”牌匾；为罗平镇颁发“广东省休闲农业与乡村旅游示范点（2021年度）”牌匾。

罗城镇域经济创业园开园揭牌

2022年11月11日，罗定市罗城镇域经济创业园开园揭牌暨“1+20”融合发展启动仪式举行。同时举行罗城镇域经济创业园、佛山（禅城）罗定共建农产品融湾产业联络处、佛山（禅城）罗定共建农产品融湾产业体验馆的揭牌仪式。罗城镇域经济创业园位于罗城街道祥发路，占地1万平方米，可容纳企业达50～100家，预计带动就业500人以上。该创业园依托区位优势，建造一个集生产、物流、线上线下农特产展示销售、科普、跨境电商、休闲配套服务于一体的一站式园区，计划为全市17个乡镇、4个街道分别建设1个专门的镇域特色产品线下展示销售区和相配套的镇域产品线上宣传直播运营间，建设乡镇物流集散中心作为物流配套，对接园区产品销售，统一集中发货降低物流成本。园区还设置有餐饮、运动休闲区。该项目预计总投资5000万元，分3期进行，其中一期投入1500万元，在2022年12月底完成建设。创业园内完成各个功能区域的基建基础和区域划分，包括跨境电商运营区主体、智能停车场、罗定皱纱鱼腐工艺展示间、集散物流区、南药加工展示间，进驻企业14家。

罗定市举行八大民生工程落成开放仪式

2022年12月29日，罗定市八大民生工程落成开放仪式在罗定市人民广场举行，罗定市四套班子有关领导成员，各镇（街）党（工）委书记、市直有关单位主要负责人等参加活动。罗定市委常委、副市长肖承宾致辞，宣布罗定市人民广场、罗定市碧道项目（一桥至二桥段）、市区东华路一期工程、罗定市PPP（政府和社会资本合作）项目兴业二路段、市区人民南路（平南路口至兴华路段）改造工程、文塔半岛（前广场）工程、市区沿江路（泷州北路至新开坝段）改造工程、深岑高速双东互通立交出口改造工程等八大民生工程落成开放。罗定市八大民生工程总投资8.1亿元，新增道路7700米，新建（改造）面积54600平方米，项目自2019年开始规划，2020年开始陆续动工建设，至2022年12月全部建成。

华南教育历史研学基地梁家庄园项目一期基本完成

2022年11月，华南教育历史研学基地黎少镇梁家庄园项目一期的体育公园建成投入使用，二、三期招标工作完成。罗定市华南教育历史研学基地黎少镇梁家庄园项目规划建设面积60公顷，总投资1.2亿元，分为4期建设。项目一期体育公园建成投入使用。该体育公园占地面积4500平方米，建有七人制足球场、篮球场、羽毛球场、大型舞台、公共厕所、健身活动广场。梁家庄园周边环境提升工程，包括粮仓纪念广场、私塾前院、粮仓前休闲广场、信息纪念广场、码头等基本完成，古驿道、停车场、公厕、水池、荷花池等项目正在施工。项目第二、三期完成公开招标。梁家庄园创建于清咸丰年间（1851—1861），距今有100多年的历史，占地3.6万平方米，建筑面积6000平方米，建筑包括九座屋、粮仓、私塾和码头等，是西江流域最大的私人庄园，装饰有木雕、石雕、灰塑、壁画等岭南建筑工艺。抗日战争时期，省立文理学院（今华南师范大学）迁到梁家庄园办学。

罗镜镇（丝苗米）入选全国“一村一品”示范村镇名单

2022年11月，农业农村部公示第十二批全国“一村一品”示范村镇名单，全国396个村镇入选，罗定市罗镜镇（丝苗米）榜上有名。罗镜镇，是著名抗日爱国将领蔡廷锴将军的故乡，境内山清水秀，风光旖旎，年平均气温22℃，全年无霜期345天，平均降水量1500毫米，一年四季可耕作，土地肥沃，非常适合水稻种植，是全国绿色食品原料（水稻）标准化基地之一，是罗定市内优质大米主产区。2020年，全镇稻米产值3.5亿元，从事水稻种植的农户2万户，水稻产业为农民年人均收入增加1800元。辖区内有水稻种植农民专业合作社56家，加入合作社的农户3000多户，占全镇农户总数的12%。有罗定市农业龙头企业4家。其中，罗定市粤西米业有限公司和罗定市罗镜镇泷龙农作物专业合作社生产的丝苗米先后被中国绿色食品发展中心认定为绿色食品A级产品。

罗定市天谷农业公司入选2022中国水产预制菜风云榜榜单

2022年12月20日，2022中国水产预制菜风云榜正式公布，30多家预制菜企业获奖。其中，罗定市天谷农业科技有限公司获2022中国水产预制菜十大调味品企业奖。2022年，天谷农业科技有限公司酿造酱油年产量9000吨，酿造酱料年产量5000吨。2016年，公司成为罗定市重点农业龙头企业；2018年12月取得生产酿造酱油食品生产许可证；2019年5月获得食品安全管理体系认证和质量管理体系认证、危害分析与关键控制点（HACCP）体系认证；2019年7月公司基地种植的大豆和酿造的酱油取得了有机转换认证和有机产品认证，2019年8月获云浮市“乡村振兴杯”创业创新大赛银奖。

2022年罗定市十件民生实事

2022年，在罗定市第十七届人民代表大会第二次会议上，经票决，确定2022年罗定市十件民生实事：

强化疾病预防和就医保障，提升卫生健康水平

2022年，罗定市开展HPV疫苗免费接种。为具有罗定市学籍新进入初中一年级、14周岁以下未接种过HPV疫苗的女生免费接种HPV疫苗，预防宫颈癌。将部分治疗周期长、对健康损害大、费用负担重的疾病门诊费用纳入保障，扩大个人账户资金使用范围，提高参保人员门诊待遇。

提供优质基础教育，努力让学生“上好学”

2022年，罗定市扩增公办中小学、幼儿园学位供给。新建、改扩建一批公办中小学、幼儿园，增加公办学位9100个。选派30名教师、校长和教研员到珠三角跟岗学习。实施“新强师工程”，开展骨干教师、校

（园）长省级示范免费培训 80 人，组织教师免费培训 10700 人。实现义务教育学校课后服务全覆盖、有需求的学生全覆盖。开展校园护园行动，巩固提升中小学幼儿园“4 个 100%”安全防范建设水平。

加强食品药品安全监控，保障群众生产生活安全 2022 年，罗定市完成食品抽检任务 2579 批次，达到每年每千人 5 批次。在全市 6 家农贸市场开展食用农产品快速检测，全年完成 2.16 万批次以上快检任务，不合格食品处置率 100%。完成药品监督抽检 80 批次。

改善农村人居环境，建设美丽宜居乡村 2022 年，罗定市纳入乡村振兴规划建设的自然村内干路路面全部实现硬底化。升级改造一批农贸市场。全市所有圩镇达到宜居圩镇标准，建设一批示范圩镇。实施农村生活污水治理攻坚行动，新增 5 个自然村完成农村生活污水治理工作，全市农村污水治理率 50%。

提高困难群众生活救助水平，增强服务可及性 2022 年，罗定市城乡低保对象最低生活保障人均补差水平分别从每月 660 元、310 元提高到 685 元、325 元；特困人员基本生活标准不低于当地最低生活保障标准的 1.6 倍；集中供养孤儿基本生活最低养育标准从每人每月 1883 元提高到 1949 元，分散供养孤儿、事实无人抚养儿童从每人每月 1227 元提高到 1313 元；困难残疾人生活补贴、重度残疾人护理补贴标准分别从每人每月 181 元、243 元提高到 188 元、252 元。对经审核符合条件的最低生活保障边缘家庭和支出型困难家庭，纳入社会救助范围。实施兜底民生服务社会工作“双百工程”全覆盖。实现全市镇（街）社会工作服务站（点）100% 覆盖、困难群众和特殊群体社会工作服务 100% 覆盖，直聘社工为村居提供专业服务。推进法律援助申请“市域通办”，全市全年办理法律援助事项总数 1000 件。

加强生态文明建设，守住绿水青山 2022 年，罗定市推进治水治河和生态修复，建成 12 千米碧道。推动宜林荒山造林和重点水源区域的疏残林、灾损林分、低效林分改造，建设高质量水源林面积 666.6 公顷。完成矿山石场治理复绿面积 2 公顷。开展“送法规、送技术”服务企业专题活动。开展环保专题宣讲活动，为 5 家企业提供环保政策法规服务和重点企业“一对一”技术服务，派发专题技术汇编 200 册。

加强历史文化保护传承，丰富群众文化体育生活 2022 年，罗定市新增省级文物保护单位 1 处，开展 2 处红色革命遗址保护和活化利用。新增第十批省级文物保护单位 1 处，规范设置历史文化街区标志牌。开展全市古树名木资源补充调查，建立古树名木健康诊断和监测量化指标体系，对全市 6 株一级古树名木进行视频监控和保护。全市公共体育场馆向社会免费或低收费开放服务。开展重点群众文化品牌活动云上直录播 1 场。组织优秀展览到博物馆进行巡展 3 场。

深化“数字政府”建设，提供高效便捷的政务服务 2022 年，罗定市实现群众就医、求学、养老、户籍业务等 100 项高频事项“跨省通办、省内通办”。在全市推出 3 件“一件事”主题集成服务，在教育、民政、企业服务等领域推出 5 项高频事项秒批秒办。部署 336 台“粤智助”政府服务自助机，实现全市建制村全覆盖，群众办事不出村；完成数字政府线上服务平台和政务大厅适老化、适残化改造。

推进保障性租赁住房建设和城镇老旧小区改造，提升城市安居保障水平 2022 年，罗定市推动无房新市民、青年人，特别是从事基本公共服务人员等群体的住房困难问题解决。开工改造城镇老旧小区 1 个，重点改造城镇老旧小区配套基础设施、公共服务设施、建筑公共部位等。对燃气相关企业、燃气基础设施、燃气安全运行情况等进行全面摸底排查，台账建档率 100%，整治安全隐患。

深入实施“粤菜师傅”“广东技工”“南粤家政”三项工程，实现更加充分更高质量就业 2022 年，罗定市培训“粤菜师傅”1000 人次，推动“粤菜师傅”与产业融合，开发“粤菜师傅 + 人才 + 食材 + 药材”模式，打造“粤菜师傅”特色名片；开展技能人才补贴性培训 9000 人次，技工院校招生 500 人，优化技工院校专业建设，评选认定一批首席技师、云浮工匠，推广“云技课堂”培训平台应用；培训“南粤家政”2500 人次，认定一批市级龙头家政企业，打造一批综合服务示范基地、基层服务示范站。实施新产业工人职业技能提升工程。全年完成城镇新增就业 4500 人，促进城镇失业人员再就业 1350 人，帮扶就业困难人员就业 270 人。

政 治

党政机关

中国共产党罗定市委员会

综 述

【概况】 2022年，中共罗定市委设置党委机构9个，其中，纪检监察机关1个，工作机关8个。8个工作机关分别为市委办公室［挂市委政策研究室、市委保密委员会办公室（市国家保密局）、市委机要局（市密码管理局）、市档案局牌子］、市委组织部（挂市委老干部局、市公务员局、中共罗定市委非公有制经济组织和社会组织工作委员会牌子）、市委宣传部［挂市精神文明建设委员会办公室、市新闻出版局（市版权局）、市互联网信息办公室牌子］、市委统战部［挂市委台港澳工作办公室（市台港澳事务局）、市民族宗教事务局、市侨务局牌子］、市委政法委、市委编办、市直机关工委、市委巡察办。

【市委十四届二次全会】 2022年1月21日，中国共产党罗定市第十四届委员会第二次全体会议在罗城召开。会议主题：坚持以习近平新时代中国特色社会主义思想为指导，深入学习贯彻十九届六中全会和中央经济工作会议精神，全面落实省委十二届十五次全会、云浮市第七次党代会和云浮市委七届二次全会的部署要求，总结2021年工作，部署2022年度重点工作任务，动员全市上下走好新的赶考路、拼搏奋进新征程，凝心聚力推动罗定市第十四次党代会的各项决策部署落地落实，努力建设风清气正、宜居宜业、平安和谐的现代化美丽罗定。全会听取市委书记王雄飞代表市委常委会作报告，市委副书记、市长罗永雄作经济工作专题讲话。会议审议2021年市委常委会政治要件贯彻落实情况、抓党建工作情况的书面报告，并表决通过了罗定市推荐提名广东省出席中共二十大代表候选人人选。

【市委十四届三次全会】 2022年4月22日，中国共产党罗定市第十四届委员会第三次全体会议在罗城召开。会议主题：坚持以习近平新时代中国特色社会主义思想为指导，深入学习贯彻省委书记李希、省长王伟中调研云浮、罗定指示要求和云浮市委七届四次全会精神，动员引领全市上下牢记嘱托、感恩奋进、不辱使命、不负人民，努力建设风清气正、宜居宜业、平安和谐的现代化美丽罗定。全会由市委书记王雄飞代表市委常委会主持会议并作部署讲话，市委副书记、市长罗永雄传达省委、省政府主要领导调研云浮、罗定指示精神和云浮市委七届四次全会精神。

【市委重要决策】 强化知识产权保护实施 2022年7月15日，中共罗定市委办公室、罗定市人民政府办公室印发《罗定市强化知识产权保护实施方案》。该方案要求以习近平新时代中国特色社会主义思想为指导，确立知识产权严保护的治理导向；健全知识产权大保护的工作体系；打造知识产权快保护的工作链条；构建知识产权同保护的营商环境；加强基础条件建设；加强组织保障，树牢保护知识产权就是保护创新的理念，坚持严格保护、统筹协调、重点突破、同等保护，促全市知识产权保护能力和水平整体提升。

拓展新时代文明实践中心（所、站）建设 2022年8月2日，中共罗定市委办公室印发《罗定市拓展新时代文明实践中心（所、站）建设实施方案》。该方案以2022年年底，县级建立新时代文明实践中心、21个镇（街）均建立新时代文明实践所、336个建制村（社区）均建立新时代文明实践站为目标，以传播党的创新理论、做实思想政治工作、培养时代新人弘扬时代新风、深化文明实践志愿服务、综合利用阵地资源、以解决群众实际问题为主要任务，通过健全工作机制，形成整体合力；提倡因地制宜，加强分类指导；强化保障投入，严格评估检查三大举措，推动全市新时代文明实践中心（所、站）建设提质扩面、提档升级，使之成为学习传播科学理论的大众平台、加强基层思想政治工作的坚强阵地、培养时代新人弘扬时代新风的精神家园、开展中国特色志愿服务的广阔舞台。

推进罗定南药（肉桂）产业发展 2022年9月7日，中共罗定市委办公室、罗定市人民政府办公室印发《罗定市推进罗定南药（肉桂）产业发展工作实施方案》。该方案以“到2027年，全市南药（肉桂）全产业链实现生产总值100亿元，创税收1亿元以上”为目标，突出以南药肉桂产业发展为主、其他南药产业兼顾发展的思路，推动全市南药（肉桂）向集约化、产业化、标准化、品牌化方向发展。以“整合一、二、三产业，先抓两头，后促中间”的策略，引进、培育肉桂深加工龙头企业和优质网络传播平台，生产加工科技含量大、品牌溢价高的肉桂产品，形成“产品+传播+渠道”的数字化营销模式，打造罗定南药（肉桂）产业、生态、文化、旅游、康养等深度融合发展的产业集群。

【市委重要部署】 学习宣传习近平新时代中国特色社会主义思想 2022年，罗定市坚持把学习贯彻习近平总书记重要讲话和重要指示批示精神作为头等大事和首要政治任务。市委常委会会议安排“第一议题”54个，召开市委理论学习中心组学习会13次，引领全市坚定拥护“两个确立”、坚决做到“两个维护”。紧扣学习宣传贯彻中共二十大精神这条主线，市四套班子成员带头到挂钩联系点宣讲，形成125个专题“深调研”成果，组织开展专题宣讲会1570场，轮训农村党员超1.5万人，总覆盖干部群众超32万人次。

经济建设工作 2022年，罗定市统筹推进“三大抓手”，经济底盘筑牢稳固。是年，全市新引进产业项目21个，计划投资53.9亿元。培育“小升规”企业7家。全市工业投资同比增长21.8%。产业转移工业园规模以上企业增至28家，全年实现规模以上工业总产值99.15亿元、税收4.65亿元。镇域经济加快发展。省级现代农业产业园增至4个。镇（街）“四上”企业增至250家，96个镇域经济项目建成投产。资源经济扎实推进。金鸡、苹塘、两塘等镇矿山采矿权出让工作有序推进。完成垦造水田193.5公顷。全国整县屋顶分布式光伏开发建设试点工作加快推进。

优化城市发展环境 2022年，罗定市着力解决城市管理水平提升和交通问题，优化城市环境，提升城市品位，增强人民群众的获得感和幸福感。深南高铁（罗定段）、罗岑铁路等项目前期工作加快推进。人民广场、文塔广场、泷江大桥、城区碧道示范段等项目建成开放，兴业二路等7条市政道路建成通车。深岑高速双东出口立交完成改造。市政基础设施PPP项目、老旧城区改造工程加快推进。全市空气、水环境质量保持优良，完成植树造林1846.7公顷，新建碧道12千米，实施河道治理37千米。1月27日，罗定江滨公园（北区）开园暨博学路通车仪式在罗定江滨公园（北区）举行；12月29日，罗定市八大民生工程［罗定市人民广场、碧道项目（一桥至二桥段）、市区东华路一期工程、罗定市PPP项目兴业二路段、市区人民南路（平南路口至兴华路段）改造工程、文塔半岛（前广场）工程、市区沿江路（泷州北路至新开坝段）改造工程、深岑高速双东互通立交出口改造工程］落成开放仪式在市人民广场举行。

推进乡村振兴　2022年，罗定市实现农业生产总值104.5亿元，粮食播种面积39515.2公顷。新建高标准农田300多公顷，复耕复种撂荒耕地620多公顷。推进脱贫攻坚与乡村振兴有效衔接，为2.1万名低收入脱贫户和监测户购买防返贫保险。乡村振兴示范带加快建设。新增4个省级“一村一品”专业村。新增县级农业龙头企业7家、农民专业合作社46家、家庭农场379家。投入3.26亿元建设苹塘德康、船步温氏2个“政企村共建”生态养殖小区项目。建成干净整洁自然村956个，美丽宜居自然村2337个。11月4日，2022广东云浮·罗定稻米节活动在云浮（罗定）农产品交易博览中心拉开序幕。活动以网上云展会为主导，开展线上网络直播带货、推介展销，线下举办开幕式，搭建交流合作和品牌营销的产业互动平台，宣传推介优质稻米等名优特新农产品。

优化营商环境　2022年，罗定市深入开展“真抓实干、马上就办、办就办好”专题教育实践活动，全市党员干部由山区思维向湾区思维转变。市行政服务中心连续2年荣获省县级标杆培育政务服务中心（大厅）称号，事项进驻率和一窗无差别受理率居全省前列。推行审批事项网上办、预约办和“不见面审批”，政务服务办理时限比规定时限减少70%以上。促进主题服务集成办、并联办、一次办，全程网办率72.9%。市场主体数量同比增长11.9%。高新技术企业增至34家、科技型中小企业增至50家。

基层组织建设　2022年，罗定市深入推动农村党建、抓党建促乡村振兴、城市基层党建“三个示范县”创建工作，牢固树立大抓基层导向，落实新一轮基层党建三年行动计划，印发《党支部建设“网格化＋清单式”管理模式工作参考》，在1522个党支部建立“一台账四清单”，促进“三会一课”、主题党日等组织生活规范化、常态化。至12月底，全市新发展党员564名，排查整顿173个违规违纪发展党员问题，采取“四个一”措施完成4个软弱涣散村的排查整顿。选派22名街道“大工委”兼职委员、74名社区“大党委”兼职委员下沉4个街道、13个社区一线开展服务，投入400多万元建设市党群服务中心，在街道社区创建“15分钟党群服务圈”，组织机关企事业单位与街道村（社区）新签订党建共建项目书135份，在9家非公有制企业建立党组织，构建共建共治共享的城市基层党建新格局。

人才工作　2022年，罗定市选拔18名优秀干部担任市直、镇（街）党政“一把手”，任免市管干部241人；选派13名镇（街）党政正职到珠三角地区挂职学习，选派5名优秀年轻干部到云浮市直单位挂职，15名选调生下沉到村任职；将218名各领域重实干、善担当的优秀年轻干部纳入后备干部人才库，提拔重用19名在疫情防控、扫黑除恶等急难险重任务一线表现较突出的干部。从各战线、各领域选拔女干部13名、党外干部5名。完成全市336个村（社区）全覆盖选派第一书记工作，按照1∶2比例储备672名村级党组织书记后备干部，安排139名村干部报读大专学历提升班，统筹8个事业编制定向招聘优秀村（社区）党组织书记成为事业干部。

提升人民生活质量　2022年，罗定市居民人均可支配收入同比增长6%，十件民生实事全面完成。新建、扩建12所中小学幼儿园，增加公办学位6060个，第五小学完成扩建，职业技能培训中心动工建设；推进县域医共体建设，人民医院新院、中医院二期、附城医院等项目建设加快；新增就业近5000人，城镇登记失业率控制在3.5%以内；新建26个居家养老服务中心（站）；深入实施文化惠民工程，建成文化馆分馆15个、服务点45个，图书馆分馆12个、服务点36个，省级以上文保单位增至12处，成功创建“全国象棋之乡”；创建国家卫生城市、广东省县级文明城市，双东出入口立交改造、罗镜旺湾大桥等一大批民生工程落成开放。

平安建设 2022年，罗定市全面践行总体国家安全观，坚决维护国家政治安全、意识形态安全。禁毒重点整治工作成功实现“摘帽降级”。开展缉枪治爆、打击电信网络诈骗等行动，夏季治安打击整治“百日行动”，全年刑事治安警情同比下降15.7%。开展重点领域安全整治，突出抓好道路交通、建筑施工、消防森防、食品药品等领域问题隐患排查整治，全年安全事故同比下降10.5%。处置问题楼盘，打击逃废债工作，防范各类风险。

【办文办会】 2022年，罗定市委办公室做好文件、传真、报纸、信件等各类文件的收发传阅、分类整理、登记归档等工作；加强各股室的协调沟通，简化和理顺文件办理程序，及时落实文件办理情况，不延误、不遗失。收文办文方面，OA（办公自动化）收文7593份，纸质收文1985份。组织协调各种会议，严控会议数量，精简各类会议，会议总量较上一年只减不增；重要会议均制定详细工作方案和分工表格，任务具体到人。是年，召开常委会57次、书记专题会16次、上级会议95次、本级会议48次。

【信息报道】 2022年，罗定市委办向云浮市委办上报信息249期，向省委办上报信息21期，核实处理网友反映的问题22条次，获得云浮市领导批示10余条次，其中《罗定市全力以赴推进禁毒重点整治工作成功实现“摘帽降级”》等信息获得省委办公厅《每日汇报》采用，信息被采用条数、次数连续4年保持云浮各县（市、区）第一名。

【督查督办】 2022年，罗定市委办公室开展抽查、检查、复查、督办工作，围绕森林防火、疫情

▲2022年，罗定市禁毒重点整治工作成功实现“摘帽降级”。图为3月24日召开的全市禁毒重点整治攻坚冲刺推进会现场
（罗定市委办／供图）

防控、镇域经济发展、禁毒、创文等工作，牵头或参加各类专项督查组实地督查120天次，发现并推动解决存在问题1000条，跟踪落实市委主要领导批示办理情况112项，转交市委主要领导信访事项交办件150件、跟踪督办130次。

【政策研究】 2022年，市委政研室开展做大做强园区经济、镇域经济、资源经济及疫情防控、镇街财政体制改革等方面的专题调研活动，形成《关于罗定市强化党建引领赋能乡村振兴的调研报告》《关于罗定市统筹融合现代农业产业园全面推进乡村振兴的调研报告》《罗定市做大做强实体经济调研报告》《关于罗定市发展壮大镇域经济和村级集体经济的调研报告》共4份调研报告。牵头在全市范围内开展“深调研”工作，形成125份“深调研”报告，研究制定《罗定市发展壮大村级集体经济攻坚行动专项督察工作方案》《罗定市全面推进乡村振兴“三带”建设三年行动方案（2022—2024年）》等10多份市级重要文件。是年，罗定市委办公室共撰写各类材料约400份、360万字。

组 织

【概况】 2022年，罗定市提拔或任用19名优秀干部担任市直单位、镇街党政“一把手”；提拔或任用42名镇（街）干部，安排23名镇（街）党政正职到珠三角地市跟班学习，选派24名县级以上单位干部到镇（街）挂职，提升干部队伍综合素质。

【干部人事管理】 干部管理 2022年，罗定市委组织部贯彻新时代党组织路线，坚持党管干部原则，突出党组织在选人用人工作中领导和把关作用，树立正确选人用人导向，提高选人用人公信度，拓宽识人视野，严把德才标准，坚持公正选人、公道用人，优化干部选育管用链条，推进“干部队伍能力工程”，为建设风清气正、宜居宜业、平安和谐的现代化美丽罗定提供坚强组织保证。

干部培训 2022年，罗定市委组织部举办各类培训班（讲座）10期，培训干部1200人次；配合省及云浮市组织部门组织干部调训92人次。

干部监督 2022年，罗定市委组织部印发实施《市管党政领导班子和领导干部年度考核方案（试行）》《罗定市公务员平时考核工作实施方案（试行）》，将考核结果与选拔任用、职级晋升、评优评先挂钩；出台《抗疫一线考察识别干部实施方案》，挖掘疫情防控一线表现突出干部173人；提拔晋升受处理处分影响期满、表现突出干部15人。

干部任免 2022年，罗定市委组织部落实好云浮市委激励干部新时代新担当新作为13条措施。是年，罗定市委常委会会议研究人事议题28次，市管干部职级晋升75人次，任免市管干部267人次，其中提拔干部102人。

人才引育 2022年，罗定市做好教育、卫生系统引才工作，引进61名高层次人才和紧缺人才，包括21名云浮市教育英才、6名云浮市卫生英才。发挥人才驿站载体作用，柔性引进广西植物研究所等5支团队、43名高端技术人才；加大专业技术人员选拔使用力度，提拔重用5名建筑领域、卫生领域等专业技术人员；抓好产业人才培育，引进2个云浮市产业创新创业团队、2名云浮市高级经营管理人才、5名云浮市高级专业人才和2名云浮市中医药（南药）产业急需紧缺人才；加强本土人才培育，88人入选“广东省农村乡土专家”名单，8人获得云浮市中医药（南药）本土实用型人才荣誉称号及相应资助；实施“粤菜师傅”“广东技工”“南粤家政”三项工程，全年开展各类职业技能培训21391人次。

【基层党组织建设】 2022年，实施基层党建三年行动计划，推进“三个示范创建”。是年，全市设置55个基层党委、256个党总支、1518个党支部。

理论武装 2022年，罗定市委组织部安排28名处级党员领导分别到“三联系”挂钩镇、村、企业宣讲中共二十大精神，优选32名党员代表录制宣传视频、畅谈学习心得。组织开展主题宣讲、辅导讲座等活动544场次，轮训农村党员1.5万人，推动广大党员干部学思贯通、知行合一。各级党组织开展“夜访群众”“户外党课”等活动。

教育载体　2022年，罗定市委组织部规范基层党组织生活，推进“网格化+清单式”管理模式，在所有党支部建立“一台账四清单”，促进“三会一课”、主题党日等组织生活规范化、常态化。投入400万元建成市党群服务中心，配套红色影院、综合课室、红色书吧、党史学习教育展厅等教育资源，划拨资金对镇村党群服务中心（站）进行提档升级，招募志愿者讲师超过1800人，党员学习教育向基层辐射下沉。活化利用红色资源，围绕长岗坡、李芳春故居等开展案例式、情景式、体验式教学。长岗坡党员教育基地、连州战斗党员教育基地被定为云浮市党员教育基地。

农村党建示范县创建　2022年，罗定市委组织部落实“四个一”整顿举措，加强软弱涣散村级党组织排查整顿，对2021年4个软弱涣散村党组织完成考核验收，继续摸排3个软弱涣散村党组织。对173名违规违纪发展党员问题对象进行排查整顿。规范党费收缴、使用和管理，划拨57.3万元党费支持基层疫情防控工作。为448名符合条件党员颁发“光荣在党50年”纪念章。推进“一镇街一特色”示范创建，推广“党员中心户”“老支书工作室”“党代表履职项目化管理”等特色做法。

抓党建促乡村振兴示范县创建　2022年，罗定市委组织部深化“头雁”工程，推选21名在乡村振兴工作中表现突出村级书记代表参加培训示范班，实现336个村（社区）驻村（挂社区）第一书记全覆盖，动员139名村干部报读大专学历提升班。出台《组织部门支持和保障镇域经济高质量发展的若干措施（试行）》，推动21个镇街驻镇帮镇扶村团队成立临时党支部。推动成立发展村级集体经济工作领导小组，组织4批次镇村干部进行专题交流学习，派出督查组对船步、苹塘2个生态养殖小区建设开展一月一督查。

城市基层党建示范县创建　2022年，罗定市完善街道“大工委”、社区“大党委”机制，组织机关企事业单位与街道村（社区）新签订党建共建项目书600多份，推动联席会议实质化运作。

▲2022年1月11日，罗定市召开推荐提名广东省出席中共二十大代表候选人推荐人选工作会议

（罗定市委组织部/供图）

开展“两新”组织底数摸排和组织建设“双同步”工作，摸清全市“两新”组织党建底数，在9家企业建立党组织。推进党建引领“多网合一”工作，各类资源、多元力量下沉入网，建立完善平急转换工作体系，确保疫情防控、禁毒宣传、创文巩卫等重点工作第一时间落实。

【党代表工作】 2022年，罗定市做好中共二十大代表和省党代表候选人推荐提名工作，推选出3名省党代表。至2022年底，全市有143名乡镇党委委员、52名市委委员和11名市委候补委员，385名罗定市党代表、60名驻罗定市的云浮市党代表和2名驻罗定市的广东省党代表。

【党建述职考评】 2022年，罗定市组织召开2022年度基层党委（党组）书记抓党建工作述职评议会，听取各镇（街）党（工）委书记、市直有关单位党委（党组）书记抓基层党建工作述职并进行评议，经参会人员对26名现场述职对象进行评议，考核等次为“好”的有13个述职对象，考核等次为“较好”的有12个述职对象，考核等次为“一般”的有1个述职对象。

【公务员管理】 公务员招录 2022年，罗定市招录公务员121人，其中镇街65人，充实基层干部队伍，优化年龄结构。结合队伍建设需要，坚持“人岗相适”原则，科学推进公务员队伍人员调配，办理交流转任手续38人次。

公务员考核 2022年，罗定市委组织部制定《罗定市公务员平时考核工作实施方案（试行）》，明确各项目考核分值比重，细化各项目考核内容，考核指标向中心工作、重大任务、急难险重工作一线倾斜，提高考核的针对性、操作性和实效性，推动考核靠实绩说话、以工作取胜、用担当展示。

公务员任免 2022年，罗定市委组织部坚持“人岗相适”原则，按照股级干部提拔任用程序，任免股级干部344人。坚持“小步快跑”，测算职级职数，严明工作各项程序，分批次推进职级职位晋升，综合管理类和行政执法类晋升职级157人次，落实公检法职级晋升备案88人次。

奖励与惩戒 2022年，罗定市委组织部严格按《公务员考核规定》程序和要求，完成公务员2021年度考核优秀嘉奖620人次。

公务员培训 2022年，罗定市委组织部严格按照中组部通知要求，做好疫情防控、人员管理等工作，组织保障122名新录用公务员参加全国新录用公务员初任培训班。

【老干部管理】 老干部政治待遇落实 2022年，罗定市委组织部（老干部局）定期向老干部通报全市经济社会发展情况，听取老干部意见建议。召开座谈会、报告会，上党课，送学上门，组织引导离退休干部学习新时代党的创新理论，组织各单位为老干

表4 2022年罗定市国家公务员年龄情况统计表

总计（人）	35岁及以下（人）	比重（%）	36～45岁（人）	比重（%）	46～54岁（人）	比重（%）	55岁及以上（人）	比重（%）
3103	1174	37.83	594	19.14	833	26.84	502	16.18

表5 2022年罗定市国家公务员文化程度情况统计表

总计（人）	研究生以上（人）	比重（%）	本科（人）	比重（%）	大专（人）	比重（%）	高中以下（人）	比重（%）
3103	47	1.51	2053	66.16	916	29.52	87	2.80

部订阅《广东老干部政治理论读本》、过“政治生日”、颁发“光荣在党50年”纪念章等。

老干部生活待遇落实 2022年，罗定市委组织部（老干部局）与财政、人社等部门沟通、协调，确保老同志的生活待遇按时足额发放。落实离休干部“一人一策”精准服务举措。做好重要节日走访慰问工作，2022年春节、“七一”建党节、中秋期间，慰问离退休干部1270人次。

老干部活动开展 2022年，罗定市委组织部（老干部局）围绕“建言二十大”“我看中国特色社会主义新时代”主题，通过召开座谈会、个别访谈和问卷调查等方式，听取老同志各方面意见建议，引导他们为党和国家事业发展贡献智慧和力量；组织老干部参加云浮市委老干部局主办的“喜迎二十大 奋进新时代”书画诗词摄影作品展、文艺会演，报送作品28件、节目2个。

关心下一代工作 2022年，罗定市关工委联合相关部门开展一系列活动，关心青少年健康成长、关爱特殊儿童群体。6月，联合云浮市关工委、罗定市禁毒办等部门开展毒品宣传教育进家校活动；9月，联合罗定市文明办、罗定市教育局等部门召开2022年罗定市“新时代好少年”先进事迹发布会，罗定市首家企业关工委在罗定市丰智中心正式成立；11月，联合罗定团市委、中石油广东云浮销售分公司开展罗定市“情暖童心关爱行”关爱留守儿童活动。为帮助青年农民创新创业，举办2期农村创业青年培训班，培训学员120多名。

老干部活动中心建设 2022年，罗定市委组织部（老干部局）对老干部活动中心各功能场室进行升级改造，同时加快推进老干部活动中心新大楼建设。根据老干部身体情况和兴趣爱好，组织开展乒乓球、门球、棋牌、书画、歌舞等活动，丰富老干部精神文化生活。

【选调工作】 2022年，罗定市委组织部制定《罗定市2022年面向市内乡镇街道集中公开选调公务员工作方案》，按照统筹规范、竞争择优要求，统一组织实施县级机关公开集中选调工作，首轮集中选调职位25个，选调公务员10人。 （黄卓婷）

宣 传

【概况】 罗定市委宣传部是市委主管全市意识形态方面工作的职能部门，对外加挂罗定市精神文明建设委员会办公室、罗定市新闻出版局（罗定市版权局）、罗定市互联网信息办公室牌子。中共罗定市委网络安全和信息化委员会办公室设在市委宣传部。2022年，罗定市委宣传部加强文化市场管理，强化演出市场审批、监管和执法，开展“扫黄打非”工作，年内立案5宗，结案7宗（跨年案件2宗）。

【意识形态工作】 2022年，罗定市委宣传部开展全市意识形态督导考核3次，检查督导镇（街）、单位89个。摸清意识形态工作底数，推动意识形态工作责任制落地。加强学校阵地管理，推动中共二十大精神进校园；牢牢把握正确政治方向、舆论导向，加强各级各类媒体导向管理。

【网络安全宣传】 2022年，罗定市委宣传部开展网络安全宣传，宣传网络安全知识，促进网民特别是青少年文明上网、绿色上网；举办大型网络安全宣传周宣传活动，派发各类宣传资料1700份；加强“净网2022”综合宣传工作，市公安局网警大队开展常态化宣传活动7次。至年底，舆情事项545件，均及时妥善处置。

【理论武装教育】 **理论教育** 2022年，罗定市委宣传部落实“第一议题”学习，传达习近平总书记批示、指示精神37次，制定并执行《2022年中共罗定市委理论学习中心组学习计划》和党委（党组）理论学习中心组“一学一报”巡听旁听制度。市委理论学习中心组集中学习13期，主要学习专题有党史学习教育、中共二十大精神等习近平新时代中国特色社会主义思想。

理论宣讲 2022年，罗定市委宣传部开展理论宣讲，打造“干部讲政策、专家讲理论、百姓讲故事”宣讲矩阵。是年，罗定市组织“燃起来”——特色宣讲进乡村进基层宣讲558次；"学习贯彻省第十三次党代会"专题宣讲会402场；"学习贯彻《习近平谈治国理政》第四卷"专题宣讲446场；"学习贯彻中共二十大精神"专题宣讲会157场；开展处级领导干部上讲台活动30场，总覆盖干部群众超32万人次。多篇信息在"学习强国"学习平台、"人民号"、"新华网、"广东党建"、"南方+"等媒体刊登，其中《"村里人讲村里事"——广东云浮罗阳村首场二十大精神宣讲有点"燃"！》在《人民日报》、《新华网》、《光明日报》、中共中央宣传部党建网、《南方日报》、"南方+"客户端、"学习强国"、文明广东、触电新闻等央媒省媒刊登，累计阅读量350万次。

订阅理论学习资料　2022年，罗定市订购《中共二十大报告辅导读本》《二十大党章修正案学习问答》《中共二十大报告学习辅导百问》和《习近平谈治国理政》第四卷共35334册。

推广使用"学习强国"学习平台　2022年，罗定市委宣传部牵头组织"学习强国"学习平台的供稿工作。是年，全市入选"学习强国"广东学习平台供稿数量273篇，入选"学习强国"全国学习平台供稿数量7篇。

【宣传舆论】　对内宣传　2022年，罗定市委宣传部开设《天天学习》专栏、《喜迎二十大》、《二十大时光》、《学习贯彻中共二十大精神》主题专栏，及时转发转载各级主要媒体重点报道和新媒体产品160篇（条）；开设"燃起来"——罗定市学习贯彻中共二十大精神系列活动等专题专栏，刊发《罗定市领导带头宣讲中共二十大精神》《村里人讲村里事》《奋斗故事我来讲》等原创稿件30篇；设置"强国复兴有我""非凡十年""奋进新征程　建功新时代"等专题专栏，策划推出《罗定持续掀起学习宣传贯彻中共二十大精神热潮》等原创报道20篇。制定《罗定市新冠疫情新闻宣传工作方案》，成立新闻宣传工作专班，在市融媒体中心所属各平台重要版面对"1·31""10·6"突发输入性疫情进行跟踪报道，设置《疫情防控》专题专栏，发布疫情防控相关内容和科普知识3985篇（条）。其中，官方微信公众号"罗定发布"发布疫情防控有关稿件和科普知识735篇（条）。

社会宣传　2022年，罗定市委宣传部策划宣传主题，利用宣传画、宣传栏、LED显示屏、大型T牌、灯旗灯柱、花坛景观、主题公交车等宣传形式，聚集中共二十大精神、疫情防控、乡村振兴、创建文明城市、征兵、禁毒、防火等进行宣传。

对外宣传　2022年，罗定市委宣传部发布抖音短视频2000条、人民号2095条、触电新闻1642条、今日头条2137条、视频号1700条；"学习强国"学习平台采用稿268篇；"南方+"采用1962篇。《罗定公安持续"亮剑"筑牢交通安全防线》《罗定：直播带货大赛助力乡村振兴》等稿件被人民日报客户端采用；《早产三胞胎健康出院团团圆圆喜回家》点击量200万人次；10月21日，《光明日报》头版刊发《【大美中国】丰收在望》，展现罗定市长岗坡秋日丰收美景。

【新媒体融合】　媒体融合发展　2022年，罗定市融媒体中心推进"新闻+政务+服务+商务"模式，发挥市场机制作用，推进罗定市泷江文化传媒有限公司建设。

新媒体宣传矩阵　2022年，罗定市委宣传部以"罗定视窗"APP为龙头，整合报、网、微、端等平台资源，推进媒体融合发展，形成"罗定视窗"客户端、"今日罗定"、微信公众号、抖音号、视频号等平台相融合的媒体矩阵。新媒体运营平台媒体粉丝数超过35万人，其中"罗定视窗"APP下载量13万次，总阅读量1300万。　（黎顺和）

统一战线

【概况】　2022年，中共罗定市委统一战线工作部（以下简称罗定市委统战部）成立以罗定市委书记为组长的市委统一战线工作领导小组。摸清基层统战底数，及时更新和完善统战成员信息，完善民主党派、无党派人士、党外知识分子、民族宗教人士、侨界人士、新的社会阶层人士等相

▲ 2022 年 6 月 30 日，罗定市委统战部联合消防大队到开元寺开展宗教场所消防安全知识培训

（罗定市委统战部 / 供图）

关数据台账；加强基层统战办公室的建设工作，遵循规范化、科学化的“五有”标准，完成全市 21 个镇街“全覆盖”建设。搭建罗定市党外知识分子联谊交流平台，推荐 7 名党外干部参加云浮市科级党外干部培训班，完成《党外人士安排使用工作情况报告》《罗定市党外代表人士队伍建设调研报告》。

【民主党派建设】 2022 年 1 月 7 日，组织农工党罗定市支委会联合部分医疗专家到华石镇开展送医下乡活动；1 月 24 日，组织农工党罗定市支委会和书法家到部分镇街义务为群众送春联 1000 副；3 月 31 日，组织农工党罗定市支委会组织党员对党员企业进行专题调研；5 月 20 日，组织农工党罗定市支委会部分党员参加深入开展“矢志不渝跟党走、携手奋进新时代”主题教育；6 月 2 日，组织民革罗定支部到罗定市福利院开展“六一”慰问活动；6 月 15 日，组织农工党罗定市支委会和相关单位在罗城开展环保与健康宣传活动；2022 年“两会”上，民主党派提交 1 条建议和 21 件提案，其中《关于提升重大疫情防控及救治基地能力，加快推进应急医院的建议》被列为罗定市 2022 年第 1 号重点提案。

【党外知识分子统战】 2022 年，罗定市委统战部建立健全党外知识分子数据库，开展对党外人士状况调查摸底统计工作，推荐 5 名党外人士为云浮市、罗定市政协委员建议人选；3 月 2 日，认定登记了罗定市第一批 36 名“无党派人士”；12 月 24 日，组织罗定市党外知识分子开展企业走访调研活动。

【宗教领域统战】 2022 年 5 月，协调有关单位租用市委市府大院内天主教教产作为办公场所的有关事宜；6 月，做好“安全生产月”和“安全宣传南粤行”工作，组织开展消防安全演练和“罗定市宗教领域消防安全知识培训班”；是年，对市内 4 处宗教活动场所 31 栋建筑物开展安全隐患

表 6　　2022 年度罗定市宗教活动场所情况一览表

场所名称	宗教派别	开办时间	地址	占地面积（平方米）	信教群众（人）	工作人员（人）
罗定灵山寺	佛教	2012 年 12 月 27 日	罗定市罗镜镇椽安村	800	980	11
罗定开元寺	佛教	2013 年 2 月 5 日	罗定市太平镇镇安村	600	710	11
罗定开阳寺	佛教	2014 年 8 月 22 日	罗定市附城街道同仁村	300	920	3
罗定基督教礼拜堂	基督教	清光绪二十一年（1895）	罗定市罗城街道人民北路 46 号	988	827	5

排查工作，排查出安全隐患 1 处，指导、督促场所会同所在居委落实安全防范措施；组织相关镇街和部门妥善解决罗镜天主教教产邻近居民有占用教产土地嫌疑问题；核查宗教教职人员违法违戒 1 人，落实惩戒，完成整改。至年末，罗定市有 2 个宗教，分别为佛教和基督教，其中佛教信教群众 2600 人，基督教信教群众 800 人；登记宗教活动场所 4 处，其中佛教 3 处，分别为灵山寺、开元寺、开阳寺；基督教 1 处，为罗定基督教礼拜堂。

【民族领域统战】　2022 年，罗定市有 30 个民族，其中少数民族有 29 个，少数民族人口数 7945 人，少数民族主要分布在加益镇、龙湾镇、泗纶镇、船步镇等。

民族团结　2022 年，罗定市委统战部开展民族团结进步宣传月活动及少数民族联谊会等系列活动。3 月 11 日、6 月 28 日、9 月 20 日分别开展民族团结进步宣传月活动；10 月 17 日，在加益镇合江村委开展少数民族同胞与当地汉族同胞的联谊活动；11 月 22 日，深入市区的拉面馆、烧烤店进行走访，宣传民族政策法规。

民族事务　2022 年，罗定市委统战部推进新时代民族工作高质量发展，维护罗定市各民族同胞和谐共荣的社会局面。5 月 8 日，协作妥善处理“罗定市船步镇定宁坑山场工资结算争议”一事，做好涉少数民族事务问题的化解工作；对全市寺庙内供奉佛像、牌位、骨灰及功德牌进行重点检查，排查中未发现违规违法问题；8 月 22—28 日，罗定市代表队参加广东省第七届少数民族传统体育运动会，陀螺、高脚竞速两个竞赛项目摘得 1 枚银牌 6 枚铜牌；帮助符合要求的公民做好民族成份变更 2 例。

【非公有制经济人士统战】　2022 年，在市政协会议上，非公有制经济人士向大会提交提案 30 件；7 月，开展非公有制经济组织法律宣传月活动；协助做好云浮市工商联（总商会）班子人选考察工作；倡导各商会协会、民营企业勇于承担社会责任，积极为疫情防控捐款捐物，收到捐款现金 184508 元、物资数批折合人民币 365 万元；号召全市非公有制企业参与“万企帮万村”行动，实施“村企联建”“新乡贤回乡”等专项行动，至 2022 年底，罗定市“万企帮万村”对接项目 9 个，投入帮扶资金 16.92 万元，帮扶受益人员 5000 人。

【新的社会阶层人士统战】　2022 年，罗定市委统战部建立健全新的社会阶层人士数据库，对本市自由职业人员思想状况进行走访调研和问卷调查，完成《自由职业人思想状况调研报告》；8 月 22 日，正式成立罗定市新的社会阶层人士联合会，会员人选共 137 人；新阶联会员向连州镇“10·6”疫情捐献物资，折合现金共 1 万多元；10 月 29 日，罗定市新阶联赴信宜市新阶联开展参观调研交流活动。

【港澳台事务】 2022年，全市有港澳台同胞2.78万人。其中，香港同胞2.55万人，澳门同胞0.21万人，台湾同胞0.02万人，粤港澳同乡社团2个、共352人。全年接待港澳来访2批30人次，因公出访港澳4批15人次。

【侨务】 2022年，罗定市委统战部开展系列侨属活动。暑假期间，指导黎少镇坡塘村“侨胞之家”举办首届以侨眷侨属留守少年儿童为主的公益性全免费夏令营。9月，向马来西亚柔佛州泷江公会下拨3万元捐建文史馆；向澳门罗定世界商会、马来西亚罗定商会分别下拨1万元召开云浮市海外和港澳乡亲视频会议。10月，向侨港罗定同乡会捐赠罗镜镜菜1000份、罗定豆豉1000份。全年发放省下拨的困难归侨帮扶金13.85万元，为15名低保、五保归侨发放3000元/人的生活补助金4.5万元，给予26名临时困难归侨发放适当临时帮扶金共9.35万元。是年，全市有归侨142人，罗定籍海外社团5个，商会1个。侨属企业6家。旅居海外罗定籍华侨约8万人，主要分布在新加坡、马来西亚、泰国、印尼、澳大利亚、加拿大、美国、英国等国家，其中，居住在东南亚国家的约占85%，其他国家的约占15%。 （焦珊硕）

机构编制

【概况】 2022年，罗定市设置党政群及人大、政协机构70个，其中，党委工作部门9个、政府工作部门27个，群团组织11个，人大常委会机关1个、政协机关1个，乡镇级党政群及人大、政协机构21个。是年，罗定市事业单位244个，其中，公益一类事业单位234个，公益二类事业单位10个。

【单位编制管理】 2022年，罗定市委编办调整优化编制资源，清理、盘活存量编制，编制资源向民生重点领域和基层一线倾斜。办理教育、医疗系统新招聘275名人员、发展镇域经济紧缺引进人才22名人员入编手续。落实编制关口前置的要求，对教育、卫生系统提出的2023年英才引才计划提前做好编制计划。对疾病预防控制中心、罗定第四中学等9家事业单位开展法人公示信息抽查，及时反馈问题并督促落实整改。

【事业单位登记管理】 2022年，罗定市委编办重点做好2021年事业单位改革后涉改事业单位注销登记有关工作，采取印发相关办事指南、“一对一”服务的方式提高登记效率，解决事业单位法人“注销难”问题。全年办理法人登记事业单位596个；办理事业单位法人设立登记事项14个，变更登记事项190个，注销登记事项278个。

【机构编制实名制管理】 2022年，罗定市委编办升级改造机构编制实名制系统。推动机构编制管理向数字化转型，对实名制系统进行升级改革，截至2022年12月底，基本完成“广东省机构编制实名制管理系统”数据更新的有关工作。

【重点领域体制改革】 2022年，罗定市委编办将市委农村工作办公室更名为市委农村工作领导小组办公室，建立健全乡村振兴工作体制；按照“审计四分离”要求调整罗定市审计局内设机构设置，不断健全完善“四权”运行制衡机制，加强对内部权力的监督和制约，规范审计权力运行；加强应急管理综合行政执法体制改革队伍力量，强化机构编制的执法配套保障；市行政服务中心效能管理聚焦“优政、兴业、惠民”，探索推行“专业窗口”“综合窗口”相结合，实行“前台综合受理、后台分类审批、统一窗口出件”的无差别运作模式；设立罗定市政府投资项目代建中心，负责罗定市政府投资项目的建设相关工作，罗定市政府投资建设项目实现全链条监管；调整罗定市公共租赁住房管理职责职能体系，将罗定市国有资产管理中心的“承担公共租赁住房的日常经营、维修养护工作”职能划转至罗定市住房和城乡建设综合服务中心，理顺公共租赁住房监管体系；派驻在县城镇、中心镇的市场监管所、司法所和派驻在各镇街的财政所统一实行属地管理，派驻在卫星镇的市场监管所一并实行属地管理，扩充镇街的编制资源，壮大人才队伍。

【规范和清退编外人员】 2022年，罗定市委编办牵头会同罗定市委组织部、市财政局、市人社局组成罗定市规范和清退编外人员工作组，对有编外人员的21个镇街和35个市直单位开展实地走访调研，督促指导做好规范和清退编外人员工作。截至2022年12月31日，有编外人员的单位均已出台规范和清退编外人员工作方案，明确拟保留使用类人员外的编外人员的清退方式和清退时间。对比2021年全市减少编外人员248名。 （赵伟龙）

机关党建

【概况】 2022年，中共罗定市直属机关工作委员会直管党组织53个，其中直属机关党委24个，党总支5个，党支部24个；管理党员5045人，其中女党员1345人，占26.7%；45岁以下1419人，占28.1%；大学以上学历1677人，占33.2%。当年新发展党员82名，办理接转党组织关系430份。

【机关组织建设】 2022年，罗定市直机关工委落实罗定市《2022年基层党建工作攻坚突破任务（重点工作）清单》《罗定市贯彻落实加强党的基层组织建设三年行动计划2022年工作要点》，在市直各基层党组织全面推行“网格化+清单式”管理模式，开展党建引领“多网合一”行动，印发《关于全面推行党支部建设“网格化+清单式”管理模式的通知》和《党支部建设“网格化+清单式”管理模式工作参考》，做好双报到和党建共建项目工作，提供特色服务，完成服务清单，完成已签订的党建共建项目内容，组织市直各基层党组织党员到社区参加党员志愿服务活动7553人次，为群众办理好事实事160件，参加社区公益活动4723人次。2022年春节和“七一”期间，组织全体市直机关党组织走访慰问老党员、生活困难党员517人次，慰问曾获得省委以上党内功勋荣誉1人，慰问因公牺牲、殉职党员家庭

▲2022年4月21日，罗定市直机关工委到罗城街道石围社区开展“双报到”工作（罗定市直机关工委／供图）

▲ 2022 年 8 月 25 日，罗定市委党校组织乡村振兴班学员到梁桂华纪念馆参观学习 （罗定市委党校／供图）

6 户，共支出慰问金 29.6 万元。

【机关作风效能建设】 2022 年，罗定市直机关工委利用“罗定市直党建”微信公众号，加强党建工作宣传，发文 109 条，其中转发中共二十大精神解读类文章 13 次。编印《市直机关党建简报》，做好党建经验向上级和同级推广宣传，截至 2022 年底，共更新 8 期。草拟 2021 年度机关绩效考核方案《落实党建工作责任情况考核工作方案》部分，协助做好机关绩效考核工作，推进机关效能建设。

【书记述职评议】 2022 年，罗定市直机关工委召开 2021 年度市直机关党委、党（总）支部书记抓基层党建工作述职评议会，会议抽取市纪委监委机关党委、市财政局机关党委、市市场监管局机关党委等 12 个市直基层党组织书记作现场述职，由参会人员对参加现场述职的市直基层党组织开展评议。

【“三型”机关建设工作创新评审】 2022 年，罗定市直机关工委根据《深化“学习型、研究型、服务型”机关创建工作指引（试行）》要求，组织 37 个单位参加评选，其中市市场监督管理局和市卫生健康局入选云浮市各县（市、区）直机关“十佳创新案例”名单。 （黄雨薇）

表 7 2022 年罗定市委党校办学（培训班）情况统计表

单位：人

年份	共办期数（期）	班类型及人数			其他	合计
		轮训班（现职领导、纪检、组织干部等）	培训班（行政干部培训）	学历班（文化本科、大专、中专结业书）		
2022	14	200	4512	0	0	4712

党校工作

【概况】 2022年，中共罗定市委党校制定《罗定市2022年干部培训实施方案》，根据罗定市干部实际实行分类分层次培训；成立讲师团，到各镇街、市直机关单位、企事业单位宣讲党的理论52场次，听众超过2500人次；做好会议会务承办工作，党校礼堂、多媒体室共接待会议73个，接待超1万人次；建立基层党校联系点制度，发挥党校系统办学整体优势，每名党校教师联系2～3所基层党校“送课下乡”、开展专题示范课、集中培训等。

【干部理论教育】 2022年，罗定市委党校举办主体班14期，培训党员干部4712人次，包括中青年干部培训班3期、政法综治干部能力提升培训班1期、市直机关党务干部培训班暨城市基层干部党建引领基层治理主题培训示范班1期、乡村振兴主题培训示范班1期、基层妇联领头雁提质赋能培训班1期、选调生培训班1期、应急管理干部培训班1期、新招录公务员参加全国公务员初任培训班1期、村（社区）支书及驻村第一书记培训班1期、公务员全员培训班3期。落实理论教育和党性教育比重不低于总课时70%、党性教育课程不低于总课时20%要求。

【理论研究】 2022年，罗定市委党校组织参加云浮市社科联和云浮市青年发展4次课题申报，完成论文和课题研究13项，其中1篇被省级刊物收录并发表、1篇获罗定市学习贯彻党的十九届六中全会精神“乡村振兴我来‘议’”主题征文活动优秀奖、1篇获云浮市社科联立项、3篇获2022年云浮市青年发展研究课题立项。完成市委“深调研”项目——《提高办学质量，助力罗定新发展》。参与云浮市委党校、云浮市社科联、罗定市委宣传部征文活动，有6人次获奖。

【阵地建设】 2022年，罗定市委党校制定《中共罗定市委党校学习宣传贯彻中共二十大精神工作方案》，选派2名骨干教师到上级党校参加专题学习，聚焦解读中共二十大报告打造“1+N”课程体系，开发5个教学专题。聚焦中国式现代化、全面从严治党等重要论述，设置3个课题进行研究。5位教师作为市委宣讲团成员到新时代文明实践站（所）、镇（街）、企业、村（社区）开展宣讲52场次，受教育群众超过2500人次。 （麦雅芳）

巡　察

【概况】 2022年，罗定市委巡察机构出台《中共罗定市委巡察工作规划2022—2026年（试行）》，组织开展3轮常规巡察、1轮农村集体“三资”管理专项巡察，按照云浮市巡察工作领导小组部署，参与1轮乡村振兴资金管理交叉专项巡察，巡察党组织105个，其中村级党组织76个。全年常规巡察覆盖率33.7%，村级党组织巡察覆盖率22.6%。

【常规巡察】 2022年，罗定市委巡察机构开展3轮常规巡察，即十四届罗定市委第一轮巡察、十四届罗定市委第二轮巡察、十四届罗定市委第三轮巡察。3月1日至4月30日，罗定市委开展第一轮巡察，派出5个巡察组分别对市住房和城乡建设局、市自然资源局、苹塘镇、加益镇、罗平镇等5个单位党组织开展巡察，以“巡镇带村”的方式，对苹塘镇瑞平村、墩仔村、周沙村、桐油村，加益镇合江村、鳌头村、排阜村、石头村，罗平镇围头村、楷阳村、古莲冲村、营下村12个村级党组织开展巡察，对上述12个村的部分集体经济组织、自然村开展延伸巡察。同步对上述被巡察对象开展选人用人和意识形态专项检查；“巡审结合”，对市住房和城乡建设局开展审计监督检查。6月28日至9月7日，第二轮巡察派出5个巡察组分别对市水务局、市民政局、市农业农村局、市文化广电旅游体育局、市工业和信息化局5个单位党组织开展巡察，同步开展选人用人和意识形态专项检查；“巡审结合”，对市农业农村局开展审计监督检查。11月25日起，第三轮巡察派出5个巡察组分别对市妇女联合会、团市委、市工商业联合会、市市场物业管理中心、市文学艺术界联合会、市委机构编制委员会办公室、市总工会、市委党史地方志办、市委党校、市直属机关工作委员会10个单位党组织开展巡察，同步开展选人用人和意识形态专项检查。

【县级交叉巡察】 2022年，云浮市第七、第八交叉专项巡察组、市委第一至第三专项巡察组分别对市住房和城乡建设局、市交通运输局、市水务局、市农业农村局、市供销合作联社、罄滨镇、附城街道、围底镇、泗纶镇、罗镜镇、太平镇开展乡村振兴资金管理使用暨农村集体"三资"专项巡察。本次专项巡察发现问题917个，问题线索28条。

【巡察联动监督】 2022年，罗定市委巡察机构联合市委组织部、市委宣传部同步开展选人用人和落实意识形态责任制情况专项检查，市审计局通过"巡审结合"对市住房和城乡建设局、市农业农村局党组织开展审计，检查发现选人用人问题103个、意识形态问题38个、审计问题39个。

【巡察整改】 2022年，罗定市委巡察机构贯彻落实中央《关于加强巡视整改和成果运用的意见》，推动监督、整改、治理有机贯通。研究制定罗定市纪委监委、市委巡察机构落实《关于加强巡视整改和成果运用的意见》任务清单，明确任务分工，压实巡察整改日常监督责任和部门责任。推动市委第一轮巡察反馈的253个问题集中整改，完成整改240个，巡察整改率95%。

（梁志文）

机关事务

【概况】 罗定市机关事务管理局是市委、市政府机关后勤服务和接待服务工作的管理机构。2022年主要工作：负责全市党政机关办公用房管理、公务用车管理工作；负责市委、市人大、市政府、市政协重要会议和重大活动的后勤保障工作；负责市委、市人大、市政府、市政协领导的公务用车调配工作；负责市委、市政府大院机关办公场所的基建修缮工作；负责市委、市政府大院机关的会议服务、通信、水电、绿化、美化、保洁以及文件、报刊收发工作；负责市委、市政府大院机关的安全保卫工作；负责市委、市政府大院机关干部职工膳食服务工作。

【办公用房管理】 2022年，罗定市机关事务管理局履行全市党政机关办公用房管理职责，调配党政机关办公用房5处，审批办公用房修缮项目49项，其中市直单位19项、镇街30项。开展2022年度党政机关办公用房信息统计及上报工作，截至2022年12月底，共有统计单位126个、办公用房201处、技术业务用房8处、在建技术业务用房1处，办公用房总建筑面积45.86万平方米。

【公务用车管理】 2022年，罗定市机关事务管理局贯彻落实《党政机关公务用车管理办法》，加强和规范全市党政机关公务用车长效管理工作。推动信息化建设，运用服务平台对全市165个单位、746辆公务用车全部实行集中管理，提高公车运行费用信息化管理水平，利用平台发出124条督办事项，完成104条。履行公务用车管理职责，完成全市党政机关、事业单位公务用车编制重核工作，落实"车辆编制只减不增"的规定，核减党政机关车辆编制29个、事业单位车辆编制2个。开展公务用车业务审批82单（办结69单），更新配备公务用车7辆，处置公务用车20辆（其中拍卖6辆，报废14辆）。

【后勤服务】 2022年，罗定市机关事务管理局服务各类大小会议（活动）1764场次、59870人次。其中，服务罗定市委全会、两会、罗定市农村电商培训和创业就业基地衔牌揭幕暨罗定天溪冷链物流产地仓一期项目启动活动、2022广东云浮·罗定稻米节开幕式、罗定市八大民生工程落成开放仪式等重大会议（活动）15场次、3080人次；完成公务接待208批次、3601人次。其中，接待省部级领导10批次、11人次，接待厅级领导108批次、255人次；为全市各类大小会议（活动）安排用车服务3552辆次，安全行车33万千米；为市委、市政府大院机关干部职工提供膳食服务 10.92 万次。

【治安保卫】 2022 年，罗定市机关事务管理局加强罗定市委、市政府大院治安保卫工作。年内建设大院正门和北门人车自动识别门禁系统，实现人车分流，提高安全保卫工作的信息化管理水平。制订《罗定市委、市政府大院最小应急单元建设工作实施方案》等，建立健全巡逻巡查、应急响应等制度机制。9 月 9 日，联合罗定市公安局在大院门前广场开展应急处突演练活动，重点培训钢叉、盾牌等各类器械的使用方法和处置各类突发事件的应对措施，学会应对不同情形下的处理流程和注意事项。年内为罗定市委、市政府大院内各机关单位收发报纸 23800 份、信件 54200 件、杂志 4 万本，接待来访群众 4200 人次。

【基建修缮】 2022 年，罗定市机关事务管理局对罗定市委、市政府大院部分公共设施进行升级改造，助力罗定市创文、创卫、创森工作。其中，在市委、市政府大院内新建升旗台 1 座；把正门前广场空地改造为“口袋”公园；加强对市委、市政府大院内机关办公用房的管理和修缮工作，升级改造会议室 1 间、办公室 7 间、卫生间 8 间。在大院走廊、梯间等公共区域悬挂、更新党建宣传画和本土书画作品 583 幅。

（黎泽林）

党史地方志

【概况】 中共罗定市委党史地方志办公室是中共罗定市委办公室直属管理的公益一类正科级事业单位，于 2021 年 5 月组建设立。主要负责罗定市党史和地方志资料的征集、整理、编纂、出版和理论研究任务；组织协调全市党史地方志工作；指导乡（镇）志、部门（专业）志、村（组）志编修和罗定年鉴编纂；开发利用党史地方志资源工作。

【党史地情书籍出版发行】 2022 年，罗定市委党史地方志办公室做好党史地情书籍编撰审校工作。完成《中国共产党广东省罗定历史（第二卷）》出版前修改工作，按照省委党史研究室的最终修改意见，就重要背景、重大事件、重大活动、重要人物等方面的缺项、弱项，以细化和详述的形式进行增补，截至 12 月底，资料补充工作已全部完成。完成《罗定年鉴（2021）》出版印刷和宣传发行工作，于 3 月印刷成书。开展《罗定年鉴（2022）》资料收集、编辑、出版工作。审核修改《全粤村情·罗定市卷》（1～4 卷）书稿，督促指导各镇街完成自然村落历史人文普查文稿修改补充，至 12 月底已基本校核完毕。

【党史地方志资源开发利用】 2022 年，罗定市委党史地方志办公室推进党史地方志资源开发利用工程，发挥“资政、存史、教化”功能作用。推进书籍资料信息化建设，采用购买第三方服务方式，做好《罗定年鉴 2021》数字化建档工作。完成《广东印记》广东省情系列微视频《泗纶蒸笼》和《罗定综合地情》2 个微视频纪录片拍摄工作。发挥史志服务社会作用，接受社会各界查询史志文献服务，全年接待资料查阅 22 人次，提供资料复印件 35 份。是年，到双东街道大众村开展党史地方志文献“三送”活动，并举行“奋进新征程，建功新时代——开发利用党史地方志资源捐赠书籍仪式”。全年向各镇（街）、市直及上级驻罗定各单位赠送《中国共产党广东云浮历史（第一卷）》《中共罗定地方史（第一卷）》《罗定年鉴 2021》等史志书籍 100 本。

【资政课题研究】 2022 年，罗定市委党史地方志办公室推动文化强市建设，助力地方经济高质量发展，对全市红色资源开发利用情况开展专题调研，撰写《罗定市红色资源开发利用调研报告》《挖掘红色资源 助力乡村振兴》等资政报告；完成罗定市社科联课题《盘活红色资源 激活革命老区》研究。组织参加云浮市 2022 年地方志理论研讨论文撰写活动，报送论文 1 篇、资政报告 1 篇。参加广东精品年鉴研讨学习活动，报送论文 1 篇。

【党史宣讲】 2022 年，罗定市委

党史地方志办公室立足主责主业，打造罗定党史“精品课堂”“流动课堂”，开展党史宣讲进农村、进社区活动，普及党史知识，传播红色文化。10月，到双东街道大众村举办党史进社区专题党课；12月，到黎少镇坡塘村、附城街道新竹村宣讲《全面建成社会主义现代化强国的战略部署和重大举措》。（卢衍伶）

罗定市人民代表大会

【概况】 2022年，罗定市有各级人民代表大会18个。其中，市人民代表大会1个，乡镇人民代表大会17个，实有十三届全国人大代表1人，广东省十三届人大代表4人，云浮市七届人大代表112人，罗定市第十七届人大代表396人，乡镇第十八届人大代表1404人。罗定市人大常委会是罗定市人民代表大会的常设机关。

【罗定市第十七届人民代表大会第二次会议】 2022年3月10—11日，罗定市第十七届人民代表大会第二次会议在市文化中心召开。实有代表399名，实到代表363名，因公因事请假代表36名。会议听取和审议罗定市人民政府工作报告；审查罗定市2021年国民经济和社会发展计划执行情况与2022年国民经济和社会发展计划草案的报告、2022年国民经济和社会发展计划草案；审查罗定市2021年预算执行情况与2022年预算草案的报告、2022年预算草案；听取和审议罗定市人民代表大会常务委员会工作报告；听取和审议罗定市人民法院工作报告；听取和审议罗定市人民检察院工作报告；选举罗定市监察委员会主任；选举罗定市第十七届人民代表大会常务委员会个别委员；票决罗定市人民政府2022年民生实事项目。

【罗定市人大常委会会议】 2022年，罗定市召开9次人大常委会会议。

罗定市第十七届人大常委会第四次会议 于2022年1月17日举行。会议审议并表决通过有关人事任免议案2项。

罗定市第十七届人大常委会第五次会议 于2022年3月4日举行。会议审议通过市十七届人大常委会代表资格审查委员会主任委员蓝建阳所作的《关于出缺代表和补选代表的代表资格审查报告》；根据代表出缺情况和工作需要，罗定市第97选区依法补选了罗定市第十七届人大代表，经审查其代表资格有效；审议并表决通过有关人事免职的议案；审议并表决通过市人民政府《关于提请审议广东罗定产业转移工业园（双东片区）污水截污配套管网项目可行性研究报告的议案》，并作出决议：同意建设广东罗定产业转移工业园（双东片区）污水截污配套管网项目。

罗定市第十七届人大常委会第六次会议 于2022年5月16日举行。会议审议并表决通过有关人事任免议案；会议听取和审议市医疗保障局《关于罗定市医疗保障工作的专项报告》，并作出审议意见；听取和审议市人大常委会监察和司法工委《关于2021年备案审查工作情况的报告》，2021年全年接收市政府报送备案的规范性文件5件，并依法进行审查，均符合规范性文件备案审查的相关规定，未发现有不适当情形。

罗定市第十七届人大常委会第七次会议 于2022年5月31日举行。会议传达学习贯彻省第十三次党代会精神、云浮市委书记卢荣春讲话精神及罗定市的贯彻意见；听取和审议市审计局《关于罗定市2020年度预算执行情况和其他财政收支审计发现问题的整改情况专项报告》，并作出审议意见；审议并表决通过有关人事任命议案。

罗定市第十七届人大常委会第八次会议 于2022年8月8日举行。会议传达学习贯彻习近平总书记在省部级主要领导干部“学习习近平总书记重要讲话精神，迎接中共二十大”专题研讨班上的重要讲话精神，中共中央办公厅转发《中央宣传部、中央组织部关于认真组织学习〈习近平谈治国理政〉第四卷的通知》主要精神及罗定市的贯彻落实意见；审议并表决通过有关人事任免议案；审议并表决通过市十七届人大常委会代表资格审查委员会主任委员蓝建阳所作的《关于罗定市第十七届人民代表大会出缺代表和补选代表的代表资格审查报告》，确认罗定市第185、第254选区依法补选代表资格有效；听取和审议市人民政府《关于提请审议建设罗定市区域养老服务设施整体提升工程的议案》《关于提请审议建设罗定市饮用水应急备用水源工程的议案》《关于提请审议建设罗定市船步生态养殖小区项目的议案》《关于禁毒工作情况的报告》，并表决通过批准建设这些项目的决议；听取和审议市人民政府关于《罗定市人民代表大会常务委员会关于开展第七个五年法治宣传教育的决议》执行情况的报告及《罗定市人民代表大会常务委员会关于开展第八个五年法治宣传教育的决议（草案）》，表决通过关于开展第八个五年法治宣传教育的决议；听取和审议市人民政府《关于罗定市2022年财政预算调整方案的报告》，表决通过批准罗定市2022年财政预算调整方案的决议；通报市监察委员会《关于〈罗定市监察委员会关于开展整治群众反映强烈的问题工作情况的报告〉审议意见的研究处理情况报告》。

罗定市第十七届人大常委会第九次会议 于2022年9月20日举行。会议传达学习习近平总书记在8月30日中央政治局会议上关于召开中共二十大有关事宜的重要讲话精神和9月1日在《求是》杂志发表的重要文章《新发展阶段贯彻新发展理念必然要求构建新发展格局》精神及罗定市的贯彻落实意见；审议并表决通过有关人事任免议案；听取和审议市人民政府《关于提请审议建设罗定市苹塘生态养殖小区项目的议案》《关于罗定市2021年决算草案的报告》和《关于罗定市2022年上半年预算执行情况的报告》，表决通过批准建设罗定市苹塘生态养殖小区项目和罗定市2021年决算的决议；听取和审议市人民政府《关于罗定市2021年度本级预算执行和其他财政收支的审计工作报告》《关于罗定市2022年上半年国民经济和社会发展计划执行情况的报告》《关于未成年人检察工作情况的报告》。

罗定市第十七届人大常委会第十次会议 于2022年11月16日举行。会议传达学习中共二十大精神及罗定市贯彻落实意见；审议并表决通过市十七届人大常委会代表资格审查委员会主任委员蓝建阳所作的《关于罗定市第十七届人民代表大会出缺代表的代表资格审查报告》；听取和审议市人民政府《关于提请审议罗定市第五人民医院（应急及传染病医院）提升工程项目可行性研究报告的议案》《关于提请追加罗定市2022年预算项目的议案》，表决通过批准建设罗定市第五人民医院（应急及传染病医院）提升工程项目和追加罗定市2022年预算项目的决议；审议并表决通过继续沿用《罗定市人大代表履职经费管理办法》及发放2022年市十七届人大常委会组成人员履职补助事项。

罗定市第十七届人大常委会第十一次会议 于2022年11月30日举行。会议传达学习中共二十大精神；审议并表决通过市人大常委会《关于提名补选潘振才、李诗敏为云浮市第七届人民代表大会代表的议案》。

罗定市第十七届人大常委会第十二次会议 于2022年12月30日举行。会议听取和审议市人大常委会《关于提请审议接受叶长盛辞去罗定市第十七届人大代表职务请求的议案》，表决通过决定接受叶长盛辞去罗定市第十七届人大代表职务；听取和审议市人民政府《罗定市2022年十件民生实事落实情况报告》《关于罗定市第十七届人大一次和二次会议代表建议办理情况的报告》《罗定市2021年国有自然资源资产管理情况报告》《罗定市2021年国有资产管理情况的综合报告》《罗定市2022年财政预算第二次调整方案的报告》，表决通过批准罗定市2022年财政预算第二次调整方案的决议。

【法律法规执法检查】 2022年，罗定市十七届人大常委会组织开展《中华人民共和国环境保护法》《广东省环境保护条例》《中华人民共和国科学技术普及法》《广东省农村集体资产管理条例》《广东省城市绿化条例》《云浮市人民代表大会常务委员会关于加强矿产资源管理的决定》《中华人民共和国法律援助法》《广东省法律援助条例》在罗定贯彻实施情况执法检查。对《中华人民共和国安全生产法》《云浮市人民代表大会常务委员会关于加强矿产资源管理的决定》《中华人民共和国法律援助法》在罗定贯彻实施情况开展执法检查，提出整改意见和建议，并跟踪督办。

【规范性文件备案审查】 2022年，罗定市人大常委会对政府报送的6件政府规范性文件进行备案审查。

【专项监督】 2022年，罗定市人大常委会先后听取和审议了市医疗保障局《关于罗定市医疗保障工作的专项报告》，市人大常委会监察和司法工委《关于2021年备案审查工作情况的报告》，市审计局《关于罗定市2020年度预算执行情况和其他财政收支审计发现问题的整改情况专项报告》，市人民政府《关于禁毒工作情况的报告》，市审计局《关于罗定市2021年度本级预算执行和其他财政收支的审计工作报告》，市财政局《关于罗定市2022年上半年预算执行情况的报告》，市发改局《关于罗定市2022年上半年国民经济和社会发展计划执行情况的报告》，市人民检察院《关于未成年人检察工作情况的报告》，市人民政府《关于2022年罗定市十件民生实事落实情况的报告》《关于罗定市第十七届人大一次、二次会议代表建议办理情况的报告》，市财政局《罗定市2022年财政预算第二次调整方案的报告》，市国有资产监督管理局《罗定市2021年国有自然资源资产管理情况报告》《罗定市2021年国有资产管理情况的综合报告》等专项工作报告，并作出审议意见。

【专题调研视察】 2022年，罗定市人大常委会组织部分代表调研市教育工作情况，视察市看守所管理工作情况，调研市防疫物资储备工作，调研市税收工作，调研辣椒产业发展情况，调研市推进政务服务质量和效能提升情况，调研市农业产业发展情况，视察市城区道路交通安全隐患及交通秩序整改情况，督查市养老服务工作开展情况，视察市法院加强诉源治理构建多元解纷机制工作情况，调研市开展惠企纾困工作情况，调研市监察委推进监察监督全覆盖工作情况，督查市开展打击“两卡”违法犯罪工作情况，调研市园区经济发展情况，

▲ 2022年5月6日，罗定市人大常委会组织部分代表对罗定市辣椒产业发展情况开展专题调研

（罗定市人大常委会办公室／供图）

检查市民生实事项目落实情况，对存在的问题提出意见建议，并做好跟踪督办工作。是年，罗定市人大常委会配合云浮市人大常委会到罗定市调研《云浮市优化营商环境条例》的立法工作和《云浮市矿产资源管理条例》的论证研究工作，调研云浮市重点项目在罗定市建设进展情况，视察道路交通安全管理工作情况，调研2021年环境状况、环境目标完成情况和环境基础设施建设进度情况，调研镇（街）人大宣传和理论研究有关工作情况，调研开展创新村级议事协商推进基层社会治理情况，调研民族工作情况，调研推动南江文化保护利用情况，调研发展优质基础教育情况，调研安全生产工作情况。

【议案办理】 2022年，罗定市人大常委会落实代表议案建议督办工作机制，依法做好交办工作，强化全程监督。其中，市第十七届人民代表大会第二次会议及闭会期间收到代表建议（含议案转建议6件）95件，通过持续督办，大部分已经解决或基本解决。

【人大代表工作】 2022年，罗定市建成人大代表中心联络站21个、村（社区）人大代表联络站282个、自然村（户）人大代表联络点183个，形成多层次、全覆盖的镇、村、户三级联络阵地。根据省人大常委会的统一部署开展“更好发挥人大代表作用”主题活动，组织各级人大代表1045人次进联络站，接待群众1350人次，收集群众意见建议391条。这些意见建议中，涉及“深入推进爱国卫生工作”方面的119条，已解决104条；其他方面的意见建议272条，已解决182条。通过开展主题履职活动，人大代表了解群众的诉求，为推动工作落实、解决基层民生热点难点问题起到了积极作用。年内，市人大常委会举办5期人大代表和人大干部专题培训班，印发《人大代表工作手册》《新时代人大代表履职手册》等，使学习培训从“全覆盖”走向“精准化”。

【人大理论研究】 2022年，罗定市人大常委会加强人大理论研究工作，召开理论学习中心组会议，开设“罗定人大讲坛”，学习《习近平谈治国理政》第四卷、中共二十大精神等内容，向上级

▲ 2022年9月16日，罗定市人大常委会举办全市镇街人大代表联络站点“三化”建设现场交流会

（罗定市人大常委会办公室／供图）

人大推送县乡人大工作创新案例、人大制度理论研究。罗平镇人大“以‘1+24+N’推进代表联络站标准化、规范化、常态化建设”入选第五届广东省县乡人大工作创新案例。 （陈献秀）

罗定市人民政府

【概况】 2022 年，罗定市政府机构 27 个。分别是市政府办公室（挂外事局牌子）、市发展和改革局（挂粮食和物资储备局牌子）、市教育局、市科学技术局、市工业和信息化局、市公安局、市民政局、市司法局、市财政局、市人力资源和社会保障局、市自然资源局（挂林业局牌子）、市住房和城乡建设局 [挂城市管理和综合执法局、人民防空办公室（民防办公室）牌子]、市交通运输局、市水务局、市农业农村局（挂扶贫开发办公室牌子）、市商务局（挂投资促进局牌子）、市文化广电旅游体育局、市卫生健康局（挂中医药局、南药发展办公室牌子）、市退役军人事务局、市应急管理局（挂地震局牌子）、市审计局、市国有资产监督管理局、市市场监督管理局（挂知识产权局牌子）、市统计局、市医疗保障局、市信访局、市政务服务数据管理局。市民族宗教事务局列入政府工作部门序列，不计入机构限额。

重要会议

【市政府常务会议】 2022 年，罗定市人民政府召开 45 次常务会议。

十七届 10 次常务会议 于 2022 年 1 月 10 日召开，市长罗永雄主持。会议专题研究听取 2021 年 12 月财政预算执行落实情况汇报；审议《关于审定罗定市成品油分销体系“十四五”发展规划加油站新增规划点的请示》《关于收回春罗铁路等担保资产的请示》等 16 个事项。

十七届 11 次常务会议 于 2022 年 1 月 19 日召开，市长罗永雄主持。会议专题传达学习贯彻全国、全省和云浮市安全生产工作电视电话会议精神，研究罗定市安全生产工作；审议《市长在市委十四届二次全会上的讲话（送审稿）》《罗定市 2022 年国民经济和社会发展计划指标表（草案）》等 7 个事项。

十七届 12 次常务会议 于 2022 年 1 月 26 日召开，市长罗永雄主持。会议审议《关于 2022 年罗定市补发 2021 年应发的 2020 年度机关绩效考核奖金（激励奖部分）有关事项的请示》《关于参与竞拍罗定市罗城街道文塔北侧地块的请示》等 5 个事项。

十七届 13 次常务会议 于 2022 年 1 月 29 日召开，市长罗永雄主持。会议学习《重大行政决策程序暂行条例》《广东省重大行政决策程序规定》；审议《关于提请审定罗定市 2022 年重点建设项目计划（初稿）的请示》《关于提请公布第五批罗定市（县）级文物保护单位及其保护范围和建设控制地带的请示》等 12 个事项。

十七届 14 次常务会议 于 2022 年 2 月 25 日召开，市长罗永雄主持。会议传达学习贯彻上级有关会议精神；学习《中华人民共和国审计法（新修订）》；专题研究审计查出问题整改工作、听取 2022 年 1 月财政预算执行落实情况汇报 2 个事项；审议《关于提请罗定市人民政府审议 2022 年部门预算草案的请示》《关于对“文塔公园”进行命名和对原“全民健身广场”“龙城乐园广场”进行更名的请示》等 13 个事项。

十七届 15 次常务会议 于 2022 年 3 月 7 日召开，市长罗永雄主持。会议审议《关于对博学路等 10 条道路进行命名的请示》《关于处置罗定市亿安资产资源运营有限公司资产包（罗定市水果生产服务公司）债务的请示》等 3 个事项。

十七届 16 次常务会议 于 2022 年 3 月 23 日召开，市长罗永雄主持。会议传达学习上级有关文件和会议精神；学习《中华人民共和国森林法》；专题研究关于罗定市公安重点场所疫情防控的工作报告、研究省和云浮市级重点项目推进工作等 4 个事项；审议《审议事业单位绩效有关事项》《关于报批罗定市 2022—2023 学年度招生计划的请示》等 14 个事项。

十七届 17 次常务会议 于 2022 年 4 月 2 日召开，市长罗永雄主持。会议传达学习贯彻广东省自然资源厅关于印发自然资源管理工作中若干底线要求的通知；

专题研究罗定市疫情防控和安全生产工作；审议《审议机关事业单位绩效有关事项》《关于审批〈罗定市整改类小水电站“一站一策”整改实施方案〉的请示》等8个事项。

十七届18次常务会议　于2022年4月8日召开，市长罗永雄主持。会议传达学习贯彻上级有关文件和会议精神；专题研究2021年度卫片执法工作、听取2022年3月财政预算执行落实情况报告2个事项；审议《关于审定〈罗定市整市推进屋顶分布式光伏开发工作方案（三次送审稿）〉的请示》《关于要求对〈罗定市垦造水田三年行动实施方案（2021—2023年）〉部分内容调整的请示》等6个事项。

十七届19次常务会议　于2022年4月14日召开，市长罗永雄主持。会议传达学习贯彻习近平总书记重要指示精神和上级有关文件精神；学习《中华人民共和国数据安全法》；审议《关于审批〈罗定市制造业高质量发展“十四五”专项规划（2021—2025年）（送审稿）〉和〈罗定市信息技术应用创新产业发展“十四五”专项规划（2021—2025年）（送审稿）〉的请示》《关于审定〈罗定市“十四五”时期科学技术发展规划（送审稿）〉的请示》等8个事项。

十七届20次常务会议　于2022年4月27日召开，市长罗永雄主持。会议传达学习贯彻习近平总书记重要讲话精神和上级有关文件、会议精神；专题研究基层医疗卫生机构相关情况；审议《关于建设罗平和泗纶两条乡村振兴示范带的请示》《关于要求审定〈云浮市罗定市2022年农村生活垃圾污水处理项目专项债资金（2022年第一季度发行金额）分配及使用方案〉的请示》等14个事项。

十七届21次常务会议　于2022年5月7日召开，市长罗永雄主持。会议审议《关于审定与广州市建筑集团有限公司签订〈战略合作框架协议〉的请示》《关于与广州建筑股份有限公司成立合营公司的请示》等6个事项。

十七届22次常务会议　于2022年5月11日召开，市长罗永雄主持。会议审议《关于审定〈罗定市关于第二轮中央生态环境保护督察通报典型案例“两高”项目问题的整改方案〉的请示》《关于拨款实施罗定中学等四个国家教育考试标准化考点扩容改造的请示》等6个事项；专题研究新增债券项目建设工作。

十七届23次常务会议　于2022年5月20日召开，市长罗永雄主持。会议学习《中华人民共和国固体废物污染环境防治法》；传达学习贯彻上级有关文件精神；审议《关于审定2022年省级教育发展专项资金（基础教育高质量发展奖补资金）分配方案的请示》《关于向民办学校购买义务教育学位的请示》等8个事项；专题研究新增债券项目建设工作。

十七届24次常务会议　于2022年5月27日召开，市长罗永雄主持。会议传达学习贯彻上级有关会议和文件精神；专题研究罗定市经济运行和重点项目建设情况、研究新增债券项目建设工作2个事项；审议《关于审定人民广场舞台牌匾名称的请示》《关于划拨林业部分涉改固定资产的请示》等4个事项。

十七届25次常务会议　于2022年5月31日召开，市长罗永雄主持。会议审议《关于审定〈罗定市县级储备粮管理办法〉的请示》《关于要求审定〈云浮市罗定市2022年农村生活垃圾污水处理项目专项债资金（2022年第二批发行金额）分配及使用方案〉的请示》等5个事项。

十七届26次常务会议　于2022年6月2日召开，市长罗永雄主持。会议传达学习贯彻省第十三次党代会和省委十三届第一次全会精神；学习《广东省促进中小企业发展条例》；审议《罗定市气象局关于审定印发〈罗定市气象发展“十四五”规划〉的请示》《关于审定〈2022年罗定市高中阶段学校招生录取实施办法〉的请示》等10个事项；专题研究新增债券项目建设工作。

十七届27次常务会议　于2022年6月10日召开，市长罗永雄主持。会议传达学习贯彻6月5日云浮市政府主要领导到罗定调研指示精神和6月8日云浮市重点项目推进会精神、研究罗定市重点项目建设工作；审议《关于审批〈云浮市市级精神卫生体系升级改造项目（新院建设）社会风险评估报告〉的请示》《关于与罗定市人民政府签署〈加快“十四五”期间数字罗定建设战略合作协议〉的申请函》等12个事项。

十七届28次常务会议　于2022年6月17日召开，市长罗永雄主持。会议审议《关于审定〈罗定市统筹建设的光伏扶贫电站运营管理方案〉的请示》《关于提请审定罗定市区域养老服务设施建设项目可行性研究报告的请示》等10个事项。

十七届29次常务会议　于2022年6月24日召开，市长罗永雄主持。会议传达学习贯彻全国、省、云浮市气象高质量发展工作电视电话会议精神；学习《防范和处置非法集资条例》；专题研究新增债券项目建设工作；审议《关于报批〈罗定市苹塘镇双叉顶矿区水泥配料用黏土矿采矿权挂牌出让方案〉的请示》《关于罗定产业转移工业园基础设施配套工程项目——双东大道工程建设内容变更的请示》等6个事项。

十七届30次常务会议　于2022年6月30日召开，市长罗永雄主持。会议传达学习贯彻习近平总书记重要讲话精神和上级有关文件精神；专题研究部署审计整改工作；审议《关于审定申报2022年第三批地方政府专项债券项目的请示》《关于审定疫情防控省级专项补助经费分配方案的请示》等7个事项。

十七届31次常务会议　于2022年7月8日召开，市长罗永雄主持。会议传达学习贯彻《云浮市人民政府办公室印发关于加快推进重大项目建设促进有效投资若干措施的通知》，研究新增债券项目建设工作，审议《关于审定深圳市、佛山市2022年乡村振兴驻镇帮镇扶村资金和云浮市2022年市级补助资金分配及使用方案的请示》《关于审定〈关于印发《2022年罗定市粮食生产行动实施方案》的通知〉的请示》等9个事项。

十七届32次常务会议　于2022年7月15日召开，市长罗永雄主持。会议传达学习贯彻上级有关会议精神、研究罗定市贯彻落实意见，专题研究新增债券项目建设工作、研究罗定市深化医药卫生体制改革工作情况2个事项，审议《关于提请审批〈罗定市中心城区城市建设规划管理通则（修订稿）〉的请示》《关于调整罗定市纪元铝材贸易有限公司罗定福泰花园A区建筑设计方案的请示》等11个事项。

十七届33次常务会议　于2022年7月22日召开，市长罗永雄主持。会议学习贯彻《广东省实施〈中华人民共和国消防法〉办法》，专题研究新增债券项目建设工作、研究发展壮大村级集体经济工作2个事项，审议《关于审定〈罗定市黎少镇30兆瓦农光互补光伏发电项目社会稳定风险评估报告〉的请示》《关于审定〈罗定市2022年财政预算调整方案的报告〉的请示》等7个事项。

十七届34次常务会议　于2022年7月28日召开，市长罗永雄主持。会议审议《关于审定〈罗定市发展壮大村级集体经济攻坚行动方案〉的请示》《关于审定〈罗定市发展村级集体经济统筹资金专项收益分配方案〉的请示》等3个事项。

十七届35次常务会议　于2022年7月29日召开，市长罗永雄主持。会议传达学习贯彻习近平总书记重要讲话精神，上级有关文件和会议精神；专题研究新增债券项目建设工作；审议《关于审定〈罗定市100兆瓦光伏复合项目社会稳定风险评估报告〉的请示》《关于将原罗定市地方公路管理站国有资产无偿划拨至罗定市交通运输服务中心的请示》等事项。

十七届36次常务会议　于2022年8月5日召开，市长罗永雄主持。会议专题研究新增债券项目建设工作、研究发展壮大村级集体经济工作等3个事项；审议《审定〈云浮市2023年重点建设项目及前期预备项目计划申报简表〉》《关于审核同意罗定市看守所扩建工程建设项目可行性研究报告（修编）的请示》等9个事项。

十七届37次常务会议　于2022年8月12日召开，市长罗永雄主持。会议学习《中华人民共和国乡村振兴促进法》；专题研究新增债券项目建设工作、研究发展壮大村级集体经济工作2个事项；审议《关于重新审定印发〈罗定市畜牧业发展规划（2021—2030年）〉的请示》《关于审定〈深圳市、佛山市2022年乡村振兴驻镇帮镇扶村资金（佛山市第二批）使用和划拨的方案〉的请示》等5个事项。

十七届38次常务会议　于8月19日召开，市长罗永雄主持。会议专题研究新增债券项目建设工作、研究全市重点项目建设工作等5个事项；审议《关于提请市政府审定申报云浮市专项债券项目储备清单的请示》《关于将罗定市结核病防治站资产无偿划拨给罗定市第六人民医院的请示》等6个事项。

十七届39次常务会议　于2022年8月26日召开，市长罗永雄主持。会议传达学习贯彻上级关于安全生产的文件精神；学习《中华人民共和国未成年人保护法》；专题研究新增债券项目建设工作、研究发展壮大村级集体经济工作2个事项；审议《关于将市城区部分道路列入罗定市老旧改造工程（二期）实施建设的请示》《关于审批〈罗定市2022年度罗定江生江镇旺湾1河砂可采区开采权挂牌出让方案〉的请示》等3个事项。

十七届40次常务会议　于2022年8月26日召开，市长罗永雄主持。会议传达学习贯彻习近平总书记9月1日在《求是》杂志发表的重要文章《新发展阶段贯彻新发展理念必然要求构建新发展格局》精神；传达学习贯彻全省新冠疫情防控工作电视电话会议精神，研究罗定市疫情防控工作；专题研究新增债券项目建设工作、研究罗定市摩托车和电动自行车交通安全问题整治工作2个事项；审议《关于审定〈罗定市2022年摩托车和电动自行车交通安全问题专项整治工作方案〉的请示》《关于申报罗定市供水升级改造工程（专项债储备）项目的请示》等6个事项。

十七届41次常务会议　于2022年9月9日召开，市长罗永雄主持。会议传达学习贯彻习近平总书记重要讲话精神；传达学习贯彻全省疫情防控和安全生产工作电视电话会议和云浮市疫情防控工作座谈会精神，研究部署罗定市中秋节前后疫情防控和安全生产工作；专题研究重点项目建设及使用债券资金项目工作推进情况、研究发展壮大村级集体经济工作等3个事项；审议《关于审定〈罗定市市级财力支持镇街政府和市直部门工作实施方案〉的请示》《关于提请审定〈罗定市2022年上半年国民经济和社会发展计划执行情况的报告（送审稿）〉的请示》等9个事项。

十七届42次常务会议　于2022年9月16日召开，市长罗永雄主持。会议专题研究重点项目建设及使用债券资金项目工作推进情况、研究发展壮大村级集体经济工作等3个事项，审议《关于报批〈广东省罗定市金鸡镇三座佛矿区建筑用石灰岩矿采矿权有偿出让方案〉的请示》《关于报批〈广东省罗定市茜塘镇观音山矿区建筑用石灰岩矿采矿权有偿出让方案〉的请示》等6个事项。

十七届43次常务会议　于2022年9月23日召开，市长罗永雄主持。会议传达学习贯彻习近平总书记重要讲话精神，全国安全生产电视电话会议精神以及省、云浮市疫情防控和安全稳定、安全生产工作会议精神，研究部署罗定市疫情防控、安全稳定等工作；专题研究罗定市1—9月经济运行工作；审议《关于审定〈罗定市2023年公务员招录计划（草案）〉的请示》《关于审定〈罗定市应急物资中转接驳站建设及启用实施方案（送审稿）〉的请示》等8个事项。

十七届44次常务会议　于2022年9月30日召开，市长罗永雄主持。会议传达学习贯彻习近平总书记在中央政治局会议上的重要讲话精神，省委、省政府办公厅有关文件精神，省、云浮市疫情防控和安全稳定工作会议精神，研究罗定市贯彻落实意见；学习《公平竞争审查制度实施细则》；专题研究重点项目建设及使用债券资金项目工作推进情况、研究发展壮大村级集体经济工作2个事项；审议《关于保障市法院市检察院绩效考核奖励经费的请示》《关于罗定市船步生态养殖小区项目融资及担保的请示》等10个事项。

十七届45次常务会议 于2022年10月18日召开，市长罗永雄主持。会议传达学习贯彻习近平总书记在中国共产党第十九届中央委员会第七次全体会议上的重要讲话精神和全会精神；专题研究重点项目建设及使用债券资金项目工作推进情况、研究发展壮大村级集体经济工作2个事项；审议《关于审定〈罗定市公共建筑屋顶分布式光伏发电项目建设开发实施方案（送审稿）〉的请示》《关于审定〈罗定市民政事业发展“十四五”规划〉的请示》等9个事项。

十七届46次常务会议 于2022年10月26日召开，市长罗永雄主持。会议传达学习贯彻中共二十大和党的二十届一中全会精神；学习《中华人民共和国退役军人保障法》；专题研究重点项目建设及使用债券资金项目工作推进情况、研究发展镇域经济和壮大村级集体经济工作等3个事项；审议《关于审定〈罗定市财政局 罗定市发展和改革局 罗定市农业农村局 罗定市水务局关于罗定市农业水价综合改革精准补贴及节水奖励的办法（试行）（征求意见稿）〉的请示》《关于提请市委、市政府转发〈市委宣传部、市司法局关于开展法治宣传教育的第八个五年规划（2021—2025年）〉的请示》等13个事项。

十七届47次常务会议 于2022年11月3日召开，市长罗永雄主持。会议传达学习贯彻习近平总书记重要讲话精神；传达学习贯彻省和云浮市疫情防控电视电话会议精神，研究罗定市疫情防控工作、重点项目建设及使用债券资金项目工作推进情况、研究发展镇域经济和壮大村级集体经济工作等3个事项；审议《关于同意签订罗定市船步及苹塘生态养殖小区项目运营合同及补充协议之一的请示》《关于审定罗定市船步及苹塘生态养殖小区项目委托协议及委托投资协议的请示》等11个事项。

十七届48次常务会议 于2022年11月11日召开，市长罗永雄主持。会议传达学习贯彻习近平总书记在中央政治局常委会会议上听取新冠疫情防控工作汇报的重要讲话精神；学习《中华人民共和国预防未成年人犯罪法》；研究重点项目建设及使用债券资金项目工作推进情况、研究发展镇域经济和壮大村级集体经济工作等3个事项；审议《关于审定〈罗定市农村乱占耕地建房专项整治（非住宅类）试点工作方案〉的请示》《关于审定2021年乡村振兴驻镇帮镇扶村对口帮扶市级财政资金镇街拟申报实施项目的请示》等15个事项。

十七届49次常务会议 于2022年11月18日召开，市长罗永雄主持。会议传达学习贯彻习近平总书记在第五届中国国际进口博览会开幕式上的重要致辞精神；传达学习《中共广东省委 广东省人民政府关于推动北部生态发展区高质量发展的意见》精神及云浮市领导批示精神；专题研究重点项目建设及使用债券资金项目工作推进情况、研究发展镇域经济和壮大村级集体经济工作2个事项；审议《关于审定〈罗定市21个镇街畜牧兽医水产站土地、房屋构筑物资产处置方案〉的请示》《关于审定印发〈罗定市推动农业农村高质量发展做大做强镇域经济行动方案〉的请示》等7个事项。

十七届50次常务会议 于2022年11月25日召开，市长罗永雄主持。会议传达学习贯彻习近平总书记重要指示批示精神；传达学习贯彻《中共中央 国务院关于深化改革加强食品安全工作的意见》《中共中央办公厅 国务院办公厅印发地方党政领导干部食品安全责任制规定》《国务院食品安全委员会关于建立健全分层分级精准防控末端发力终端见效工作机制 推动食品安全属地管理责任落地落实的意见》精神，听取罗定市2022年食品安全工作情况报告；专题研究重点项目建设及使用债券资金项目工作推进情况，审议《关于新建罗定市特殊教育学校的请示》《关于审定罗定市2022年中小学校舍安全保障长效机制补助资金（中央、省级）分配方案的请示》等8个事项。

十七届51次常务会议 于2022年12月2日召开，市长罗永雄主持。会议传达学习贯彻省和云浮市疫情防控会议精神，研究部署罗定市疫情防控工作；专题研究重点项目建设及使用债券资金项目工作推进情况、研究发展镇域经济和壮大村级集体经济工作等4个事项，审议《关于报批〈罗定市2023年度市级发证采矿权出让计划建议方案〉的请示》《关于审批龙湾镇大坑水电站退出补偿资金和工作经费的资金方案的请示》等7个事项。

十七届52次常务会议　于2022年12月9日召开，市长罗永雄主持。会议传达学习贯彻习近平总书记在12月6日中共中央政治局会议上的重要讲话精神，传达学习贯彻云浮市经济形势分析研判会精神，研究罗定市经济工作和部署政府系统党风廉政建设工作；审议《罗定市人民政府　广东省广播电视网络股份有限公司云浮分公司战略合作框架协议》《关于审定〈罗定市人力资源和社会保障事业发展“十四五”规划〉的请示》等10个事项。

十七届53次常务会议　于2022年12月16日召开，市长罗永雄主持。会议传达学习贯彻习近平总书记对非物质文化遗产保护工作作出的重要指示精神；审议《关于请求印发〈罗定市高标准农田工程设施建后管护暂行办法〉的请示》《关于请求印发〈罗定市高标准农田工程设施建后管护暂行办法〉的请示》等4个事项。

十七届54次常务会议　于2022年12月23日召开，市长罗永雄主持。会议传达学习贯彻习近平总书记在中央经济工作会议上的重要讲话精神；传达学习贯彻上级有关会议和文件精神；学习《保障农民工工资支付条例》；审议《关于审定〈罗定市智平30兆瓦农光互补光伏发电项目社会稳定风险评估报告〉的请示》《关于审定罗定市两条乡村振兴示范带总体规划设计（简本）的请示》等9个事项。

【专项会议】　稻米产业高质量发展工作座谈会　2022年2月22日，罗定市召开稻米产业高质量发展工作座谈会，听取农业龙头企业代表们的心声意愿，推动全市稻米产业高质量发展。罗定市委副书记、市长罗永雄出席会议。会议要求，要明确发展定位，走中高端路线，做品牌化、高附加值稻米产业；要坚持一、二、三产业融合发展，推动罗定稻米品种优质化、种植规模化、生产绿色化，加快产业园区建设，延伸产业链，共同打造公共区域品牌；要促进政银企共赢发展，加强政银企的密切协作配合，优化金融生态环境，提升罗定稻米的生产力、保障力和影响力。

民营经济高质量发展工作座谈会　2022年2月23日，罗定市召开民营经济高质量发展工作座谈会，倾听企业心声，集思广益、凝聚共识、谋划发展。市委副书记、市长罗永雄出席会议。罗永雄表示，罗定接下来要全力以赴抓招商，围绕高新电子、生物医药、日用轻工等主导产业，选准龙头企业，大力开展主题招商、以商招商，带动上下游企业到罗定发展；要建园区，盘活现有土地资源，加速“一园五片区”建设，完善园区道路、供电供气、污水处理等基础设施建设，提升筑巢引凤环境；要优服务，解放思想、改革创新、担当作为，提高服务效能，降低企业成本，真正做到主动服务、靠前服务、暖心服务；要聚人才，坚持引才和育才两手抓，发挥人力资源管理作用，为全市经济高质量发展提供强有力的人才和智力支撑。

市政府全体会议　2022年3月7日，市委副书记、市长罗永雄主持召开市政府全体会议。会议强调，一要提高政治站位。深入学习贯彻习近平总书记重要讲话精神，准确把握经济社会发展新形势、新任务、新要求，盯准关键处，找到发力点，推动各项改革创新任务落地落实。二要推动市场经济平稳健康发展。优化营商环境，完善保护支持企业发展的政策措施，促进各类企业健康发展，开拓市场，打响品牌。三要发展普惠金融。完善政银企常态化对接机制，优化中小微企业、新型农业经营主体等金融服务，探索建立金融产品开发、征信体系完善等机制，拓宽直接融资渠道，促进就业创业、改善民生。四要加大人才引进培育力度。优化人才发展环境，加大人才引进力度，加强政策支持力度，让各类高层次人才进得来、留得住、用得好。五要推动国有企业高质量发展。深化国有企业改革，盘活国有资产资源，增强国有企业的市场竞争力、盈利能力和可持续发展能力，提升国有企业总体规模和综合实力。

市十七届人民政府第一次廉政工作会议 2022年4月25日，罗定市召开市十七届人民政府第一次廉政工作会议，市委副书记、市长罗永雄出席会议。会议强调，全市各地各部门要落实全面从严治党要求，加强政府自身建设，提升履职能力水平，建设让人民满意的务实高效清廉政府。一要提高政治站位，深化思想认识，切实增强抓好党风廉政建设工作的思想自觉、政治自觉、行动自觉。二要紧盯重点领域和关键环节，解决突出问题，修复风清气正的政治生态。三要加强自身建设，提高履职能力，为经济社会高质量发展提供坚强保障。四要压实主体责任，强化日常监督，把党风廉政建设和反腐败工作持续推向深入。

市国土空间规划委员会2022年第一次会议 2022年5月6日，市委副书记、市长罗永雄主持召开市国土空间规划委员会2022年第一次会议。会议审议并原则通过了议题《罗定市华石镇华石圩（原华石机械屠宰场）地块（A1至A9）规划设计条件（报批稿）》《罗定市金鸡镇冲花国道324线北侧地块规划设计条件（报批稿）》《罗定市龙华西路罗定技工学校北侧拟划拨地块规划设计条件（报批稿）》《罗定市加益镇加益圩2号地块（A1至A8）规划设计条件（报批稿）》《罗定市生江镇生江圩278号地块（A1至A14）规划设计条件（报批稿）》《罗定市中心城区城市建设规划管理通则（试行）修订稿》。

新增债券项目建设工作暨财政挖潜增收工作推进会 2022年5月7日，罗定市召开新增债券项目建设工作暨财政挖潜增收工作推进会，分析当前形势和存在问题，研究应对措施。市委副书记、市长罗永雄主持会议。会议要求，要倒排工期、挂图作战，未动工项目要加快征地拆迁、管线迁改等前期工作，在建和完成招投标项目要加快进度，在确保安全和质量的前提下按时完成建设任务；要推进重点财税项目，细化量化全年增收计划，多渠道培育财源；要强化沟通协作，各镇（街）、各部门间要建立起信息互通、协调联动的机制，确保工作高效运转。

扶贫济困日活动重点企业座谈会 2022年6月30日，罗定市召开扶贫济困日活动重点企业座谈会。市委副书记、市长罗永雄出席会议并讲话。副市长唐民应主持会议，市直有关单位负责人及20多家爱心企业代表参加座谈。会议指出，2022年是巩固拓展脱贫攻坚成果同乡村振兴有效衔接的关键一年，希望广大企业家以“广东扶贫济困日”活动为平台和契机，发扬守望相助精神，在巩固脱贫成果、实施“万企兴万村”行动、发展乡村产业、推动美丽乡村建设、促进乡村社会和谐等方面贡献力量，展现新时代企业家新风貌。各级各行业部门要压实责任，推动企业参与“扶贫济困日”各项决策部署落地见效。在当前稳住经济大盘的工作要求下，各单位部门要全面落实中央和省、云浮市稳经济政策措施，不断优化营商环境，全方位全要素做好企业服务保障工作，共克时艰、开创新局。

规模以上企业工作座谈会 2022年8月1日，罗定市召开规模以上企业工作座谈会，深入学习贯彻习近平总书记关于民营经济发展的重要论述，全面落实中央、省和云浮市决策部署，面对面听取企业意见和建议，形成问题解决机制，推动经济稳进提质。市委副书记、市长罗永雄出席会议并作讲话，副市长陈志林主持会议。会议指出，当前经济发展面临需求收缩、供给冲击、预期转弱三重压力，要坚定信心、保持定力，全面落实中央、省和云浮市出台系列稳经济增长惠企政策，牢固树立“服务企业就是服务大局”的理念，为企业高质量发展“加码赋能”；要加快发展，做大做强，广大企业家要主动求变、危中抢机，练好创业创新内功，保持坚守主业定力，克服疫情带来的不利影响，在确保稳产达产的同时，积极谋求更大发展；要强化保障，优化服务，各部门要切实转变工作作风，“一企一策”做好企业用地、用能、用工和融资、物流等方面服务，及时解决企业的痛点、难点、堵点问题，千方百计把市场主体保护好，打造优质高效的营商环境，激发市场主体活力。

“三防”工作会议　2022年8月22日，收听收看全省、云浮市“三防”工作电视电话会议后，罗定市召开全市“三防”工作会议。市委副书记、市长罗永雄出席会议。罗永雄对台风防御工作作出具体部署，要求强化监测预报预警，提前、提级启动应急响应，统筹各级各类应急救援力量，严格落实防台风“六个100%”要求，把各项防御措施落到实处，做到守土有责、守土担责、守土有方。

全市疫情防控工作会议　2022年11月28日，收听收看省、云浮市安全生产工作视频会议后，罗定市召开疫情防控和安全生产工作会议。市委副书记、市长罗永雄出席会议并讲话。罗永雄强调，要提高政治站位，切实把思想和行动统一到党中央和省委、省政府、云浮市委、市政府的决策部署上来，全面落实“疫情要防住、经济要稳住、发展要安全”的重要要求，时刻绷紧安全这根弦，以“时时放心不下”的责任感做细做实疫情防控和安全生产各项工作，确保社会大局平安稳定。要坚持防得住才是硬道理，织牢织密疫情防控严密防线。

罗商·市长面对面协商座谈会　2022年12月13日，市政府、市政协联合召开罗商·市长面对面协商座谈会。市委副书记、市长罗永雄与企业代表围绕“优化营商环境，助力经济高质量发展”主题进行深入交流，听取企业意见建议，激发市场主体活力，加快推动罗定经济高质量发展。会议强调，一要坚定信心，共克时艰。进一步把思想和行动统一到习近平总书记、党中央对经济形势的判断和经济工作的决策部署上来，充分认识中国经济稳中向好、长期向好的基本面没有变，认真落实省委十三届二次全会关于高质量发展的各项部署，保持战略定力，直面困难挑战。二要发挥优势，做大做强。要大力弘扬企业家精神，加强企业经营管理，加大人才引进和科研攻坚力度，提高产品竞争力，不断开拓市场、延伸产业链，做大做强企业，促进产业集聚，助推经济高质量发展。三要强化保障，靠前服务。各职能部门要当好企业服务“店小二”，提高服务意识和办事效率，主动到企业实地了解情况，切实解决企业发展中存在的问题困难，进一步强化土地、环评、能评、用电、用气、用工等要素保障，在技术改造、人才引进、物流运输等方面加大支持力度，帮助企业稳产达产。

【经济分析会】　全市经济运行和重点项目建设专题研究会　于2022年5月27日召开。会议强调，一要从讲政治角度抓好经济工作。认识经济下行压力不断加大的趋势，从讲政治的高度全力以赴做好2022年的经济工作，增强做好经济工作的紧迫感责任感使命感，采取有效措施防止经济运行滑出合理区间，确保全年经济健康平稳发展。二要明确目标任务。围绕云浮的经济目标，明确罗定市上半年经济增长3%左右的目标要求，把指标任务落实到各有关部门和各镇街，按照时间节点抓好落实，为企业做好服务。对主要经济指标进度靠后的，由市政府发提醒函给镇街主要领导。三要抓好重点落实。各部门要定期围绕规模以上工业增加值、工业投资、固投（固定资产投资）、社消零（社会消费品零售总额）等主要经济指标的分析研判，加强沟通对接，共同解决企业、项目建设面临的困难和问题，加强对数据分析研判，做到应统尽统。四要强化责任意识。项目相关责任领导、责任单位、配合单位、属地镇街等要主动担当作为，迎难而上，提升执行力，推动各项工作落地落实。

全市上半年经济运行分析研判会　于2022年7月29日召开。会议强调，一要充分认清当前经济形势，增强稳经济增长的紧迫感责任感，谋细谋实经济发展各项具体工作，推动各项指标企稳回升，确保经济运行在合理区间。二要加强经济运行监测。市统计局对全市各行业领域经济运行做好分析研判，把增长指标任务细化分解到镇（街）、部门。三要稳定工业生产。要全面落实减税降费政策，做好“一企一策”精准服务，确保企业稳产达产。要加强对面临退库企业的监测，解决堵点卡点问题。加快产业项目建设，加快推进“小升规”和工业技改，尽快形成新的增长点。要加大招商引资工作力度，各镇（街）、各部门主动担当履责，加强与企业、商会、乡贤对接，争取引进更多优质项目。四要抓好重点项目建设，扩大有效投资。进一步加大重点项目跟踪督办力度，强化要素服务保障，加快推进省重点、市重点项目建设。五要抓好消费回补，稳定外贸进出口。重点稳住批发零售和住宿餐饮行业，加大限额以上商贸企业培育力度，促进三季度社消零（社会消费品零售总额）保持回暖势头。做好重点外贸企业服务，支持企业稳订单拓市场，支持金业贵金属、金正龙等生产企业扩大自营进出口。六要抓好民生保障工作，确保社会大局平稳。抓好教育、医疗、养老、就业等民生领域工作，抓细抓实常态化疫情防控工作，统筹做好防汛防灾、安全生产、消防、防溺水、矛盾纠纷化解等各项工作，防范和化解各类风险隐患。

全市前三季度经济运行分析研判会 于2022年9月23日召开。会议强调，一要提高政治站位。充分认识做好经济工作的重要性，认清当前经济运行面临的严峻形势，增强稳经济增长的紧迫感责任感，谋细谋实经济发展各项具体工作。二要做到应统尽统。各镇（街）、各部门要紧紧围绕增长目标任务，加强指标分析调度，把各项经济指标统计工作做实做细，查漏补缺，做到应统尽统。三要加强业务培训和指导。市统计局要开展经济数据统计工作业务培训，对各镇（街）、各有关单位、各重点企业相关业务人员进行业务培训和业务指导，确保各项经济指标统计工作高效、准确、全面。四要压实工作责任。各镇（街）、各有关单位主要负责人要亲自抓经济发展和经济指标统计工作，并落实1名分管负责人专职负责，确保各项经济发展目标任务落到实处。

全市经济运行和党风廉政建设专题研究会 于2022年12月9日召开。会议强调，一要深入学习领会习近平总书记重要讲话精神，推动经济行稳致远。要深刻认识2023年是落实中共二十大精神的开局之年，把工作重心聚焦到经济建设上来，增强抓经济促发展的责任感和紧迫感，坚决稳住经济基本盘。要保持全面从严治党和反腐败斗争永远在路上的坚韧和执着，把党风廉政建设与经济社会发展同部署、同推进、同落实。二要抓好经济工作。要抓好四季度经济冲刺工作，紧盯目标任务不放松，加强经济指标分析调度，全力服务企业生产经营，推动工业、农业、固投、消费、外贸等持续回稳向好，努力争取最好结果。要加大招商引资和项目谋划力度，谋划储备一批新的重大项目，狠抓产业项目建设，督促施工单位加大施工力度，争取2023年更多项目投产见效。要强化要素服务保障，解决好项目的土地、资金、用电、用气、用工等问题，建立完善投资审批制度，对重大项目实行每周集中审批，保障项目顺利推进。要坚持抓好增收节支，做好矿山出让前期各项工作，增加财政收入，严控一般性和非必要支出。三要统筹做好岁末年初各项工作。要做好疫情防控工作，优化完善疫情防控措施，做好应对处置疫情，落实机关事业单位、学校等重点场所的防疫要求。要认真谋划2023年经济工作，各部门要统筹协调，科学制定2023年各项经济发展目标。要做好安全生产和维稳工作，深入开展道路交通、建筑施工、危化品、消防森防、城镇燃气等领域安全隐患排查整治，强化值班值守，做深做细矛盾纠纷化解，确保社会大局安全稳定。四要加强党风廉政建设。要按照党的建设总要求，推进全面从严治党，加强重点领域、关键环节的监督，落实中央八项规定及其实施细则精神，纠治“四风”，锻炼“严实、深细、快准”作风，杜绝“躺平式”不作为、“蜗牛式”慢作为与“吃拿卡要”等乱作为，为加快推进经济社会健康发展营造风清气正的政治生态。

【重要政事】 **罗定市人民政府与广州市建筑集团有限公司签订战略合作框架协议** 2022年5月

9日，罗定市人民政府与广州市建筑集团有限公司（以下简称“广州建筑集团”）举行战略合作框架协议签约仪式。市委副书记、市长罗永雄，广州建筑集团党委书记、董事长梁湖清，党委副书记、副董事长、总经理张宇江等出席签约仪式。会上，罗永雄介绍了罗定市总体概况，张宇江介绍了广州建筑集团基本情况，并在与会人员的见证下，分别代表罗定市人民政府和广州建筑集团签订了战略合作框架协议。广州建筑集团成立于1950年，是广州市国资委直接监管的国有大型企业，华南地区首家建筑行业世界500强企业，综合实力居广东省建筑企业之首，承担了如广州塔、广州国际金融中心、琶洲会展、白云会展、广州亚运会场馆等广州重大基础设施建设。

走访调研重点企业及项目建设 2022年5月30日，市委副书记、市长罗永雄率市府办、工信局、发改局、统计局等单位负责人到部分重点企业及项目建设现场进行调研，了解企业生产经营情况，帮助企业协调解决当前存在的问题和困难，为企业发展出谋划策、排忧解难。罗永雄强调，要坚持稳字当头、稳中求进，抓住用好各种机遇，推动全市经济平稳健康发展。相关部门单位要不断提升服务水平，优化营商环境，主动对接企业，了解企业需求，帮助解决企业发展过程中遇到的困难和问题，保障企业稳产达产。企业要创新发展思路，借鉴先进理念，制定科学发展规划，深入开发产品价值，提升产品质量，不断做大做强企业。要在做好疫情防控和安全生产的基础上，加快推进项目建设，确保项目早投产早达效。

2022广东云浮·罗定稻米节活动开幕 2022年11月4日，为期2天的2022广东云浮·罗定稻米节活动在云浮（罗定）农产品交易博览中心拉开序幕。罗定市委副书记、市长罗永雄，市人大常委会主任梁国锋，市政协主席张娟，云浮市农业农村局总农艺师余新盛，罗定市委常委、办公室主任赵广峰，副市长唐民应，各镇（街）党（工）委书记，市直有关单位主要负责人，市有关企业代表等出席开幕式。活动由赵广峰主持。本届稻米节活动以网上云展会为主导，开展线上网络直播带货、推介展销，线下举办开幕式，搭建交流合作和品牌营销的产业互动平台，宣传推介优质稻米等名优特新农产品，进一步提升云浮“罗定稻米”影响力和竞争力，推动云浮农业产业高质量发展，助力乡村振兴。活动还在新华网“溯源中国”平台打造“罗定稻米”系列品牌线上XR数字虚拟3D展厅，立体化展示“罗定稻米”品牌的产品介绍、生产加工环境、品牌发展历程等内容，推广永不落幕的“罗定稻米”品牌展。

新能源科研制造基地项目战略合作框架协议签订仪式 2022年11月18日，罗定市人民政府与雅达电子（罗定）有限公司举行新能源科研制造基地项目战略合作框架协议签订仪式。罗定市委副书记、市长罗永雄，市人大常委会主任梁国锋，市政协主席张娟，湖南泰嘉新材料科技股份有限公司董事长方鸿，雅达电子（罗定）有限公司总经理杨乾勋出席活动；云浮市投资促进局副局长李永洪，罗定市领导肖承宾、李金坚、谭树才以及市有关单位负责人参加活动。雅达电子（罗定）新能源科研制造基地项目计划总投资20亿元，对生产线智能化技术改造，新建新能源生产线，投产达产后预计年产值50亿元，年创税2.5亿元，提供5000多个就业岗位。

综合协调服务

【政务服务】 2022年，罗定市人民政府办公室发文43份，办理函件130份，办理批复143份，办理报告26份，办理决定1份，办理任免通知38份，编辑出版《罗定市人民政府公报》6期（双月刊）。电子公文办结率从70%提升至99.5%，普通件平均办文时长从50.9小时减至5.4小时，急件平均办文时长从18.6小时减至7.2小时，办文效能走在罗定市前列。全年承办市政府党组会议26次、议题56项，市政府党组理论学习中心组学习会26次，市政府常务会议45次、议题503项。

【政务公开】 2022年，罗定市人民政府办公室通过政府门户网站等渠道主动公开政府信息13031条，其中政务动态信息6570条。收到依法申请公开28件次，受理28件次，办结28件次。通过网站、微博、微信等方式回应公众关注热点和重大舆情519条，上级指派留言52条，举办1期全市政务公开专题业务培训班。发生1宗政府信息公开申请行政复议案件，经复议结果维持。

【调查研究】 2022年，罗定市人民政府办公室完成政府工作报告、经济工作会议、镇域经济发展情况汇报、云浮市重点项目调度会等重要材料，撰写各类政务活动文稿材料1000份。撰写《罗定市制造业布局发展情况调研报告》《罗定市房地产业发展新模式调研报告》《罗定市实施“百县千镇万村高质量发展工程”调研报告》《罗定市发展壮大镇域经济和村级集体经济调研报告》等一批研究报告，协助做好一批政策文件出台，推动出台支持2022年晚造粮食生产12条措施、支持镇域经济发展若干措施。

【政府职能转变】 2022年，罗定市政府办公室整合自然资源、住建、税务、司法等不动产关联业务，优化各环节办事流程，实现办理不动产业务全流程1个工作日内完成，其中纳税事项全程网办，查档事项全程网办，公证事项落实专人辅导群众办，不动产登记效率居云浮地区首位。7月1日起，罗定市行政服务中心政务服务大厅进驻部门38个，设84个窗口，进驻事项1697项（全市1736个事项），进驻率达97.8%，进驻率居云浮市各县（市、区）第一位，平均每天服务群众近1000人次。8月，市行政服务中心被评为广东省县级标杆培育政务服务中心。

【建议提案督办】 2022年，罗定市人民政府办公室办理人大代表建议95件（其中议案转建议处理6件、建议89件），政协委员提案106件，云浮市交付办理的云浮市人大代表建议21件、政协提案35件，广东省人大代表建议2件、政协提案1件。

【民生实事】 2022年，罗定市确定医疗保障、基础教育、食品药品安全、人居环境、生活救助、生态文明建设、文化体育、政务服务、安居保障、就业十大类34小项民生实事基本完成。全市民生事业发展取得新成效，人民群众获得感幸福感安全感提升。

【中心城区首位度提升】 2022年，罗定市中心城区人民广场、文塔广场、泷江大桥、城区碧道示范段等项目建成开放；兴业二路等7条市政道路建成通车；深岑高速双东出口立交完成改造；市政基础设施PPP（政府和社会资本合作）项目、老旧城区改造工程加快推进；全市空气、水环境质量保持优良，完成植树造林1846.6公顷，新建碧道12千米，实施河道治理37千米；实施“泷江聚才”计划，引进高层次人才，城市承载力和吸引力不断增强。

【营商环境优化】 2022年，罗定市深入推进营商环境优化提升，市行政服务中心连续两年获评省县级标杆培育政务服务中心（大厅），进驻事项1697项（全市1736个事项），进驻率97.8%，进驻率居云浮市各县（市、区）第一位。实现全市1243项政务服务事项实现“零次跑”和全程网办，全程网办率71.6%。与多个省、市、县实现政务服务事项跨省通办，设立企业首次贷款服务窗口。政务服务办理时限比规定时限同比减少70%以上。市场主体数量同比增长11.9%。政府部门电子公文办结率95%，全流程电子化办文率68%，公文办理效能持续提升。 （何正力）

对外联络

【概况】 2022年，罗定市对外联络服务中心完成商会联络、招商引资、推动商会成立等工作。至2022年底，省内外已建立13个罗定商会，其中，省内地区有10个罗定商会（广东省罗定商会、广州市罗定商会、深圳市罗定商会、珠海市泷州经济联谊会、佛山市罗定商会、肇庆市罗定商会、江门市罗定商会、东莞市罗定商会、中山市罗定商会、云浮市罗定商会），省外地区有3个罗定商会（北京罗定企业商会、澳门罗定世界商会、海口市广东罗定商会）。

【商会联络】 2022年，罗定市对外联络服务中心参与广州、深圳、佛山、肇庆、云浮等地罗定乡贤联谊活动、座谈会，指导和支持云浮市罗定商会、肇庆市罗定商会、佛山南海罗定乡贤会、肇庆高新区罗定乡贤会等完成换届工作，开展各地罗定商会（乡贤会）文秘学习交流活动。7月17日，指导佛山市南海区罗定乡贤会举行第二届理监会就职典礼，会议通过各项议程，以投票方式选举出乡贤会第二届理事会和监事会，陈仁生担任乡贤会会长，关章生担任监事长。7月24日，指导云浮市罗定商会召开第二届第一次会员代表大会，会议审核通过了第一届理事会工作报告和监事会工作报告、章程修改方案，以无记名投票方式选举出商会第二届理事会和监事会，邹海担任商会会长，陈龙飞担任监事长。8月10日，指导肇庆市高新区罗定乡贤会召开第四届理监事会第一次会议，会议通过无记名投票方式选举出第四届理事会和监事会，邹芝强担任乡贤会会长，林绍才担任监事长。9月3日，指导肇庆市罗定商会召开第三届第一次会员大会，会议汇报了第二届理事会工作报告、财务收支情况报告、监事会工作报告以及《章程》修改报告。以举手表决的方式，通过第三届组织机构产生办法，《章程》修改报告等一系列文件，以无记名投票方式选举出第三届理事会和监事会，李金才担任商会会长，潘振强担任监事长。

【招商引资】 2022年，罗定市对外联络服务中心协助广东省罗定商会在广州市东江渔村饮食集团举行2022年迎新年联谊会，向罗定外出乡贤推介最新的招商引资资讯；做好广东金润黄金投资有限公司年税收3000万元的高品位金精矿综合回收项目、东莞市锦略电线制品有限公司总投资超4亿元的电源线生产基地项目、广州至信药业股份有限公司到罗定投资制药厂项目以及广东元素生命科学有限公司年产30万吨植物秸秆生物酶解高科技项目等实地考察和洽谈工作；考察杭州市无忧传媒有限公司，拟引进网络带货直播基地项目；跟进长利集团东震高新产业园项目、佛山市嘉纯生物工程有限公司和佛山市倩碧化妆品有限公司投资日化厂项目、东莞市航丰包装科技有限公司投资包装项目等土地报建报批手续。全年拜访31家客商及企业，接待到访客商16批次，实地考察13批52人次。

【行业协会】 2022年，罗定市对外联络服务中心推动2个行业协会成立。1月4日，罗定市酒类行业协会举行第一届第一次全体会员大会，50多名会员参加出席大会；7月20日，罗定市建筑行业协会在好莱湾酒店举行第一届第一次全体会员大会，会议选举产生协会第一届理（监）事会成员。 （梁艺轩）

政府投资项目代建

【概况】 2022年1月10日，罗定市政府投资项目代建中心正式设立，是罗定市人民政府直属正科级公益一类事业单位，主要负责罗定市政府投资项目的建设工作，包括项目招标、项目设计编审、建设合同签订、项目资金管理、项目验收以及移交，项目建设相关的组织协调等工作。是年，罗定市政府投资项目代建中心负责项目21个，其中房建项目7个，市政项目14个，涉及卫生、教育、文化、市政道路等多个领域内的民生工程。

【代建项目建设】 2022年，罗定市政府投资项目代建中心推进云浮市、罗定市代建项目建设。罗定市云浮方正学校（暂命名）项目，总投资4909万元，完成投资2000万元。罗定市妇幼保健院康复保健综合楼项目，总投资25012万元，完成投资1800万元。罗定市职业技能培训中心项目，总投资63009万元，完成投资3000万元。罗定市职教幼教中心项目（罗定市中等职业技术学校、罗定市幼教中心），总投资96677万元，完成投资2000万元。云浮市市级精神卫生体系升级改造项目（新院建设），总投资75042万元，完成投资2000万元。

【监管企业建设项目】 2022年，罗定市政府投资项目代建中心严把企业建设项目监管关。罗定市泷州新城道路和桥梁工程（站前路北延线首期工程），总投资14931万元，完成投资14184万元。罗定市金鸡镇农业综合园区基础设施项目供水管网、道路改造工程，总投资9934万元，完成投资6000万元。罗定市东华路建设工程，总投资28446万元，完成投资12254万元。罗定市老旧城区改造工程，总投资58000万元，完成投资22040万元。罗定文塔半岛地区城市更新项目（一期），总投资22093万元，完成投资6186万元。罗定市附城医院建设项目，总投资35000万元，完成投资3500万元。

（张雅婷）

信访工作

【概况】 罗定市信访局是罗定市人民政府组成部门，是负责人民群众的来访、来信、来电、网上信访接待和信访事项交办、转办、督办等有关信访业务工作的主管部门，下设市信访接待服务中心（股级）。2022年，办理信访806件，接待来访1198人次，其中来信222件，网上信访374件，来访210件。

【信访工作机制创新】 2022年，罗定市信访局强化“信访超市”服务作用，打造罗定特色“律师+接访”机制。信访服务中心以信访工作联席会议机制为核心抓手，建立社会纠纷多元预防调处化解综合机制，推进信访接待中心、综治中心融合，整合基层资源、提供一站式解纷服务。随着群众信访诉求综合服务中心（信访超市）的投入使用，人社、住建等10个职能部门和8所律师事务所律师进驻窗口，作为第三方力量开展群众来访接待工作。全年进驻律师108人次，服务群众232人次。

【信访制度优化】 *领导包案处理信访事项制度* 2022年，罗定市信访局完成两批上级交办重复信访治理案件109宗，第一批中央联席办交办78件积案化解重复件，其中，属于倒流件8件，占比10%，按时办结率100%；第二批中央联席办交办31件积案化解重复件，落实领导包案31宗，答复率和办结率均100%。

领导接访走访下访活动制度 2022年，罗定市信访局畅通信访渠道，密切党群、干群关系，推进领导干部接待群众来访规范化、常态化和成效化，下发《关于做好2022年罗定市党政领导干部定期接待群众来访工作的通知》，每月15号作为市领导接访日，全年开展市领导接访活动接访群众106批次136人次。

信访干部全员包案督办 2022年，罗定市信访局压紧压实工作责任，推动信访事项办理提质增效，由主要负责人带头，第一批全员包案9人总计包案38件；第二批全员包案14人总计包案40件；第三批全员包案14人总计包案36件。至年底，三批全员包案114件已全部办结。 （杨秀林）

中国人民政治协商会议罗定市委员会

【概况】 2022年，中国人民政治协商会议罗定市委员会（简称“罗定市政协”）设置“一办四委”：办公室、提案和法制委、经济科技委、宣教文史委和联络工委，设立经贸、群工、工交建设、农业、教育、医卫、宣传文体、民营一、民营二、镇街、港澳“三胞”、珠三角经贸12个委员活动组。

【政协第十一届罗定市委员会第二次会议】 于2022年3月9—11日在罗城召开。会议听取市政协主席张娟代表常委会作工作报告以及市政协副主席陈观明作提案工作情况报告。会议补选潘泽辉为十一届市政协秘书长，黄冰锋、覃伟濠、黎安民为十一届市政协常务委员。与会委员通过视频连线列席罗定市十七届人民代表大会第二次会议，听取并讨论《政府工作报告》。会议审议通过《政协第十一届罗定市委员会第二次会议决议》。

【常务委员会会议】 2022年，

政协第十一届罗定市委员会常务委员会召开会议 5 次和 2022 年度专题议政性会议 1 次。

政协第十一届罗定市委员会常务委员会第三次会议　于 3 月 7 日召开。会议听取市委常委、副市长肖承宾关于《政府工作报告（征求意见稿）》的起草说明；通过机关干部人事任免、增补委员名单、委员辞去名单、部分委员调整组别等人事事项；通过召开市政协十一届二次会议等事项。

政协第十一届罗定市委员会常务委员会第四次会议　于 3 月 10 日召开。会议听取各组委员讨论市政协常委会工作报告、提案工作报告以及酝酿协商十一届市政协常委会部分组成人员人选的情况；通过撤销委员资格等事项。

政协第十一届罗定市委员会常务委员会第五次会议　于 6 月 23 日召开。会议传达学习贯彻省第十三次党代会等精神；通报委员读书活动、专题协商活动等情况；通过机关干部职务调整、委员请辞名单、撤销委员资格等人事事项。

政协第十一届罗定市委员会常务委员会第六次会议　于 8 月 25 日召开。会议听取市政府副市长蓝美通报 2022 年上半年全市经济社会发展情况；总结市政协 2022 年上半年工作，提出下半年工作意见；审定《政协罗定市委员会提案工作条例（修订）》等制度；通过机关干部职务调整、部分委员调整组别等人事事项。

政协第十一届罗定市委员会常务委员会第七次会议　于 9 月 21 日召开。会议审议通过谭树才辞去十一届市政协副主席、委员职务等事项。

2022 年度专题议政性常委会会议　于 9 月 21 日召开。会议围绕“深化乡村特色产业，助力镇域经济发展”议题开展专题协商议政，市发改局、农业农村局作专题发言，与会人员座谈交流，市政府副市长谭树才到会听取意见建议。

【主席会议】　2022 年，政协第十一届罗定市委员会召开主席（扩大）会议 13 次。

政协第十一届罗定市委员会第四次主席（扩大）会议　于 1 月 7 日召开，谋划召开市政协十一届二次会议有关事项。

政协第十一届罗定市委员会第五次主席会议　于 2 月 24 日召开，总结市政协 2021 年工作，提出 2022 年工作计划等。

政协第十一届罗定市委员会第六次主席会议　于 3 月 7 日召开，审定召开市政协十一届三次常委会会议事项，并通报有关人事事项。

政协第十一届罗定市委员会第七次主席会议　于 3 月 30 日召开，审定《政协罗定市委员会 2022 年协商计划》《政协罗定市委员会委员履职考核办法》等，通报有关委员违纪情况，并提出处理意见。

政协第十一届罗定市委员会第八次主席（扩大）会议　于 4 月 26 日召开，审定市政协 2022 年度重点提案等事项。

政协第十一届罗定市委员会第九次主席（扩大）会议　于 4 月 29 日召开，研究部署省政协副主席李心到云浮罗定调研讲话精神的贯彻意见。

政协第十一届罗定市委员会第十次主席会议　于 6 月 22 日召开，审定市政协十一届五次常委会会议议程和举办全体政协委员培训班等事项。

政协第十一届罗定市委员会第十一次主席会议　于 7 月 25 日召开，审定《中国人民政治协商会议罗定市委员会提案工作条例（修订）》等制度以及召开市政协十一届六次常委会会议有关事项。

政协第十一届罗定市委员会第十二次主席（扩大）会议　于 8 月 22 日召开，传达学习贯彻云浮市政协 2022 年上半年市县政协工作座谈会精神，研究部署近期工作。

政协第十一届罗定市委员会第十三次主席会议　于 9 月 16 日召开，审定召开市政协十一届七次常委会会议和年度专题议政性常委会会议事项，研究部署近期工作。

政协第十一届罗定市委员会第十四次主席（扩大）会议　于 10 月 17 日召开，讨论研究委员工作室建设，开展“罗商·市长面对面协商座谈会”等事项。

政协第十一届罗定市委员会第十五次主席会议 于10月25日召开，审定市政协领导班子成员开展“深调研”课题，机关选派驻村第一书记人选等事项。

政协第十一届罗定市委员会第十六次主席会议 于12月2日召开，审定召开《罗定市政协学习宣传贯彻中共二十大精神工作方案》，召开市政协十一届八次常委会会议等事项。

【协商议政】 2022年，政协十一届二次会议期间，组织委员开展分组讨论，委员们围绕推进特色产业发展、优化营商环境等方面提出高质量建言；精选“深化乡村特色产业，助力镇域经济发展”等作为年度重点协商议题，是年开展专题议政性常委会会议1次、专题协商调研4次，《关于优化营商环境，助力经济高质量发展的报告》等调研报告得到市主要领导的批示；市政协领导班子成员各选一个课题，分别开展“深调研”工作，形成调研报告7篇送市委、市政府，一批有价值、有分量的意见建议转化为具体的政策措施。

【民主监督】 2022年，罗定市政协围绕“提升疫情防控能力，加快应急医院建设”开展民主监督，组织医卫组委员到罗定市第五人民医院开展专题监督、座谈交流，为推动应急医院建设建言献策。推荐政协委员担任特约监督员，全年参加职能部门座谈会、听证会、审查会31人次。

【提案工作】 2022年，罗定市政协提案审查委员会收到提案116件，立案106件，由市政府交市卫健局等32个单位办理。对10件未立案提案，转为社情民意信息或作为意见和建议转送有关部门参阅。截至2022年底，提案办复率100%。修订完善《政协罗定市委员会提案工作条例》《提案质量评价办法》等5项工作制度，首次采用打分制量化“好”提案，遴选出《关于对新农村建设示范村的后续管理，巩固美丽乡村建设成果的建议》等8件年度重点提案。市领导领衔督办重点提案，开展督办活动30多次，市委书记督办的《关于加强罗定市人才建设的建议》等重点提案得到有效落实。

▲2022年10月20日，罗定市政协组织医卫组委员到罗定市第五人民医院开展民主监督 （罗定市政协／供图）

【交流联谊】 2022年，罗定市政协开展具有政协特点的交流学习、团结联谊工作。先后协助省政协、云浮市政协做好“推进教育‘双减’”“助力青年就业”“创建国家森林城市”等专题调研；接待云安区政协、岑溪市政协等兄弟政协到罗考察交流。分批次到佛山、深圳、中山、广州、珠海、江门、东莞、肇庆等地走访罗定商会和委员企业；率经贸组委员到新兴县新成工业园、先丰不锈钢制品有限公司及广东（新兴）万洋众创城考察学习工业园区和乡村振兴建设等方面的经验做法；率机关党员干部到郁南县、新兴县红色教育基地参观学习；通过电话、微信等方式，加强与港澳地区政协委员的沟通联系。

【文史宣传】 2022年，罗定市政协发挥文史资料存史、资政、团结、育人作用，助推出版《千年文脉话龙龛》等文献资料，助力罗定成功创建“中国象棋之乡”，联合市教师发展中心等单位举办“名家公益讲堂”。“罗定政协”微信公众号推出信息97条，“罗定市政协”网站更新信息100多条。

【重点提案督办】 2022年，罗定市政协坚持市领导领衔督办重点提案。4月19日，市政协提案审查委员会召开会议，审议市政协2022年度重点提案；5月11日，印发《罗定市政协2022年重点提案督办方案》；5月17日，对《关于治理城区机动车乱停乱放问题的意见》重点提案开展办前协商活动；6月1日，督办《关于提升重大疫情防控及救治基地能力，加快推进应急医院建设的建议》重点提案；6月13日，督办《关于做好罗定市乡村旅游规划建设的建议》；6月14日，督办《关于加强罗定市廉洁文化建设的提案》；6月29日，督办《关于对新农村建设示范村的后续管理，巩固美丽乡村建设成果的建议》《关于培育农业龙头企业，扶持重点基地，推进地方特色产业发展的建议》《关于加强特色美丽乡村和一镇一品建设的思考和建议》；9月23日，督办《关于罗定市推进新能源产业建设并促进乡村振兴的提案》《关于推进罗定市工业发展的意见建议》；10月27日，督办《关于治理城区机动车乱停乱放问题的建议》；10月28日，督办《关于恢复城区四间重点中学

▲ 2022年8月18日，罗定市政协主要领导出席《千年文脉话龙龛》新书发行座谈会 （罗定市政协／供图）

▲ 2022 年 6 月 22 日，罗定市政协在罗定市新华书店举行"喜迎二十大 阅读颂辉煌"政协委员读书活动启动仪式　　（罗定市政协 / 供图）

公办初中优质学位及引进培育高素质教育人才的建议》；11 月 3 日，督办《关于加强罗定市人才建设的建议》《关于规划先行，合理布局，积极发展罗定市康养产业的建议》；11 月 17 日，督办《关于加强罗定市廉洁文化建设的提案》；11 月 23 日，督办《关于培育农业龙头企业，扶持重点基地，推进地方特色产业发展的建议》。　　（黄小珍）

【"喜迎二十大·阅读颂辉煌"委员读书活动】 2022 年，罗定市政协印发《"喜迎二十大·阅读颂辉煌"罗定市十一届政协委员读书活动实施方案》。6 月 22 日，"喜迎二十大·阅读颂辉煌"政协委员读书活动启动仪式在市新华书店举行。8 月 11 日，"喜迎二十大·阅读颂辉煌"罗定市十一届政协委员读书活动（第二期）暨罗定市历史文化讲堂在市教师发展中心举行。10 月 21 日，罗定市十一届政协委员读书活动（第三期）在市博物馆举行。

中共罗定市纪律检查委员会罗定市监察委员会

【概况】 2022 年，市纪检监察机关处置问题线索 525 条，立案 243 件，同比增长 1.3%；涉及科级及以上干部 15 人，留置 5 人；结案 225 件，处分 210 人，移送司法机关 10 人（其中采取不留置措施移送 6 人），暂扣涉嫌违纪违法款 1348.68 万元，结案上缴国库 469.33 万元。

【中国共产党罗定市第十四届纪律检查委员会第二次全体会议】 2022 年 3 月 4 日，十四届罗定市纪委二次全会于罗城召开。会议主题是"永葆自我革命精神 忠诚履职担当尽责为建设风清气正、宜居宜业、平安和谐的现代化美丽罗定提供坚强保障"，总结 2021 年全市纪检监察工作，部署 2022 年工作任务。市四套班子领导成员、法院院长、检察院检察长，市直和上级驻罗定有关单位主要负责人、各镇（街）党政主要负责人，市纪委委员、市监委委员，市委办、市人大常委会办、市府办、政协办正副主任，市纪委监委机关各室（部）、各派驻机构负责人，各镇（街）纪（工）委负责人，市委巡察办副主任、市委巡察组组长参加此次会议。

【政治监督】 2022年，罗定市纪委监委开展疫情防控专项督查24次，发现并督促整改问题302个。运用问责方式，立案查处市城市更新破坏性“建设”失职失责党员干部2人。查处防范森林火灾工作不力问题，问责党组织6个，37名党员干部受到党纪政务处分及组织处理。立案查处党员干部乱占耕地建房问题7件7人。严肃查处违反政治纪律案件1件。提出选人用人党风廉政意见2928人次，回复暂缓使用、不宜使用5人次。

【综合监督】 2022年，罗定市纪委监委运用“四种形态”批评教育帮助和处理475人次，“第一种形态”至“第四种形态”分别占55.2%、27.4%、6.9%和10.5%。聚焦教育领域、粮食购销、食品安全等领域，与公安、检察等部门同向发力，严肃查处腐败分子。协助上级纪委监委查处案件，在全市产生强烈的震慑效应。坚持受贿行贿一起查，全市查处行贿人员16人，向市委组织部和市人大常委会、市政协党组通报，建议终止人大代表和撤销政协委员资格4人。

【纠治“四风”】 2022年，罗定市纪委监委对不吃公款吃老板、公务接待“吃公函”“地下饭堂”等隐形变异问题露头就打，典型案件通报曝光。是年，全市查处违反中央八项规定精神问题28个，批评教育帮助和处理50人，党纪政务处分40人，通报曝光典型2期问题7起。

【基层反腐】 2022年，罗定市纪委监委推进乡村振兴驻镇帮镇扶村、医保基金监管领域、营商环境、土地开发补充耕地项目指标转让、矿产资源监管5项重点整治项目，督促行业主管部门深化13项突出问题的专项整治，重点抓好农村乱占耕地建房和违规征订教辅材料2项突出问题的专项整治，全市发现各类问题263个，处置各类问题线索173条，立案

▲ 2022年8月29日，罗定市纪委监委联合市场监督管理部门开展中秋节前专项督查。图为工作组在壹号货仓超市检查在售中秋月饼情况、走访摸排“四风”问题线索现场 （罗定市纪委监委／供图）

▲ 2022 年 7 月，罗定全市 21 个镇街纪工委同步开展护航夏收专项督查行动。图为纪检监察干部在罗镜镇水稻生产基地监督检查夏收管控、惠农政策落实等情况（罗定市纪委监委 / 供图）

59 件 59 人，处理 134 人，给予党纪政务处分 58 人。查处涉黑涉恶腐败和“保护伞”13 人，处分 19 人。

【巡察工作】 2022 年，组织开展 3 轮常规巡察、1 轮乡村振兴资金管理使用暨农村集体“三资”专项巡察，常规巡察覆盖率 33.7%，村级党组织巡察覆盖率 22.6%。全年巡察发现问题 1571 个，发现并移交问题线索 73 条。罗定市纪委监委根据巡察移交线索立案 30 件，党纪政务处分 33 人，留置 3 人，移送司法机关 6 人。

【派驻监督】 2022 年，罗定市纪委监委设 9 个派驻机构，派驻第一、第二、第三、第四、第五、第六、第七、第八、第九纪检监察组。是年，全市纪检监察机关派驻机构处置问题线索 138 条，立案 32 件。

【约谈提醒】 2022 年，罗定市纪委监委对全市 28 名新任职云浮市管干部、204 名新任职的市管干部严格落实中央八项规定及其实施细则精神集体面谈提醒全覆盖。组织 120 名市管党组织“一把手”书面述责述廉。市纪委监委主要领导约谈提醒“一把手”51 次，发放廉政提醒卡 51 份，推动各级党组织“一把手”开展党内谈话 159 人次、警诫谈话 13 人次。

【纪检监察体制改革】 2022 年，罗定市纪委监委印发《镇（街）纪（工）委履职尽责评价考核实施细则（试行）》，督促各镇（街）纪（工）委依纪依规依法担当作为。全年立案处置问题线索 189 条，同比增长 101.1%；立案 166 件 166 人，同比增长 90.8%。

【廉洁文化建设】 2022 年，罗定市纪委监委办理政协《关于加强罗定廉洁文化建设的提案》，加强市人民广场、替滨镇银竹根村等廉洁文化宣传阵地建设；协助省纪委拍摄“廉润南粤”公益广告专题片和警示教育片，在“南粤清风”等平台发布宣传罗定正风反腐信息 50 篇；建立“泷州

▲ 2022 年，罗定市纪委监委在替滨镇金滩村委银竹根打造竹文化清廉阵地　（罗定市纪委监委／供图）

清风”微信公众号，动态宣传党风廉政建设和反腐败斗争资讯，“泷州清风”微信公众号全年阅读量 27.7 万人次，关注 7248 人，廉洁宣传微阵地初具成效。

（张伟华）

民主党派和工商联

【民革罗定市支部】 2022 年，民革罗定市支部党员 41 人，以教育界的中高级知识分子为主。其中，具有中高级职称人数占党员总数 49%；平均年龄 48 岁；其中女党员 15 名，占党员总数 37%；大学本科或以上学历 28 人，占党员总数 68%，其中硕士 2 人。党员中担任人大代表或政协委员有 14 人，占党员总数 34%，其中云浮市人大代表 1 人；云浮市政协委员 2 人；罗定市人大常委会委员 2 人；罗定市政协副主席 1 人、政协常委 2 人、政协委员 7 人。

参政议政　2022 年，民革罗定市支部兼任罗定人大代表、罗定政协委员的党员在市“两会”提交建议 1 条和提案 13 件，其中集体提案 3 件。集体提案《关于加强罗定市人才建设的建议》被列为罗定市重点提案、评为罗定市优秀提案；集体提案《关于保护开发红色资源，推进红色旅游发展的建议》被评为罗定市优秀提案。3 月 28 日，在“我为云浮发展献一策”活动中，报送建议 21 条。

社会服务　2022 年，民革罗定市支部开展系列服务社会活动。1 月 10 日，组织会员发挥自身特长，参与抗疫防疫工作，支部从党费余额里捐出 5000 元给罗定慈善会用于抗疫防疫，党员张明芳捐赠物品价值 3 万多元；5 月 24 日，组织广东省广济慈善基金会、深圳市创新产业协会、创想文旅集团、广东省棒垒球青少年发展中心会等机构负责人到罗定市罗镜镇考察和研讨乡村振兴产业落地运营活动；5 月 25 日，支部党员到泗纶镇探访 90 多岁抗美援朝老兵沈金水（电影《长津湖》中钢七连的原型 240 团 7 连的英雄班长），整理记录老人口述内容，拍摄证书和徽章，保存珍贵历史记忆；9月2日，云浮市政协副主席、民革云浮市基层委主委杨东凯率民革党员到泗纶镇开展“矢志不渝跟党走、携手奋进新时代”政治交接主题教育。 （陈戈文）

【农工党罗定市支委会】 中国农工民主党罗定市支部委员会（简称农工党罗定市支委会）成立于1985年3月18日。2022年，农工党罗定市支委会有党员61人，主要分布在医卫界、教育界、科技界等界别。其中，医卫界33人，占比54.1%；教育界11人，占比18.0%。其中，男性党员35人，女性党员26人；平均年龄54.6岁；大学本科以上党员人数36人，占比59.0%；中高级职称党员人数42人，占比68.9%。党员中在各级担任人大、政协职务的16人，占党员总数26%。其中，云浮市人大代表1人，云浮市政协委员2人，罗定市人大代表1人（常委），罗定市政协委员9人（常委2人）。是年，农工党罗定市支委会发展党员3名。

参政议政 2022年，农工党罗定市支委会开展反映社情民意信息“一人一议”献计献策活动，收到党员提交“一人一议”32件；向各级人大、政协会议提交集体及个人的议案、提案、意见和建议9件，其中集体提案4件，个人议案、提案5件。全市8件重点督办提案中，农工党罗定市支委会有2件，《关于提升重大疫情防控及救治基地能力，加快推进应急医院的建议》被列为2022年第1号重点提案。

社会服务 2022年1月，罗定市政协医卫组、农工党罗定市支委会组织部分医卫界委员和医疗专家，到华石镇联合开展“情系百姓 送医下乡”活动，将医疗团队和医疗资源送到群众家门口，上门为行动不便的患病困难家庭送医送药送温暖；组织义务挥春活动4次，送出春联1000副。6月，联合罗城街道开展环保与健康宣传活动，派出由内科、儿科、康复科的党员医生组成义诊团队为周边居民群众提供健康咨询、免费测量血压及发放健康宣传手册；响应农工党广东省委员会同心圆工程“资助贫困乡村医疗建设”的倡议，组织党员捐款1201元。

调研活动 2022年3月31日，农工党罗定市支委会主委陈文智带队到党员企业罗定市粤隆实业有限公司、罗定市宝桂天然香料科技有限公司、罗定市佳盈畜牧发展有限公司进行专题调研，并召开座谈会。倾听企业负责人的介绍，了解企业发展历程、生产效益等企业经营情况，以及生产经营中遇到的困难和问题，分析摸清企业基本状况和主要特点，提出相对应的解决措施并形成专题调研报告提交罗定市委统战部。

（李莉玲）

【罗定市工商业联合会】 2022年，罗定市工商联所属行业协会（商会）3家：罗定市美发美容行业商会、罗定市古玩商会、罗定市餐饮服务行业商会；省内外异地罗定商会13家：广东省罗定商会、广州市罗定商会、深圳市罗定商会、珠海市泷州经济联谊会、佛山市罗定商会、肇庆市罗定商会、江门市罗定商会、东莞市罗定商会、中山市罗定商会、澳门罗定世界商会、云浮市罗定商会、北京罗定企业商会、海口市广东罗定商会。

政治协商 2022年，罗定市工商联引导非公有制经济人士为罗定市社会经济发展建言献策，全市工商联界别委员共87人，向市政协提出提案32件。

万企帮万村 2022年，罗定市工商联引导全市非公有制企业参与“万企帮万村”行动，实施“村企联建”“新乡贤回乡”等专项行动，以自愿帮扶、村企共建为主要形式，开展多渠道多形式帮扶活动，助力乡村振兴。至12月底，“万企帮万村”对接项目9个，投入帮扶资金16.92万元，帮扶受益人员5000人。 （吴兴勃）

群众团体

罗定市总工会

【概况】 2022年，罗定市有工会组织737家。其中基层以上工会32家，独立工会组织671家，联合基层工会34家，基层工会涵盖1248个企事业单位。至年末，全市有工会会员84085人，其中农民工38179人。

【工会组织建设】 2022年，罗定市总工会推进工会基层组织建设、阵地建设。根据“哪里有职工，哪里就有工会组织”的工作要求，在做好新建企业建会工作同时，重点加强做好100人以下企业建会和“三新”领域工会组建工作。全市新建25人以上企业建会38家，其中百人以上企业建会5家，新发展会员3094人，其中新就业形态会员1442人；全市“粤工惠”APP平台有注册实名会员32344人，新增实名会员3991人；新建罗定市新业态行业工会联合会，新业态基层工会组织7家（货运2家，快递工会4家，电商行业1家），实名注册新业态会员1485人，全年新增新实名会员1243人。是年，建立重点推进基层工会规范化建设机制，3家基层工会申报市级规范化建设示范点；旧文化宫建设已基本完成，进入收楼程序；新工人文化宫建设进展顺利，主体工程基本完成。

【职工素质提升】 2022年6月24日，罗定市总工会以技能大赛、培训班等形式开展各类活动，加强职工队伍建设，实施职工素质提升工程。3月，组织罗定市电子商务行业工会联合会与罗定市电子商务协会联合会共同主办2022年“罗定市农产品电商销售大赛”“罗定市农产品直播短视频技能大赛”，并承办此项目的云浮市级竞赛。6月，开展全市工会业务知识培训班，培训内容为学习新《中华人民共和国工会法》、《中华人民共和国法律援助法》、工会维权等法律知识，提升职工法律维权知识和文化素质。8月，开展“建功‘十四五’、奋进新征程”主题劳动技能竞赛，全市选拔49名优秀选手到云浮参加市级劳动竞赛，其中14人在13个项目中获得7个奖项，其中一等奖2名，有效提升职工技术技能。9月，市总工会举办2022年度工会干部培训班，培训内容为工会组织建设、新业态劳动者建会入会工作等，鼓励职工自学成才，提升自我素质。

【职工维权服务】 2022年，罗定市总工会依托“一网格两支撑三联系四服务”网格化服务工作体系，健全完善中、小、微网格，深化“工会+司法”“法院+工会”解决劳动争议机制，及时掌握和化解劳资纠纷，维护好企业和职工队伍和谐稳定。是年，市总工会承办处理广东省总工会热线综合管理平台系统工单4单，办结职工工资追讨4宗，维护职工合法权益。

【职工帮扶慰问】 2022年，罗定市总工会坚持以职工群众为本，开展“春送祝福”“夏送清凉”“秋送助学”“冬送温暖”活动。实施2022年罗定工会“情

▲ 2022年2月21日，罗定市总工会慰问高速出入口、服务区、公安检查站等防疫一线工作人员。图为替滨省际公安检查站慰问关爱活动现场

（罗定市总工会/供图）

暖劳动者•喜粤过大年”新春行动，春节期间准备总价值7.3万元的1500份礼品，供全市工会会员在“粤工惠”APP免费领取，鼓励外地务工人员在罗定市就地过年，欢度新春；开展对困难职工、困难劳模、新冠疫情防控一线医务人员的春节送温暖慰问活动，上门慰问对象36人次，发放慰问金慰问品合计40284元；对困难职工进行慰问帮扶，至12月底，使用各级帮扶资金65.3万元帮扶救助困难职工79人次；对新就业形态劳动者开展走访慰问活动，送上价值98元的大礼包400份，总价值39200元；开展金秋助学活动，对10名助学对象进行资助，发放助学资金5万元。

【先进模范推荐评选】 2022年，罗定市总工会做好国家、省、市级劳模和五一劳动奖章等的评选和推荐工作。是年，广东微容电子科技有限公司被广东省总工会授予“广东省五一劳动奖章”，中顺洁柔（云浮）纸业有限公司李紫沿被广东省总工会授予“广东省五一劳动奖”。罗定市金正龙科技有限公司、中国邮政集团有限公司罗定市分公司被云浮市总工会授予“云浮市五一劳动奖状”，罗定市人民医院周燕晴、罗定市消防救援大队黄灿才、一力制药（罗定）有限公司张永谦、广东电网有限责任公司云浮罗定供电局李海被云浮市总工会授予“五一劳动奖章”。落实劳模应享受的政治、经济待遇，发放劳模慰问金、津贴、困难劳模补助。组织劳模疗休养2批21人次。为全市劳模提供免费体检服务。

【新业态行业工会联合会第一届委员会第一次全体会议】 2022年6月24日，罗定市新业态行业工会联合会第一届委员会召开第一次全体会议，宣布罗定市新业态行业工会联合会正式成立。是年，罗定市新业态行业工会联合会实名注册会员1485人。 （林彦均）

共青团罗定市委员会

【概况】 2022年，罗定市有县级“青年之家”2个、镇级“青年之家”21个、村级“青年之家”21个；有少先队校外实践教育（基地）营地27个；有中学团校37所。是年，全市有团组织1141个入驻“智慧团建”系统，通过系统网络平台向团组织报到团员3.3万名，注册登记专挂兼职团干部近2000名。至年底，全市发展团员1538名。

【青少年思想引领】 2022年，团罗定市委以迎接和学习宣传贯彻中共二十大为主线，组织全市各级团组织、少先队组织开展“喜迎二十大、永远跟党走、奋进新征程”“学习二十大、永远跟党走、奋进新征程”“缅怀革命先烈 传承红色基因”“争当新时代好少年”“纪念五四运动”主题教育912场；开展中共二十大宣讲活动30场，参与青少年33

表8 2022年罗定市共青团基层组织情况统计表

年份	团员数（人）	基层团委（个）	基层总支部（个）	基层团支部（个）	基层团工委（个）	专职团干部（人）	“两新”团组织（个）
2022	32000	55	21	1446	7	28	49

表9 2022年罗定市少先队组织情况统计表

年份	少先队员数（人）	学校少工委（个）	学校少先队大队（个）	学校少先队中队（个）	校外少工委（个）	校外少先队大队（个）	少先队工作者（人）
2022	125939	78	78	3056	22	21	2472

万人次；开展“青年大学习”网上主题团课行动，参学团员青年54.9万人次；开展各类先进集体和个人的评选和学习宣传活动，3人获得省级先进个人表彰；14人和3个集体获得云浮市先进表彰；216人和25个集体获得罗定市先进表彰；120人被评为“最美罗定少年”；落实意识形态责任制，每季度定期分析研判意识形态领域情况，通过“罗定共青团”微信公众号发布328篇文章、阅读量49.4万次。

【青少年参与社会治理】 2022年，团罗定市委及各团组织围绕党政中心服务大局，引领广大团员青年投身乡村振兴、社会基层治理，提升共青团在大局中的贡献度。在青春建功“十四五”行动中发挥生力军作用，联合实施《广东大学生志愿服务山区计划——广东高校毕业生志愿服务乡村振兴行动》，为21个镇（街）申报招募72名大学生乡村振兴志愿者；开展大学生“返家乡”社会实践、“三下乡”等6场活动，引导高校学子参与乡村振兴行动。在急难险重任务中发挥突击队作用，引领广大团员青年在脱贫攻坚、乡村振兴、创文创卫、平安创建、疫情防控等中心工作中充分发挥突击队作用，在汛期防汛抢险救灾中，组织团员青年协助转移五保户等特殊群众400多名。引导各领域青年参与城乡治理，开展2022年“共青团与各级人大代表、政协委员面对面”活动，青年企业家协会、市志愿者联合会、市大同社工服务中心、市大学生联谊会等不同领域的青年齐参与，为社会治理建言献策。

【青年志愿服务】 2022年，罗定市成立志愿服务联合会、青年志愿者协会，开展“喜迎二十大·志愿建功行”罗定市2022年学雷锋全民志愿服务行动月启动仪式，集中为市民提供便民健康义诊、法律咨询、家电维修、义剪、普及消防安全知识等服务；团员青年在“微网格”治理中开展“禁毒宣传进社区”“平安社区建设”“创文创卫”等社区志愿服务行动，全市各级团组织开展“青春情暖”“春运暖程”“文明交通”“疫情防控”“禁毒普法”“河小青”等品牌志愿服务活动939场。

【青少年合法权益保护】 2022年，罗定市各级团组织、少先队开展“云扶·青春不‘毒’行”禁毒系列活动62场，组建禁毒青年突击队28支；开展“青春自护·预防溺水”青少年安全自护教育活动100场；开展青少年普法、防诈、安全自护、未成年人校外心理辅导、交通安全、反校园暴力等宣教活动，举办心理讲座47场。“12355”青少年综合服务平台全年跟踪服务解决56宗青少年儿童心理健康问题。团罗定市委与云浮市大同社工工作服务中心、罗定市心连心扶志助学基金会分别签订“青春不‘毒’行”项目、“同心童行”伴成长项目协议，推动预防青少年违法犯罪及权益维护工作社会化、专业化。

【青少年创业就业】 2022年，团罗定市委推进青年创业贷款贴息工作，撬动贴息贷款10笔4.87万元；推进“展翅计划”行动，联系机关企事业单位提供216个实习见习岗位；推进“领头雁”培育工程，举办2022年青年农民培育“领头雁”暨“粤菜师傅”就业技能提升培训班；开展罗定市2022年青少年科技创新大赛、“红领巾科技直通车”科普进校园活动，参与青少年352人次。

【青少年关爱帮扶】 2022年，团罗定市委实施“新时代希望工程”，开展“爱眼行动”“送清凉”“南粤会亲”“圆梦计划”等行动5场，开展关爱留守儿童、敬老活动7场，对接粤海水务、中石化等爱心企业筹集助学金、助学物资等52万元，服务青少年儿童健康成长。推进“粤团聚”行动，开展“我们的节日·七夕”线上联谊活动，为全市干部职工搭建交友平台，服务青年婚恋交友。

【“青年大学习”行动】 2022年，罗定市各级团组织开展“青年大学习”网上主题团课36期，引领团员青年学习习近平新时代中国特色社会主义思想和中共二十

▲ 2022 年 4 月 15 日，团罗定市委联合市检察院到素龙中学开展“青春不‘毒’行”禁毒宣传进校园活动

（团罗定市委 / 供图）

大精神，强化团员青年思想政治理论武装，参学团员青年 54.9 万人次。

【“青春不‘毒’行”活动】 2022 年，团罗定市委深化禁毒重点整治工作，制定《“云扶·青春不‘毒’行”禁毒主题宣传教育系列活动方案》，组建 1 支“云扶·青春不‘毒’行”罗定总队和 21 支镇（街）分队，主办“云扶·青春不‘毒’行”主题禁毒宣教系列活动 9 场，包括启动仪式、授旗仪式、宣传“六进”、禁毒知识问答、青少年禁毒作品征集及展出等主题禁毒活动，征集禁毒宣传作品 350 幅；统筹各镇、村、学校团组织开展 67 场。对接团云浮市委开展公益创投项目大赛，与大同社工签订主题禁毒项目服务协议，开展关爱涉毒未成年人、关爱涉毒家庭未成年子女、帮教重点青少年等活动，推动形成学校、家庭、社会“三位一体”青少年禁毒宣传教育格局。

【“学雷锋”全民志愿服务行动月】 2022 年，团罗定市委在学雷锋活动月期间联合相关部门举办“喜迎二十大　志愿建功行”罗定市 2022 年学雷锋全民志愿服务行动月启动仪式，集中为市民提供便民健康义诊、法律咨询、家电维修、义剪、普及消防安全知识等服务；统筹各级团组织推进“春运暖程”“河小青”“文明交通”等品牌志愿服务，栽树苗 700 棵，发放宣传单 9500 份，参与志愿服务 8928 人次，开展志愿服务 939 场次。　　（江雪梅）

罗定市妇女联合会

【概况】 2022 年，罗定市女性人口 60.07 万人，占全市人口总数的 46.48%，0～17 岁少年儿童 32.55 万人，占全市人口总数的 25.19%。至年末，全市建有 21 个镇（街）妇联、336 个村（社区）妇联、59 个党政机关企事业单位妇委会、“四域”组织妇委会 6 个；村（社区）“妇女之家”336 个、村（社区）“儿童之家”336 个。是年，罗定市妇联开展岗位创优、岗村结对等活动，创建省“巾帼文明岗”1 个、云浮市“巾帼文明岗”7个、云浮市巾帼创业基地3个。

【巾帼志愿服务】 2022年，罗定市妇联组建家庭教育志愿服务队，开展家风家教、生命安全教育、婚姻家庭关系、亲子阅读、文艺体育等各类家庭教育指导服务51场次；联合公、检、法、司、民政、教育、卫健等部门，深入农村、社区、学校等场所，开展“佳节尚文明 志愿关爱行”“党的温暖我来‘送’”“把爱带回家”“护苗行动”等关爱志愿服务，宣传禁毒、防艾、疫情防控、防溺水、防欺凌、防骗防拐、防火防电、交通法规等知识；开展《中华人民共和国民法典》《中华人民共和国家庭教育促进法》《中华人民共和国未成年人保护法》《中华人民共和国妇女权益保障法》《中华人民共和国反家庭暴力法》等普法宣传活动80场次、专题讲座10场，发放宣传资料6万份，线下直接宣传群众12000人次，线上宣传群众近5万人次；联合市禁毒办印发《关于开展“你我手拉手 禁毒齐步走”罗定市巾帼禁毒宣教志愿服务行动工作方案》的通知，组建巾帼禁毒宣教志愿服务队358支，深入村（社区）面向妇女、儿童、家庭开展禁毒宣教志愿服务，通过“七问七看”对未成年涉毒人员、困难儿童、学困儿童、留守儿童等重点群体进行“宣教+照护”志愿服务，服务妇女儿童9000人次。

【巾帼建功立业】 2022年，罗定市妇联实施“巾帼建功”系列活动，引领妇女在推进乡村振兴、社会经济发展中展现巾帼作为。

广东省妇女创业小额担保贷款贴息项目 2022年，罗定市妇联争取省妇联项目贴息资金58万元，联合罗定农商行支出45.54万元，发放贷款622万元，帮助62名妇女创业，带动2030名妇女在家就近灵活就业；举办创业政策宣传30场次，派发宣传资料1万份，宣传群众5000人次；开展妇女技能培训班21场次，培训妇女500人次；创建云浮市巾帼创业示范基地3家。

“南粤家政”工程 2022年，罗定市妇联实施“南粤家政”工程，开展免费育婴员、保育员培训班11期，培训妇女453人次，336名妇女成功考取资格证书，推荐159名妇女上岗就业。

“美丽庭院”创建 2022年，罗定市妇联发动女企业家参与“6·30”捐款活动，筹得捐款2万元助力美丽乡村建设；各级妇联打造“美丽庭院”示范户84户、示范村16个，其中13户被命名为云浮市首批“美丽庭院”。

【妇女儿童权益维护】 2022年，罗定市妇联实施巾帼维权行动，维护妇女儿童权益，助力平安罗定建设和基层社会治理现代化。

重点人群和家庭关爱服务机制 2022年，罗定市妇联结合党建网格化治理实践，将村妇联执委、巾帼志愿者等纳入基层治理体系，为妇女儿童提供“一站式”维权服务，将“一老一小”和特殊困难妇女儿童家庭等群体纳入“多网合一信息化系统”平台，与公安、民政等有关部门协调联动，为1817户家庭、4333名困难妇女、3475名困难儿童落实政策性兜底保障，开展定期入户走访

▲2022年4月22日，罗定市妇联联合华石镇开展巾帼志愿服务活动

（罗定市妇联／供图）

44092人次。

维权服务　2022年，罗定市妇联围绕“倾听妇女心声　关护妇女权益”主题，依托“12338”热线、维权站（点）、舒心驿站等平台，推行“线上+线下”调解化解模式，接来信来电来访157件（其中市妇联66件、镇街妇联91件），处理率100%；为有需求的妇女提供心理服务98人次、心理个案服务11宗；市妇联受理市人民法院委托罗定市婚姻家庭纠纷人民调解委员会进行诉前调解案件25件，成功调解4件。

“三八”维权周　2022年3月7日，罗定市妇联在罗城街道石围社区开展“践行习近平法治思想　维护妇女儿童合法权益”三八维权周宣传咨询暨健康义诊活动。3月8日，联合市综治办等8个部门在市妇联会议室举行“践行习近平法治思想　维护妇女儿童合法权益”为主题的妇联主席联动接听“12338”妇女热线活动。

【家庭文明建设】　2022年，罗定市妇联贯彻习近平总书记关于家庭家教家风建设的重要论述，实施“家家幸福安康工程”，推动社会主义核心价值观在家庭落地生根。

寻找“最美家庭”活动　2022年，罗定市妇联联合市委宣传部、市文明办选树罗定市最美家庭20户，推荐4户获评云浮市最美家庭，1户获评省五好家庭。

家庭教育　2022年，罗定市妇联探索家校社协同育人机制，推动《中华人民共和国家庭教育促进法》在罗定市贯彻落实，举办首个《中华人民共和国家庭教育促进法》宣传周活动；举行罗定市家庭教育研究会第三届会员大会，进行换届选举；推出“送法进万家”“涵养好家风”“家庭心理关爱”“困难家庭帮教”等家庭教育公益创投项目，依托村（社区）妇女儿童之家和社区家长学校，推广举办村级“青少年儿童暑期公益培训班”；向全市广大妇女和家庭发出“爱粮节粮”“践行绿色低碳”“守护网络安全”“筑牢防疫防线”“扶贫济困”等倡议书，开展垃圾分类、疫情防控、文明倡导等志愿服务活动。

廉洁家风建设　2022年，罗定市妇联联合市纪委、市文明办开展“弘扬清廉家风　创建文明家庭”家庭助廉主题活动，组织全市机关开展观看廉政警示片、廉政家访、赠送家风读本、专题党课、家风故事分享、参观廉洁教育基地、打造学习阵地、评选“最美家庭”等“八个一”活动。

【妇女儿童关爱救助】　2022年，罗定市妇联筹集春节慰问资金10.5万元对300户贫困孤儿、单亲母亲、患病妇女家庭进行走访慰问，发动热心人士捐资22.61万元资助61名贫困学生，争取上级资金4.5万元援助5名贫困妇女治病、2.1万元慰问71户困难特殊家庭；联合人寿保险公司向12412名18—50周岁困难妇女赠送3000元保额“她健康　云幸福”“两癌”保险，其中6人获得理赔合计25000元；联合卫健局等部门开展妇女免费“两癌”检查16003人次（其中宫颈癌检查7990例、乳腺癌检查8013例）；联合教育、卫健等部门帮助8864名女生免费接种人乳头瘤病毒（HPV）疫苗；开展寒暑假儿童关爱服务活动701场次，发放宣传单张10万份，走访慰问困难儿童3081人，结对帮扶留守孤困儿童1760人，受益家长儿童11.78万人次。

【巾帼大宣讲】　2022年，罗定市妇联以学习宣传贯彻中共二十大精神为主线，聚焦“强国复兴有我”主题，开展“巾帼心向党　喜迎二十大”“巾帼心向党　奋进新征程”群众性主题宣传教育活动和“跟党奋进新征程　巾帼建功新时代”百场巾帼大宣讲活动，组建市级巾帼宣讲团和各类各级巾帼宣讲团队70支，开展“巾帼大宣讲”活动410场次，妇女群众7900人次参与活动。

【少年儿童心向党】　2022年7月20日，罗定市妇联在长岗坡教育基地开展“少年儿童心向党——童声颂党恩　喜迎二十大”主题实践活动，15名留守儿童以及5名群众参加。开展“少年儿童心向党”中国共产党人精神谱系图文巡展活动10场，共400人参加。

▲ 2022 年 11 月 11 日，罗定市科协在廷锴纪念中学举办“科创泷州”罗定市 2022 年青少年科技创新大赛

（罗定市科协 / 供图）

【暑期儿童关爱服务】 2022 年暑期，罗定市妇联到苪塘镇石碑村、舊滨镇中心小学、围底镇五华村、罗平镇双连村、生江镇生江村等开展防溺水安全宣传活动，受惠家长儿童 120 人，发放资料 600 份。全市各级妇联组织参与暑期儿童关爱服务活动的志愿者 2560 人次，举办暑期儿童关爱服务活动 701 场次，发放宣传单张 10 万份，走访慰问困境儿童 3081 人，结对帮扶留守孤困儿童 1760 人，受益家长儿童 11.7 万人次。

（文　莉）

罗定市科学技术协会

【概况】 2022 年，罗定市有水利学会、医学会、船步镇教育学会。省级科普教育基地有消防救援大队科普教育基地、中医院科普教育基地。

【科学普及】 2022 年，罗定市科协组织科技人员和科普志愿者 1000 人，开展 24 场科普活动，发放疫情防控、食品安全、防震减灾、消防安全等科普知识宣传资料 2 万份，受益群众 2 万人。

【青少年科技工作】 2022 年 11 月 11 日，罗定市科协在廷锴纪念中学举办“科创泷州”罗定市 2022 年青少年科技创新大赛，有参赛项目 278 项，学生项目评出一等奖 46 项，教师项目评出一等奖 15 项，其中最优秀的项目代表罗定市参加省、云浮市级比赛。是年，市代表队在第 37 届广东省青少年科技创新大赛活动中获二等奖 3 项、专项奖 3 项。

【全民科学素质行动】 2022 年 6—8 月，罗定市科协组织参加第三届广东省全民科学素质大赛线上竞赛活动，荣获大赛省级优秀组织奖。开展“粤菜师傅”“广东技工”“南粤家政”三项工程职业技能培训班 9733 场，培训 6 万人，全市新增技能人才 4 万人。开展农民科学素质培育行动，推进农村人才素质工程，培训新型职业农民 4000 人。举办 8 期科技培训班，内容包括新产品、新技术、新工艺、项目申报等，参与培训人数 1000 人；举办科技教师培训班 20 场，培训科技辅导员教师 600 人。

【学会学术交流】 2022 年，罗定市科协在“全国科技工作者日”组织走访科技工作者 118 人，召开 2 次科技工作者座谈会，倾听他们的需求、建议以及对科普工作的意见，收集意见建议 22 条。罗定市医学会开展学术交流 8 次，举办内外科、中医、妇产、护理等培训讲学，参与 1000 人。罗定市水利学会举办水利培训班 6 期，参加 360 人。 （刘灼荣）

罗定市归国华侨联合会

【概况】 2022 年，罗定市侨联有“侨界文化交流基地”2 个、“侨胞之家”3 个、侨法宣传室 1 个。是年，市侨联创建云浮市“侨界文化交流基地”1 个，“侨胞之家”1 个。

【为侨服务】 2022 年，罗定市侨联利用单位网站、微信、进村入户、学习辅导、法律咨询等形式，宣传《中华人民共和国归侨侨眷权益保护法》《中华人民共和国归侨侨眷权益保护法实施办法》和《广东省归侨侨眷权益保护条例》，发放宣传资料 2100 份。7 月，罗定市侨联争取上级经费 1 万元，在黎少镇坡塘村“侨胞之家”举办首届“山的那边是海——2022 灯塔计划美丽侨村（坡塘）乡村少年夏令营”，该公益活动主要面向侨眷侨属留守少年儿童。

【侨联扶贫济困】 2022 年，罗定市侨联心系广大归侨侨眷，深入村户了解归侨侨眷的生活生产情况、困难情况，对低保五保归侨和一些因病致困或其他原因造成生活困难的归侨进行帮扶，开展慰问走访活动。至 12 月底，为 42 名困难归侨发放帮扶金 13.85 万元，其中低保五保归侨生活补助金 4.5 万元，其他困难归侨发放临时帮扶金 9.35 万元。是年，春节和中秋节组织慰问困难归侨侨眷的活动，慰问困难归侨侨眷、海外人士国内亲属 29 人，发放慰问金和慰问品 1.36 万元。

【海内外交流联系】 2022 年，罗定市侨联创新工作方式，通过电话、微信、电子邮件等方式加强与海外社团和侨胞的联系，做好海外联谊。8 月 30 日，云浮市举办港澳及海外云浮籍乡亲、友好人士视频座谈会，联合市委统战部筹划组织马来西亚罗定乡亲分会场工作，共有 85 名马来西亚罗定乡亲参加视频座谈会，2 名侨领发言。是年，在归侨侨眷人数较多的黎少镇坡塘村六电天湖湿地替安森林公园成立“侨界文化交流基地”。

【“侨胞之家”建设】 2022 年，罗定市侨联抓好“侨胞之家”的创建工作，组织归侨侨眷开展联络联谊、互帮互助活动，把归侨侨眷团结组织起来。是年，在罗城街道中区社区建设“侨胞之家”1 个。 （何瑞云）

罗定市文学艺术界联合会

【概况】 2022 年，罗定市文联有下属文艺家协会 8 个：作家协会、书法家协会、摄影家协会、美术家协会、音乐家协会、舞蹈家协会、楹联家协会、电影电视艺术家协会。截至 12 月底，各协会共有会员 597 人，其中作家协会会员 65 人、书法家协会会员 161 人、美术家协会会员 92 人、摄影家协会会员 67 人、楹联协会会员 41 人、音乐家协会会员 48 人、舞蹈家协会会员 75 人、电影电视艺术家协会 48 人。

【文艺创作】 2022 年，罗定市文联专注出版和发表本土文学作品。是年，编辑出版《泷江文艺》4 期，刊载本土作家原创文艺作品 200 多件，10 多万字；罗定市作协会员叶来标出版个人专著《寂寞人生不寂寞》，陈学愿出版《泷龙出海山歌选》，黄达森出版个人著作《时间回廊》；宁德雄书法作品展暨《心路墨痕》作品集首发式在罗定市文艺作品展览馆举行，展出近期新作 60 幅；主办“罗定市新时代文明实践示范性活动之美丽罗定展新姿——罗定市喜迎中共二十大摄影作品展”，展出作品 130 多幅；主办“罗定市新时代文明实践示范性活动之泷江墨彩迎盛会——罗定市喜迎中共二十大美术作品展”，展出作品 70 多幅。

【文艺惠民】 2022 年，罗定市文联开展文艺惠民活动，组织文

▲ 2022 年 1 月 5 日，罗定市文联到黎少镇田心村开展“燃起来”——云浮市学习贯彻党的十九届六中全会精神八大特色宣讲进乡村进基层暨“万家春联我来‘贴’”罗定市专场活动　　（罗定市文联／供图）

艺工作者送文艺下基层，继承和发扬优秀传统文化。1 月，组织开展“燃起来”——云浮市学习贯彻中共十九届六中全会精神八大特色宣讲进乡村进基层暨“万家春联我来‘贴’”罗定市专场活动，为群众赠送春联 3000 多副。5 月，联合罗定市文明办、细坑社区在罗城街道细坑社区，举办 2022 年我们的节日·端午——“品味端午　传承文明”书法进社区活动，20 多名书法家进行了书艺及端午文化的研讨交流，并现场挥毫。8 月 4 日，联合罗定市文明办、市融媒体中心、泗纶镇委镇政府，举办“浪漫七夕·竹梦泗纶”——罗定市 2022 年“我们的节日”主题摄影活动，并进行“罗定市摄影基地”揭牌仪式。8 月 19 日，在罗定学宫新时代文明实践中心举办“陈诗哥文学创作专题讲座”，中国作协儿童文学委员会委员、广东作协儿童文学委员会主任陈诗哥结合自身创作经历，就如何提高写作水平、儿童文学创作的特点和写作方法、小说的构思等进行分享。10 月 4 日，联合罗定市新时代文明实践

表 10　2022 年罗定市文联下属文艺协会（学会）情况一览表

单位：人

名称	成立时间	会员数
罗定市作家协会	1996 年 2 月	65
罗定市书法家协会	1996 年 2 月	161
罗定市摄影家协会	2003 年 5 月	67
罗定市美术家协会	1996 年 2 月	92
罗定市音乐家协会	2011 年 5 月	48
罗定市舞蹈家协会	2011 年 5 月	75
罗定市楹联家协会	2002 年 10 月	41
罗定市电影电视艺术家协会	2019 年 12 月	48

中心、市文广旅体局、市文化馆、市舞蹈家协会，在罗定市舞蹈家协会演练厅举行2022年罗定市“我们的节日·重阳”老年人舞蹈交流展示活动。

【文艺获奖】 2022年，罗定市文联组织文艺家参加1月17日的“情韵西江 大美云浮”书法美术摄影作品联展暨云浮市第三届民间艺术优秀作品成果展，9人获奖。1月，舞蹈家协会会员李洁清参加广东省广播电视台嘉佳卡通少儿春晚节目比赛，其作品《我的老奶奶》《成长在五星红旗下》分别荣获特金奖、金奖。2月，舞蹈家协会会员钟兆茵在参加的第十六届广东大学生舞蹈大赛中，获非专业组三等奖。8月，舞蹈家协会会员程燕华创编的广场舞《我用健康祝福你》《万泉河水清又清》代表云浮市文化广电旅游体育局参加“舞动新时代”2022广东省广场舞展演展播活动，荣获“最佳团队”称号。9月，钟兆茵参加广东省大学生优秀艺术团队交流展示活动荣获舞蹈类甲组一等奖，取得“优秀指导教师奖”称号；陈华书法作品入展广东省书法家协会举办的“弘扬伟大建党精神——广东书法特展”。12月，程燕华创编的广场舞《我用健康祝福你》荣获“我们的新时代——2022云浮市群众文艺作品征集展播活动”舞蹈类银奖。

【文艺培训】 2022年，罗定市文联实施文艺培训计划，开展各类文艺培训活动。9月4日，小悟龟新时代文明实践点举办“2022年诗词诵中秋，佳节话家风——诗联创作分享会”，楹联家协会的黄继森、廖华义务为罗定市诗联爱好者授课，交流诗联创作经验。11月12日，书法家协会会员到罗平镇中心小学开展“公益书法课堂进校园”活动。

【罗定长岗坡申报“广东摄影目的地”】 2022年，罗定市对罗平镇长岗坡景区开展2022年度“广东摄影目的地”申报工作，8月10—11日，省考评专家到罗定市罗平镇长岗坡景区开展“广东摄影目的地”实地考察评审工作；12月22日，2022年度“广东摄影目的地”评选活动落下帷幕，罗定市罗平镇长岗坡景区被命名为2022年度“广东摄影目的地”。

（黎万和）

罗定市残疾人联合会

【概况】 2022年，罗定市持证残疾人42988人，持证率56.6%。其中，肢体残疾19471人，智力残疾2611人，听力残疾4368人，视力残疾3792人，言语残疾471人，精神残疾8602人，多重残疾3673人。是年，罗定市残联办理残疾证4005个（其中，新办1875个，换领、变更2130个）；跨省通办7人，省内通办47个；注销残疾证2359个。

【残疾人保障】 2022年，根据广东省残联有关文件要求，困难残疾人生活补贴提高到188元/月·人，重度残疾人护理补贴提高到252元/月·人。全市困难残疾人生活津贴审核发放12.96万人次，发放金额2237万元；重度残疾人护理补贴审核发放24.53万人次，发放金额6180万元。至年底，全市21个社区康园中心完成星级评定工作，其中三星级社区康园中心1家，二星级社区康园中心8家，一星级社区康园中心12家，为就业年龄段的智力、精神、重度肢体残疾人及其他有需求的残疾人提供专业化服务。是年，协助16名残疾人大学生申请“南粤扶残助学工程”学费补贴19.5万元，其中大专10名，各补贴1万元；本科5名，各补贴1.5万元；硕士研究生1名，补贴2万元。

【残疾人就业】 2022年，罗定市残联落实残疾人就业年审制度，年审单位185家，核实各单位分散按比例安置残疾人446人，协助税务局征缴入库残疾人就业保

表11 2022年罗定市残疾人情况统计表

单位：人

持证残疾人数	肢体残疾人数	智力残疾人数	听力残疾人数	视力残疾人数	言语残疾人数	精神残疾人数	多重残疾人数
42988	19471	2611	4368	3792	471	8602	3673

障金997.18万元；培育2个残疾人集中就业基地，其中雅达电子有限公司集中安置残疾人33人，申报省三级残疾人集中就业基地，已获审核通过；举办以“走进企业，搭建桥梁，促进残疾人就业”为主题的罗定市第三十二个全国助残日残疾人就业座谈会。

【残疾人康复】 2022年，罗定市残联创新精准康复与辅具适配服务模式。是年，全市有康复需求的人数10186人，其中辅具需求人数842人；已提供康复服务人数9940人，康复服务率97.6%；发放辅助器具842件，辅具适配率100%。其中，针对残疾人听力康复和辅具需求，全年为0～6岁残疾儿童适配人工耳蜗6例，为7～49岁听力残疾人安装调试助听器108例；开展0～6岁残疾儿童康复救助服务，接受抢救性康复服务0～6岁残疾儿童176名；开展0～6岁残疾儿童基本康复服务（支持性服务），市残疾人综合服务中心为全市297名有康复需求的残疾儿童开展康复知识培训、康复回访及指导、居家护理指导、心理疏导、人文关怀、社会融合活动、帮助残疾儿童家庭获取各方面康复资源等多项服务。

【残疾人帮扶】 2022年，罗定市直机关事业单位组织党员、干部深入基层开展扶残助残活动，为残疾人、严重精神障碍患者家庭排忧解难。至12月底，已结对联系残疾人、严重精神障碍患者42765户，新增结对2379人，走访联系总户数12076户，投入慰问经费65万元。

【残疾人权益保障】 2022年，罗定市残联接待来访群众1310人次，发放残疾人办证指南、政策宣传资料600份。法律援助处驻残联工作站律师为1名精神残疾青少年成功向其父亲追讨抚养费；核查、处理国务院“互联网+督查”平台问题留言线索、反映残疾人住房问题以及“12345”政务服务热线、云浮市残联重要来信来访来电、拟办单交办的残疾证作假问题；开展居家无障碍改造工作，全年收到贫困重度残疾人居家无障碍改造申请300户，经全面摸查评估，筛选出200户进行残疾人居家无障碍改造，投入资金89.64万元。

【残疾人文体】 2022年，罗定市残联动员残疾人及其亲友、残疾人工作者、社会关心关爱残疾人事业人士参加“我与残疾人保障法”征文、“强国复兴有我”主题作品征集等活动；组织残疾人参加运动员选拔，发动各镇（街）残联推荐71名符合条件的残疾人参加线上选拔；组织省选拔工作组下发名单中的42名残疾人到现场选拔点参选；组织15名残疾人运动员参加省第九届残疾人运动会云浮市代表团各项目代表队集训。

【基层组织建设】 2022年，罗定市残联强化乡镇（街道）残联、村（社区）残协组织建设。5月，完成21个镇（街）残联规范化建设、336个村（社区）残协成立工作；10月，完成县级残联换届工作；至12月底，全市初步形成以“市残联为主导、镇（街）残联为骨干、村（社区）残协为基础”的基层残疾人组织网络，推进基层残联组织改革和服务创新，残疾人基层组织建设整体水平得到提升。 （黎懿科）

罗定市红十字会

【概况】 罗定市红十字会成立于2008年3月31日，团体会员单位13个，个人会员186人。2022年，罗定市红十字会研究探索新形势下开展人道救助的新途径、新方法，开展宣传和备灾救灾，推动无偿献血，动员、组织造血干细胞、器官捐献，组织初级卫生救护培训及群众性现场救护，推进博爱家园项目，并协助政府开展人道事务工作。

【捐赠接收】 2022年1月31日，突发输入性疫情发生后，罗定市红十字会参与罗定市疫情防控指挥部相关工作，依法接收社会热心人士为罗定市新冠疫情防控捐赠的款物，做好捐赠款物的管理和公示，协助做好境外捐赠物资的通过、接收和移交，按时拨付捐赠款项用于采购疫情防控物资。是年，疫情防控接收社会捐赠款53.32万元，接收捐赠物资总价值135.09万元。

【志愿服务】 2022年，罗定市红十字会在博爱周活动中组织各红十字社区服务工作站开展2022年红十字博爱周活动。是年，分别到素龙街平南村、双东街白荷村、黎少镇松木村、龙湾镇中安村、连州镇万车村等红十字社区服务工作站悬挂横幅、张贴宣传画、派发宣传资料，现场宣传讲解捐献造血干细胞、人体器官捐献、应急救护、无偿献血、预防艾滋病、防灾减灾救灾等知识，增强群众灾害风险防范意识，活动现场派发宣传资料及手册3000份。

【救治救助】 2022年，罗定市红十字会开展救助贫困家庭重大疾病患者活动，成功帮助9名白血病患儿申请小天使基金救助，受助金额32万元。联合云浮市爱眼慈善基金会和罗定市晶亮眼科医院开展“晶亮视界·云浮爱眼基金光明行”行动，协助五保户、低保户、贫困户等中老年白内障患者申请慈善救助基金，成功为747名白内障患者实施手术，减免手术费150万元。

【“三救三献”工作】 2022年9月17日，是第八个“世界骨髓捐献者日”，罗定市红十字会于9月26—27日组织志愿者到罗定中学开展“世界骨髓捐献者日”活动，工作人员和志愿者以现场讲解答疑捐献造血干细胞科普知识、发放公益宣传资料、向捐献者致谢等形式，呼吁和号召18—45周岁的健康群众加入造血干细胞捐献志愿者队伍，为血液病患者奉献“生命种子”。是年，完成造血干细胞志愿捐献者血样采集64人份入库，高分辨采样2人份。

【应急救护】 2022年，罗定市红十字会分别到中广核罗定风力发电有限公司、广东电网云浮罗定供电局、生江镇安全村委等企业单位开展群众性应急救护培训，内容主要包括红十字运动基本知识、心肺复苏、AED（自动体外除颤器）操作使用、海姆立克急救法、创伤救护、意外伤害处置等多个方面，以理论讲授、

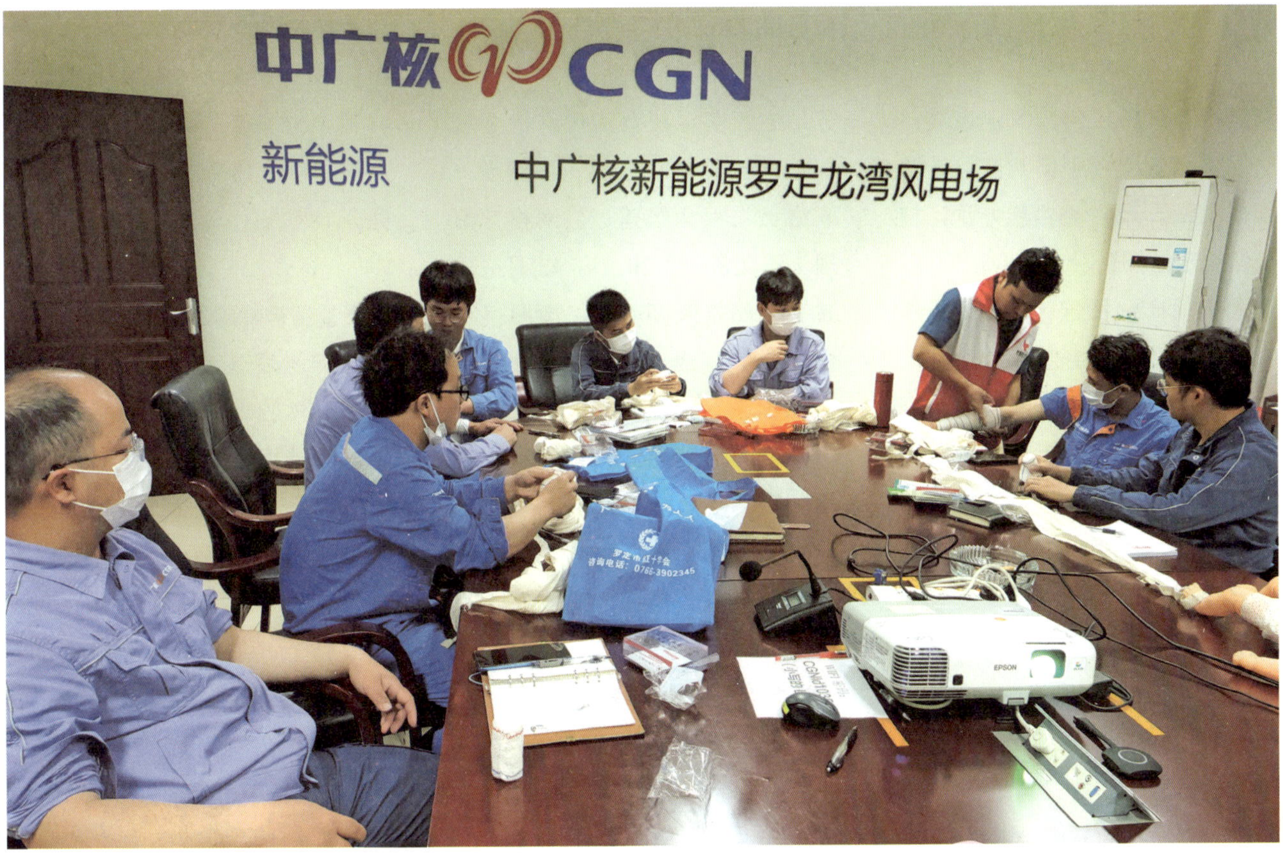

▲ 2022年4月，罗定市红十字会到中广核罗定风力发电有限公司开展应急救护培训活动

（罗定市红十字会/供图）

技能实操、分组练习相结合的方式开展培训。是年，普及126人次，培训持证红十字初级救护员42人。

【“红十字博爱送万家”活动】 2022年1月11日，罗定市红十字会开展2022年“红十字博爱送万家”活动。走访慰问素龙街道平南村贫困残疾人、高龄老人和特困家庭等共计760户，送上慰问金及春节礼包、大米、花生油、面、毛毯等慰问品，总价值7万元。

（李小玲）

法治军事

政法委与综治

【概况】 2022年，罗定市委政法委贯彻落实《中国共产党政法工作条例》及省委实施办法，健全党委政法委员会全体会议制度、重大事项请示报告、政法委员述职、列席民主生活会等10余项工作机制，完善党委政法委政治领导的主体责任。全面加强党对政法工作的绝对领导，11月22日至12月6日，成立罗定市委政法委政治督察和纪律作风督查巡查工作组对罗定市人民检察院开展政治督察和纪律作风督查巡查工作。

【综治维稳】 2022年，全市社会政治大局持续安全稳定。7月1日至10月23日，开展百日攻坚行动，全市接报刑事治安警情932起，其中刑事警情315起，治安警情617起。中共二十大会议期间，成立以“五统一”机制运行罗定市安保专班，以及“专班吹哨、部门协作、镇街联动”工作模式，分析研判信息动态95份；组织相关职能部门召开专题分析研判会13次；贯彻落实云浮市日调度会精神28次。推动各镇街、市直相关单位分别参照建立工作专班，推动矛盾纠纷排查化解各项工作。

【“微网格”社会治理】 2022年，罗定市委政法委创新市域社会治理机制，推进“微网格”市域社会治理工作。全市划分21个大网格、336个中网格、161个小网格和4030个微网格（其中边界微网格2369个），成立市、镇、村“微网格”治理服务中心（服务站），实现社会治理网格全域覆盖。按照“网格长+网格员+联络员”架构组建“微网格”治理工作队伍，至2022年12月底，共有小网格长161名，微网格员4030名。完成市级社会治理综合信息子系统、“政务移动”APP的开发上线。通过21个镇街收集组织数据13996条，场所数据15734条，人口数据138.72万条，将99%数据细化到网格。

【社会治安综合治理】 2022年，罗定市全部村（社区）的党建、政法综治、民政、农业农村、市场监管、卫生健康、应急管理、信访等各类业务网格统一整合成“综合网格”，以“综合网格”为基础，修改云浮“粤政图”网格地图，推动各级各部门、各行各业人员对象、重点场所、资源力量等要素精准入格，同步建强网格党建、配强网格工作力量、健全网格运行机制，实现“多网合一”“一网统揽”“一网多能”。是年，全市以黎少、附城为示范点，铺开综治中心规范化建设，构建集社会风险排查防范、社会矛盾多元化解、综合网格服务管理、风险研判和指挥调度等功能于一体的镇街综合治理实体工作平台。

【常态化扫黑除恶斗争】 2022年，罗定市委政法委推进常态化扫黑除恶斗争，持续保持对黑恶势力的打击力度。是年，全市打掉涉恶犯罪集团1个、涉恶犯罪团伙10个，破九类涉恶刑事案件41宗，立案查处涉黑涉恶腐败和“保护伞”13人，给予党纪政务处分18人。

【严重精神障碍患者管理服务】 2022年，罗定市委政法委加强特殊群体管理服务工作，严防发生严重精神障碍患者肇事肇祸案事件。全市在册严重精神障碍患者规范管理率93.8%，服药率91.8%；长效针剂用针率83.5%，三级以上严重精神障碍患者519人，列管率100%。

【心理咨询服务体系建设】 2022年，罗定市委政法委完善心理咨询服务体系，建立心理咨询服务站27个，村级心理咨询服务角

▲ 2022 年 6 月，罗定市打击整治养老诈骗宣传启动仪式暨巡游活动在文化中心广场举行

（罗定市委政法委／供图）

336 个，有心理辅导员 590 人。在全市 34 所中学、40 所中心小学设立心理咨询室，配备心理辅导老师 3934 人，为 19.08 万名学生提供心理辅导，实现市、镇、村、校全覆盖。截至 2022 年 12 月底，2022 年度轻生事件同比下降 16.67%。

【打击整治养老诈骗专项行动】 2022 年，罗定市委政法委牵头组织开展打击整治养老诈骗专项行动。是年，全市立侵犯老年人财物刑事案件 6 宗并全部侦破，抓获犯罪嫌疑人 3 名，逮捕 1 人，追赃挽损 308 万元。查处涉老年人非法行医案件 19 宗，发出行政处罚决定书 19 份，处理 19 人，取缔无证诊所 19 所，罚款 93 万元，收缴涉案药品一批。查处以涉老年人为主的专利违法、广告违法案件等 13 宗，责令改正 13 宗。为群众退款 33700 元，警醒教育 40 人。接收群众举报线索 42 条，有效线索 34 条，办结 34 条，办结率 100%。 （陈 宁）

公 安

【概况】 2022 年，罗定市公安局以中共二十大安保维稳工作为主线，推进平安罗定建设工作。组织开展常态化扫黑除恶斗争、打击整治系列专项行动，打掉一批涉黑恶、诈骗、盗窃等犯罪团伙，在打击黑恶势力、诈骗、禁毒犯罪和维护政治安全及整治城区交通秩序等方面工作成效明显。禁毒攻坚年度考核云浮市排名第一，实现禁毒重点整治高质量摘帽，侦破云浮市首件涉养老诈骗案，打掉恶势力集团 1 个，其他涉恶团伙 10 个，破涉恶刑案 38 件，“逃废债”专项中收缴不良贷款 3.09 亿元，破涉毒刑案 60 件，破百万元电信诈骗案 2 件，抓获“两卡”犯罪嫌疑人 2050 人，破性侵案件 22 件，命案破案率 100%。强化社会面巡控，实现故意伤害警情同比下降 66.7%。加强公共安全预防监管，全市交通事故四项指标同比下降，云浮考核全部排名第一。

【人口管理】 2022 年，罗定市常住人口 348772 户，总人数 1292344 人（男性 691609 人、女性 600735 人），其中，城镇人口 517660 人，乡村人口 774684 人，城镇人口占总人口比例 40.06%，乡村人口占总人口比例 59.94%。出生入户 15638 人（男 8168 人，女 7470 人，出生男女性别比

109∶100）。死亡注销户口 8172 人。市外迁入 4031 人，市外迁出 11855 人，人口机械负增长数 7824 人。全市少数民族 7945 人，其中苗族 259 人、壮族 5946 人、侗族 450 人、瑶族 618 人、黎族 152 人。

【维稳工作】 2022 年，罗定市公安局开展食药环安全整治工作，侦破食药环案件 6 件，刑拘 14 人，逮捕 12 人。侦破涉知识产权犯罪案 7 件、提请逮捕 10 人。完成全市三级以上 550 名重性精神障碍患者的列管并按照“双排查、双通报、双列管”工作制度开展日常管理工作，列管率 100%，全市精神障碍患者肇事肇祸致人死亡案事件“零发生”。

【打击刑事犯罪】 2022 年，罗定市公安局立各类刑事案件 1508 件，立案数同比下降 19%，破获各类刑事案件 487 件，同比下降 31%；立“两抢一盗”案件 372 件，立案数同比下降 18.5%；破获“两抢一盗”案件 91 件，破案数同比下降 57.8%。刑拘 480 人，同比下降 25%；提请逮捕 242 人，同比下降 42%；移送件诉 554 人，同比下降 16%。侦破命案 6 件，破案率 100%。

【打击经济犯罪】 2022 年，罗定市公安局受理各类经济案件 13 件，同比下降 16%；立案 11 件，同比下降 17%；破案 12 件，同比上升 10%；抓获犯罪嫌疑人 15 人，同比下降 50%，刑拘 12 人，同比下降 15%；提请逮捕 12 人，同比上升 15%；移送件诉 5 件 8 人，同比下降 24%，涉案金额 1.7 亿多元，为国家和群众挽回经济损失 1880 万多元。开展护航金融行动和“逃废债”专项工作收缴不良贷款 2.78 亿元。

【治安管理】 2022 年，罗定市公安局查处涉黄、赌行政案件 190 件，行拘涉黄赌嫌疑人 171 人、提请逮捕 25 人，其中涉黄提请逮捕 11 人，涉赌提请逮捕 14 人。查处涉毒案件 75 件，同比上升 12%；破案 60 件，同比上升 15%；查处吸毒人员 275 人，同比上升 5%；刑事拘留 61 人，同比下降 12%；提请逮捕 60 人，同比上升 9%；缴获海洛因 223.84 克，K 粉 124.1 克、冰毒 15.61 克、γ-羟丁酸 433.78 克。其中破团伙案件 6 件，同比下降 33%。查处易制毒化学品违法企业 4 家，破涉依托咪酯案 7 件。

【特种行业管理】 2022 年，罗定市有在册特种行业 619 家。其中，旅馆业 122 家，刻字章业 4 家，典当业 4 家，废旧金属收购业 129 家，机动车修理业 198 家，开锁业 11 家，歌舞娱乐场所 41 家，游戏游艺场所 5 家，桑拿沐足按摩场所 105 家。是年，罗定市公安机关开展特种行业统一清查整治行动 38 次，出动警力 6200 多人次。

【危险物品管理】 2022 年，罗定市有在册涉爆企业 19 家、涉爆人员 175 名和 16 家剧毒化学品使用企业、50 家涉易制爆企业。是年，全市公安机关开展危险物品统一清查行动 38 次，出动警力 113 人次，检查涉爆企业 433 家次；排除整改安全隐患 40 处。

【道路交通安全管理】 机动车管理 2022 年，罗定市机动车保有量 370561 辆（其中摩托车 241018 辆，汽车 128041 辆，挂车 1502 辆）；机动车注册登记业务 30024 件（其中大型汽车 72 件，小型汽车 4992 件，摩托车 23512 件，挂车 138 件）；转移登记机动车 16539 件次，转入机动车 10624 件；检验机动车 138001 件次。

驾驶员管理 2022 年，罗定市驾驶员保有量 375667 人，办理摩托车驾驶证申领 7142 人。是年，交警大队车辆管理所办理初次申领汽车驾驶证 16465 人，组织汽车类驾驶人科目一考试 24532 人次，科目二考试 32919 人次，科目三考试 36517 人次。

交通违章及事故处理 2022 年，罗定市公安局交警大队处理道路交通事故 302 件，死亡 45 人，受伤 312 人，直接经济损失 67.77 万元。交通事故“四项指数”（立案数、死亡人数、受伤人数、直接财产损失）分别同比上升 5.2%、同比下降 18.2%、同比上升 16.4%、同比上升 13.6%。是年，全市查处各类交通违法案件 8.35 万件，同比下降 32.2%。其中，无证驾驶 3207 件，涉牌涉证 265 件，驾驶报废机动车 1030

件，驾驶无号牌机动车952件，酒醉驾732件（其中醉驾61件）；摩托车各类交通违法24966件，货车各类交通违法5884件，查扣各类交通违法机动车辆17083辆（无号牌机动车3246辆）。

【出入境管理】 2022年，罗定市公安局受理出国（境）申请3470人次，其中护照66人次、往来港澳通行证3363人次、往来台湾通行证6人次、前往港澳（定居）35人次。查处涉“三非”外国人案件21件，查处“三非”外国人41人，查办非法聘用案件2件，查办非法容留案件1件，遣送7批56名“三非”越南人出境。

【森林公安】 2022年，森林警察大队开展“春季攻势”“猎火2022”“昆仑2022”和“强打击”等专项行动。开展联合执法行动15次，集中打击行动7次，出动警力1213人次，检查清理市场12次，检查清理野生动物养殖场2次，检查清理酒楼、食肆、大排档125家（处）；收缴野生动物7条（只）；检查清理非法猎捕点山头、田野78处，捣毁非法猎捕网点3处，收缴鸟网12张。是年，办理各类森林资源和野生动物案件9件，其中立刑事案件9件，破5件，取保候审5人。

【公共网络安全管理】 2022年，罗定市公安局网警大队查处不履行安全义务行政案68件；开展网络安全监督检查253家次；开展“净网2022”常态化宣传11次，中央媒体宣传4次，大型宣传3次。

【打击电信网络诈骗犯罪专项行动】 2022年，罗定市公安局立案电信网络诈骗案件630件，同比下降26.8%；财产损失数约4347万元，同比下降3.5%。全年破电信诈骗案件48件，抓获电诈案件犯罪嫌疑人83名，分别同比上升23.1%、159%；抓获“两卡”犯罪嫌疑人2050人，其中拘传118人，刑拘80人，提请逮捕48人；打掉涉诈“两卡”洗钱跑分团伙3个，破获500万元电诈案1件。 （范浩林）

检 察

【概况】 2022年，罗定市人民检察院在最高检确定的60项案件质量评价指标中，有49项位居云浮市前列，4个案例入选省检察院典型案例；2名干警荣立个人三等功，23名干警获个人嘉奖，1个课题作为云浮市青年发展研究课题立项；1篇论文被广东省法学会收录出版；获评第二批全省检察机关新时代“五好”基层检察院。

【刑事检察】 2022年，罗定市检察院受理审查逮捕案件274件418人，其中，批准逮捕169件233人，不批准逮捕112件194人；办理审查起诉案件411件581人，其中，向法院提起公诉323件465人，不起诉19件21人，附条件不起诉11件18人，有罪判决率100%。是年，严厉打击“两抢一盗”、“黄赌毒”、养老诈骗、恶意破坏环境等违法犯罪行为。开展禁毒专项工作，办理云浮地区首例涉依托咪酯毒品案，建立健全毒品案件提前介入机制以及联席会议制度；对跨境赌博专案起诉16件39人，有罪判决率为100%，其中1件案例入选广东省检察机关打击治理跨境赌博典型案例；保障农民工工资发放，为农民工追回被欠薪酬近12万元。

两项监督 2022年，罗定市检察院监督立案103件，监督撤案47件，监督立案率、监督撤案率均100%。纠正漏捕14人，纠正漏诉66人，纠正漏捕漏诉的被告人均被作出有罪判决。健全侦查监督与协作配合机制，挂牌设立“侦查监督与协作配合办公室”，与公安机关联签工作实施办法。全年提前介入案件286件，其中包括涉恶势力犯罪案件、故意杀人等重大疑难复杂案件。坚持实体与程序并重，书面纠正审判活动违法4次。

未成年人检察 2022年，罗定市检察院审查逮捕涉未成年人犯罪案件38件65人，审查起诉49件90人。发出纠正违法通知书并被采纳6份，发出侦查活动监督通知书并被采纳6份，纠正漏捕未成年犯罪嫌疑人5人，纠正漏罪、漏犯并被生效判决4人。适用认罪认罚70人，适用率85.4%。开展心理救助2人、司法救助8人，救助款10万余元。以帮助复学、协调转学等其他形式开展救助2次。明确将监护人履

▲ 2022 年 5 月 20 日，罗定市检察院在罗定中学举行“检护明天　爱创未来”——未成年人全面综合司法保护工作启动仪式
（罗定市人民检察院／供图）

职情况作为涉罪未成年人能否适用缓刑、相对不起诉、附条件不起诉的重要依据，开展帮教工作和亲职教育 148 次，向监护人发出督促监护令 18 份，11 名未成年人因帮教后家庭帮教条件得到改善而最终作出不起诉决定。健全“检察 + 学校”机制，与教育局会签《关于进一步加强和规范检察机关派设“法治副校长”工作实施方案》，派出 22 名检察官担任法治副校长，常态化开展普法课堂，引导青少年学法知法、用法守法，帮助涉罪未成年人复学 5 人。健全“检察 + 职能部门”机制。与罗定市公安局联合建立“一站式”询问办案区，先后开展一站式问话 38 人次，一次性完成对被害人的询问、身体检查、证据提取工作，避免重复询问造成二次伤害。强化与妇联、民政局等单位的联络，签订《关于构建罗定市未成年人检察工作社会支持体系合作框架协议》《关于建立罗定市司法救助与社会化救助衔接机制的实施方案（试行）》《罗定市关于侵害未成年人案件强制报告制度联络员工作机制（试行）》等协同机制。健全“检察 + 政策宣讲”机制。先后走进教育系统、市残联等单位开展强制报告专题宣讲，围绕强制报告制度实施的意义、强制报告的具体要求、相关单位的职责及报告义务等方面进行了全面深入解读。坚持创新性开展普法宣传。是年，成立“检 • 爱”法治宣讲团，先后到罗定中学、长岗坡中学、古莲冲小学等全市 41 所中小学开展“珍爱生命，远离毒品”等七大主题的系列宣讲活动。制作未成年人检察相关宣传展板 103 块，云播放教育宣传片 55 场，开展现场法律咨询 5 次，法治讲座和法治宣传 41 次，线上法治课堂和普法宣传 2 次。

【刑事执行检察】　2022 年，罗定市检察院办理监外执行和社区矫正检察监督案件 203 件（其中办理纠正违法案件 201 件，办理收监执行审查案件 2 件）；办理看守所执行纠正违法案件 166 件；办理重大案件侦查终结前讯问合法性核查案件 5 件；办理刑事裁判涉财产部分纠正违法案件 136 件，其中，针对职务犯罪案件刑事裁判涉财产部分执行和执行检察专项活动办理纠正违法案件5件；办理暂予监外执行审查案件6件。落实驻所检察制度，履行监督职责，做好社区矫正巡回检察工作，防止社区矫正人员违法和重新犯罪。

【民事检察】 2022年，罗定市检察院办理各类民事监督案件163件，发出检察建议145件，办理支持起诉案件4件，2件案例被评为全省检察机关典型案例。开展对民事诉讼活动中违法公民代理类案监督工作，向法院调卷40多件次，立案审查33件，发出类案检察建议28件。开展民事执行失信惩戒和限制消费措施专项监督工作，全年向法院调卷100件次，立案72件，向法院发出类案检察建议72件。对民事诉讼活动中诉讼费用应退未退案件开展类案监督工作，全年依职权摸排案件线索40多件次，立案审查39件，向法院发出类案检察建议39件。

【行政检察】 2022年，罗定市检察院受理行政非诉执行案件58件，在监督审理行政非诉执行工作环节中存在问题的基础上，审阅行政机关在行政执法办案过程中的案卷材料，“穿透式”监督行政机关的违法问题，通过“双重监督”的方式，发出检察建议13份，其中个案5件，类案8件（涵盖个案34件）。开展行政违法行为检察监督，受理行政违法监督案件83件，针对行政执法过程中存在的问题发出检察建议41

表12 2022年罗定市人民检察院案件审查批捕情况统计表

年份	案件受理数		批准逮捕		不批准逮捕	
	件	人	件	人	件	人
2022	274	418	169	233	112	194

表13 2022年罗定市人民检察院案件受理审查起诉情况统计表

年份	受理		起诉		不起诉		抗诉		适用认罪认罚从宽制度	
	件	人	件	人	件	人	件	人	人	适用率
2022	411	581	323	465	19	21	0	0	439	88.15%

份，其中个案20份，类案21份（涵盖个案71件）。开展全市抛荒弃耕集体耕地行政检察监督专项活动，全年受理涉及抛荒弃耕行政检察案件5件，向相关行政机关发出检察建议3份，助力行政机关推动相关单位复耕2.15公顷。开展土地领域行政非诉执行监督专项活动，全年受理非诉执行案件中涉及土地执法领域的行政非诉案件39件，办结案件49件（包含2021年积案），发出检察建议23份，其中个案6份，类案17份。推进“行政争议实质性化解”专项活动，全年办理行政非诉执行案件中促进行政争议实际性化解2件，并针对两案存在的问题分别向涉事单位发出检察建议，均被采纳。

【公益诉讼检察】 2022年，罗定市检察院审查公益诉讼案件线索157件，立案审查106件，发出诉前检察建议书92件，磋商7件，公告9件，提起刑事附带民事公益诉讼案件6件，法院审结并判决全部支持诉讼请求5件，2件案例被评为全省检察机关典型案例。针对污染环境突出问题，开展农村生活垃圾处理、河道治理等监督活动，应用无人机办案8件，发出检察建议书20件，督促有关行政机关清理生活垃圾37处5350吨、清理河道生活垃圾10吨；对破坏农村生态环境和自然资源的违法行为，向法院提起刑事附带民事公益诉讼4件，依法向有关责任人追偿生态环境和自然资源损失16万元；开展“古树名木”保护专项活动，督促有关部门对10处有生长衰弱、病虫感染等损害的古树名木采取治理措施。办理食品药品安全领域行政公益诉讼案件22件，督促有关单位查处1个违法生猪私宰点，对为非法屠宰提供场所的2人进行立案处理，销毁未经检疫的生猪产品147千克；督促完成6所学校的饮用水供水整改和跟踪检测；下架非法添加且标签说明书不符合要求的“消”字号抗（抑）菌制剂产品1种；强化网络餐饮服务商入网许可监督，完善外卖平台信息公示及更新。向有关行政部门及行政机关发出检察建议14件，督促对不再符合社会救助标准的低保、低收家庭及时停保36人，追回社会救助金4.34万元，推动行政机关进一步建立健全民政救助工作制度；针对国有土地使用权出让后被闲置的，依法督促收回土地闲置费85.2万元。开展安全生产、无障碍通行、文物保护、信息公开等领域公益诉讼，立案审查44件。排除交通安全隐患，督促有关单位修复学校周边道路5千米；督促有关行政机关在全市新增无障碍停车位21个；督促全市未安装燃气报警器的餐饮企业及时安装，整改燃气安全隐患5宗、重大消防隐患5处；开展窨井盖治理“回头看”，督促重新更换窨井盖14个；推动文物保护，促进整改国家级、省级文物保护单位2处；依法对2宗涉嫌侵犯公民个人信息罪案提起刑事附带民事公益诉讼，追偿社会公共利益损失8000多元，督促行政机关对已公开的320个行政执法文书公民个人信息进行去标识化处理后重新公开。办理罗定市政协委员提出《关于推动法治建设，进一步支持检察院履行公益诉讼的建议》提案；向罗定市人大及政法委专题报告生态环境保护工作，配合云浮市人大常委会对贯彻实施《广东省人民代表大会常务委员会关于加强检察公益诉讼工作的决定》（简称《决定》）开展执法检查，并全面报告关于《决定》实施情况。向云浮市人大制度研究会投稿，一项课题入选2022年云浮市人大制度课题研究成果。

【控告申诉检察】 2022年，罗定市检察院处理信访170件，其中接待来访67批，处理来信26件，解答“12309”电话咨询73个，处理网络信访4件，群众信访7日内程序回复率和3个月内办理结果答复率均100%。对因案致贫、因案返贫、因案增贫的17件案件29人开展国家司法救助，发放救助金39万元。贯彻院领导包案办理首次信访制度，全年院领导包案办理首次申诉信访案件16件。

【检察案件管理】 2022年，罗定市检察院受理审查逮捕案件274件418人，受理审查起诉案件169件233人；审核、送案740件3403卷。对办案中的涉案财物查处、强制措施、办案期限、当事人诉讼权利保障、法律文书、办案行为、风险评估、履行法律监督等内容进行监控，并建立流程监控工作日志和台账，监控中发现问题案件15件，通过口头提示纠正15件，保障办理案件的规范性。通过书面阅卷、交叉评查等方式，开展案件质量评价工作，开展日常评查14件，重点评查2件。全年接待律师218人次，安排阅卷218次，接待案件信息电话查询500多次，为辩护人制作、提供电子卷宗495件2972卷案。

【认罪认罚工作】 2022年，罗定市检察院对439人适用认罪认罚从宽制度，适用率88.2%。其中确定性量刑建议提出率94.4%，确定性量刑建议采纳率99.1%，值班律师参与率100%，速裁程序适用率24.1%。绝大多数案件做到“零延期”“零退查”，案件的审查起诉平均办案天数19天，办案质量和效率均得到明显提升。

【阳光检务】 2022年，罗定市检察院邀请人大代表、政协委员、人民监督员和社会各界人士参加座谈会、普法宣传、检察开放日等检察活动128人次；推进建立听证员库工作，面向社会公开选任31名人员组成听证员库，举行公开听证会19次，公开答复会2次；通过案件信息公开网，依法

表14 2022年罗定市人民检察院受理来信来访和办理控告申诉情况统计表

单位：件

年份	控告		申诉	
	受理	本院审查	受理	本院审查
2022	60	60	29	29

公开程序性信息604条，重要案件信息175条，通过“两微一端”等新媒体平台发布典型案例、工作动态等1600余条。

【法治化营商环境优化】 2022年，罗定市检察院抓好非法吸收公众存款罪、骗取贷款罪、洗钱罪等破坏金融管理秩序犯罪和金融诈骗犯罪案件的办理，依法批捕涉经济犯罪案件11件14人，起诉15件40人。会同市司法局、市工商联等部门成立第三方监督评估机构，牵头制定4项企业合规相关机制。办理涉案企业合规案件1件，摸排出符合企业合规条件线索3条，发出检察建议1份。 （邓兴通）

法 院

【概况】 2022年，罗定市人民法院受理各类案件9949件，占云浮法院案件总数的30%，收结案件数居云浮地区法院首位。其中，新收各类案件8617件，同比减少1141件，同比下降11.7%，实现近10年来案件总量最大降幅；审结8715件，法官人均结案300件。

【刑事审判】 2022年，罗定市人民法院审结刑事案件331件，判处罪犯432人；审结毒品犯罪案件40件51人，判处有期徒刑5年以上重刑10人，没收个人全部财产20人，审理云浮首宗涉“依托咪酯”麻醉药品案件；审结涉黑涉恶犯罪案件2件7人，发出相关司法建议5份；开展打击整治养老诈骗专项行动，向有关职能部门发出司法建议书5份；审结电信网络诈骗相关犯罪案件19件29人；严惩窃取倒卖个人信息等侵犯公民个人信息犯罪，审结相关案件2件；推动实现刑事案件律师辩护全覆盖，为208名被告人指派律师辩护。

【民商事审判】 2022年，罗定市人民法院审结一审民商事案件4724件，同比下降7.4%。落实云浮市中院出台的《创建一流营商环境保障服务经济高质量发展实施意见》，对各类市场主体依法平等保护；防范化解金融风险，与多家银行、金融机构联合座谈研讨，构建多元解纷机制。审结金融借款合同纠纷266件，结案标的金额23.8亿元。

【执行工作】 2022年，罗定市人民法院受理执行案件3857件，执结3476件，执行到位金额2.79亿元。与市市场监督管理局、税务局等多个部门建立联动机制，多次开展跨部门联合强制执行；逃废债治理问题发出3份司法建议，均获采纳。对外发布失信被执行人信息1680条，限制高消费1757人次。

【司法惠民】 2022年，罗定市人民法院审结涉就业、医疗、消费、社会保障等案件122件；审结建筑工程、房地产纠纷、物业服务合同纠纷案件395件；依法治理欠薪问题，帮助追回欠薪383.96万元；为困难群众缓减免诉讼费68032元，发放司法救助金21.58万元；严惩侵害未成年人

表15　　2022年罗定市人民法院收案情况统计表

单位：件

年份	全院案件	刑事案件	民事案件	行政非诉案件	非诉保全	执行案件	其他案件
2022	9949	360	5540	124	46	3857	22

表16　　2022年罗定市人民法院结案情况统计表

单位：件

年份	全院案件	刑事案件	民事案件	行政非诉案件	非诉保全	执行案件	其他案件
2022	8715	331	4724	124	46	3476	14

犯罪，对未成年人犯罪坚持教育感化挽救方针，封存犯罪记录。

【审判监督】 2022年，罗定市人民法院通过上门走访、邀请座谈、旁听庭审、见证执行等方式常态化联络代表委员5场次，联系25人次，收集有关意见建议20条；与全国人大代表李小兰所在的黎少镇隆久村党总支签署党建结对联建共建协议，建立定期联络机制。接受政协民主监督，办结政协委员提案10件。

【服务乡村振兴】 2022年，罗定市人民法院辖下4个人民法庭成立联合党支部，并分别配备特邀调解员，每个法庭总人数6人；与辖区司法所开展“庭所共建”，推动庭所联动化解矛盾纠纷；与6个村党组织结对共建，设立法官工作室，促进矛盾不出村、纠纷就地化解；审结涉及土地承包经营、侵害集体经济组织成员权益等民事纠纷案件43件。

【诉源治理】 2022年，罗定市人民法院建立健全一站式多元解纷平台，为群众化解纠纷提供多种解决方案，把非诉讼纠纷解决机制挺在前面。是年，受理诉前调解案件2426件，调解成功459件，调解成功率为19%。

（谭烜杰）

▲ 2022年8月18日，罗定市人民法院法官“上门办案”现场

（罗定市人民法院／供图）

司法行政

【概况】 2022年，罗定市司法局贯彻落实习近平总书记全面依法治国新理念新思想新战略，围绕法治罗定建设工作要点，发挥司法行政职能，增强各项工作活力，取得阶段性成果。2021年12月28日，普法与依法治理股股长颜志新被中共中央宣传部、中华人民共和国司法部、全国普及法律常识办公室评为2016—2020年全国普法工作先进个人。8月5日，罗镜镇龙岩村、船步镇甘步村被中共云浮市委全面依法治市委员会办公室、中共云浮市委农村工作办公室、云浮市司法局、云浮市民政局确认为2021年云浮市“民主法治示范村（社区）”创建单位；9月6日，华石镇三屋村、苹塘镇良官村、罗平镇双莲村被中共广东省委全面依法治省委员会办公室、中共广东省委农村工作领导小组办公室、广东省司法厅、广东省民政局确认为2022年广东省“民主法治示范村（社区）”创建单位；12月28日，附城街道丰盛村被中华人民共和国司法部、中华人民共和国民政部命名为第九批“全国民主法治示范村（社区）”。

【人民调解】 2022年，罗定市司法局调解矛盾纠纷2487宗，调解成功2440宗，调解成功率98.1%；与罗定市人民法院建立人民法庭与司法所“庭所共建”机制，实现人民法庭与司法所全方位工作对接，推动诉源治理工作；探索专业性、行业性调委会建设，成立罗定市知识产权纠纷人民调解委员会，对辖区内知识产权纠纷进行指引、调解。

【律师事务】 2022年，罗定市司法局引导广东定盛律师事务所党支部、罗定市嘉达纺织厂有限公司党支部、广东恒晟律师事务所党支部与罗定市人民政府对外联络办党支部分别签订党建共建协议书，定期开展党建活动，交流党建工作经验，了解企业法律服务需求；落实律师到公检法等部门设立的群众来访窗口值班制度，组织各律师事务所在每周星期一、星期三安排律师到信访局律师工作室参与接访和现场协助突发、应急事件的处置工作；开展法治护航重点建设项目工作，组建罗定市工作专班，会同罗定市42个重点项目对接单位人员一同到企业开展服务工作，安排律师与企业联系，为企业提供法律服务。

【法律援助】 2022年，罗定市法律援助处受理法律援助案件1108件，其中，民事案件452件，刑事案件656件。组织法律援助志愿者、村（社区）法律顾问到广场、社区、学校等开展《中华人民共和国法律援助法》《广东省法律援助条例》的宣传活动，开展讲座250场次。开展便民工作，为7名群众提供市域通办服务，2人通过告知承诺制获得法律援助，为2名困难群众提供上门服务。

【公证服务】 2022年，罗定市公证处受理各类公证案件1141宗（其中，国内民事经济案件928宗，涉港澳台案件67宗，涉外案件146宗），公证业务收入83万元；受理现役军人申办委托公证2宗，均做到当即受理、现场办结、加急出证。

【社区矫正】 2022年，罗定市社区矫正管理局接收社区矫正对象212人，解除矫正183人，开展调查评估案74宗，远程视频会见316宗，训诫12人，警告16人，治安处罚1人，对暂予监外执行的罪犯收监执行3人。为3名青少年社矫对象办理就学复学手续，为1名社矫对象的5个未成年子女办理事实无人抚养，解决其收监执行后未成年子女的生活困难和抚养难题。

【安置帮教】 2022年，罗定市司法局接收的刑满释放和解矫人员682人，其中监狱刑满释放人员499人，解除社区矫正183人，安置率和帮教率均100%；落实安置帮教工作与社矫工作无缝衔接，通过成立帮教小组、建立安置帮教工作情况表、开展帮教谈心活动等形式，做好刑释人员的就业指导、安置协调、教育帮扶工作。

【法治教育】 2022年，罗定市司法局完善国家工作人员学法用法制度，推进领导干部学法，组织约2万名国家工作人员开展学法专题学习和考试，占云浮市考试人数近41%，参考率98%，合格率99.8%，优秀率99.5%，平均分99.03分。加强青少年法治教育，配备普法团队助力青少年法治教育。是年，罗定市中小学校法治副校长及村（社区）法律顾问对中小学生开展法治教育课600多场次，76所中小学校8万名师生接受了法治教育。

【普法宣传】 2022年4月13日，罗定市2022年全民国家安全教育日宣传教育活动在市博物馆启动，市普法办组织志愿者在活动现场派发国家安全读本1080本，宣传海报608张。5月27日，市普法办联合罗平镇司法所到青少年法治教育实践基地共建学校——长岗坡中学开展民法典系列“进学校”宣传活动，“美好生活·民法典相伴”系列宣传活动期间，开展活动31场次，派发宣传资料12010份，派发小礼品5102份，现场答疑2062人次。9月16日，由罗定市市场监督管理局主办的“共创食安新发展 共享美好新生活”食品安全宣传周活动在罗定市客都汇商业广场举行，市普法办组织志愿者到现场摆放宣传展板、发放宣传手册、提供法律咨询；市普法办、市法援处组织志愿者到分界镇金垌村开展法律援助志愿者服务进乡村等系列宣传活动，发放宣传资料308份，宣传礼品118份，受惠群众110人次。10月21日，市普法办联合市司法局、市民政局到罗定市居家养老服务中心开展2022年“敬老月”涉老反诈防骗法治宣传教育活动，发放宣传资料316份，接受老年人咨询22次。10月下旬，开展国家机关“谁执法谁普法”评议投票活动，对市民政局、市应急管理局、市融媒体中心和市工商联4个单位普法工作成效进行投票。11月9日，启动“抓消防安全　保高质量发展”2022年罗定市消防宣传月活动，广泛发动全社会关注参与消防工作。

【云浮市首家村级禁毒示范点成立】 2022年9月16日上午，罗定市司法局与广东省三水强制隔离戒毒所合作，在分界镇金垌村成立云浮市首家村级禁毒示范点——广东省三水强制隔离戒毒所禁毒宣传服务站，填补罗定市村（居）级禁毒教育基地的空白。

【公共法律服务】 罗定市司法局以省示范性乡镇公共法律服务工作站的标准对分界镇、连州镇、加益镇3个镇级公共法律服务工作站进行升级改造。截至2022年底，全市有市、镇（街）、村（社区）三级公共法律服务实体平台358个。其中，市级实体平台1个，镇（街）实体平台21个，村（社区）实体平台336个。全市已建成示范性乡镇公共法律服务工作站13个，已建成示范性村（社区）公共法律服务工作室38个，全市全部镇（街）、村（社区）工作站（室）均已建成，实现半小时便民法律服务圈。是年，全市336个村（社区）法律顾问开展法治宣传1348场次，法律咨询3924条，出具专业法律意见39条，参与人民调解44次，法律援助8次，其他69条。开展农村“法律明白人”培养工作，从各镇（街）、村中遴选460名“法律明白人”围绕矛盾调解、普法宣传、应急处置、民意收集等内容协同基层党组织开展乡村基层治理。

▲ 2022年9月16日，罗定市司法局与三水强制隔离戒毒所合作，在分界镇金垌村成立云浮市首家村级禁毒示范点——广东省三水强制隔离戒毒所禁毒宣传服务站
（罗定市司法局／供图）

【行政执法协调监督】 2022年，罗定市司法局印制2000本《广东省行政执法流程和执法文书范本（2021年版）》给各执法单位参照使用，督促规范执法流程、文书。联合平台技术人员开展专场培训32场，为执法人员应用平台进行现场执法提供技术指导、支撑，促使全市纳入“广东省一体化行政执法平台”的41个执法主体在行政检查、行政处罚、行政强制三类行政执法事项中应用平台进行全过程执法。开展行政执法案卷评查，制定行政执法案卷评查工作方案，通过抽查各镇（街）、市直有关执法部门的执法案卷，对发现的问题进行通报，要求各相关单位整改落实。

【政府法律顾问】 2022年，罗定市司法局落实重大行政决策、规范性文件和法律事务合法性审查、审核职责，对各部门报请市委、市政府审议的涉法事项，严格审查是否履行法律顾问事前审查并出具书面法律意见。是年，审查市委、市政府交办各类涉法事务200件。

【线上调解】 2022年，罗定市司法局就新型冠状病毒感染疫情防控期间群众在合同履约、欠薪降薪、工伤认定等纠纷上办事不便的问题，探索运用信息技术手段，在云浮市内率先运用电脑视频、手机微信等方式化解矛盾，指导附城街道、素龙街道、苹塘镇、罗平镇等镇（街）司法所线上成功调处5宗民事纠纷。（祝 莹）

人民武装

【概况】 2022年，罗定市人民武装部常态开展军委主席负责制学习教育，采取交班集中学、科室小组学的方式，统筹推进各类教育落实，实现全年48天的政治教育时间。突出“忠诚维护核心、矢志奋斗强军”深化主题教育，巩固拓展党史学习教育成果，广泛开展“赞颂新成就、喜迎二十大”、庆祝中国人民解放军建军95周年系列活动，各项工作稳步开展。

【双拥共建】 2022年，罗定市人民武装部先后4次组织民兵参与支援罗定市疫情防控任务和春节、二十大期间安保维稳任务。民兵执行任务请示报告及时、指挥协调有力、作风形象良好，得到军地领导和人民群众的一致好评，为保一方平安贡献了民兵力量。

【战备演练】 2022年，罗定市人武部深入开展形势战备教育，落实战备制度，配齐民兵应急分队装备器材，修订完善国防动员专项方案，组织罗定市人武部机关带应急连战备演练。8月，组织军地联合指挥所相关要素参加国防动员专项演练，组织实兵行动检验民兵分队遂行任务的能力。抓好干部文职人员军事理论、基本技能、业务训练、课题训练等内容；按省军区四个季度集中学习训练进程，抓首长机关军事理论学习和作战问题研究。抓好专武干部资格认证和集中轮训；抓好民兵干部骨干指挥作业训练、新域新质力量训练，在基干民兵分队中开展基础课目比武竞赛活动，掀起练兵备战热潮。

（陈志通）

武装警察

【概况】 2022年，武警云浮支队罗定中队响应习近平总书记“边备战、边建设，抬高备战基点”号召，完成各项专项战备任务，创新军事训练战法，研究形成新时代执勤安保战斗力运行模式，固化执勤、反恐、维稳、抢险多能一体作战能力，夯实属地“压舱石”作用。武警云浮支队罗定中队1人荣立三等功，12人被评为“四有”优秀士兵，1名警士荣获支队“十佳警士”，1名警士被评为总队“执勤标兵”，2人在支队比武中荣获“训练尖子”称号。

【军事训练】 2022年，武警云浮支队罗定中队紧跟军队改革强军步伐，以“开创新局，跨越争先”为目标，实战抓练兵，围绕任务练本领，提高部队遂行多样化任务能力。建设“听党话，跟党走；能打仗，打胜仗；法纪严，风气正”的新时代过硬基层，坚持“仗怎么打，兵就怎么练；打仗需要什么，就苦练什么”，在研战研训、务战备战中推动部队建设科学发展，实现部队打赢能力大提升和中心任务的圆满完成。

【执勤战备】 2022年，武警云浮支队罗定中队着眼“全面建设、体系防控、科技强勤、确保安全”的执勤工作目标，坚持依法执勤、文明执勤、正规执勤。推进“智慧磐石”建设和看守所扩建，规范执勤秩序，严格勤务管理，用好“三个载体”，利用信息化执勤建设成果的优势，执勤正规化水平不断提高，确保固定执勤目标绝对安全。

【抢险救援】 2022年，武警云浮支队罗定中队开展7次防汛、防森林火灾救援演练，通过拉动演练，提高官兵应急战备能力，确保“召之即来、来之能战、战之必胜”，维护驻地人民生命财产安全和社会稳定。

【双拥共建】 2022年，武警云浮支队罗定中队开展拥政爱民活动，密切军政军民关系。与附城街道、双东街道、罗定职业技术学院等单位共建对子；协助市公安局依法打击违法犯罪行为，维护社会安全稳定；参与“扶贫救济捐款活动”、无偿献血、扶贫救困、植树造林、“雷锋日”等活动，真正做到“视人民为父母，把驻地当故乡”。（徐傲然）

退役军人事务

【概况】 2022年，罗定市退役军人事务局开展“思想政治工作年、基层基础基本建设年、矛盾问题攻坚化解年”活动，打造“六大品牌”（广东军创、全链条服务、志愿服务、应急救助、金融惠军、党员结对帮扶），开展“六大行动”[思想政治引领、服务中心（站）星级示范创建、安置就业提质、合法权益维护、新时代双拥共建、信息化赋能]，健全“三大机制”（领导机制、工作运行机制、督查机制）。3月9日，吴飞华、刘定邦、彭镇宇被共青团罗定市委员会评为“罗定市抗击新冠疫情优秀青年志愿者”。9月，叶志慧家庭被市委宣传部、市文明办、市妇联授予2022年罗定市“最美家庭”称号。

【退役军人移交安置】 2022年，罗定市退役军人事务局妥善安置符合政府安排工作转业士官10名，分别安排到市烈士陵园、市退役军人服务中心（武装专编）等单位工作。开展2022年度退役士兵接收报到“一站式”办理工作，全年完成271保退役士兵返乡报到。

【退役军人就业创业】 2022年，罗定市退役军人事务局向退役军人推送相关就业创业信息，宣传线上招聘会1场、线下招聘会2场。5月，与广东省供销系统所属的云浮市罗定市供销优禾农业科技服务有限公司在罗定市供销社举行第一期罗定市退役军人植保无人机属地飞手培训班开班仪式，培训班为期21天，在学员培训结束并全部考试科目合格后入职罗定优禾公司从事属地飞手工作。8月，退役军人周泰广的罗定市勇士健身休闲活动有限公司荣获云浮市第一届退役军人创业创新大赛“传统产业及生活服务业组”银奖。9月，举办罗定市2022年度第一期退役军人全员适应性培训班，实行全封闭式管理，历时5天，同期与罗定市人社局共同举办2022年罗定市退役军人专场招聘会。同月，罗定市2022年退役军人现代学徒制专项试点班开班。

【退役军人优待抚恤】 2022年，罗定市退役军人事务局发放各类对象抚恤及生活补助金；为退役军人和现役军人家属申请应急救助资金。春节、“八一”期间走访慰问退役军人和优抚对象，发放慰问金、慰问品。10月，在金鸡镇、苹塘镇举行“关爱功臣·送医送药”活动，为优抚对象提供免费体检、赠送药物和医疗器械。9月和11月，分别组织重点优抚对象参加省第二荣军医院疗养。是年，全市优待证申办受理12954人，核实通过11977人；已收到优待证10251张，已发放到镇级服务站9414张。

【激励褒扬】 2022年，罗定市退役军人事务局通过电视台、报纸、新媒体等方式宣扬电影《长津湖》钢七连原型英雄班、抗美援朝革命老前辈沈金水的英雄事迹，省退役军人事务厅联合广东省电视台将其事迹列入《南粤百岁老兵口述革命历史》专题报道。

▲ 2022 年 5 月，罗定市退役军人事务局与云浮罗定供销优禾农业科技服务有限公司在罗定市供销社举行第一期罗定市退役军人植保无人机属地飞手培训班 （罗定市退役军人事务局／供图）

打造军味党建品牌，组织“老兵永远跟党走——老兵宣讲”实践活动，组建罗定市老兵宣讲团，开展退役军人“同唱一首歌”活动，宣讲团成员张成、叶绍泉进校园、军营亲自讲述其先进事迹，传递正能量。加强宣扬功臣事迹，定制 2 个宣扬罗定一、二、三等功臣事迹的专项宣传栏，每天固定放置在单位门口，提供给来访者和群众参观学习。是年，罗定市退役军人张成获得云浮市“最美退役军人”称号。

【“双拥”工作】 2022 年春节和八一建军节期间，罗定市退役军人事务局上门慰问云浮军分区、武警云浮支队和驻罗定部队，送上慰问物资。在清明节、烈士纪念日期间组织人员到罗定市烈士陵园、连州战斗纪念公园参加祭扫活动。组织党员干部职工到罗定革命史料馆参观“抗战胜利日”主题展览，回顾罗定地区革命斗争的光荣历史。加强英雄烈士纪念设施管护工作，将船步龙岗烈士墓、分界烈士墓、罗平无名烈士墓 3 个零散烈士纪念设施迁移进连州战斗纪念公园进行集中管护；对苹塘文安烈士纪念碑、替滨潮岭烈士纪念墓和金鸡革命烈士纪念碑进行了修缮。收集、整理有关烈士和陵园的史料，推动罗定市烈士英名墙项目建设工作。发挥革命教育基地作用，开展各类爱国主义主题教育 16 场，总接待人数 1370 人，其中未成年人 290 人。开展国防和双拥宣传教育，投入 15 万元在主流电视频道定向投放双拥宣传广告。

【退役军人服务保障体系建设】 2022 年，罗定市退役军人事务局将政府购买服务人员安排到镇街服务站，充实基层服务站工作队伍。全年举办 5 期退役军人服务中心（站）能力提升培训班。配合云浮市退役军人事务局做好云浮市 5G 金融服务退役军人项目平台搭建。 （曾彩云）

经济

经济监督管理

经济运行监督管理

【概况】 2022年，罗定市实现地区生产总值319.19亿元。其中，第一产业增加值68.11亿元，第二产业增加值83.80亿元，第三产业增加值167.29亿元，分别占地区生产总值的21.3％、26.3％和52.4％。全社会固定资产投资同比下降2.2%。实现社会消费品零售总额137.49亿元。外贸进出口总额26.58亿元。完成地方一般预算收入13.55亿元，地方一般公共预算支出69.95亿元。金融机构本外币存款余额454.11亿元，本外币贷款余额280.24亿元。城镇常住居民人均可支配收入32073元；农村常住居民人均可支配收入20197元。

【农业生产】 2022年，罗定市农业生产稳步增长。全市农林牧渔业实现产值104.51亿元，同比增长6.1%；实现农林牧渔业增加值69.56亿元，同比增长5.1%。全市粮食种植播种面积3.95万公顷，粮食总产量26.06万吨，同比增长0.5%；蔬菜播种面积0.81万公顷，总产量12.1万吨，面积与2021年持平；产量同比下降1%；花生总产量1.94万吨，与2021年持平；茶叶总产量2555吨，同比下降2.3%；肉类总产量5.61万吨，同比增长1.3%；水果总产量7.75万吨，同比下降5.2%；水产品总产量3.69万吨，同比下降0.3%。

【规模工业生产】 2022年，罗定市规模以上工业累计完成产值142.77亿元，同比下降2.1%；规模以上工业增加值累计实现32.44亿元，同比下降3.3%；规模以上工业增加值中轻工业实现12.66亿元，同比下降2.4%；重工业实现19.78亿元，同比下降3.9%。

【固定资产投资】 2022年，罗定市固定资产投资稍有回落。全市固定资产投资总额同比下降2.2%。其中，工业投资同比增长21.8%；房地产投资同比下降7.6%；基础设施建设投资同比增长0.3%。全市商品房销售面积累计53.47万平方米，同比下降16.9%；商品房累计销售金额28.99亿元，同比下降22.7%。

【内贸外贸】 2022年，罗定市社会消费略有增长，社会消费品零售总额累计实现137.49亿元，同比增长1.6%。外贸进出口总额实现较快增长，外贸进出口总额累计实现26.58亿元，同比增长16.9%。其中，进口14.18亿元，同比下降2.2%；出口12.4亿元，同比增长50.6%。实际利用外资累计10570万元，同比增长119.8%。

【财政金融】 2022年，罗定市财政收支负增长，地方一般公共预算收入累计完成13.55亿元，同比下降32.2%；地方一般公共预算支出累计完成69.95亿元，同比下降8.4%。总税收入降幅有所收窄，总税收入累计完成14.94亿元，同比下降26.8%。银行存贷款总体有所提升，全市金融机构本外币存款余额454.11亿元，同比增长10.1%。本外币贷款余额280.24亿元，同比增长7.2%。

【用电量】 2022年，罗定市全社会用电量和工业用电量有所回升。全年全社会用电量累计187085.05万千瓦时，同比增长0.9%。其中工业用电量91208.99万千瓦时，同比下降1.9%。

（罗定市统计局）

发展规划管理

【概况】 2022年，罗定市发展和改革局统筹协调营商环境改革工作，收集有关部门优化营商环境工作的进展情况，汇总并制定云浮市营商环境与广州、深圳对比情况表、云浮市创建一流营商环境行动方案任务落实情况工作台账，查找问题差距，督促有关部门落实优化营商环境各项工作。组织开展2022年上半年工程建设项目招投标“双随机、一公开”检查。对住建局、水务局、交通运输局等主管部门负责的工程建设项目共29项开展招投标专项检查，配合开展营商环境深调研，组织开展全面优化提升营商环境专题培训。对2022年涉及市场主体经济活动的政策措施文件进行审查，涉及《罗定市县级储备粮油管理办法》等公平竞争审查5份，不存在减损市场主体合法权益或增加其义务和制定含有排除限制竞争的政策措施。

【经济社会发展谋划】 2022年，罗定市发展和改革局组织编制《罗定市2022年国民经济和社会发展计划主要指标》，设置主要指标43项，分为经济发展、创新驱动、民生福祉、绿色发展、安全保障5类。

推进融入粤港澳大湾区 2022年，按照罗定市委、市政府“东融湾区”发展战略，罗定市发展和改革局起草《罗定市关于推动产业有序转移促进区域协调发展工作实施方案》，梳理《罗定市第一轮省内招商意向（产业需求）对接清单》，提出12个方面产业招商意向，推动产业有序对接。推进新一轮佛山对口帮扶云浮工作，编制《拟与佛山对接合作项目计划》，提出拟合作项目14个。

推进镇域经济高质量发展 2022年，罗定市发展和改革局制定出台《罗定市关于推动镇域经济高质量发展的实施方案（试行）》，按照发展定位划分，全市有农业特色镇9个、工业特色镇4个、商贸特色镇4个、文旅特色镇4个。在明确各镇街发展定位、细化完善30条工作措施的基础上，13个市直部门出台配套政策，形成“1+13”政策体系，在人才、土地、财政等方面保障镇域经济发展。是年，全市谋划338个镇域经济项目，总投资381.17亿元，累计完成投资101.71亿元，96个项目建成投产。

【固定资产投资管理】 2022年，罗定市完成固定资产投资104.34亿元，同比下降2.2%。其中，第一产业投资4.86亿元，同比下降27.7%；第二产业投资28.29亿元，同比增长21.8%；第三产业投资70.20亿元，同比下降7.5%。

【重大项目建设】 广东省重点项目建设 2022年，罗定市列入广东省重点项目15个，投资总额202.6亿元，年度投资21.1亿元，1—12月累计完成投资28.18亿元，完成年度比例的133.55%。

云浮市重点项目建设 2022年，罗定市列入云浮重点项目42个，投资总额346.77亿元，年度投资52.2亿元，1—12月累计完成投资54.38亿元，完成年度比例的104.2%。到12月底，全市42个云浮市重点项目中有7个项目可试产或投入使用，分别是海大罗定益豚生猪现代化繁育基地建设项目，德康农牧食品集团100万头生猪养殖项目，罗定市黎少镇、连州镇500兆瓦平价农光互补光伏电站项目，罗定市粤澳华融能源科技有限公司200兆瓦光伏复合项目，佛山市至丰纸品制造项目、罗定华耀科技有限公司新增二期建设项目，罗定市文化广场及周边升级改造工程项目。

罗定市重点项目建设 2022年，罗定市安排重点建设项目82项，总投资657.5亿元，年内计划投资95.6亿元，1—12月累计完成投资80.3亿元，完成年度计划投资任务的84%。已开工项目共78项，开工率95.1%。

【能源管理】 2022年，罗定市发展和改革局推进光伏项目建设。罗定市黎少镇、连州镇500兆瓦平价农光互补光伏发电项目、罗定市100兆瓦光伏复合项目、罗定市欣龙船步镇80兆瓦平价农业光伏发电项目、罗定市智平30兆瓦农光互补光伏发电项目、罗定市黎少镇30兆瓦农光互补光伏发电项目5个集中式光伏项目继续推进建设，实现部分并网，全年合计并网装机容量约30兆瓦。全市推进屋顶分布式光伏开发建设，完成公共机构屋顶面积初步调查，制定印发《罗定市整市推进屋顶分布式光伏开发工作方案》《罗定市公共建筑屋顶分布式光伏发电项目建设开发实施方案》，公开优选两家光伏开发合作企业统筹推进公共建筑屋顶光伏开发，引导其他工商业屋顶光伏、村居民屋顶光伏开展建设。做好充电基础设施奖励资金申报工作，是年，罗定市汽车客运站获得2021年度中央充电基础设施奖励资金14.4万元。

【能源安全保护】 2022年，罗定市发展和改革局督促广东省粤泷发电有限责任公司制定好应急预案，预留备用发电机组。督促罗定供电局制定好应急预案有序用电方案，预留备用线路，完善错峰调峰机制，加大电力负荷市场化需求响应交易推广力度，挖掘节电潜力，确保发电和供电的持续性，确保电网运行安全。督促罗定市新奥燃气公司做好天然气中长期合同签订、制定好非居民可中断调峰用户名单，做好天然气保障工作。是年，全市能源供应整体形势平稳。

【农业农村经济管理】 2022年，罗定市发展和改革局简环节、优流程、压时限，不断优化投资项目办理程序，通过广东省投资项目审批监管平台实施“一网通办”，提高投资项目审批（核准、备案）效率。依法审批（核准、备案）罗定市权限内的农业、畜牧、水利等相关行业的投资项目，其中，审批政府投资项目108个，项目计划投资15.96亿元；备案社会投资项目22个，项目计划投资7.83亿元。

【粮食管理】 2022年，罗定市现有储备粮数量分别是原粮26300吨、食用植物油储备260吨、成品粮3121吨，储备冻猪肉130吨。

【应急物资管理】 2022年，罗定市发展和改革局做好应急救灾物资储备管理工作，明确应急救灾物资储备的品种、规模及结构，按照规定进行采购，建立应急救灾物资储备和管理制度，组织开展物资日常轮换工作，确保应急救灾物资质量完好，能有效调动、使用。

【价格管理】 2022年，在节假日和疫情防控期间，特别是在疫情防控期间，罗定市发展和改革局对罗定市德保市场、茶亭市场、城南市场、大新市场等农贸市场和大润发、一号货仓、新万悦等大型超市以及邦健、大参林等连锁药店经营的粮油肉蛋口罩等与群众基本生活密切相关的10个大类75种重要民生商品的价格进行监测，做好价格监测和价格预警工作，及时预警应对苗头性、倾向性问题。向省、云浮市及罗定市有关部门汇报市场价格，提供决策的价格信息依据。监测显示，节假日及疫情防控期间罗定市各类商品供应充足，价格稳定；大米、食用油、蛋、肉类、水产、蔬菜及医疗用品等价格在合理区间运行。

【教育收费专项检查】 2022年，罗定市发展和改革局联合市场监督管理局、教育局制定《罗定市2022年教育收费专项检查工作方案》，对全市各级各类幼儿园、中小学、中职学校及学科类校外培训机构开展教育收费专项检查，检查学校14所，其中，幼儿园4所，义务教育阶段学校7所，高中学校2所，中职学校1所，规范教育收费行为，督促学校完善内部管理制度，健全教育收费长效监管机制，防止乱收费行为的发生。 （叶鸿锋）

国有资产监督管理

【机构改革】 2022年1月，根据《中共罗定市委机构编制委员会关于印发罗定市国有资产监督管理局所属事业单位改革的通知》，撤销罗定市永盛资产管理中心，将其承担的公益服务职能整体划入罗定市国有资产管理中心，不再保留其事业单位建制，将罗定市国有资产管理中心承担的组织建设政府投资项目的公益服务职能划入罗定市政府投资项目代建中心。

【国有资产监管】 2022年，罗定市各行政事业性国有资产总额164.89亿元，负债总额32.18亿元，净资产总额132.7亿元。是年，罗定市国有资产监督管理局审批资产处置事项114宗，涉及资产总额3.6亿元（含出让体育商业综合体2.6亿元），其中无偿划转资产35宗，出售10宗，报废69宗；审批固定资产对外出租29宗，其中行政事业单位对外出租12宗，国有企业对外出租17宗。落实应对疫情支持企业复工复产促进经济稳定运行政策措施，对核定符合减免条件的235家中小企业和个体工商户，减免租金588.5万元。

【国有企业财务收支和资产管理】 2022年，罗定市国有企业产权登记90户，注册资本1128098.6491万元；上缴国有资本经营收益4925.55万元；收到财政资金40256.99万元；发行债券金额65000万元；收到债券资金65000万元；累计使用2021年度债券资金45812.76万元，使用2022年度债券资金65000万元，已全部使用完毕。

【国有企业改革】 2022年1月，罗定市国有资产监督管理局整合罗定市亿达投资开发有限公司、罗定市亿信投资开发有限公司、罗定市亿通实业投资有限公司、罗定市亿交公路建设投资有限公司等11家市属国有企业，组建广东泷城工业和交通投资集团有限公司，打造一个集工业和交通基础设施建设于一体的集团公司。是年，组建合营公司8家，分别是广东亿峰南药技术服务有限公司、广东亿恒供应链管理有限公司、罗定市泷广建设有限公司、罗定市泷穗建设有限公司、罗定市泷农畜牧有限公司、罗定市泷康畜牧有限公司、罗定市泷博工程咨询有限公司、罗定市泷粤林业发展有限公司。

【重点项目建设】 2022年，罗定市国资管理中心下属企业负责实施建设项目18个，总投资43.59亿元，全年完成工程产值合计7.78亿元。在建项目中：重点项目12个［其中云浮市重点项目9个：罗定市市政道路升级改造工程、罗定市市政基础设施工程、罗定市饮水工程PPP项目、罗定市第五生活污水处理厂建设工程、罗定市泷州新城道路和桥梁工程（泷江中路首期工程）、东荷花园二期（罗定市棚改一期）项目、罗定市泷州新城道路和桥梁工程（府前路）、罗定市泷州新城道路和桥梁工程（泷江中路二期工程）、罗定市农产品冷链物流电商设施建设项目；其中省重点项目3个：罗定市新型城镇化建设（医疗卫生）项目（罗定市中医院二期建设项目）、罗定市人民医院新院建设二期项目、罗定市文化广场及周边升级改造工程项目］，总投资37.97亿元，全年完成工程产值7.57亿元。 （杜丽婷）

自然资源管理

【概况】 2022年，罗定市自然资源局通过批而未供“去库存”土地62.15公顷，完成上级下达任务的101%；闲置土地处置54.33公顷，完成率为80.2%。共处理行政复议14宗、行政诉讼传票36宗、上诉状20宗，初审案件16宗，审查行政处罚案件55件，解决征地留用地等历史遗留问题。

【土地资源】 2022年，罗定市林地总面积150285.93公顷。其中，乔木林地139616.14公顷，占林地面积的92.9%；竹林地4183.09公顷，占林地面积的2.8%；灌木林地760.9公顷，占林地面积的0.5%；其他林地5725.80公顷，占林地面积的3.8%。草地总面积1501.25公顷。其中，人工牧草地0.23公顷；其他草地1501.02公顷。湿地总面积157.86公顷。其中，内陆滩涂157.86公顷，占湿地面积的100%。

【矿产资源管理】 2022年，罗定市自然资源局推进金鸡、苹塘、茜塘等镇共8个矿山采矿权出让工作，其中6宗属市级发证权限，2宗属县级发证权限。市级发证采矿权相关资料上报云浮市自然资源局，其中金鸡镇三座佛、茜塘镇观音山、苹塘镇大吉岭矿区3个采矿权纳入云浮市2022年第一批出让计划；金鸡镇三座佛矿区石灰岩矿区采矿权的出让方案上报云浮市自然资源局审定。完成矿山安全隐患治理产生涉及矿权外资源的处置4宗，收益2051.14万元；采矿权延续登记缴纳的采矿权出让收益362.3万元；挂牌出让采矿权1宗，出让收益495万元，共收入2908.44万元。

【耕地保护】 2022年，罗定市自然资源局完成2020年度10个垦造水田项目建设规模193.35公顷，验收新增水田面积152.74公顷、新增耕地面积32公顷。成功报备入库4个项目形成水田指标67.8公顷、耕地指标15.69公顷，提交到省和部系统待审核入库的水田指标63.8公顷、耕地指标17.16公顷。实施2021年度7个垦造水田项目，立项建设规模面积92.62公顷，6个项目完成工程建设任务并通过县级初步验收，1个项目在施工中。完成建设规模99.93公顷，验收新增水田面积82.99公顷。2022年度立项实施15个垦造水田项目，立项建设规模面积226.67公顷。第一批9个项目158.44公顷全部开工，完成工程量的62%。第二批6个项目68.23公顷完成招投标工作。

【拆旧复垦】 2022年，罗定市自然资源局完成罗定市2019年度26个拆旧复垦项目整改，整改面积145.6公顷，整改后可保留复垦面积约100公顷。完成整改项目20个，面积78.47公顷，成功交易60.24公顷，本级财政可收到4.07亿万元交易款。

【自然资源执法监督】 2022年，罗定市自然资源局牵头制订《罗定市开展农村乱占耕地建房专项整治（非住宅类）试点工作方案》，分类推进农村乱占耕地建房（非住宅类）专项整治试点工作。全年卫片执法整改违法占用耕地26.35公顷。累计整改新增乱占耕地建房42宗，整改用地面积1.04公顷；拆除违法建筑物166处，共计治理违法用地13.23万平方米，拆除违法建设3.38万平方米。完成森林督查图斑核查219个，核查面积973.54公顷。经核查发现违法图斑9个，面积13.11公顷，已结案1宗，移交公安2宗，正在调查取证6宗。依法查处涉野生动物案件8宗，无害化处理、放生野生动物204条（只）。

【地质灾害防治】 2022年，罗定市自然资源局对全市在册的16个地质灾害点竖立警示标志，对所在的镇、村、村民发放防灾工作明白卡、避险明白卡，制定撤离路线。根据《罗定市地质灾害三年行动实施方案（2020—2022年）》要求，投入约1000万元对16个地质灾害点进行治理，已全部完成。

【“房地一体”农村不动产确权登记发证】 2022年，罗定市自然资源局推动全市319个建制村开展“房地一体”工作，完成权籍调查321824宗，完成率107.3%。11月7日，罗定市“房地一体”项目不动产权籍调查成果通过云浮市验收，于12月23日提交给省级进行抽检，在榃滨镇开展登记发证试点工作，进入登记发证阶段。

【不动产登记】 2022年，罗定市自然资源局办理不动产登记登簿量50972宗，登记费收入209.56万元，查阅档案26863宗。出台《罗定市不动产登记若干历史遗留问题的处理意见（试行）》，解决不动产登记若干历史遗留问题。解决不动产登记若干历史遗留问题收入2483.42万元。

【林木管理】 2022年，罗定市自然资源局办理林木采伐许可证448宗，采伐蓄积10.8万立方米，出材7.9万立方米。完成设施农业用地摸查4065宗，在自然资源部监管系统中完成符合条件的设施农业用地备案997宗。出具用地预审和选址意见书70宗。

（区巧娴）

市场监督管理

【概况】 2022年，罗定市市场监督管理局推进“多证合一、一照一码”“证照分离”、名称自主申报制度、住所申报制度、“证照联办”、企业开办“一网通办、一窗通取”等商事制度改革措施，实行个体工商户登记注册“同城通办”“粤商通”“政银通一体机”“企业开办一网通”等，提升企业开办便利度；开展各项民生领域专项执法行动，立案261宗，结案258宗，涉案货值金额256.6万元，罚没款175.5万元。移交公安部门案件4宗、线索3条。

【行政许可与登记注册管理】 2022年，罗定市实有市场主体39516家，注册资本（金）477.58亿元，分别同比增长12.1%、12.8%。其中，内资企业6678家，同比增长7.9%；农民专业合作社901家，同比增长3.9%；个体工商户31937家，同比增长13.2%。全市实有企业6678家，注册资本（出资金额）446.37亿元，同比分别增长7.9%、20.1%。全市实有农民专业合作社901家，出资总额68220.46万元，分别同比增长4%、-6%。全市实有个体工商户31937家，资金数额24.39亿元，分别同比增长13%、465%。

【信用环境优化】 2022年，罗定市市场监督管理局推行企业分级分类信用监管。至6月30日，全市2021年度报告企业应报5942家，实报5634家，年报率94.8%，比上年上升1个百分点；农民专业合作社应报850家，实报712家，年报率83.8%；个体工商户应报26635家，实报21765家，年报率81.7%。高风险企业315家，较高风险企业876家，一般风险企业1870家，低风险企业3513家，并实行动态调整管理。全市3733家食品销售企业100%通过风险等级评定，其中A级3173家，B级160家，C级2家，D级398家。是年，联合相关部门开展"双随机"抽查工作计划48项，抽查事项100%全覆盖。随机抽取全市1219家检查对象进行监督检查，抽查结果公示率100%，对涉及多部门的检查事项，实行跨部门联合抽查，"进一次门、查多项事"。全市市场监管系统录入企业列入经营异常名录记录440条，列入严重违法失信企业名单记录78条，引导企业移出经营异常名录6家，移出严重违法失信企业名单的3家。

【价格监督管理】 2022年，罗定市市场监督管理局开展价格监督检查。加强居民生活必需品以及口罩等防疫物资价格监测预警及节假日期间市场价格检查，严肃查处各种形式的价格串通、哄抬价格等价格违法行为，向经营者派发提醒告诫书1000份，检查生活超市、药店、粮油等经营户3307家次，市场550多家次，保障全市防疫物资及生活必需品供应充足、价格平稳。加强涉企收费监管，检查市场主体29家次，开展行业协会商会、水电气暖等公用事业、金融等领域涉企收费专项治理工作，确保各项减税降费政策落到实处。开展民生价格检查，检查市场主体83家次，派发提醒函100份，对医疗机构、粮食市场、新冠病毒检测机构、教育收费、煤炭市场、校外培训机构、直销企业服务网点等各行业开展价格检查，减轻群众负担。

【反不正当竞争和反垄断工作】 2022年，罗定市市场监督管理局发放宣传资料210份，悬挂横幅1条，开展"3·15"消费者权益日、"5·20"世界计量日等活动，宣传《中华人民共和国反不正当竞争法》《中华人民共和国反垄断法》《中华人民共和国价格法》《中华人民共和国禁止传销条例》《中华人民共和国直销管理条例》等法律法规；开展打击传销、变相传销行动，对2家直销服务点进行检查，依法严厉查处未经批准擅自从事直销，以直销企业名义从事违规培训和无照直销行为以及直销企业违法违规行为；开展商业秘密保护，引导4家企业成为示范企业；强化公平竞争审查制度，及时调整罗定市公平竞争审查工作部门间联席会议名单，全市增量审查各类文件71件；成立罗定市反不正当竞争部门联席会议，印发《罗定市反不正当竞争部门间联席会议工作规则》及《罗定市开展2022年反不正当竞争专项执法行动工作方案》。

【网络交易管理】 2022年，罗定市市场监督管理局开展网络市场监管专项行动，打击网络市场违法行为，落实电子商务经营者责任义务，规范网络市场经营秩序。全年实地检查相关经营户125家次，网上检查网站、网店675家次，网上监测商品信息2800条次；加强合同行政监管，查处合同违法案件2宗。

【广告监督管理】 2022年，罗定市市场监督管理局提升虚假违法广告执法水平和效能，查处事关人民群众身体健康、生命安全的虚假违法广告，整治擅自借中共二十大、两会等严肃政治主题进行商业广告宣传行为，监测互联网广告2550条次，监测电视广告625条次，检查相关经营户405家次，检查户外广告475个次，发出广告监督意见书6份，查处广告违法案件2宗。

【标准化监督管理】 2022年，罗定市14家企业通过标准信息公共服务平台上报97项标准，66家企业通过标准信息公共服务平台上报266项标准，涵盖284种产品。加强对全市两个在建农业标准化示范项目监管，“广东省南药（牛耳枫）种植标准化试点”项目于7月顺利通过中期评估，“广东省蛋鸡养殖标准化示范区”项目于8月通过终期考核验收。地理标志产品罗定肉桂和罗定皱纱鱼腐市级地方标准正式发布实施；由罗定市企业主导制定的市级地方标准《广藿香组培苗生产技术规程》获批立项。委托广东省中药研究所制定的《罗定肉桂高效液相色谱指纹图谱法》（T/HCCC 01—2022）、《罗定肉桂（精油》（T/HCCC 02—2022）和《罗定肉桂仓储管理规范》（T/HCCC 03—2022）等3项团体标准已于6月发布实施；由罗定市企事业单位参与制定的《巴戟天规范化栽培技术规程》等7项团体标准已陆续发布实施。

【计量管理】 2022年，罗定市市场监督管理局开展加油站、眼镜店、集贸市场、超市、河海鲜酒家、粮食收购站点、治超站点等民生领域的计量监督检查，检查民生计量相关企业832家次，道路运输源头企业56家次。组织全市加油

表17　2022年度罗定市专利授权情况统计表

地区	授权					
	发明（项）	实用（项）	外观（项）	合计（项）	上年同期（项）	同比增长
罗定市	13	341	342	696	912	-23.68%

表18　2022年罗定市国家地理标志保护产品情况统计表

序号	保护产品名称	申报机构	批准文号公告日期	产品保护地域范围
1	罗定肉桂	罗定市人民政府	国家市场监督管理总局2008年第58号公告 2008年5月13日	罗定市现辖行政区域
2	罗定皱纱鱼腐	罗定市人民政府	国家市场监督管理总局2010年第15号公告 2010年2月24日	罗定市现辖行政区域
3	泗纶蒸笼	罗定市人民政府	国家市场监督管理总局2011年第194号公告 2011年12月26日	罗定市现辖行政区域
4	罗定稻米	罗定市人民政府	国家市场监督管理总局2014年第77号公告 2014年7月9日	罗定市现辖行政区域
5	罗定豆豉	罗定市人民政府	国家市场监督管理总局2018年第31号公告 2018年3月6日	罗定市现辖行政区域

站召开诚信计量工作会议，现场签订加油站诚信自我承诺书57份。帮助罗定市态森德制药有限公司成功制定罗定市第一个企业最高计量标准——压力表检定装置。推行广东省计量强制检定管理平台，至2022年末，全市353家企业注册申报，备案计量器具1.8万台（件）。按周期对全市657家（次）企事业单位进行检定、校准，其中属于强检计量器具1.4万余台（件），免征行政事业性计量强检费用142.8万元。

【知识产权促进】 2022年，罗定市市场监督管理局（罗定市知识产权局）开展高质量专利和知识产权强企培育。开展国家和省知识产权优势、示范企业培育申报工作；推进地理标志专用标志使用。至2022年末，有知识产权代理机构3家；知识产权管理体系认证企业3家；全市专利授权总量3410件（其中2022年专利授权696件），有效发明专利94件，每万人口发明专利拥有量1件；指导广东一力制药（罗定）有限公司和广东星光脂胶科技股份有限公司分别申报国家知识产权优势企业和广东省知识产权示范企业。10月中旬，广东一力制药（罗定）有限公司被国家知识产权局评定为国家知识产权优势企业；地理标志产品5个，地理标志专用标志使用企业25家（2022年新核准使用地理标志专用标志企业4家，其中，“罗定稻米”3家、“罗定豆豉”1家）。

【知识产权保护】 2022年，罗定市市场监督管理局（罗定市知识产权局）开展冬奥会和冬残奥会奥林匹克标志保护、重点领域关键环节知识产权保护专项行动，深化知识产权代理行业“蓝天”、非正常专利申请清查等多项专项行动。办结知识产权案件9宗，办理专利侵权纠纷案件1宗。处理非正常专利申请112件，其中撤回105件，申诉4件，撤回率93.8%；完善知识产权纠纷多元化解机制建设，建立双东街道知识产权维权援助服务站、知识产权纠纷人民调解委员会。

【质量强市战略】 2022年，罗定市市场监督管理局做好年度政府质量工作考核。开展强制性产品认证、管理体系认证、服务认证等认证活动监督检查。开展小微企业质量管理体系认证提升行动。至2022年末，全市获得强制性产品认证、管理体系认证、服务认证等各类认证企业155家，证书641张，证书均在有效期内；工业生产许可获证生产企业3家（均在有效期内），其中危险化学品生产企业1家、水泥生产企业2家。

【品牌罗定建设】 2022年，罗定市市场监督管理局（罗定市知识产权局）实施知识产权激励政策和质量提升行动，落实知识产权管理体系贯标工作。推动罗定市丰智昌顺科技有限公司、广东泰康制药有限公司通过知识产权贯标认证，指导获得知识产权管理体系认证证书的企业申请2023年度云浮市知识产权战略专项资金资助，全市知识产权管理体系认证企业3家。

【产品质量监督管理】 2022年，罗定市市场监督管理局开展家用燃气具、电器产品质量检查，电动自行车及其配件产品监督检查，电线电缆质量安全“联查联打联治”、建筑用钢筋、儿童玩具、塑料污染治理等多项专项检查行动。检查相关经营户680家次，立案查处各类工业产品违法案件54宗。开展全市生产、销售领域的儿童服装产品监督抽查，按计划完成抽查工作。

【特种设备监察】 2022年，罗定市市场监督管理局开展春节、“五一”、“六一”、国庆等节前特种设备安全检查，抓好“岁末年初”特种设备、大型游乐设施的隐患排查，开展市场监管领域城镇燃气安全专项整治工作，市场监管领域危险化学品安全风险集中治理，对未办理使用登记的特种设备和超期未检设备进行排查，开展工业锅炉等相关设备使用单位专项安全监督检查行动。至2022年末，全市实有特种设备使用单位567家，在用特种设备2895台（锅炉31台、压力容器622台、电梯在用2075台、起重机械76台、厂内机动车87台、大型游乐设施4台）。对辖区内175家企业或个人进行安全监察，检查特种设备 495 台（套），检查出安全隐患 58 处，发出特种设备安全监察指令书 24 份，全部隐患已经整改完毕。

【食品安全监管】 2022 年，罗定市加强食品行业疫情常态化防控，开展食品安全整顿治理，化解食品安全风险。全年检查食品生产销售企业 6835 家次，集贸市场 357 个次。完成民生实事工作，食用农产品快筛快检 21607 批次，合格率 99.2%；食品抽检 2610 批次，合格率 98.2%；药品抽检 80 批次，合格率 100%。至 2022 年末，全市食品生产加工企业 265 家，食品销售企业 4179 家（含商场超市 67 家），农贸市场 24 个，餐饮企业 2844 家。

【药品安全监管】 2022 年，罗定市市场监督管理局强化药品流通使用环节监督检查，开展药品经营企业日常检查、疫苗质量安全检查、GSP 跟踪检查、禁毒等多项工作。全年开展药品零售企业药品经营质量管理规范（GSP）飞行检查、跟踪检查 41 家，检查药品经营使用企业 470 家，并责令现场整改 52 家，提交整改报告 52 家，发出责令整改通知书 52 份。

【医疗器械监管】 2022 年，罗定市市场监督管理局对疫情防控类医疗器械、集中带量采购中选产品、无菌和植入性医疗器械、网络销售医疗器械等重点产品、重点企业、重点环节加强监督检查，开展医疗器械风险隐患排查和质量整治工作。排查全市生产类企业 5 家次，检查无菌植入类医疗器械等各类经营、使用企业 549 家次，发现违规违法行为 4 家次，责令整改 4 家次，立案 1 宗。

【保健食品监管】 2022 年，罗定市市场监督管理局结合食品安全“守查保”专项行动，督促保健食品经营者把好进货查验关，建立健全索证索票和进货查验制度，检查保健食品经营企业（销售监管环节）2491 家次，抽检保健食品 3 批次，全部合格。

【化妆品监管】 2022 年，罗定市市场监督管理局加强化妆品经营企业监管，检查化妆品经营企业 739 家次。开展儿童化妆品专项检查，检查儿童化妆品经营企业 46 家，责令整改企业 2 家，立案查处企业 3 家，发现儿童化妆品问题产品 7 个。开展打击非法添加和“线上净网线下清源”等专项整治，责令整改企业 10 家次，立案查处企业 9 家，罚没款总金额 1.29 万元。

【消费者权益保护】 2022 年，罗定市消费者权益保护服务中心开展“3·15”国际消费者权益日系列多项宣传维权活动，印发宣传手册和单张 15000 份。开展放心消费创建活动，创建“放心消费承诺单位”5 家、“线下无理由退货承诺店”5 家。是年，受理各类投诉举报 1152 宗，办结 1122 宗；处理咨询事项 396 件，消费争议金额 268.38 万元，为消费者挽回经济损失 72.75 万元。

【个私协会】 2022 年，罗定市个体户私营企业协会开展“亮身份、亮职责、亮承诺”的“三亮”活动、“遵法守法宣传”活动，引导和教育会员和广大个体户私营企业树立“爱岗敬业、守法经营、诚信服务，奉献社会”的大局观念。完成上级领导和业务主管部门各项工作，加强党支部党员政治思想教育，调动支部党员服务个体私营经济建设积极性。

【民营经济】 2022 年，罗定市市场监督管理局新登记各类市场主体 7814 家，同比增长 13.5%；全市市场主体 39516 家，同比增长 12.1%（其中民营企业 7347 家、个体工商户 31937 家）。推进民营企业市场准入便利化，利用“粤商通”APP、“政银通”一体机和企业开办“一网通办”系统等完成个体企业设立登记，压减企业开办时间；推进“证照分离”和“多证合一”改革，解决“准入不准营”问题。2020 年 5 月 1 日起，推出为新办企业免费刻章服务，实行刻章“政府买单、企业免单”新模式。

【医药工业】 2022 年，罗定市有药品生产企业 5 家，厂外生产车间 2 家，药品批发企业 4 家，药品连锁总部1家，药品零售经营企业401家，医疗器械二类生产企业5家，经营二类、三类医疗器械企业372家，化妆品经营个体户800多家。

【生物医疗产业集群发展】　2022年，罗定市创建中医药产业园，罗定市中药提取基地获省工信厅批准共建广东省生物医药产业培育园区（中医药产业培育园区）；推动重点企业做大做强，建设国家现代农业（南药）产业园。一力制药、泰康制药、态森德制药等企业已进驻罗定市中药提取基地园区。其中一力制药（罗定）有限公司中药材提取能力1万吨，是广东省中药提取骨干企业，中药提取能力排在全省前列，化学药品4类非布司他片已获国家药品监督管理局注册证书。

【检验检测能力建设】　2022年，罗定市有检验检测机构22家，其中机动车检验检测机构16家。10月18—19日，云浮市市场监督管理局、云浮市生态环境局、罗定市公安局、罗定市市场监督管理局会同省专家成立检查组对罗定市4家机动车检测机构进行“双随机”监督抽查。

【食品检测处置】　2022年，罗定市市场监督管理局开展食用农产品快筛快检21607批次，合格率99.2%；落实食品抽检“每千人5批次”民生实事工作，抽检食品2610批次、药品80批次，合格率分别为98.2%、100%；对抽检不合格食品均已及时依法进行核查处置。

▲2022年6月9日，云浮市市场监督管理局联合罗定市市场监督管理局在罗定市诚汇机动车检测有限公司举办机动车检测实验室开放日活动

（罗定市市场监督管理局／供图）

【提升企业开办便利度】　2022年，罗定市市场监督管理局推行企业名称自主申报改革，实行个体户同城通办制度，实行“容缺登记”、马上办理，商事登记设立时间普遍压缩至0.5天核准。至2022年末，罗定市市场主体39516家，同比增长12.1%；办理全程电子化登记（设立）业务6308笔，占设立登记业务总量的80.7%。

【“安全用药”科普宣传】　2022年，广东省2022年“全国安全用药月”药品科普进基层活动在罗定市罗镜镇举行，活动现场以疫情防控用药、心脑血管用药和地方习惯用中草药等知识内容为重点，将“安全用药”的理念和相关的用药知识传达给市民。罗定市市场监督管理局深入社区、机关、校园、企业、农村等开展线上线下药品、医疗器械以及化妆品安全科普等一系列专题宣传活动10场次，张贴各类宣传海报、标语300份，发放各类宣传材料12000份，利用微信等媒体推送科普宣传视频20次，受教育群众3.2万次。

【“查餐厅”统一行动】　2022年6月2日和8月30日，云浮市市场监督管理局联合罗定市市场监督管理局，对高考考点学校食堂和“网红”饮品店开展“查餐厅”行动，邀请罗定市人大代表和政协委员全程参与监督检查，检查学校食堂1家和餐饮店2家，责令整改2家。

【民生计量专项整治】 2022 年，罗定市市场监督管理局以“世界计量日”活动为契机，利用多媒体渠道，结合现场宣讲，派发宣传资料 400 份；开展专项检查，以加油站、眼镜店、集贸市场、超市、河海鲜酒家、粮食收购站点等民生领域为对象，检查民生计量相关企业 832 家次；组织全市加油站召开诚信计量工作会议，现场签订加油站诚信自我承诺书 57 份；处理计量投诉 20 宗，受理率 100%，办结率 100%，有效维护消费者合法权益。 （陈飞华）

集贸市场管理

【概况】 2022 年，罗定市市场物业管理中心主要职责是负责市辖区内的城乡集贸市场开发、市场建设、市场维修、市场管理和市场服务工作，依法收取市场物业租金和相关经营服务性费用。全市有经营的集贸市场 43 个，其中已整体外包承租的市场 24 个。罗定市市场物业管理中心与商户签订市场设施租赁合同 813 份，合同总金额 2223 万元，同比增长 0.9%。实际上缴税款 165 万元。

【市场管理】 2022 年，罗定市市场物业管理中心定期组织干部职工、市场清洁人员对辖区市场进行全面清洗、消毒工作，不留卫生死角；每天定时清理市场垃圾、市场积水，使市场排污坑渠畅通；定期对市场内外进行“除四害”消杀。对各市场内进行常态化排查，落实常态化防控措施，禁止野生动物在市场内销售，对市场各行业特别是冷冻食品进出口的台账进行登记检查，杜绝违法经营行为，规范市场经营秩序。要求市场对经营户进行全面排查，关注经营户状态，并督促落实疫情防控措施。

【整治“六乱”】 2022 年，罗定市市场物业管理中心在各个市场设立自产自销区域设施摊位 10 ～ 80 个，全部免费提供给市场周边商贩进场经营自产自销产品，专人负责、定点管理，缓解各市场周边占道经营的乱象。开展“六乱”行为整治行动 300 次，清理乱摆卖 3500 处、乱停放 1500 处、乱搭建 2500 处、乱堆放 2500 处、乱拉挂 1200 处、乱张贴 1500 平方米。

【市场升级改造】 2022 年，罗定市市场物业管理中心将列入省民生实事市场升级改造项目的

▲ 2022 年，升级改造后的附城市场 （罗定市市场物业管理中心／供图）

生江市场、黎少市场、金鸡市场、苹塘市场和城区的附城市场、孖塘市场、城南市场、城东市场通过委托第三方招标方式整体租赁给中标方，由中标方出资对中标市场围绕市场规划建设、基础设施、经营设施、管理设施和制度建设方面进行全面升级改造。其中，生江市场改造投入资金222.03万元；黎少市场改造投入资金148.34万元；金鸡市场改造投入资金198.27万元；苹塘市场改造投入资金164.96万元；附城市场、孖塘市场、城南市场、城东市场共投入资金3000万元。经市政府批准，中心分别自筹资金100万元、91万元对加益市场和素龙市场进行整体升级改造。

（黎志森）

住房公积金管理

【概况】 云浮市住房公积金管理中心罗定管理部（以下简称“罗定管理部”）隶属云浮市住房公积金管理中心垂直管理，为云浮市住房公积金管理中心分支机构，实行“统一决策、统一管理、统一制度、统一核算”的管理模式，负责罗定市辖区内的住房公积金管理业务。

【住房公积金归集和管理】 2022年，罗定市新建公积金制度单位57个，新增缴存人数2384人，归集住房公积金69034.04万元，比2021年增加5196.94万元，增长8%，累计归集人数58459人。是年，罗定管理部审批办理提取住房公积金47791.87万元，比2021年增加8649.42万元，增长22%。

【住房公积金贷款】 2022年，罗定管理部共向683名缴存人家庭办理公积金贷款13783万元，比2021年减少6034万元，同比下降30%。自2022年10月1日起，下调首套个人住房公积金贷款利率0.15个百分点，5年以下（含5年）和5年以上利率分别调整为2.6%和3.1%。第二套个人住房公积金贷款利率政策保持不变，即5年以下（含5年）和5年以上利率分别不低于3.025%和3.575%。

【住房公积金贷款额度调整】 2022年，根据《关于调整罗定市住房公积金首套自住住房最高贷款额度的通知》，自2022年6月1日起，两个（含）以上缴存职工在云浮市辖区内共同购建（含翻建、大修）同一套自有产权住房申请个人住房公积金贷款，首套住房且首次使用住房公积金贷款的最高贷款额度由30万元提高到35万元，其余住房公积金贷款额度标准不变；根据《关于调整个人首套自住住房贷款最高额度的通知》，自2022年9月5日起，单个缴存职工在云浮市辖区内购建（含翻建、大修）首套自有产权住房首次申请个人住房公积金贷款，最高贷款额度由20万元提高到25万元，其余住房公积金贷款额度标准不变。

【新增服务窗口】 2022年7月1日，根据《罗定市人民政府办公室关于印发〈罗定市政务服务事项进驻市行政服务中心工作方案〉的通知》，罗定管理部进驻2个服务窗口到罗定市行政服务中心，服务窗口位于行政服务中心三楼3号、4号窗，主要承办住房公积金提取业务。

（宁江龙）

审计管理

【概况】 2022年，罗定市审计局完成审计项目（调查）和参与上级审计机关审计项目23个，其中本级开展审计（调查）项目17个，审计（调查）查出问题金额3.44亿元，审计处理处罚0.33万元，促进整改落实有关问题金额3.11亿元（其中审计期间整改金额0.13亿元），为政府增收节支和挽回损失4643.09万元。召开市委审计委员会全体会议3次，向云浮市委审计委员会上报重大事项材料7份，向市委审计委员会报送重要事项和重要文稿35篇次。

【政策跟踪审计】 2022年，罗定市审计局对罗定市中央直达资金管理使用情况开展专项审计调查，抽查城乡义务教育补助经费、优抚对象补助经费、困难群众救助补助经费等5类资金情况，抽查11个项目，延伸调查个人404名，规范直达资金分配、下达、拨付流程；对支持市场主体应对疫情纾困发展政策措施落实情况开展专项审计调查。关注降低生产经营成本、防范和化解拖欠民营企业款项等5个方面情况，审计发现存在助企纾困政策落实不及时、落实不到位等情况，督促有关部门落实减租政策；对罗定市优化营商环境情况进行专项审计调查，关注营造公平竞争的市场和要素环境情况、营造高效便捷的政务环境情况、营造公平公正的法治环境情况和实施服务企业效能提升行动情况等5个方面，审计发现存在工程建设项目审批事项逾期办结、建设工程项目未实现联合测绘、跨部门审批协作衔接不畅等问题。

【财政审计】 2022年，罗定市审计局组织开展2021年度本级财政预算执行、决算草案和其他财政收支情况审计，同时对6个一级预算单位2021年度预算执行和其他财政收支情况审计。关注财政资源统筹、财政收入质量、财政支出约束、财政资金管理等情况，审计查出主要问题金额23390.55万元。对罗定市暂存暂付性挂账事项进行审计调查，关注2018年末暂存暂付性挂账事项清理情况和2021年新增暂存暂付性挂账规模情况，规范财政资金管理使用；对图书馆2021年度财务收支及内部控制审计，审计发现存在债务管理不严，内部控制制度不够完善等问题，查出管理不规范金额125.97万元，推动建立完善制度4项。

【民生审计】 2022年8—10月，罗定市审计局开展罗定市2021年度城乡医疗救助基金政策落实与管理使用情况审计。关注城乡医疗救助方面的政策措施执行情况，城乡医疗救助基金筹集、使用和管理情况。审计发现应救未救、违规救助、救助方式错误等问题，查出管理不规范金额1538.02万元，促进被审计单位建立健全规章制度3项。

【经济责任审计】 2022年9—10月，罗定市审计局开展生江镇党政主要领导干部履行经济责任情况审计项目，关注重大事项决策、财政资金使用、工程项目管理、民生实事以及美丽罗定生态建设等情况，揭示重大决策不规范、项目统筹谋划不足、内控制度缺失等问题。梳理提炼形成《党委政府主要领导干部履行经济责任审计发现共性问题清单》，列示11个方面53类问题266种表现形式，点明“多发”“易发”普遍性问题，发到各镇街和有关单位自查自纠、举一反三。

【固定资产投资审计】 2022年10—12月，罗定市审计局对罗定市环城南路及周边基础设施建设工程项目建设管理情况进行审计。关注审计工程造价真实性情况、招投标管理情况、工程质量控制情况等8个方面情况，主要发现多计结算金额、施工合同内容不合规、设计不合理等问题。

【审计成果研究利用】 2022年，罗定市审计委员会办公室制定出台《关于加强罗定市审计整改工作的意见》和罗定市贯彻落实《关于建立健全审计查出问题整改长效机制的意见》任务清单，细化制定33条具体措施，推动整改工作制度化、规范化。建立审计整改每月跟踪制度，每月向市政府报告审计整改情况。至12月底，2018年以来上级审计机关审计发现涉及罗定市存在问题47个，完成整改41个，整改完成率87.2%；罗定市本级审计查出问题552个，整改完成480个，整改完成率87%。

【巡审结合】 2022年，罗定市审计局累计派出13人次参与巡察工作，工作量达580天。首次派出审计组与市委巡察组共同进驻被巡察单位，审计发现财务收支和工程建设管理等20个方面55个问题。

【专项债券资金审计调研】 2022年，罗定市审计局成立专题调研组，采取现场调研、听取汇报、调阅资料、座谈交流等形式，开展罗定市2022年政府专项债券审计调研，摸底政府专项债券资金规模及管理使用情况，对专项债券的债券管理、项目管理、资金管理中的问题及原因进行分析，形成《罗定市2022年政府债券资金调研报告》，揭示债券资金申报使用管理等4个方面10个问题，提出对策建议7条，以专报形式报市委、市政府供决策参考使用。

【政府投资建设工程项目结算情况审计调查】 2022年，罗定市审计局对罗定市基建投资审核中心2021年部分已审定的政府投资建设工程项目结算情况进行专项审计调查。梳理提炼《政府投资项目建设领域负面清单》，涵盖政府投资项目过程中11个方面的多发易发风险点，列示49种表现形式，供全市各单位部门对照检查，落实整改。提炼的《直面问题 敢于破冰 激活投资审计监督"免疫系统"》创新案例获评罗定市直机关"十佳创新案例"。

（谭秀玲）

统计管理

【概况】 2022年，罗定市统计局加强统计数据的对比分析，每月、每季度做好统计数据汇总和对比分析，对市、县关注的各项经济指标逐一罗列、分析，编印《罗定统计监测》《罗定市宏观经济主要指标监测表》《罗定统计年鉴》等资料，为市委、市政府了解情况、科学决策提供依据。是年，市统计局印发《罗定统计监测》12期。

【企业联网直报】 2022年，罗定市统计局抓好企业"一套表"联网直报工作，执行"四上"企业调查单位的新增、变更和退出审批流程，及时对新增、变更和注销单位的资料进行整理，确保名录库单位数据真实、准确和完整性。截至2022年末，罗定市新纳入"四上"企业"一套表"调查单位19家，其中，工业7家、批发和零售业11家、服务业1家；退库单位16家，其中，工业13家，批发和零售业2家，住宿和餐饮业1家。

【抽样调查】 2022年，罗定市统计局制定各项抽样调查方案，完成407个非"一套表"年报样本单位工资统计抽样调查、规模以下工业抽样调查（41家企业15

▲2022年2月6日，罗定市审计局开展疫情防控捐赠款物专项审计调研现场 （罗定市审计局／供图）

▲ 2022 年 9 月 27 日，罗定市统计局召开全市第三季度工业、能源、投资和商贸统计业务培训会议

（罗定市统计局 / 供图）

个村委）、限额以下抽样调查（27 户个体、6 家企业）、企业创新调查、规模以下服务业抽样调查（季报）、电子商务平台调查（季报）、工业品价格调查工作等。

【统计指导培训】 2022 年，罗定市统计局先后 15 次牵头组织定期或不定期对镇街及基层单位统计工作进行督促和指导，特别是落实统计人员和统计设备设施建设等方面。是年，罗定市统计局开展统计培训 12 期，400 多人次参与业务培训，加强对镇街基层统计人员的培训。

【统计调查】 2022 年，罗定市统计局围绕罗定市经济运行情况，做好动态跟踪、预测、预警服务，组织完成农业、工业、能源、综合核算、固定资产投资、房地产、建筑业、劳动工资、批发零售和住宿餐饮业、科技、服务业、文化、基本单位名录库、妇女儿童发展规划监测等日常统计月报、季报和年报工作。至 2022 年底，全市有在库“四上”企业 247 家，规模以上工业企业 81 家、限额以上批发零售企业 63 家、限额以上住宿餐饮业 12 家、规模以上服务业 18 家、资质建筑业 17 家、资质房地产企业 56 家；有在统投资项目 323 个，其中投资项目 261 个、房地产项目 62 个。（梁婉琳）

居民收入与居民消费

【居民收入】 2022 年，罗定市城乡居民人均可支配收入 24301 元，同比增长 6.0%，增幅比全省低 1.4%，收入比全省平均水平低 22764 元。城镇常住居民人均可支配收入 32073 元，同比增长 5.3%，增幅比全省低 1.6%，收入比全省平均水平低 24832 元；农村常住居民人均可支配收入 20197 元，同比增长 6.0%，增幅比全省低 0.2%，收入比全省低 3401 元。

【居民消费】 2022 年，罗定市城乡居民人均消费性支出 15756 元，同比增长 1.7%，增幅比上年上涨 0.3 个百分点。按常住地分，城镇居民人均生活消费支出17605元，同比下降1.1%；农村居民人均生活消费支出14779元，同比增长3.3%。按消费分类看，食品烟酒类消费支出同比增长5.2%，教育文化和娱乐类支出同比增长1.3%，其他用品和服务类支出同比增长19.5%，衣着类同比增长2.4%，医疗保健类同比增长8.0%，生活用品及服务类同比下降0.1%，交通通信类同比增长9.1%。（刘文天）

罗定海关

【概况】 2022年，罗定海关是受广州海关直接领导，按授权负责云浮市范围内海关各类属地管理工作的正处级隶属海关，主要负责党的基层建设和干部队伍建设；办理具体海关业务，反馈执法作业结果；完成广州海关交办的其他工作。办公地点位于罗定市迎宾二路1号，内设办公室（党委组织宣传部）、综合业务科、政务服务科、属地外勤科。是年，查验监管出口危化品420批，货值1168.86万美元，征收税款1377.27万元人民币。

【走私查缉】 2022年，罗定海关办理稽查作业8宗、主动披露作业4宗、核查类作业76宗，查发违规、违法情事52宗，追补税款357.48万元，移交缉私部门处置3宗，行政处罚7宗；办理邮包案件76宗。是年，罗定海关结合“业务管理类核查”“风险类核查”作业模式，规范结果运用和指令反馈，提升核查作业质量，下厂实地检查近200次，开展稽查13宗（含主动披露作业1宗），办结10宗（含主动披露作业1宗），查发问题4宗。核查74宗，办结73宗，追补税款1159.63万元，对固体废物进口

表19 2022年罗定全体居民人均可支配收入情况统计表

指标	金额（元）	同比增长（%）
人均可支配收入	24301	6.0

表20 2022年罗定城镇常住居民人均收入情况统计表

指标	金额（元）	同比增长（%）
人均可支配收入	32073	5.3

表21 2022年罗定农村常住居民人均收入情况统计表

指标	金额（元）	同比增长（%）
人均可支配收入	20197	6.0

表22 2022年罗定全体居民人均生活消费支出情况统计表

指标	金额（元）	同比增长（%）
人均生活消费支出	15756	1.7

表23 2022年罗定城镇常住居民人均生活消费支出情况统计表

指标	金额（元）	同比增长（%）
人均生活消费支出	17605	-1.1

表24 2022年罗定农村常住居民人均生活消费支出情况统计表

指标	金额（元）	同比增长（%）
人均生活消费支出	14779	3.3

企业和加工企业开展专项稽核查4次。参加“邮包大会战”，对127件涉案邮包开展涉案处置工作。

【出入境检验检疫】 2022年，罗定海关缮制兽医卫生证书等14种检疫证书6307份。检疫监管供港澳禽肉制品2803批，2.08万吨。检疫监管供港澳活猪503批次，2.17万头。全年安全保障出口供港澳活猪2.4万头、禽肉产品2.27万吨，业务量居广州海关第1位；出口水产品4228.87吨。完成澳大利亚、新西兰活牛检疫隔离，确保人员和进境动物安全，严防国外疫病传入。是年，开展地中海实蝇等监测56次，外来有害杂草监测3次，涉及监测地点21处，全面摸清全市检疫性实蝇和外来有害杂草种类和分布情况；与市农业农村局联防联控做好红火蚁、草地贪夜蛾等重点外来入侵物种监测预警。守好安全生产底线，核查辖区内进出口危险化学品生产企业情况，对出口危险化学品实施批批现场查验和危险货物包装使用鉴定，全年检验监管270批、9216吨危化品安全出口。

【服务地方经济建设】 聚焦“深调研” 2022年，罗定海关找准辖区外贸发展的立足点和发力点，先后走访地方党政机关15次，向地方党政主要领导汇报工作、反映问题、提出思路，报送4份专报。通过走访调研、“关长接待日”等方式，“一企一策”助企纾困，实地调研企业68家次，打造“一县（市、区）一主题”海关政策宣讲会特色品牌，进企业开展政策宣讲30次，服务企业300家次，为企业纾困解难问题46个。调研分析云浮市外贸发展形势，谋划形成“保存量、拓增量、促回流、扩容量”工作思路，为云浮市制定12项针对性措施促进地方外贸高质量发展。向广州海关报送2篇工作专报和1篇调研报告，引导贵金属加工企业依法依规开展加工贸易业务形成2.2亿元外贸新增量，服务保障温氏集团扩产增效，加快推动德康农牧、金津食品冰鲜猪肉、花卉绿植、特色水果等自主出口。

聚焦促进地方外贸保稳提质 2022年，罗定海关推进“多证合一”改革工作，“单一窗口”线上受理与驻云浮、罗定两个窗口纸本受理并行，解决企业“行路难”问题。全年新增注册登记备案企业95家，其中“多证合一”渠道备案22家，占比23.2%，截至2022年末，辖区共有注册登记企业831家。加大AEO（经认证的经营者）认证企业培育力度，筛选国家省市级专精特新企业14家开展精准培育，新增培育高级认证企业3家，23家获得AEO高级认证的企业外贸值占云浮市外贸比重接近50%。落实RCEP（区域全面经济伙伴关系）原产地规则和关税减让措施，帮扶企业用好RCEP政策红利保订单、保市场，培育2家企业成为经核准出口商。签发各类原产地证书3908份（涉及RCEP原产地证书105份），企业享惠超千万美元。落实国家减免税政策，优化进口减免税审批，为云浮企业减免税收278万元。

粤西北特色产业走向港澳和国际市场 2022年，罗定海关建立健全出口食品农产品检验检疫监管体系，保障农产品质量安全和顺畅出口，全年监管进境种牛2批、7738头，保障出口冰鲜鸡等禽肉产品2803批、2.08万吨，出口活猪503批、2.17万头。细化落实海关促进外贸保稳提质措施，设立属地查检绿色通道，全年开展出口水产品、竹木制品、植物性调料、调味料、合成糖等属地监管合计999批次、1.69万吨。立足云浮特色农产品优势，围绕做大做强镇域经济目标要求，聚焦企业需求，指导企业质量安全体系建设和技术升级改造。帮扶明基水产开展对美注册评审，助力新兴县、郁南县新荔种植专业合作社“新兴香荔”“庞寨黑叶”走出国门。对特定资质出口备案企业的种植养殖基地开展规范化管理，督促企业完善食品安全管理体系，从源头上强化出口农特产品的质量安全，助推云浮地区农特产品安全快速通关。全年发放14种检验检疫证书6307份，备案审批出口食品原料种植养殖场、生产加工企业90余家。引导加工贸易转型升级，服务国内国际双循环，构建以合同、企业为单元的多层次加工贸易监管模式。全年加工贸易进出口企业数26家，

▲ 2022 年 1 月 20 日，罗定海关联合云浮海关、云浮市商务局举办 RCEP 协定线上政策宣讲会

（罗定海关 / 供图）

进出口货值 20.6 亿元，其中，进口 6.7 亿元，出口 13.9 亿元。

企业升级计划 2022 年，罗定海关实行“专班 + 小组”工作模式，构建培育、辅导、认证、服务全链条，举办“线上 + 线下”政策宣讲会 20 场；年内成功实施高级认证企业 9 家，同比增长 81.8%，完成高级认证重新认证（评估）作业 3 家，完成率 100%，高级认证企业数量占年度活跃企业数 10%。完善“两窗通办”模式，优化驻云浮海关“联合政务服务工作组”办事窗口设置布局，由单纯的“两窗通办”提升为强化窗口与后续监管、口岸业务和属地业务“两个对接、无缝运行”，实现 48 类事项“全域通办”，现场办理耗时由原来 1 天左右压缩至最快 5 分钟，在“好差评”评价中获 100% 五星好评，企业表示“非常满意”。

贸易监管改革 2022 年，罗定海关实施以企业为单元的加工贸易监管改革，实行“账册滚动核销 + 风险研判盘核”监管模式，落实支持加工贸易企业出口转内销政策，“贴身服务”为企业办理手（账）册备案、结案等手续，全年加工贸易进出口额 21.7 亿元，内销补税 1269.2 万元。用好公共保税仓吸纳异地税源，规范办理云浮新港公共保税仓地址和面积变更的行政许可，全年通过该仓进口货物 5.5 亿元、征税 7087.3 万元。助力重点生产型企业通过自用型保税仓降低经营成本，在中顺洁柔纸业（云浮）设立云浮市首家自用型保税仓，每年可节约流动资金近千万元。

（蓝桂生）

财政 · 税务

财 政

【概况】 2022 年，罗定市财政工作主要是深入挖掘财政增收潜力。是年，罗定市一般公共预算本级收入完成13.55亿元，完成调整预算的100.3%，比2021年减收6.42亿元，同比下降32.2%，完成云浮市下达的13.1亿元收入任务。罗定市一般公共预算本级支出完成69.95亿元。

【财政改革】 预算管理改革 2022年，罗定市财政局深化预算管理改革，编制部门预算的单位共193个（其中一级预算单位165个，代编单位28个）；推进预算编制执行监督管理改革，完善本级配套制度，规范有序推进改革工作；贯彻落实省薄弱镇补助政策，省财政下达2022年薄弱镇补助资金3734万元，按照下达各镇的补助安排及时拨付资金，提高镇级财政保障能力。

国库管理体制改革 2022年，罗定市财政局完善国库集中支付系统简化程序，提高国库集中支付效率。全市167个基层预算单位（含一级预算单门本级）国库集中支付总额960995万元。其中，财政直接支付433491万元、占支付总额的45.1%，财政授权支付377690万元、占支付总额的39.3%，金库实拨149814万元、占支付总额的15.6%。做好财政专户清理整顿及归口管理工作，全市保留的财政专户32个。其中，由财政局国库部门管理的财政专户11个，由镇（街）财政部门管理的乡镇代管资金财政专户21个。

医疗收费电子票据改革 2022年，罗定市财政局联合市卫健局、市医疗保障局全力推动医疗电子票据改革，全市28家医疗机构已完成医疗收费电子票据系统上线，实现医疗电子票据全覆盖的目标。

【财政管理】 编制收支预算 2022年，罗定市财政局科学编制2022年财政预算，2022年一般公共预算收入在2021年实绩完成的基础上，按增长8%的水平安排收入215662万元，一般公共预算本级支出安排790926万元，比2021年实绩增长3.6%。2022年一般公共预算本级收入由215662万元调整为135100万元，一般公共预算本级支出调整为696056万元。

收入管理 2022年，罗定市实现税收收入（地方库）59093万元，完成调整预算的98.5%，同比减收20090万元，同比下降25.4%；非税收入完成76386万元，完成调整预算的101.7%，同比减收44118万元，同比下降36.6%。

“三公”经费管理 2022年，罗定市“三公”经费支出1606.99万元，比2021年减支242.79万元，同比下降13.1%。其中，因公出国（境）支出为零，同比无增减；公务用车购置运行支出比2021年减少49.03万元，同比下降3.4%；公务接待经费减少193.76万元，同比下降47.1%；会议费比2021年减少270.36万元，同比下降68.8%。

会计管理 2022年，罗定市财政局做好会计专业技术初级和中级考试合格人员资料审核工作，全市会计专业技术初级合格217人，会计专业技术中级合格20人，均顺利领取会计专业技术合格证书。

基层财政财务管理 2022年，罗定市财政局加强乡镇财政信息化管理，定期对镇（街）财务执行情况进行检查。抓好镇村会计代理记账工作，与委托单位签订委托代理协议书，明确委托代理责任；加强会计基础和会计核算，规范会计科目的设置和使用；履行会计监督职责，抓好会计凭证审核，加强财务会计档案管理。开展2022年财政支农政策培训，以每个镇（街）为培训点，对21个镇（街）、336个村（居）委的干部、报账员、镇（街）财政结算中心人员1648人进行财政支农政策培训。

【财政监督管理】 2022年，罗定市财政局履行财会监督主体责任，扎实开展财政监督管理工作。全年检查2020年部门决算单位189个，2021年部门预算单位166个；检查整改2020年部门决算问题1454个，2020年政府决算问题8个，2021年部门预算问题1031个，2021年政府预算问题20个。根据《罗定市部门预算收支核查工作方案》精神，按计划按程序开展预算收支核查工作，自查自纠覆盖率100%。组织开展会计信息质量检查，对5个单位的2022年会计信息质量情况进行实地检查。根据《2022罗定市行业协会商会“双随机、一公开”跨部门联合监管行动方案》的通知精神，随机抽取5家行业协会商会开展监督检查。

【政府采购】 2022年，罗定市财政局深化政府采购改革，加强和改进政府采购监管工作，强化采购人主体责任，优化政府采购领域营商环境，规范采购当事人采购行为。全年政府采购计划备案1781条，政府采购预算金额54982.42万元，实际采购资金54319.3万元，节约财政性资金663.12万元。6月15日，全市实现从项目委托到档案管理的采购活动全流程电子化运行。是年，全市开展全流程电子化采购项目153个，预算金额35614.26万元；远程开标7个，预算金额2713.32万元。原则上不再向供应商收取投标（响应）保证金，对中小企业收取的履约保证金不得超过合同金额的5%。从2022年9月开始，以“双随机、一公开”的监督检查工作为基础，采取书面审查、实地考察等多种形式相结合的方式，检查涵盖政府采购活动的全过程，进一步规范政府采购行为。

加大扶持中小微企业 2022年，罗定市对全市中小企业超过200万元货物、服务采购项目预留中小企业采购份额由30%提升至40%，其中预留给小微企业的比例不低于70%。对小微企业的价格评审优惠幅度由10%提高至10%～20%。大中型企业与小微企业组成联合体或者大中型企业向小微企业分包的，评审优惠幅度由3%提高至4%～6%。2022年度全市项目计划219个，其中198个项目专门面向中小企业采购，占比90.4%；项目计划预算金额53367.1万元，面向中小企业预算金额45855万元，占比85.9%。

【财政投资评审】 2022年，罗定市财政局做好财政投资建设项目的评审工作。是年，罗定市基建投资审核中心审查工程预结算项目777个，送审金额242131.94万元，审定金额216488.47万元，核减金额25643.47万元，核减率10.6%。

【财政支持社会各项事业发展】 2022年，罗定市财政局完善重点民生领域保障体系，优化财政资金配置，将财政资金优先用于支

▲2022年8月18日，罗定市财政局在市委党校礼堂举办全市行政事业单位财政投资评审业务培训班

（罗定市财政局／供图）

持就业、教育、科技、生态保护等事业发展，健全民生多元投入机制，综合运用财政资金支持各项社会事业发展。是年，全市教育支出206724万元，占一般公共预算本级支出的29.7%；科学技术支出3782万元，占一般公共预算本级支出的0.5%；文化旅游体育与传媒支出4886万元，占一般公共预算本级支出的0.7%；社会保障和就业支出147887万元，占一般公共预算本级支出的21.2%；卫生健康支出101570万元，占一般公共预算本级支出的14.6%；节能环保支出10443万元，占一般公共预算本级支出的1.5%；城乡社区支出14800万元，占一般公共预算本级支出的2.1%；农林水支出66741万元，占一般公共预算本级支出的9.6%。

【财政民生实事开展】 2022年，罗定市"十件民生实事"财政投入35172万元，占一般公共预算本级支出5%。其中，提供优质基础教育，让学生"上好学"投入2562万元；提高困难群众生活救助水平，增强服务可及性投入23039万元；实施"广东技工""粤菜师傅"和"南粤家政"三项工程投入60万元；疾病预防和就医保障投入383万元；改善农村人居环境，建设美丽宜居乡村投入6310万元；生态文明建设，守住绿水青山投入1142万元；历史文化保护传承，群众文化体育生活投入543万元；食品安全、交通安全和自然灾害风险监控投入1033万元；"数字政府"建设投入100万元。

【财政挖潜增收】 2022年，罗定市财政局履行牵头部门职责，协同税务、自然资源等部门抓收入组织工作，完成挖潜增收96544万元。其中，土地出让收入49642万元，拆旧复垦和垦造水田指标出让收入14682万元，税收清缴12421万元。

【财政推动镇域经济发展】 2022年，罗定市财政局定期研究镇域经济工作，加大对镇街发展的财政支持力度，制订《罗定市市级财力支持镇街政府和市直部门工作实施方案》和《罗定市财政局发展壮大村级集体经济攻坚行动责任分工表》，明确财力支持方案和责任分工，落实各镇街财政支持资金824万元。

【财政推动村级集体经济发展】 2022年，罗定市财政局加大对村级集体经济发展的财政支持力度，拨付船步生态养殖小区、苹塘生态养殖小区项目资金9382万元，用于推动"政企村共建"项目建设；争取26000万元的债券资金额度，推进乡镇垦造水田、农村生活垃圾污水处理、全域自然村供水等项目。 （李 鼎）

税 务

【概况】 2022年，罗定市税务局建立一厅多点的税费服务新模式，推动基层办税服务厅向智能化服务网点转型升级，非接触办税率提升至95%。全年累计获得县处级以上领导批示肯定10次，中央级、省级、市级等媒体宣传报道75篇次，各级荣誉奖项20项。是年，全市税费收入完成40.2亿元，同比增长5.3%。税收收入完成14.94亿元，同比下降26.8%（还原留抵退税后税收收入18.34亿元，同比下降15.1%）。办理缓缴税款企业506户，缓税规模8963万元；办理增值税留抵退税126户，金额33986万元；办理"六税两费"退税525户，金额120万元。

【税收征收管理】 2022年，罗定市税务局整合办税服务资源，建立一厅多点的税费服务新模式，在第一税务分局建立一个集约运营中心，撤销业务量较少的基层办税服务厅，税务分局设立智能化服务网点。加强与政务服务数据管理局合作，进驻政务服务点和党群服务点，设置"粤智助"政务服务自助终端机等自助办税设备，释放基层办税服务资源，推动基层办税服务厅向智能化服务网点转型升级。精准定位征管薄弱环节，加强个体户的基础管理工作，做好定期定额核定与调整，落实个体户三方协议、房土两税批扣标志数据核对工作，减轻个体户申报负担，提高纳税人整体申报率。加强采矿业日常税收管理，加强与自然资源局、民爆公司、公安局等部门沟通联系，定期共享数据，完善石场资源税管理台账，比对分析企业申报的各税种数据，提高申报质量。提级统一集中清算房地产开发项目土地增值税。摸清辖区内个税年度汇算人员底数，走访汇算人数较多且具有代表性的企事业单位30余户，及时解答问题并提供政策、系统操作等方面的辅导支持，切实做好所得税汇算清缴工作，在各县区中率先完成补税办结率、退税办结率100%。

【依法治税】 2022年，罗定市税务局加强石场、混凝土、砖厂等建材行业的风险管理，开展对复粉厂行业有销无进的异常情况进行风险分析。是年，行业整治入库427万元，通过风险管理系统完成99户风险任务，查补税款313.07万元，准期完成率100%。裁量标准作出“首违不罚”45条，行政处罚462条。成立罗定市税务局公职律师涉税争议调解中心，收集解决涉税费争议6条。建立三级集体审议制度，规范执法，有效降低执法风险。完善收规统筹、征管监测、税政共管的组织收入会商机制，形成“全市一盘棋”抓收入局面，推动建立部门合作、信息共享、共管共治的税收保障机制，打通自然资源局、财政局、住建局、招商局等数据共享通道，协同推动建筑项目开工建设相关税款入库，挖掘法院、自然资源局等第三方数据价值。回复部门复函58份，提出相关意见建议。

【纳税服务】 2022年，罗定市税务局组建网格化宣传服务群，建立“极简审批”“极速办理”“极优服务”工作机制，结合“三长一员”联络机制，对接重点企业和重点项目；建立“足不出村”“非接触式”办税缴费新模式；实行合并申报、推广“非接触式”办税、上线V-Tax可视化办税系统、推行电子税务局集约化电子审批、成立精准宣传运营中心，实现政策“码上可知”、

▲2022年6月24日，云浮市税务局党委书记、局长陈杰（前排左四）一行到罗定市实地走访华润水泥（罗定）有限公司 （区贤华/摄）

咨询“线上可答”、业务“网上可办”、操作“掌上可行”。相比2021年，罗定市纳税次数压缩至4次，纳税人年度纳税时间压缩至95小时，申请增值税留抵退税所需时间压缩至0.5小时，获得增值税留抵退税所需时间降至2.86周，增值税专用发票最高开票限额（不超过10万元）即时办结的比例上升至99.7%，非接触办税率提升至95%。推进“财税衔接”智能辅助项目，帮助纳税人将财务软件数据和购销发票数据“一键转换”。在云浮地区内率先实现出口退（免）税企业百分百无纸化申报，提高出口退（免）税的申报、审核效率。引导跨省异地纳税人利用财税库银横向联网系统缴税，推动全流程电子化退库再提速。依托“银税互动”帮助100户纳税人获得贷款10359.86万元，解决就业问题1134人。2022年纳税信用等级为A级的纳税人同比增长22.6%，纳税信用环境进一步改善。

【发票管理】 2022年，罗定市税务局推进发票全领域、全环节、全要素电子化，开展全电试点全面扩围工作。开展试点纳税人辅导工作，发布相关培训资料、工作指引，同步收集纳税人在用票开票过程中遇到的问题，全程跟进处理运维问题，提升试点纳税人的用户体验感。开展摸排和测算，维护灰名单纳税人配置。全年累计5782户纳税人纳入开票试点，推广完成率121%。

【税收宣传】 2022年，罗定市税务局推进第31个全国税收宣传月活动，举办税收宣传月启动仪式暨退税减税政策辅导会，开展“万屏联动　多媒展播”行动，设计投放税收宣传主题海报，开展“党建+税宣”主题活动、税法“六进”普法活动、“沉浸式”办税体验活动等系列活动。对接地方融媒体中心，拓宽线上线下宣传渠道，与各类媒体平台建立合作关系，形成主流媒体与新兴媒体同频共振、线上线下协同发力的立体式大宣传格局。是年，在《今日罗定》报刊、“罗定视窗”APP等本地媒体报道47次；在《云浮日报》、“云浮通”APP等云浮市级媒体报道17次；在“南方+”APP等广东省级媒体报道10次；在中央人民广播电台等国家级媒体报道1次。

（李东儒）

金　融

综　述

【概况】 2022年，罗定市有政策性银行、国有商业银行、邮政储蓄银行、股份制银行、农村商业银行5种类型银行，银行业金融机构8家，在全市共设有营业网点91家。罗定市有保险机构13家，其中，财产险机构9家，人寿险机构4家。有2家证券机构进驻罗定，已在全市设立2个营业部（其中广发证券1个、安信证券1个）。是年，全市本外币各项存款余额454.11亿元，存款总量位居云浮市第二位，同比增长率排在云浮市第三位；全市本外币各项贷款余额280.24亿元，贷款总量和同比增长率均居云浮市第三位。年内罗定市无新增银行业金融机构及新设网点。

【金融服务实体经济】 2022年，罗定市加大金融支持中小微企业发展力度。各银行业金融机构落实“央行23条”和人民银行等六部委进一步加大对小微企业贷款延期还本付息支持力度等文件精神，支持实体经济纾困发展，全年办理延期还本付息183笔11.57亿元，发放中小微企业贷款2406笔26.64亿元，发放普惠型小微企业贷款2219笔12.31亿元。

【融资服务平台建设】 2022年，罗定市广东省中小微企业信用信息和融资对接平台（简称“粤信融”平台）累计注册6180家，累计达成融资753笔108.72亿元，其中2022年新增注册1322家，新增达成融资188笔7.29亿元；中征应收账款融资服务平台累计注册346家，累计达成融资309笔58.2亿元，其中2022年新增注册58家，新增达成融资80笔0.78亿元。

【金融支持房地产市场】 2022年，罗定市各银行机构落实金融支持房地产市场平稳健康发展16

条措施，落实差别化住房信贷政策。5月，首套商业性个人住房贷款利率下限由不低于贷款市场报价利率下调为贷款市场报价利率减20个基点，10～12月期间实施阶段性取消首套商业性个人住房贷款利率下限；6月对居民家庭首次购买普通住房的商业性个人住房贷款，最低首付款比例由25%调降至20%，个人住房贷款实际利率和首付比例双下行，支持刚性和改善性住房需求，推广二手房“带押过户”模式。

【金融助力乡村振兴】 2022年，罗定市涉农贷款稳定增长，年末涉农贷款余额137.33亿元，同比增长9.8%，占各项贷款余额49%，占比提升1.2个百分点。辖内银行机构推进“整村授信”，3家涉农银行机构共对9483户信用户授信11.07亿元，实际用信9.8亿元，其中地方法人银行机构完成82条建制村的整村授信，授信户数2394户，授信金额1.66亿元。

【首笔基础设施基金发放】 2022年，罗定市支持基础设施建设，缓解基层基础设施建设项目融资压力。罗定市农业发展银行罗定市支行发放云浮首笔基础设施基金1.15亿元，用于支持罗定产业转移工业园双东片区基础设施建设项目。

【农商银行风险化解】 2022年，罗定市在人民银行指导和云浮、罗定两级党委政府支持下，罗定农商银行引入国资企业收购问题股权取得进展，年内压降风险贷款本金7.9亿元，处置表内外不良资产11.47亿元，通过打击逃废债收回贷款本息7.4亿元，机构整体经营风险进一步下降。

【罗定市首贷服务中心揭牌成立】 2022年，中国人民银行罗定市支行、罗定市府办（金融办）、罗定市市场监督管理局、罗定市政务服务数据管理局联合建立的“罗定市首贷服务中心”在罗定市支行正式揭牌成立并运行。是年，罗定市向辖区银行机构推送新成立市场主体5505家，发放112笔首贷户贷款合计3.65亿元。

（王文彬）

金融监督管理

【基础履职工作】 2022年，中国人民银行罗定市支行经理国库职责安全稳定运行，配合开展大规模增值税留抵退税工作，全年办理174笔3.4亿元，受惠企业135家。推动移动支付便民工程建设向乡镇延伸，完成4个示范镇、1个精品示范镇建设目标。改进征信管理与服务，全年分别为个人、企业提供征信报告查询服务19756人次、305次。开展形式多样的金融基础知识宣传活动，创新以微信有奖问答方式扩大存款保险社会宣传面。

实体经济纾困发展 2022年，中国人民银行罗定市支行支持实体经济纾困发展，持续释放贷款市场报价利率（LPR）改革效能，辖区贷款加权平均利率（不含贴现）年末同比下降35个基点；督导银行机构落实对小微企业贷款延期还本付息政策；督促各银行落实差别化住房信贷政策，合理下调个人住房贷款利率；指导辖内银行贯彻实施阶段性减息政策，按政策对2022年第四季度存续、新发放或到期（含延期）的普惠小微贷款给予减息1个百分点的政策支持，其中支持辖区地方法人银行机构罗定农商银行向符合普惠小微贷款阶段性减息的贷款总计减息193.93万元。

结构性货币政策工具 2022年，中国人民银行罗定市支行支持银行向高新技术、专精特新等企业发放央行科技创新再贷款1.5亿元，向教育、卫生健康、新型基础设施等十大领域项目提供央行设备更新改造专项再贷款0.47亿元，运用碳减排支持工具向绿色清洁项目发放贷款0.72亿元。

乡村振兴金融人才支撑 2022年，中国人民银行罗定市支行支持金融机构向全市21个镇街派驻金融顾问，为乡村振兴提供金融人才支撑。联合举办3场金融政策“镇域行”专项行动，为17家企业和农户授信4180万元。成立“罗定市首贷服务中心”，优化营商环境，全年发放112笔首贷户贷款，金额3.65亿元。

【地方金融监管】 金融秩序管理 2022年，中国人民银行罗定市支行推进电信网络诈骗“资金链”

治理，召开警银联席会议5次，对银行卡涉案风险突出的银行机构进行约谈、现场督导、调研16次，统筹涉诈风险防控与优化账户服务，开展《中华人民共和国反电信网络诈骗法》普法宣传。保持对假币犯罪严打高压态势，营造警银反假货币工作合力，全年银行机构和公安部门收缴假人民币15.7万元。开展“征信修复”乱象专项治理工作，联合相关部门查处涉征信业务企业1家。

金融风险防范　2022年，中国人民银行罗定市支行守住不发生系统性金融风险底线。修订健全辖区金融稳定应急预案体系，参加云浮市存款类金融机构突发风险事件应急演练活动，提升应急处置能力。组织央行金融机构评级和宏观审慎评估（MPA）工作，对罗定农商银行开展风险约见谈话1次，配合上级行对罗定农商银行开展两项现场核查。落实重大事项报告制度，全年上报重大事项报告27份。建成5个存款保险宣传示范村和6个存款保险宣传示范银行网点，维护辖区金融稳定。指导农业发展银行罗定市支行运用好保交楼专项借款政策工具，协助有关部门推进问题楼盘妥善处理。

【金融运行】　存款　2022年，罗定市本外币各项存款余额454.11亿元，同比增加41.49亿元，同比增长10.1%。其中住户存款余额367.72亿元，同比增长11.1%；非金融企业存款余额49.82亿元，同比增长46.3%；财政性存款余额2.9亿元，同比下降47.6%；机关团体存款余额32.58亿元，同比下降20.1%。

贷款　2022年，罗定市本外币各项贷款余额280.24亿元，同比增加18.85亿元，同比增长7.2%。其中，住户贷款余额169.38亿元，同比增长11.7%；企（事）业单位贷款余额110.67亿元，同比增加1.16亿元，同比增长1.1%；外币各项贷款余额0.19亿元，同比下降24.8%。

跨境人民币结算　2022年，罗定市跨境人民币结算额14726.42万元，外贸企业远期结售汇签约额3474.39万美元，履约额3970.13万美元。

【外汇管理】　2022年，中国人民银行罗定市支行落实“放管服”改革举措。推进“互联网+政务服务”，全年办理外汇管理行政许可业务18笔，网上办理率66.7%，当场办结率和好评率100%；落实经常项目便利化政策，指导企业网上办理贸易信贷与融资报告1039笔11830.77万美元，指导A类企业办理免于登记的特殊退汇业务2笔0.19万美元；指导银行以审核电子单证方式办理企业货物贸易外汇收支92笔1479.51万美元，开展优质企业贸易外汇收支便利化试点业务8笔1218.22万美元，办理非居民职工便利化薪酬购汇4笔9.29万美元。落实货物贸易事中事后监测核查等制度，加强风险分析预警，防范跨境资金流动风险。对外汇违法违规行为保持严打高压态势。全年辖内外汇市场秩序稳定。是年，全市贸易外汇收支名录企业45家，货物贸易付汇25019.73万美元，货物贸易收汇27553.48万美元，货物贸易购汇12686.21万美元，货物贸易结汇12313.72万美元；银行代客涉外支出10326.75万美元，涉外收入27716.28万美元。

【金融纠纷调解】　2022年，中国人民银行罗定市支行发挥金融纠纷调解多元化机制作用，受理罗定市人民法院委派金融借款合同纠纷案件14件，成功调解10件，金额90.85万元；接受云浮市金融纠纷人民调解委员会移交金融理财产品购买纠纷案件1件并成功调解，金额2万元；通过广东法院诉讼服务网完成云浮市金融纠纷人民调解委员会罗定工作室首例金融纠纷线上调解。

【移动支付便民工程】　2022年，中国人民银行罗定市支行与罗定市人民政府办公室（金融办）组织辖区银行、支付机构巩固拓展移动支付示范镇建设。指导罗定农商银行拓展“移动支付+农产品消费”特色模式。上线“助农直播”平台，直播平台采用广东省农村信用合作社联合社推荐的微赞直播平台，直播流程分为金融业务宣传环节、抽奖环节以及产品销售环节。是年，人民银行广州分行、广东省金融地方金融监督管理局评定罗城街道为“2022年广东省移动支付精品示范镇”，泗纶镇为“2022年广东省移动支付示范镇”，罗定农商银行为“2022年广东省移动支付示范镇建设先进单位”。

（王文彬）

银行业

【中国工商银行股份有限公司罗定支行】 中国工商银行股份有限公司罗定支行（以下简称“工商银行罗定支行”）内设综合管理部、客户经理部、营业部3个部门和罗定人民中支行、罗定解放南支行、罗定锦绣支行3个二级支行；辖下有4间对外营业网点和5间24小时自助银行。是年，工商银行罗定支行各项存款余额31.73亿元，全市同业排名第二。其中，储蓄存款余额23.48亿元，全市同业排名第二；对公存款余额8.25亿元，全市同业排名第二。各项贷款余额46.17亿元，全市同业排名第二；服务乡村振兴普惠金融，贷款余额16824万元，较年初增加7246万元。普惠贷款客户数148户，较年初增加54户。实现中间业务收入1673万元，推动“安居乐”“车贷卡”等信用卡分期付款新业务。

服务群众 2022年，工商银行罗定支行创新金融产品，如“工银@家”互联网金融系列产品，以及网上银行、工行信使、理财产品、贵金属业务、代理保险等业务；拓展税务贷、E抵快贷、经营结算贷等新业务；开展送金融服务上门活动，为行动不方便的客户提供上门服务20人次，为企业员工办理上门开卡服务500多人次。

业务发展 2022年，工商银行罗定支行个人存款业务快速发展，年末储蓄存款时点比年初新增36277万元，首次时点新增超3个亿元；日均新增2.88亿元，超额完成年度日均储蓄存款新增1.9亿元目标任务。

普惠金融 2022年，工商银行罗定支行加大普惠业务宣传力度，强化重点客户营销，年底贷款余额16824万元，较年初增加7246万元。普惠贷款客户数148户，较年初增加54户。 （辛 玉）

【中国建设银行股份有限公司罗定支行】 中国建设银行股份有限公司罗定支行有支行营业部、罗定迎宾路支行2个网点。建设银行罗定支行各项存款余额20.33亿元，各项贷款余额33.60亿元，中间业务收费和管理2022年末账面中间业务净收入金额342.15万元。

存款 2022年，建设银行罗定支行存款余额大幅增加。至年末，一般性存款时点余额20.33亿元，比年初新增5.01亿元。其中，对公存款余额7.22亿元，当年新增3.06亿元；个人存款余额13.11亿元，当年新增1.95亿元。

贷款 2022年，建设银行罗定支行调整信贷结构，支持先进制造业、绿色金融、基础设施建设等，服务重大项目和中小微企业，至年末，贷款时点余额33.60亿元，比年初新增8.37亿元。

金融创新 2022年，云浮市分行罗定支行在全国建行首个投放“中长期制造业贷款名单内项目”，为“罗定市某企业电力电子元器件制造项目”投放中长期制造业贷款2982万元。

（赖国章）

【广东罗定农村商业银行股份有限公司】 罗定农商银行内设总行营业部、21个一级支行、19个二级支行。全市金融服务区划分网格405个。其中，实体网格364个（实体网格中贵宾客户网格41个，公共小区网格40个，村委等实体网格283个），虚拟网格41个；实现客户建档15575户，其中个人建档14249户，对公建档1326户；社保卡177张、贵宾客户87个、悦农e付收银台157户。是年，罗定农商银行各项存款余额206.41亿元，比年初增长9.6%，存款市场份额45.6%；各项贷款余额104.10亿元，比年初增长3.4%，贷款市场份额37.2%，存贷款市场份额领跑本地同业金融机构，稳居第一。

信贷投放 2022年，罗定农商银行服务“‘三农’经济、园区经济、镇域经济、资源经济”建设，至年末，各项贷款余额104.10亿元，比年初增加3.39亿元，同比增长3.4%；其中新增授信贷款26.48亿元；新增客户授信贷款20.65亿元，1000万元（含）以下大零售贷款授信17.35亿元，占比84%；普惠小微企业贷款余额 9.43 亿元，惠及 1410 户小微企业和个体工商户，余额比年初增加 1.89 亿元，户数增加 660 户，普惠小微贷款同比增长 25%，高于各项贷款增速 21.87 个百分点；涉农贷款余额 61.93 亿元，涉农贷款余额比年初增加 1.22 亿元。

普惠金融户户通　2022 年，罗定农商银行启动“普惠金融户户通”项目，为全市客户建档 15575 户，其中个人建档 14249 户，对公建档 1326 户，拓展贷款业务约 1 亿元。是年，罗定农商银行对辖内 82 个村委进行“整村授信”工作，覆盖 1079 个自然村。对农户授信 2394 户，授信金额 16633 万元，发放贷款 5090 万元。

移动支付示范镇建设　2022 年，罗定农商银行服务泗纶镇、太平镇移动支付示范镇建设，在各镇、村委布置助农取款服务点 139 个，升级智能 POS 终端，加载医保、社保功能，全年助农取款交易 12870 笔，金额 779.89 万元；将微信端“罗定智慧停车”小程序支付渠道接入省联社统一支付平台，统一进入客户缴纳的停车费罗定农商银行账户，该项目缴费 35.29 万笔，金额 410.05 万元。至 2022 年末，泗纶镇移动支付示范镇建设纳入商户 119 户，太平镇移动支付示范镇商户 96 户，罗城街道移动支付示范镇商户 111 户。其中太平镇累计交易金额 36.2 万元，累计金额同比增长 1052%；泗纶镇累计金额 256.3 万元，累计金额同比增长 375%；罗城街道累计金额 1892.6 万元，同比增长 244%。

（陈远枝）

【中国农业发展银行罗定市支行】中国农业发展银行罗定支行内设综合部、客户部 2 个部门。是年，中国农业发展银行罗定支行各项存款余额 10.38 万元；各项贷款余额 10.22 亿元；不良贷款保持为零。

金融创新　2022 年，中国农业发展银行罗定支行为罗定市政府相关职能部门量身定制“融资方案”，探索涉农财政补助资金和农业政策性金融资金合力支农新路径，提出“政府统一规划、国企主导建设、产业化龙头企业承包运营、村集体经济持股分红”的政企村共建模式，助力地方经济社会建设。

基础设施建设　2022 年，中国农业发展银行罗定支行投放基础设施基金 11463 万元，是云浮辖内银行业为国家政策性开发性金融工具支持项目发放的首笔基金，用于罗定产业转移工业园双东片区基础设施项目建设。

政企村共建　2022 年，中国农业发展银行罗定支行投放云浮市首笔“政企村共建”养殖小区模式 7000 万元贷款项目。

（陈　鹏）

【中国邮政储蓄银行股份有限公司罗定市支行】　中国邮政储蓄银行股份有限公司罗定市支行（以下简称“邮政储蓄银行罗定支行）设 3 个营业网点，分别为邮政储蓄银行罗定市支行营业部、邮政储蓄银行附城支行、邮政储蓄银行罗城街道龙华西路支行。2022 年，邮政储蓄银行罗定市支行收入同比增长 6.1%，利润同比增长 3.9%，零售条线收入同比增长 9.2%，公司条线收入同比增长 1%。是年，罗定市邮储银行自营网点储蓄存款余额 10.57 亿元，市场占有率 2.9%；公司业务时点余额 2.29 亿元，市场占有率 2.7%。各项贷款余额 13.8 亿元，市场占有率 4.9%。

反洗钱　2022 年，邮政储蓄银行罗定市支行通过悬挂横幅、摆放展板、设置咨询台、发放宣传资料、解答现场咨询等方式，为群众解读法律政策、普及金融知识、剖析典型案例，开展宣传教育。市邮储银行员工走进校园、企业、商铺、社区（村委）、医院等场所，发放宣传单和现场讲解案例向公众讲解如何识别和防范利用虚拟货币进行洗钱犯罪行为。

“美丽圩镇＋信用村建设”　2022 年，邮政储蓄银行罗定市支行推动农户信用建档工作，建成信用村 287 个，完成进度 103.6%；信用户采集 5191 户，完成进度 111.9%。

涉农贷款　2022 年，邮政储蓄银行罗定市支行加大对农业产业化、种养大户、专业合作社、家庭农场的支持力度，发放省农担贷款 2 笔 95 万元，发放涉农贷款 885 笔 2.21 亿元。

绿色贷款　2022 年，邮政储蓄银行罗定市支行推动全市绿色贷款发展和绿色银行建设，发放绿色贷款 11 笔 1.26 亿元。

科创金融发展　2022 年，邮政储蓄银行罗定市支行与罗定市科技局入库科技型企业名单的企业进行对接，对科技企业投放信用贷款 3 笔 780 万元。

（黎鸿雁）

【中国农业银行股份有限公司罗定市支行】　中国农业银行股份有限公司罗定市支行辖下营业网点 10 个，其中城区网点 4 个，分别为支行营业室、阳光都市支行、罗城支行、素龙支行；乡镇网点 6 个，分别为罗镜支行、太平支行、船步支行、黎少支行、泗纶支行、罗平支行。2022 年，中国农业银行股份有限公司罗定市支行本外币各项存款余额 50.38 亿元，本外币各项贷款余额 49.48 亿元；大额支付系统支付发起 1149 笔、金额 41.62 亿元，接收 6154 笔、金额 53.49 亿元；小额支付系统支付发起 65279 笔、金额 33.53 亿元，接收 63954 笔、金额 23.50 亿元。

现金管理　2022 年，中国农业银行股份有限公司罗定市支行对客户现金业务 16.02 亿元。其中对公现金业务 0.71 亿元，占比 4.4%；对私现金业务 15.31 亿元，占比 95.6%（其中，柜面渠道 2.05 亿元，占比 13.4%，自助设备渠道 13.26 亿元，占比 86.6%）。对客户现金业务 19.06 亿元，其中，对公现金业务 0.56 亿元、占比 3%，对私现金业务 18.50 亿元，占比 97%（其中，柜面渠道 10.49 亿元，占比 56.7%，自助设备渠道 8.01 亿元，占比 43.3%）。

存贷款　2022 年，中国农业银行股份有限公司罗定市支行各项存款余额为 50.38 亿元，比年初增加 93928 万元。截至 2022 年末，罗定农行各项贷款余额为 49.48 亿元，比年初增加 18881 万元，其中个人贷款余额 38.37 亿元，比年初增加 32946 万元。

金融网点建设　2022 年，罗定农行推广网捷贷、助业快 e 贷、房抵 e 贷等线上重点信贷产品，水费、电费、燃气费等日常生活缴费业务，以及智慧校园、银医通、云党费、智慧食堂、无感加油等成熟的数字化场景产品。

金融创新　2022 年，中国农业银行股份有限公司罗定市支行辖下 10 个网点，全面引进“智迎客”营销系统，累计组织 86 人次参加培训班。运用系统精准识别客户，掌银拉新促活率较之前提升 60%。开展各类优惠活动，引导新发卡客户下载农行掌银办理业务，掌银活跃率 90% 以上。

（赖以婵）

【中国银行股份有限公司云浮罗定支行】　2022 年，中国银行股份有限公司云浮罗定支行为广东省行乡村振兴驻点罗平镇、云浮分行乡村振兴驻点金鸡镇相关企业续做普惠贷款，普惠贷款新增投放 6129 万元。截至 2022 年末，中国银行罗定地区各项存款较上年年末新增 0.61 亿元，各项贷款余额新增 1.08 亿元；营业净收入同比增长 5.7%。是年，中国银行股份有限公司云浮罗定支行被云浮分行授予“云浮中银‘事争第一’标杆集体奖”。

特色金融服务　2022 年，中国银行股份有限公司云浮罗定支行累计安装智能柜台 7 台、可以存取现金的超级智能柜台 2 台，为客户提供智能化的“一站式”服务。

（梁文胜）

保险公司推介

【中国人民财产保险股份有限公司罗定支公司】　2022 年，中国人民财产保险股份有限公司罗定支公司经营范围涵盖机动车辆险、财产险、船舶货运险、责任信用险、意外健康险、能源、农村保险等非寿险多个业务领域，拥有行业领先创新产品。

业务运营　2022 年，中国人民财产保险股份有限公司罗定支公司实现整体保费收入 7959.08 万元，同比增长 12.2%。其中车险 6494.59 万元，同比增长 3.9%；商非 1435.23 万元，同比增长 63.6%；农险 29.26 万元。公司整体市场份额 29.9%。全险种综合赔付率 51.3%，直接赔款 3487.14 万元。

保险种类　2022 年，中国人民财产保险股份有限公司罗定支公司保险种类为机动车辆保险、企财险、家财险、责任险、短期人身意外险、保证险、农业保险。其中机动车辆保险有营运、非营运、家庭自用车、公路客运等种类，除传统上门投保外，还可以采取拨打“95518”专线电话、使用“广东人保财险”APP、登录人保官网等方式进行投保；企财险分为企业财产综合保险、个体工商户保险；家财险分为“金锁”家财系列、普通家财险；责任险分为安全生产责任险、公众责任险、雇主责任险、承运人责任险、餐饮责任险、校（园）方责任险；短期人身意外险分为学生、幼儿安康保险、人身意外伤害保险、团体意外伤害保险、驾驶人员意外伤害保险；保证险分为农民工工资保证保险、完工履约保证保险等；农业保险有商业性生猪保险。

保险创新　2022年，中国人民财产保险股份有限公司罗定支公司为广大客户推出“95518服务专线”“客户快速绿色服务通道”“车辆理赔时限承诺”“异地出险、就地理赔”“速递理赔服务”和“一站式微信服务”等五星级专业服务。是年，承保辖区内首单食品安全责任险出险，为广东皆利食品有限公司提供因食品安全事件导致的第三者损失、因火灾爆炸导致的场所安全等责任合计200万元的风险保障；推出各种复工保险产品，包括责任险、意外险、营业中断险等，保障范围涵盖大企业、中小微企业及个人；开拓推广建筑类保证险包括农民工工资保证保险、完工履约保证保险等。

（周德群）

【中国人寿保险股份有限公司罗定市支公司】　2022年，中国人寿保险股份有限公司罗定市支公司全面强化保障型、分红型、年金型保险销售，推出多元化产品，主要产品有人寿保险、意外伤害保险、健康保险三大类，涉及风险保障、教育与婚嫁、养老、家庭理财等诸多领域。是年，中国人寿保险股份有限公司罗定市支

表25　2022年中国人寿保险股份有限公司罗定市支公司业务情况统计表

业务指标	完成数（万元）	全年进度	全省排名（名）	同比增长
自营总保费	20029.84	110%	第12名	5%
个险期交	17858.61	109%	第11名	12%
个险10年期	9325.5	101%	第17名	6%
个险短险	997.91	95%	第15名	2.5%
个险意外险	442.87	98%	第13名	3.6%
银保新单	264.77	76%	第19名	-4.5%
银保期交	461.68	69%	第18名	-3.8%
团险短期险	617.41	106.5%	第13名	9.6%
团险意外险	461.90	102%	第11名	1.5%
续期保费	15041.89	115%	第6名	3.9%
个险持证人力	465	89%	第14名	1.8%
支出保险赔款	3490.50	114%	第21名	13%
保险给付金	2013.88	109%	第19名	9.7%

公司新单保费收入 4987.95 万元，续期保费收入 15041.89 万元，总保费收入达 2 亿元；理赔支出 3490.5 万元。

保险种类 2022 年，中国人寿保险股份有限公司罗定市支公司强化销售“国寿鑫裕尊享年金保险”“国寿鑫亨鸿福保险”“国寿臻亨全家年金保险”“国寿福终身重大疾病保险”“百万如意行两全保险”“国寿乐盈一生终身寿险（尊享版）”等一系列产品。（李华龙）

【中国太平洋财产保险股份有限公司云浮市罗定支公司】 2022 年，中国太平洋财产保险股份有限公司云浮市罗定支公司下设农险业务部、“三农”服务部 43 个、警保车驾管社会服务站 1 个，共有职工 18 人，营销员 193 人。是年，中国太平洋财产保险股份有限公司云浮市罗定支公司被广东分公司授予“四星级四级机构奖”。是年，中国太平洋财产保险股份有限公司云浮市罗定支公司总保费收入 8586.12 万元。其中，车险保费收入 2196.14 万元，农险保费收入 5831.93 万元，非车非农险保费收入 558.05 万元。

业务经营 2022 年，中国太平洋财产保险股份有限公司云浮市罗定支公司业务范围包括财产损失保险；责任保险；信用保险和保证保险；短期健康险业务和意外伤害保险；上述业务的再保险业务；国家法律、法规允许的保险资金运用业务；经中国保监会批准的其他业务。是年，拓展罗定市财产保险市场，发展有企业财产综合保险、家庭财产保险、机动车辆保险、责任保险（非矿山煤矿、石场等）、货物运输保险、船舶保险、农业保险（包含林木和农村住房）、意外伤害保险和短期健康保险等，覆盖市内非寿险市场的所有领域。其中，农业保险能有效化解自然灾害、意外事故、疫病或者疾病等事故造成的财产损失，提高农民抗风险能力。

救灾复产 2022 年 7 月 2 日，台风“暹芭”侵袭罗定市，对罗定市造成较大程度的灾情，保险公司工作人员赶赴受灾现场，对受灾的农作物进行快速查勘定损，开启绿色通道，及时进行农作物理赔，做到快查勘、快定损、快理赔，助力农户抗灾复产。

爱心捐助 2022 年，中国太平洋财产保险股份有限公司云浮市罗定支公司联合罗定妇联、罗定扶贫办开展“童・奔康”——关爱贫困地区儿童助力决战脱贫攻坚公益行动，为罗定市 322 名 14 周岁以下贫困儿童量身定做“守护成长保险”，每人标准为 2000 元。（伍丽珊）

城乡建设

城乡规划

【国土空间规划】 2022 年，罗定市自然资源局完成国土空间总体规划（2021—2035 年）“三区三线”第四轮划定工作，划定成果通过自然资源部审批。罗定市划定的耕地保有量为 36623.47 公顷，占现状稳定耕地的 98.1%；划定永久基本农田 33746.67 公顷，占现状稳定耕地数量的 90.6%；划定生态保护红线 35166.67 公顷；划定城镇开发边界 5986.67 公顷，其中新增城镇开发边界面积 1270.1 公顷。完成罗定市国土空间总体规划专家论证、听证。罗定市土地利用总体规划（2010—2020 年），素龙、双东等镇街有条件建设区使用方案，罗定产业转移工业园基础设施配套工程等项目的预留规模方案获得省自然资源厅审批备案，落实建设用地规模 105.2 公顷。

【地理信息测绘管理】 罗定市自然资源局 2022 年 5 月开始编制指南地图，10 月 28 日通过云浮市自然资源局审核，取得审图号，12 月 13 日完成地图印刷稿的出版。12 月 20 日，市自然资源局印发《关于我市全面实施联合测绘的通知》。罗定市有测绘业务的企业完成备案手续，测绘企业有 12 家。

【土地收储与出让】 2022 年，罗定市自然资源局完成土地收储 201 公顷。其中，产业转移园园区土地收储 68.67 公顷、城区其他土地收储完成 126.13 公顷、乡村振兴和镇域经济土地收储

▲ 2022 年，罗定市住建局完成南江文化主题公园绿道至二桥底河堤段人行道改造

（罗定市住建局办公室 / 供图）

完成 6.2 公顷。全年土地出让 42 宗，面积 31.53 公顷，成交金额 40665.55 万元。划拨土地 13 宗，面积 39.73 公顷。

【规划报建】 2022 年，罗定市自然资源局核发建设用地规划许可证 189 宗，用地总面积 118.69 公顷；核发建设工程规划许可证 495 宗，建筑总面积 217.14 公顷；核发乡村建设规划许可证 5 宗，建筑总面积 0.21 公顷；核发建设工程竣工规划验收合格证 274 宗，建筑总面积 96.39 公顷；收缴城市基础设施配套费 2112.5 万元。

（区巧娴）

城市建设

【城区环境卫生管理】 2022 年，罗定市城区已全面完成环境卫生保洁作业市场化服务改革，保洁面积 5.28 平方公里，环卫作业人员 986 人，各式环卫作业车辆 228 辆，其中主次干道机械化保洁作业比例 100%，总保洁面积机械化作业比例 82%，基本满足罗定市城区环卫保洁需求。

【城镇生活垃圾无害化处理】 2022 年，罗定市城乡生活垃圾清运量 18.53 万吨，其中生活垃圾无害化填埋场进场其他垃圾 15.66 万吨、占垃圾总量的 84.5%，资源化利用的厨余垃圾处置量 3969.7 吨、占垃圾总量的 2.1%，资源化利用的可回收垃圾处置量 1.41 万吨、占垃圾总量的 7.6%，拆解并资源化利用的大件垃圾处置量 1.1 万吨、占垃圾总量的 5.7%。是年，全市生活垃圾无害化处理率 100%，其中卫生填埋率 84.5%、分类处置与资源化利用率 15.5%，焚烧率 0%。

【城市园林绿化】 2022 年，罗定市住建局在罗定市城雕花坛、新屋顶花坛摆放春节花卉，摆放圣诞红、菊花等 1800 株，张挂节日气氛灯笼 1 万多串。对罗定市工业路、兴华路、龙园路、园前路、人民路等路段的行道树共300株进行规范修剪，逐一处理遮挡路牌、信号灯、监控探头及扰民的枯枝、过长枝、下垂枝。是年，处理41项群众相关申请修剪事项，其中包含6项涉及电话或网络投诉。5月，完成城区南江主题文化公园尾段的建设工作，并增加绿化面积100平方米，其中增加乔木桃花70株，灌木细叶紫薇400株，灌木簕杜鹃1300株。7月，对城区城雕导流岛进行补植工作，种植桂花1800株。

【城市供气】 管道燃气 2022年，罗定市有管网燃气新奥燃气有限公司1家，全年销售天然气598万立方，营业收入4874万元，服务用户2.21万户；新建中压管网3.63千米，新建低压管道1.1千米；改造燃气老旧管网1.5千米；全年未发生管道燃气安全生产事故。

液化石油气 2022年，罗定市有瓶装液化石油气企业8家，其中国有企业有罗定市大岗桥燃气有限公司1家，民营企业有罗定市金利燃气有限公司、罗镜液化石油气供应站、罗定市泗纶万益液化石油气站、罗定市液化石油气站、罗定市五丰石油气有限公司、罗定市冲花燃气储配有限公司、罗定市信誉液化石油气有限公司、茂晟液化石油气贸易有限公司7家。全年销售液化石油气1.25万吨，营业收入7345.45万元，服务用户17.73万户；全年未发生液化石油气安全生产事故。

【燃气安全生产管理】 2022年，罗定市住建局开展燃气热水器隐患排查整治工作，排查出存在隐患147384户，存在较大隐患29700户，已完成整改15717户，整改率56.3%。全市使用燃气的餐饮企业或生产经营单位（包括党政机关企事业单位内设食堂）1662家，安装可燃气体报警装置1662家，安装率100%；其中，餐饮企业1351家，安装可燃气体报警装置1351家，安装率100%。联合公安、市监、交通等部门查处液化石油气485瓶。

【户外广告管理】 2022年，罗定市住建局核准城市户外广告设置申请2项，共8个构筑物，广告位总面积114.81立方米，排查各类户外广告构筑物300余个，清拆存在安全隐患构筑物2个。

【公厕改造与维护】 2022年，罗定市城区现有公厕32座，其中泷洲南路1座公厕已封闭，正常使用公厕31座（其中按照创省卫标准升级改造二类公厕22座，按照二类公厕标准由罗定市国资局作为业主建成后移交罗定市住建局管护公厕6座，一桥至二桥碧道公厕1座，石牛山公园简易板房公厕2座），全天候对外免费开放使用。

城镇建设

【农村危房改造】 2022年，罗定市农村危房改造任务数121户，其中分散供养特困人员77户、建档立卡贫困户26户、非建档立卡贫困户18户，农村危房改造任务121户已全部竣工通过市级验收，已通过农户“一卡（折）通”账号拨付各级补助资金404.67万元到户，其中中央补助资金261.26万元，省、市、县三级补助资金143.4万元。

【农村生活垃圾处理】 2022年，罗定市20个镇（街）的农村生活垃圾治理实行市场化运营，将农村生活垃圾从“点”到“场”的收运转运、大件垃圾资源化处置、有机易腐垃圾处理站运营管理和17个镇建成区的清扫保洁全部纳入市场化运营工作，实现国道、省道、县道水源保护区收集点一日两清，其他自然村收集点实行日产日清，全市共设置5040个农村生活垃圾收集点。实施市场化运营后，运营管理和监管主体实现分离，政府角色由具体操办转变为监管考核，整个收运转运处理和城乡环卫保洁过程做到一个主体运营管理，设施设备资源共享，全市统筹安排，全方位监管，农村生活垃圾收运覆盖率大幅提高，有效处理率和清运率98%，无害化处理率100%。

【削坡建房】 2022年，罗定市农村削坡建房风险点整治任务数274户，其中高风险1户，中风险200户，低风险73户；截至2022年12月底，274户削坡建房风险点整治已全部竣工，通过市级验收合格需拨付省级专项整治补助资金216.2万元，其中高风险1.6万元、中风险200万元、低风险14.6万元。通过县级验收后，由财政局通过农户“一卡（折）通”账号拨付到户。

【新型城镇化建设】 2022年，成立由广东省规划师建筑师工程师志愿者协会组成的小城镇（圩镇）建设技术帮扶（省、市、县三级）专家团队，对口技术帮扶罗定市辖区内的17个乡镇。11月底，省住建厅组织美丽圩镇攻坚行动实地评价验收工作，全市达到宜居圩镇标准17个，达到示范圩镇标准有9个。是年，省下达涉农转移支付资金5983.8万元，用于全市16个圩镇公共基础设施建设项目。

【历史建筑保护】 2022年12月底，经罗定市人民政府公布的第一批历史建筑41处，全部完成标志牌挂牌、测绘建档，数据上报省住房和城乡建设厅备案。

（雷 婷）

农业农村

综 述

【概况】 2022年，罗定市有耕地面积45729.6公顷，人均耕地0.035公顷。耕作制度一年二作占耕地面积的66.9%；一年三作占耕地面积的25.2%；一年一作占耕地面积的7.6%；农作物复种指数143.9%。罗定市发展高产、优质、高效农业，农、林、牧、渔各业之间产值之比为13∶13∶11∶2。全市农田有效灌溉面积24592公顷，全年农村用电量3.08亿千瓦时。化肥施用量（折纯）2.31万吨，农用薄膜用量40吨。粮、油等主要农作物良种覆盖率96.1%，主要果品良种率89%，主要畜禽良种率为生猪67.8%，鸡47.7%。全市有较大规模的农产品加工龙头企业43家，大型农产品龙头市场1处，带动农户占全市农户的29.5%，农户收益3.09亿元。是年，全市实现农业总产值104.51亿元。

【农田整治】 2022年，罗定市新建高标准农田建设项目2个，建设规模300公顷。其中，罗平镇高标准农田建设项目（示范）建设规模180公顷，财政投资861万元，建设地点为黄牛木村和highlighted替东村；黎少镇高标准农田建设项目建设规模120公顷，财政投资558万元，建设地点为替濮村。其他农田建设项目有3个，其中，黎少镇高标准农田建设项目（二期）是续建，建设规模不变（286.67公顷），财政投资495万元（中央奖补资金），建设地点为隆久村、大陂村、横岗村和圆珠村。高标准农田工程设施管护项目续建与改进，财政投资113.38万元。农田水利基本建设项目，财政投资100万元，建设地点是龙湾镇垌旺村和黎少镇替泽迳村。

【农业产业化】 2022年，罗定市大力培育和发展壮大农业经营主体。截至2022年年底，全市有农业产业化组织总数2339个，县级以上重点农业龙头107家（其中，省级农业龙头企业13家，云浮市级农业龙头企业26家）；农民专业合作社897家，县级以上示范社107家，其中，国家级农民专业合作社示范社7家，省级农民专业合作社示范社11家，市级农民专业合作社示范社25家；家庭农场1323家，县级以上示范家庭农场28家（其中省级示范家庭农场15家，市级示范家庭农场6家）；专业行业协会12个。

【农业品牌建设】 2022年，罗定市“罗定稻米”“泷州初心蛋”等2个产品被评为第3批全国名特优新农产品。全市有13家企业共15个农产品被评为“粤字号”农业品牌，罗定稻米、罗定肉桂、罗定皱纱鱼腐、罗定豆豉等4个产品被省农业农村厅认定为广东省“粤字号”农产品（原名特优新农产品）区域公用品牌，罗定稻米、罗定肉桂等2个主导产品被省农业农村厅认定为广东省特色农产品优势区。全市有效期内“三品”认证，其中绿色食品认证企业12家15个产品，无公害农产品认证企业25家115个产品，有机认证产品企业2家13个产品，分别是罗定市丰智昌顺科技有限公司生产稻谷、稻谷（原料）、大米、碎大米、米糠、糙米、火龙果，罗定市丰智酒业有限公司：原酒（52%vol清香型）、清香型白酒（52%vol）、清香型白酒（42%vol）、清香型白酒（29%vol）、清香型白酒（16%vol）、清香型白酒（53%vol）。全市建成面积13420公顷的全国绿色食品原料（水稻）标准化生产基地，是广东省首例的全国绿色食品原料（水稻）标准化生产基地。全市建成“菜篮子”生产基地一批。

【农业科技推广】 2022年，罗定市有农技推广机构24个，其中县级农技推广机构3个，全市21个镇（街）均设立综合性农技推广机构1个。有农技推广技术人员272人，其中正高职称1人，副高级职称10人，中级职称51人，初级职称84人。建立“农技人员+基地+农户+辐射带动户”的农技推广机制，科技人员与农户面对面、手把手指导农民，加快新品种、新技术、新机具在全市推广应用。挑选优秀骨干人员参加国家级现代农业技术培训基地组织的培训；组织农业科技人员参加省级现代农业技术培训基地组织的培训，聘请省科研单位的专家到罗定市举办技术讲座，不定期组织农技人员到罗定市试验示范基地开展现场观摩学习研讨活动，培训农技人员568人次，培育高素质农民250人。是年，推广水稻病虫害绿色防控和农药减量控害技术、水稻病毒病综合防控技术、水稻“三控”施肥技术、绿色食品原料（水稻）标准化生产技术、水稻生产机械化育插秧技术、水稻保护性耕作技术，推广花生病虫害绿色防控技术，推广无公害蔬菜生产技术、菜椒病虫害综合防治高产栽培技术，推广龙眼标准化生产技术、荔枝龙眼主要食叶害虫综合防控技术、柑橘农药减量增效病虫害防控技术，推广鸡球虫病综合防控技术、畜禽粪污农田安全消纳与高效资源化利用技术、猪重要疫病净化控制新技术、鸡抗应激饲料与饲养技术，推广水产生物活性饲料添加剂的应用技术，推广化肥减量增效技术、水肥一体化技术、红火蚁防控技术、玉米大豆带状复合种植技术。

【农业机械】 2022年，罗定市农业机械总动力32.76万千瓦，同比增长3.5%，平均每万公顷耕地拥有农机动力7.17万千瓦。有农用拖拉机5435台，耕田机25983台，播种（秧）机152台，机动收割机502台，脱粒机29437台，水泵6338台，喷灌机械662套。机耕面积57200公顷，水稻耕、种、收三项综合化水平达到79.03%，其中，水稻机耕面积33245公顷，机耕水平95.99%；机械化育插秧面积14286公顷，机插水平41.25%；机收面积32627公顷，机收水平94.20%。是年，全市购机申请办理补贴人数1365人（户）、申请1454份、使用中央补贴资金351.44万元、购置机具1486台。其中，拖拉机54台、联合收割机48台、微耕机999台、施肥机械6台、田园管理机154台、插秧机3台、谷物烘干机2台、碾米机械87台、增氧机47台、饲料（草）加工机械设备20台、无人植保飞机5台、旋耕机55台、其他机械6台。

【农业综合执法】 *农资打假专项治理行动* 2022年，罗定市农业农村局开展春季农资打假专项联合治理行动，保障春耕生产农资产品质量，主要检查农资批发市场、经营门店，重点查处农村和城乡接合部农资门店销售假劣农资违法违规行为，检查经营场所35间，抽取肥料样品20个、农药样品19个、兽药样品11个、饲料样品10个，查处各类违法案件7宗，处罚金额9万元，查处一宗广西流动销售肥料“忽悠团”，查扣假肥料478包。

农产品质量安全整治 2022年，罗定市农业农村局开展各类农产品的质量安全监督抽检，对蔬菜、水果、畜禽肉类、蛋、水产品等药残抽检200批次，有两批次抽检结果不符合农产品质量安全标准，其中对罗平镇一个生产韭菜花农户超剂量使用农药导致药残超标立案并处罚2000元；对附城街道一果场使用禁用农药立案调查后移交公安机关处理。全年进村到场56次，制作农药使用记录表给种植户填写。

生猪屠宰执法 2022年，罗定市农业农村局执法大队依法严厉打击私屠滥宰生猪的行为，全年收到私屠滥宰举报有效线索7宗，其中移交乡镇街道处理5宗，捣毁屠宰窝点5个；联合公安局查处私宰窝点1个，立案调查后移交公安局处理1宗；参与罗定市纪委牵头组织联合行动查处一

家企业屠宰病死猪案1宗，查扣病害猪肉42吨，案件移交公安局刑事立案调查。

渔业行政执法　2022年，罗定市农业农村局做好罗定江禁渔期的执法检查，查处各类非法捕捞行为和涉渔“三无”船舶行为，打击“电炸毒鱼”违法行为，清理取缔国家明令禁止使用的网具，如地笼、迷魂阵65串，派发各类渔政管理须知及船舶安全航行单张200张。

农业安全生产　2022年，罗定市农业农村局抓农业农村领域安全生产和消防安全，共出动检查人员5602人次，检查生产经营单位855家次；排查并整改各类隐患问题7项，为推进实施乡村振兴战略、为罗定现代农业保驾护航。

【农业农村改革】　农村集体产权制度改革　2022年，罗定市清产核资录入完成率100%，成员资格确认并录入完成率100%，登记赋码完成率100%，开展资产量化的集体经济组织677个（其中经济联合社126个、经济合作社551个）。全市资产总计17.4亿元，经营性资产14.22亿元，集体农用地总面积11.2万公顷。

农村土地经营权流转　2022年，罗定市累计完成实测面积3万公顷，确权到户面积2.9万公顷，户数20.44万户，确权到集体面积1473.33公顷。全市农村承包地经营权流转面积约1.34万公顷，土地流转率44%。

农业保险　2022年，罗定市全年政策性农业保险保费5429万元。其中，中央财政补贴1974万元，省级财政补贴1413万元，市级财政补贴106万元，县级财政补贴686万元，农户自缴1250万元。完成早稻投保面积12500公顷、晚稻投保面积12260公顷、花生投保面积15.34公顷、岭南特色水果（荔枝、龙眼、柑橘）投保面积492.72公顷、能繁母猪投保22925头、仔猪投保51.07万头、育肥猪投保39.58万头、肉鸡投保98.4万羽、玉米投保9.4公顷、蔬菜投保面积170.07公顷。育肥猪保险覆盖率80%；农业保险综合费用率20%，协保员建制村覆盖率100%，承保理赔公示率100%，参保农户满意度90%。（张锦波）

新农村建设

【概况】　2022年，罗定市有建制村306个，自然村3748个。评为全国乡村治理示范村1个，为附城街道丰盛村。评为广东省乡村治理示范乡（镇）4个，分别是苹塘镇、罗平镇、分界镇、龙湾镇。评为广东省乡村治理示范村50个。

【农村人居环境整治】　2022年，罗定市推进全域农村人居环境综合整治，有村道路面硬化（村委会通自然村）3748个，成集中供水的自然村数3748个，纳入垃圾收运处理体系自然村数3748个，农村生活污水收集完成自然村数2993个，村规民约完成建制村数306个，“四小园”建设开展自然村数3247个，干净整洁村自然村数956个，美丽宜居村自然村数2337个，特色精品村自然村数206个，建设镇级美丽乡村风貌带19条、市级美丽乡村风貌带1条。

【数字农业建设】　2022年，罗定市数字农业建设累计完成投资583万元（不含基建投资）。实施数字农业人才技能培训12期共637人次，引进数字农业高端人才，建立罗定市数字农业农村专家库。建设罗定市丝苗米产业园，其中由产业园实施主体罗定市丰智昌顺科技有限公司、罗定市长胜农业科技有限公司和罗定市稻香园农业科技有限公司承担建设“农语云”综合信息化服务平台，平台融合生产、流通、销售不同环节的多源数据，实现稻米“生产+加工+科技+营销（品牌）”全产业链数字化应用，带动全市70%的农户种植优质水稻。依托农业农村数字中心和建设农产品追溯及线上线下展销平台等基础设施，以“媒体+科技”“品质+品牌”的发展思路、“线上+线下销售”双结合模式，推动优质农产品品牌升级。利用短视频直播平台宣传罗定特色农产品；运用电商平台，开设云街云店，推动罗定“互联网+”优质特色农产品出村进城。

【村级集体经济扶持】　2022年，罗定市306个村级集体经营收入共3429.74万元；村级集体经营收入达15万元以上的村34个，比

2021 年增加 3 个；村级集体经营收入 10 万元以上的村 251 个，年收入 10 万元以下的村有 55 个、社区有 18 个。

政银企村共建　2022 年，罗定市统筹驻镇帮镇扶村等资金进行融资，计划投资 3.26 亿元建设船步温氏、苹塘德康两个生态养殖小区项目，年产生猪 23.3 万头。其中，船步温氏生态养殖小区项目 9 号猪舍已于 2022 年 12 月底先行投产，至 2022 年年底，繁育 1000 多头中、大猪，建成育肥舍、分娩舍、育肥区、种猪场共 11 栋功能场舍结构工程。苹塘德康生态养殖小区项目基础土建总进度完成 95%；2 栋 8 层楼房式育肥舍建到第 3 层，6 栋平层种猪舍有序推进基底土方及支模等工序。

村级集体经济　2022 年，罗定市在省级财政补助资金中安排 1500 万元用于扶村联农带农，每年按 10% 的比例共产生 150 万元的收益。统筹资金投资发展南药产业项目（厂房出租收租金形式），总投资 7000 万元，年收益 630 万元。

一村一策　2022 年，罗定市细化完善“一村一策”增收措施。领导干部和驻村干部包村包片，“一村一策”建档立卡，各村制定三年发展总规划和年度发展规划，因地制宜规划 2 个以上发展项目。各镇（街）统筹驻镇帮镇扶村资金、涉农资金、拆旧复垦资金等，投入到厂房租赁、土地流转、入股企业以及发展稻米、南药、蔬菜、水果等种植业，增加村级集体经济收入。（张锦波）

现代产业园

【概况】　2022 年，罗定市有 4 个现代农业产业园被认定为省级现代农业产业园，其中建成有罗定市肉桂产业园和罗定市丝苗米产业园，在建有罗定市豆豉鸡产业园和罗定市生猪产业园。

【罗定市丝苗米产业园】　2022 年，罗定市丝苗米产业园为第二批省级现代农业产业园建设项目，西以泗纶镇为界，东以苹塘镇为界，北至双东街道，南以太平镇为创建范围，总面积 6933.34 公顷，涉及泗纶镇、双东街道、苹塘镇、罗平镇、太平镇等 5 个镇（街）的 78 个村 4.7 万户；主导产业为水稻（丝苗米），产业园实现农业生产总值 27.23 亿元，主导产业年总产值 20.43 亿元，农产品加工业产值与农业总产值比达到 2.9 ∶ 1，主导产业优势明显；计划投资总额 2.01 亿元，建设项目 18 个，完工 18 个，完工率 100%，已投入建设资金 2.04 亿元，占总投资额的 101.80%。其中，投入省级财政资金 5010 万元，投入地方统筹资金和社会资本 1.54 亿元。

建设成效　2022 年罗定市优质丝苗米种植面积 1.25 万公顷，其中绿色、有机优质丝苗米比重占 90% 以上。产业园北部是仓储、物流、展示、展销、交易区；东南部是水稻绿色标准化种植、品种繁育区和观光、休闲区；西部是有机标准化种植示范区、稻米加工区、有机研发、一二三产业深度融合区。建设总体定位是“高效生产型、外向型、生态型现代特色农业产业园”，形成丝苗米现代产业体系、经营体系与生产体系，达到全省先进的现代农业产业园水平。

联农带农　2022 年，罗定推行“双创”政策，出台园区人才优惠政策，鼓励外出务工人员回乡创业，在资金、税收等方面上给予优惠，成功吸引返乡创业 20 人，参与建设产业园人才 40 人、服务产业园人才 280 人；成功吸纳 12300 名当地农民进行再就业。项目期间开展产业园培训 25 期，覆盖培训人数 1850 人。园区实施订单、保单“两单”农业，园区内农户年人均收入 20330 元以上，高于当地平均水平 16%。

【罗定市豆豉鸡产业园】　2022 年，云浮市罗定市豆豉鸡产业园位于罗定市南部，包括罗平、船步、罗镜、太平、分界等 5 个镇 95 个建制村（居）委，辖区总面积 617.7 平方千米。主导产业为鸡和大豆，产业园实现农业生产总值 31.9 亿元，主导产业（一、二、三产业）年总产值 24.02 亿元。产业园建设实施主体 7 家，由罗定市金津农业有限公司牵头。产业园核心产品是“罗定豆豉鸡”，一产肉鸡养殖、大豆种植，二产禽畜肉制品、豆制品加工，三产产品研发、品牌创建、营销网络，以三产促二产带一产，形成腐竹、豆豉、酱油、豆豉鸡等加工基地，全产业链共同发展。

建设成效　2022 年，云浮市

罗定市豆豉鸡产业园计划投资总额2.16亿元，计划建设项目18个。其中，2022年建设项目2个（属第二批资金），已开工2个，开工率100%，已投入建设资金1.54亿元，占总投资额的71%，其中，投入省级财政资金29.84万元，占已下拨省级财政资金的99.5%；投入地方统筹资金和社会资本1.24亿元。

联农带农　2022年，云浮市罗定市豆豉鸡产业园形成“龙头企业+专业合作社+家庭农场+种植户”的产业化经营模式，采取订单合作关系，采取保底收购、股份分红和利润返还等方式，企业与农户、家庭农场、农民合作社建立利益联结机制带动农户。龙头企业罗定市金津农业有限公司、罗定市长岗坡食品有限公司等按照股份合作的方式建立“龙头企业+村集体+农户”的合作经营方式，带动农户11544人，带动户均增收1.2万元。

【罗定市生猪产业园】　2022年，罗定市生猪产业园项目创建范围主要覆盖华石镇、围底镇、苹塘镇、太平镇4个镇域。项目发挥区域生猪养殖业的产业优势，建设规模化标准化生猪养殖基地，推进生猪品牌创建与营销体系建设，形成政府主导、龙头企业实施的现代农业产业集群。

建设成效　2022年，罗定市生猪产业园计划投资总额2.138亿元，建设项目13个。其中，2022年建设项目10个，开工10个，开工率100%，有谷盈生猪标准化养殖示范基地建设项目——苹塘镇道村项目投入使用，总投资5700万元，其中省级财政资金1250万元，企业自筹资金4450万元。益豚（澳塘）生猪现代化养殖小区建设项目投产，投入财政资金500万元，主要用于购置高压冲洗设备、环控、集中报警设备、污水处理设备、栏架、水线设备等；自筹资金1500万元，主要用于育肥楼建设、场区内道路建设及相关生产设备购置。

【罗定市肉桂产业园】　2022年，罗定市肉桂产业园有企业6家：罗定市泷越药业有限公司、罗定市中树康药业有限公司、广东桂之神实业有限公司、罗定市桂之神旅游投资有限公司、罗定市粤桂实业有限公司、罗定市和达兴科技有限公司。产业园建设项目58个，囊括第一产业、第二产业和第三产业，产业园共承担省级财政资金5000万元（使用率100%）。

建设成效　2022年，罗定肉桂获“中国道地药材”“中国气候生态优品”和“广东名南药”3个荣誉称号。

联农带农　2022年，罗定肉桂生产企业由原来的20多家增加到37家，囊括育苗、种植、初加工、精深加工、精细加工等各领域，填补精深加工短板。集约销售桂油约1300吨，桂皮约3万吨，桂枝约1600吨，年总产值接近10亿元。全市肉桂种植户从产业园建设前的8万户左右增加到10万多户，创新联结桂农2300多户，主要产品（桂皮）单价比创建园区前翻近一番，农户年平均增收超1万元。　（张锦波）

乡村振兴

【概况】　2022年，罗定市有建档立卡脱贫人口18571户49945人，其中有劳动能力脱贫户9984户37425人，无劳动能力脱贫户8587户12520人。全市脱贫人口年人均可支配收入17391.7元，其中有劳动能力脱贫人口年人均可支配收入19617.7元。2022年1—12月脱贫人口家庭人均可支配收入同比增长4.4%，其中有劳动能力脱贫户家庭人均可支配收入同比增长8.1%。是年，全市监测对象风险消除391户1523人，新增识别认定22户123人。至年末，全市有监测对象101户490人，其中有劳动能力79户410人，无劳动能力22户80人。全部脱贫户和监测对象义务教育阶段适龄人员5776人无因贫辍学，监测对象490人均由政府代缴购买基本医保，101户监测对象全部实现安全住房，全市符合条件的23244人均由民政部门按政策纳入兜底保障，101户监测对象均用上安全卫生饮用水。全市为4850户21178人低收入脱贫户和监测户购买“防返贫保”。全年有440名符合条件的困难学生享受到2021年“防返贫保”教育费用理赔补助124.6万元，有5人因重大疾病住院理赔7.1万元。

稳岗就业　2022年，罗定人社局将企业招聘平台搬到线上，发挥“云浮好易工”公共就业服务平台、“罗定就业通”小程序作用，开展“百日千万网络招聘专项行动”，打造“网上招聘不停歇、就业服务不打烊”全天候线上服务。是年，全市发布就业岗位招聘信息5期，有200多家企业提供近6000个岗位，吸纳脱贫劳动力就业125个。对于个别脱贫劳动力因家庭或其他的确无法正常就业的，由镇村及时采用适合他们的公益性岗位兜底安置，公益性岗位安置脱贫劳动力321人。有1家用人单位吸纳25名脱贫劳动力就业，发放一次性吸纳就业补贴5万元。

【驻镇帮镇扶村】 2022年，罗定市第一类重点帮扶镇12个，由省直单位组团帮扶2个（罗平由广东省国资委牵头、龙湾由广东省中医药局牵头），由佛山市禅城区组团帮扶7个（船步由禅城城市管理和综合执法局牵头、罗镜由禅城张槎街道牵头、苹塘由中共佛山市委宣传部牵头、苹塘由佛山人社局牵头、泗纶由禅城南庄镇牵头、榃滨由禅城公安局牵头、加益由禅城税务局牵头），由市直单位组团帮扶3个（太平镇由云浮市人民政府办公室牵头、金鸡由中共云浮市纪委牵头、黎少由云浮市公安局牵头）；第二类巩固提升镇5个（生江、围底、分界、连州、华石）和第三类先行示范街道4个（素龙、双东、附城、罗城），均由罗定市和云浮市组团结对帮扶。驻镇队实施“党政机关+企事业单位+科研力量”组团结对帮扶，共有队员256人（其中机关企事业单位派出的驻镇队员131人，高校毕业生志愿者23人，“三支一扶”人员21人，科技特派员70人，金融助理11人）。

资金使用效率 2022年，罗定市2021—2022年收到驻镇帮镇扶村资金56627万元，划拨24776.5万元（其中，安排到驻镇工作队工作经费255万元），未划拨31850.5万元，划拨进度43.75%。驻镇工作队发展44个100万元规模驻镇产业，计划投入9.2362亿元，已投入7264万元，其中1亿元以上项目有2个，联农11934万户；苹塘驻镇队帮助引进顺德区甘江食品公司合作建设甘江食品分厂，项目建成后可提供长期就业用工200人以上，带动养殖鲮鱼233.34公顷，种植大豆3333.34公顷，带动用工6000人，增加财税收入5000万元；生江驻镇队帮助引进绿家农业公司流转撂荒耕地100公顷，复耕种植辣椒66.67公顷，预计年产量超过300万千克，产值可达2000万元，带动群众就业增加收入1000万元。

消费帮扶 2022年，罗定市推进消费帮扶，摆放消费帮扶专柜6台，专区6个，专馆8个，认定消费帮扶重点产品127个，产品供应商50家。2021年7月至2022年12月消费帮扶金额4457.9万元（镇街和工作队带动销售金额1459.9万元，消费帮扶专馆和专区带动销售金额2998万元）。

【南药基地建设】 2022年，罗定市投入资金1400万元用于扶持南药产业发展，共14个项目，包括龙湾镇大石村、棠棣村和垌旺村的南药项目，太平镇双角村的蚕桑项目，泗纶镇双坝村、和平村和泗联村的肉桂项目，连州镇蒲垌村的肉桂项目，附城街道高峰村的蚕桑项目，黎少镇黄沙口村的肉桂项目，围底镇城围村的三丫苦项目，榃滨镇金滩村和梅竹村的肉桂项目和罗平镇营下村的蚕桑项目。项目建设（升级）南药基地926.67公顷，购置南药生产设备。扶持经营主体成功注册“鸭兜山”“荣兴香料”“良眉”等本土品牌。

【“一村一品”建设】 2022年，罗定市发展“一村一品、一镇一业”富民兴村产业共计投入专项资金4500万元，稻米、肉桂、箩竹等优势农产品和45个村获得资助，支持“亚灿米”“天谷酱油”“百香鸡”“奔康丝绸”“恒兆蒸笼”等本地知名品牌，新注册“泷龙米”稻米、“鸭兜山”中药材、“顺天”葡萄、“初心米”稻米、“寻龙湖”皱纱鱼腐等品牌。全市累计入选省级专业村28个，省级专业镇7个。榃滨（肉桂）、龙湾（南药）、泗纶（竹蒸笼）和苹塘（大豆）4个镇被省评为首批省级专业镇；太平镇双角蚕桑专业村和洞美肉鸡专业村、龙湾镇大石村和棠棣村南药专业村、连州镇云良茶叶专业村和蒲垌肉桂专业村、榃滨镇梅竹肉桂专业村、罗平镇乌龙辣椒专业村、素龙街道凤塘葡萄专业村入选首批省级专业村，罗镜镇

（丝苗米）以及太平镇（蚕桑）入选第二批省级“一村一品、一镇一业”专业镇。加益镇合江肉桂专业村；榃滨镇山河、思理村肉桂专业村；泗纶镇双坝、和平和泗联肉桂专业村；山栗和胜乐稻米专业村；黄丽和杨绿竹蒸笼专业村；附城镇星光蔬菜专业村；龙湾镇垌旺南药专业村；罗平镇榃阳韭菜花专业村；罗镜镇镜坡辣椒专业村；黎少镇丽芝荔枝专业村入选第二批省级“一村一品、一镇一业”专业村。罗平镇（稻米）入选第三批省级“一村一品、一镇一业”专业镇。连州镇云致肉桂专业村、生江镇七记辣椒专业村、榃滨镇榃兵肉桂专业村和罗平镇泗盘蚕桑专业村入选第三批省级专业村。（张锦波）

种植业

【概况】 2022年，罗定市粮食作物播种面积39515公顷，平均每公顷产量6275千克，总产量24.8万吨。粮食作物产区主要分布在罗镜、罗平、太平、素龙、泗纶等镇（街），其粮食产量占全市总产量的68%。经济作物总播种面积26264公顷，总产23.49万吨，主要产区分布在罗镜、罗平、附城、黎少、连州、龙湾等镇（街）；蚕桑种植面积3148.73公顷，蚕茧产量7847吨，主要产区分布在罗镜、太平、金鸡、苹塘、両塘、附城、连州等镇（街）；蔬菜种植面积8224公顷，总产量12.17万吨，主要产区在罗镜、罗平、船步、苹塘、围底、附城、黎少、生江、泗纶等镇（街）；水果种植面积8033公顷，总产量87243吨，主要产区在罗镜、罗平、太平、附城、黎少、生江等镇（街）。茶叶种植面积1244.6公顷，总产量2570吨，主要产区分布在両塘镇、连州镇。花生种植面积7224.6公顷，总产量19759吨。

【生产情况】 *粮食生产* 2022年，罗定市全年完成撂荒耕地复耕复种705.35公顷，全市粮食播种面积3.95万公顷，粮食总产量24.8万吨，其中水稻面积3.45万公顷、产量23.15万吨，玉米面积2860公顷、产量1.11万吨，豆类面积726.67公顷、产量0.18万吨，薯类面积1366.67公顷、产量0.34万吨。

南药产业 2022年，罗定市南药种植面积3.03万公顷，其中规模化种植较大的有：肉桂2.78万公顷、巴戟天333.34公顷、八角200公顷、佛手400公顷、广藿香200公顷、益智266.67公顷、何首乌133.34公顷。全市中药材年产量8.3万吨。全市各镇街均有南药种植基地，山区镇为主。

茶叶产业 2022年，罗定市茶叶种植面积1244.6公顷，总产量2570吨。规模较大的有両塘茶场，种植面积66.67公顷，近年略有萎缩，其余多为小规模种植。

蔬菜产业 2022年，罗定市蔬菜种植面积8224.13公顷，总产量12.17万吨。蔬菜种植以附城、罗镜、罗平、苹塘等镇（街）为主，种植方式以露地种植为主，设施大棚主要集中在苹塘镇。

花卉产业 2022年，罗定市花卉种植集中在泗纶镇双德村，由个体花农种植，其中简易大棚4.85公顷，遮阴棚0.2公顷，其余为露天种植。种植品种主要是百合花，年销售鲜花约76万支，销售额221.7万元，主要销往广州花卉市场。盆栽植物集中分布在泗纶镇双德村，种植面积0.2公顷，使用遮阴棚栽培为多；以兰花和观叶芋类居多，销售额13万元。观赏性苗木集中在围底镇陀冲村委，主要由罗定市金景蓝图农业发展有限公司种植，该公司承包133.34公顷山地，栽培景观苗木，年销售约100万棵苗木，销售额1000万元。

水果产业 2022年，罗定市水果种植面积8033.34公顷，主要水果品种有砂糖橘、无核黄皮、荔枝、龙眼、青梅、香杧、蜜枣等。年产干鲜果8.72万吨。其中砂糖橘种植面积358公顷、总产量5960吨，无核黄皮种植面积66公顷、总产量584吨，青梅种植面积2.6公顷、总产量29吨，橄榄种植面积43.9公顷、总产量29吨，杧果种植面积1180.4公顷、总产量11119吨，番石榴种植面积146.9公顷、总产量2933吨，火龙果种植面积284.4公顷、总产量8951吨，青枣种植面积14.6公顷、总产量415吨。

土改与施肥 2022年，罗定市绿色种养循环农业试点项目粪肥还田面积6333.34公顷，粪肥还田2.85万吨、化肥减量增效“三新”（推广水稻侧深施肥360公

表 26 2022 年罗定市粮食作物播种面积和产量情况统计表

单位：公顷、吨

项目	全市	
	面积	产量
粮食作物	39515.2	247961
1. 稻谷	34534.8	231528
（1）早稻	13200.133	114374
（2）晚稻	17334.6	117154
2. 小麦	26.13	92
3. 旱粮	2981.32	11454
其中，玉米	2863.26	11155
4. 薯类（五折一）	1366.3	3375
5. 大豆	606.6	1512

表 27 2022 年罗定市经济作物播种面积和产量情况统计表

单位：公顷、吨

项目	全市	
	面积	产量
经济作物	26264	234923
1. 甘蔗	31.26	1560
其中，蔗糖	31.26	1560
2. 油料作物	7495.6	20283
其中，花生	7226.4	19759
3. 芝麻	51.07	81
4. 烟叶（未加工烟草）	0	0
5. 木薯	3754.6	74960
6. 中草药材	5252.5	7157
7. 其他经济物	9645.13	130963
其中，青饲料	219.7	3281

顷、水稻无人机施肥 466.67 公顷）示范面积 826.66 公顷，全市推广测土配方施肥 6.58 万公顷。

【病害虫防治】 2022 年，罗定市发布《农作物病虫情报》8 期；推广农作物病虫害绿色防控技术，覆盖率 53.5%，农药使用量同比减少 0.61%。罗定市获评“全国农作物病虫害绿色防控整建制推进县”，罗定市农馨种养有限公司获评首批 100 个“全国农作物病虫害绿色防控技术示范推广基地”。全市水稻统防统治面积 8.20 万公顷，覆盖率 43%；全面落实红火蚁阻截防控措施，全市红火蚁防控面积 1866.67 公顷次，比 2021 年 704 公顷增加 1162.67 公顷；福寿螺防控面积 1.2 万公顷。

【农作物良种选育与推广】 2022 年，罗定市水稻品种推广广 8 优 165（晚稻）、广 8 优 169（晚稻）、广 8 优 2156、广 8 优金占、软华优 1179、泰丰优 208、隆香优华占、Y 两优 318、Y 两优 1173、Y 两优 3089、美香占 2 号、华航 48 号、五山丝苗、象牙香占、裕优 9822、泰丰优 55（晚稻）、野香优莉丝、软华优金丝、粤禾丝苗、南晶香占、聚香丝苗、耕香优荔丝苗、隆望两优 889（晚稻）、又香优龙丝苗、贵优 55（晚稻）。玉米品种推广粤甜 28 号、粤彩糯 2 号、华玉 8 号、京科糯 2016、华美糯 7 号、迪卡 008。马铃薯品种推广粤引 85-38、大西洋。甘薯品种推广广薯 87、揭薯 18 号。花生品种推广粤油 13、粤油 43、汕油 188、航花 2 号、仲恺花 10 号、汕油 199、汕油诱 I 号。大豆品种推广华夏 10 号、华春 8 号。蔬菜品种推广油绿粗苔菜心、碧绿粗苔菜心、丰绿苦瓜、农丰长茄、天箭朝天椒、汇丰二号辣椒、华玉 2 号豆角、铁柱冬瓜。水果品种推广糯米糍、桂味、妃子笑荔枝，石硖、储良龙眼。中药材推广石牌广藿香、罗定肉桂。绿肥推广粤肥 2 号。畜禽品种推广三元杂瘦肉型肉猪、三黄鸡、白羽鸭、岭南黄鸡 I 号配套系、岭南黄鸡

表 28　2022 年罗定市茶叶、桑、蔬菜、花卉生产情况统计表

项目	全市	
	面积（公顷）	产量（吨）
一、茶叶	1244.6	2570
1. 绿茶	839	1731
2. 青茶（乌龙茶）	357.1	739
3. 红茶	48.5	100
4. 其他茶叶	0	0
二、桑叶	3148.7	141200
三、蔬菜	8224	121653
1. 叶菜类	2430.7	31259
其中，芹菜	286.8	4102
油菜	367.8	6579
菠菜	359.9	5515
2. 白菜类	1698.3	28213
其中，大白菜	1139.33	20182
3. 甘蓝类	323.3	5134
其中，卷心菜（结球甘蓝）	180.5	3009
4. 根茎类	798.33	12020
其中，白萝卜	316.67	5340
胡萝卜	93.73	1672
生姜	197	2848
5. 瓜菜类	902.7	13293
其中，黄瓜	201.1	3955
南瓜	195.4	3067
冬瓜	153.73	3448
6. 豆类（菜类）	297.06	4180
其中，豇豆	42.93	560
四季豆	94	1760
7. 茄果（菜类）	606.2	8795
其中，茄子	79.2	1786
辣椒	321.46	4015
西红柿	95.53	935
8. 葱蒜类	264.26	3756
其中，大葱	69.13	915
蒜头	83.6	1137
9. 水生菜类	191.26	2380
其中，莲藕	98	1506
10. 其他蔬菜	711.86	10701
11. 食用菌（干鲜混合）	1.5	1976
（1）干品	1.0	546
其中，香菇	0.2	70
黑木耳	0.8	746
（2）鲜品	0.5	1430
其中，蘑菇	0.4	1200
四、花卉	49.6	
1. 鲜切花	7.87	446（万枝）
2. 盆栽观赏植物（包括盆景）	19.53	19588（盆）
3. 观赏苗木	20.6	2480826（株）

Ⅱ号配套系。水产品种推广草鱼、罗非鱼。（张锦波）

畜牧业

【概况】 2022年，罗定市畜禽存养量有大牲畜存栏1.6万头，生猪存栏35.4万头，羊存栏2.3万只，家禽存养785万羽，家兔存养2.2万只。存养10头牛、50只羊、100只兔、1万羽鸡、年出栏100头猪以上的饲养大户800户。较大的畜牧养殖场12处，各种畜禽规模养殖场229个，有全国、全省肉猪基地8个。总产7.28万吨，其中肉类6.2万吨，禽蛋1.08万吨。畜牧业产值27.95亿元。

【畜禽疫病防治】 2022年，罗定市对口蹄疫、高致病性禽流感和小反刍兽疫强制免疫，对狂犬病实行全面免疫；对全市畜禽养殖影响比较大的其他疫病如牛出败、牛结节性皮肤病进行免疫。对散养户实行集中免疫、每月定期补针，规模养殖场按程序免疫，以自免疫为主，对新生畜禽、免疫抗体水平下降的畜禽及时补针，群体强制免疫密度维持在95%以上，其中应免畜禽密度达到100%，免疫抗体合格率保持在70%以上。

【畜牧养殖优化】 2022年，罗定市农业农村局组织编制《罗定市畜牧业发展规划（2021—2030年）》，科学合理规划全市畜禽养殖的布局。加强畜禽粪污资源化利用工作，提倡清洁生产，鼓励节能、污染减排、资源优化利用的畜禽生产模式，推广不同类型废弃物资源化利用循环农业模式。鼓励大型养殖公司进行资源整合，开展标准化、规模化养殖。规范畜禽养殖场（户）的养殖行为，对禁养区和限养区内已清理的畜禽养殖场（户）开展巡查，清理违规养殖行为。

【动物卫生监督】 2022年，罗定市农业农村局对全市规模养殖场和农户所饲养的畜禽进行排查和常规监测，未发现有阳性反应。对大中养殖场采取监测免疫抗体水平、查看防疫记录等方式，督促开展防疫工作。对小养殖场，规定其按要求100%接种禽流感

表29　2022年罗定市农林牧渔产值、中间消耗、增加值情况统计表

单位：万元

项目	全市
农林牧渔业产值	1045061.33
农业	344236.09
林业	337092.05
牧业	279534.42
渔业	49493.77
农林牧渔服务业产值	351550.88
农业	90568.02
林业	85790.8
牧业	135656.28
渔业	19163.94
农林牧渔中间值	20371.84
农林牧渔业增加值	50772.539
农业	24503.12
林业	27098.8
牧业	-1064.88
渔业	-1457.5
农林牧渔服务业	1693

疫苗，不按规定注射疫苗的，一律禁止家禽上市交易。开展抗体监测4000多份，其中O型口蹄疫监测数350份，猪瘟监测数350份，蓝耳监测数350份，A型口蹄疫监测数151份，非结构蛋白抗体口蹄疫监测数86份，禽流感H5监测960份，新城疫监测960份，禽流感H7N9监测960份，布鲁氏菌病200余份。完成送检牛、羊血清60份，羊鼻咽拭50份，猪全血50份，鸡咽肛拭子200份。全市群体强制免疫率维持在95%以上，其中免疫畜禽密度100%。生猪屠宰检疫32万余头。新区检查站全年检查生猪7525车次95078头，猪胴体153车次779216千克，肉鸡5602车次11998797羽，肉牛111车次3386头，牛产品2车次9804千克。

（张锦波）

水产业

【概况】 2022年，罗定市有池塘1175公顷，渔业人口6670人，渔业劳动力3771人。淡水鱼类养殖品种主要有草鱼、鲢鱼、鳙鱼、鲤鱼、鲫鱼、罗非鱼等，并引进发展名优新品种。水产养殖面积2023公顷，渔业水产品年总产量3.62万吨，同比下降1.86%，渔民人均纯收入1.80万元，同比下降0.5%。水产品总产量3.62万吨，实现产值4.95亿元。

【水产品养殖】 2022年，罗定市水域面积2023公顷，其中素龙（311.53公顷）、附城、双东、罗平、围底、华石6个镇街共有鱼塘1140.27公顷，占比56%。水产养殖方式有池塘、山塘水库养殖，庭院特色水产品养殖等。主要养殖品种有青、草、鲢、鳙“四大家鱼”及鲮鱼、鲫鱼、罗非鱼等，胡子鲶、淡水白鲳、鳜鱼、也均有零星养殖。池塘、山塘水库等主要养殖青、草、鲢、鳙“四大家鱼”及鲮鱼等水产品，罗非鱼占10%。庭院特色水产养殖品种主要有黄沙鳖、石龟、金钱龟等。是年，全市水产品产量3.62万吨，亩产约1200千克。

【孵化繁殖】 2022年，罗定市拥有规模较大的鱼苗场4家，主要孵化繁殖四大家鱼、鲮鱼、麦鲮、泰国野鲮等品种。全市共孵化180亿鱼苗，其中80%为幼体。

【水产养殖方式】 2022年，罗定市池塘养殖有1205公顷，以养殖“四大家鱼”、鲮鱼、鲫鱼、罗非鱼、塘鲺为主。稻田养殖处于起步阶段，主要分布在素龙街道沙豪岗村、大榄村等，面积约20公顷，其中采取小龙虾——水稻养殖。山塘水库养殖水面812公顷，主要养殖大家鱼、鲮鱼、鲫鱼。特种养殖主要是龟鳖类，多数在养殖户自家楼顶养殖。是年，全市龟鳖养殖215吨，其中鳖为127吨，占比58%。

【池塘综合整治】 2022年，罗定市池塘多数为不规则、水位不深、进排水不分开的池塘。罗定市农业农村局自2018年开始，连续5年投入资金开展池塘标准化改造项目，投入资金约300万元，改造渔业企业12家，面积33.34公顷。

【水产品质量安全监督】 2022年，罗定市农业农村局向养殖户宣传有关的法律法规知识，派发有关法律法规宣传小册子和养殖技术资料及禁用兽药（渔药）清单等宣传资料1000份。对养殖投入品（饲料和饲料添加剂）生产企业实行一季一查制度，对经营单位实行半年一查制度，对使用单位（养殖企业）实行一年一查制度。全年检查饲料生产经营企业和养殖企业共300多家次。

【水生生物资源养护】 2022年，罗定市农业农村局投入资金15万元，在罗定江水域范围内开展渔业资源人工增殖放流活动，共放流“四大家鱼”、鲤鱼、鲮鱼等6个品种的鱼苗157.5万尾。

【禁渔】 2022年，罗定市农业农村局在4个月（3月1日起至6月30日）禁渔期间，在罗定电视台黄金时段播出禁渔和保护渔业资源相关知识；编印“罗定江实施禁渔制度有关宣传资料”和“禁止电、炸、毒鱼违法行为通告”派送到渔船上，在主要江河要道和路口、大桥两边等拉挂禁渔宣传横幅。全年清理取缔违法网具36张，张贴通告125份、拉宣传横幅47条、树禁渔告示牌24张，电视报道宣传360余次。全年未发现在禁渔区域实施电鱼作业违法行为。

【水生野生动物保护管理】 2022年，罗定市农业农村局推进水生野生动物驯养许可证和标识的发放管理，加强水生野生动物驯养管理工作和规范水生野生动物交易，防止有关疫情的传播。

（张锦波）

林 业

【概况】 2022年，罗定市林业用地面积13.93万公顷，森林蓄积量912万立方米，森林覆盖率64.7%。全市有林地，以乔木林面积最大，占全市有林面积的99%。经济林全市均有分布，其中1万公顷以上的有肉桂。年林业总产值337092万元。全市有国有林场3处，苗圃4处，总经营面积0.8万公顷，森林蓄积量62万立方米，市直林业系统在职干部职工45人，年创产值537.77万元。

【森林资源管理】 全面推行林长制 2022年，罗定市全面推行林长制工作，构建村级林长、基层监管员、护林员为主体的“一长两员”森林资源源头管护机制，2022年度在云浮市全面推行林长制考核中获得优秀等次。

国土绿化 2022年，罗定市完成造林与生态修复总任务1846.67公顷，其中高质量水源林建设高标准完成671.13公顷、新造林抚育274.13公顷、中央森林抚育266.67公顷，100%完成省林业局下达的任务；全市义务植树合计65万株；全市573株古树名木全部进行建档登记和挂牌保护，签订罗定市古树名木责任书102份，完成全市6株一级古树名木的视频监控建设，100%完成上级下达的任务。

生态公益林 2022年，罗定市省级生态公益林面积49900公顷，补偿标准提高到平均每667平方米37元，累计发放和使用生态公益林补偿资金3148.33万元。

【森林防火宣传】 2022年，罗定市自然资源局开展“七进”森林防火宣传活动和森林火灾隐患排查“五清”专项行动，举行“严防森林火险，守护绿水青山”主题宣传活动14场，发放森林防灭火宣传资料882990份，悬挂宣传横幅10476条，出动森林防火宣传车6086辆次，出动宣传人员共10546人次，在重要路口、地段、山头悬挂森林防火宣传语783条，确保森林防火全覆盖，增强群众森林防火意识。全年无发生重特大森林火灾。

【林业有害生物防控】 2022年，罗定市自然资源局制定《罗定市重大林业有害生物灾害应急预案》《罗定市重大林业有害生物灾害监测防治实施方案》。完成松材线虫防治面积1600公顷，黎少镇实现无疫情；完成松毛虫防治面积1000公顷，完成微甘菊防治面积200公顷，完成红火蚁防治面积66.67公顷；完成全市林草外来入侵物种外业普查工作；全市林业有害生物防治面积成灾率1.1‰，不超过云浮市林业局下达的林业有害生物成灾率指标1.3‰。

林场选介

【飞马林场】 云浮市国有飞马林场位于罗定市东南部（北纬22°29′05″～22°35′04″，东经111°37′41″～111°44′12″），坐落于罗定市船步镇内，与茜塘镇、信宜市思贺镇、阳春市河朗镇等16个村庄接壤，距罗定市区33千米。林场属亚热带季风气候，夏长冬短，年平均气温28℃，年降水量1685毫米；地形山岭相叠，起伏较大，山径崎岖，坡陡谷深，最高山峰为八排山，海拔1081米，坡度在20°～35°之间。

森林资源 2022年，云浮市国有飞马林场林业用地面积2739.45公顷，非林地用地面积72.48公顷，森林覆盖率95.3%，林木绿化率95.3%，活立木总蓄积量170351立方米，森林蓄积量169642立方米。

林地地类划分 2022年，云浮市国有飞马林场林业有林地面积2507.96公顷，灌木林地面积171.41公顷，未成林地面积41.53公顷，无立木林地面积17.67公顷，林业辅助生产用地面积0.86公顷。

一级林种分类 2022年，云浮市国有飞马林场林业生态公益林面积1789.71公顷，占林业用地面积 的65.3%，商品林面积的949.73公顷，占林地用地面积34.7%。树种主要有马尾松、湿地松、杉树、桉树、荷木、速生相思等。

森林培育 2022年，云浮市国有飞马林场投入资金5.2万元，实施17.34公顷高质量水源涵养林新造林抚育项目，已通过省级核查验收；投入资金8.6万元，完成《云浮市国有飞马林场森林经营方案（2021—2025年）》修编项目；投入资金53.03万元，完成中央森林抚育补助（大径材培育）项目建设，其中完成一般森林抚育133.34公顷，大径材培育66.67公顷，已通过省级核查验收。是年，完成增调天然林面积492.04公顷，林场天然林资源数据与市国土“三调”数据实现一致融合。（陈广鹏）

【龙埇林场】 云浮市国有龙埇林场位于罗定市东南部（北纬22°37′～22°43′，东经111°38′～111°46′），距罗定市城区约14千米，林场周边地界与罗定市的围底、苹塘、金鸡、䓣塘、船步、罗平6个镇18个村接壤。属南亚热带季风气候区，常年平均气温22℃，1月均温13℃，7月均温28℃，年均降雨量1400毫米；地形山岭相叠、此起彼伏的山脉呈东北向西南走向，地势较陡，坡度在20°～35°之间；总面积4431.66公顷。

森林资源 2022年，云浮市国有龙埇林场经营面积4431.66公顷，其中林业用地面积4391.09公顷，活立木总蓄积299706立方米，森林蓄积299347立方米。林业用地4431.66公顷，按地类分：乔木林地3776.15公顷，灌木林地608.75公顷、无立木林地6.19公顷，非林地40.57公顷。全场森林覆盖率98.9%，按一级林种分类：生态公益林2052.73公顷，占林业用地的面积47%；商品林2338.36公顷，占林业用地面积的53%。

安全生产 2022年，云浮市国有龙埇林场有12名护林员，各护林员分派到各片山头进行巡查，防止外来人员进山盗砍滥伐，林区治安状况良好。在防火高危期间，把人力安排到主要关口、重要林地和路段进行巡查，严禁火源流入林区，杜绝火灾隐患。在林场各工区、护林点、民工居住点和林区毗邻村庄宣传林业法律法规和政策，派发和张贴书写制作的防火标语、严禁非法侵占林地标语、禁毒标语等。春分、清明、国庆、重阳等重要节气节日期间，林场成立工作领导小组，全场人员取消休假到林区巡查，驻哨卡工作人员对进入林区的群众、车辆进行登记并进行森林防火宣传，在进山路口严查携带烟花爆竹和易燃易爆品，派出无人机进行空中监控和取证，处理违反禁火令规定上坟、野外用火和燃放烟花爆竹的行为。

林场项目建设 2022年，云浮市国有龙埇林场实施的涉农资金项目有森林经营方案修编项目，投入12.5万元，完成2021—2025年森林经营方案修编；中央森林抚育补助（大径材培育）项目，投入74.25万元，完成280公顷中幼林抚育，其中包含66.67公顷大径材抚育，项目的建成预计每年可增加活立木蓄积量1260立方米，每年可增加木材储备效益63万元；林业有害生物病虫害防控项目，投入12.5万元，完成林场内微甘菊、松材线虫等林业有害生物的监测防治。

林区经济 2022年，上级下达非税收入任务470万元，云浮市国有龙埇林场上缴总收入477.89万元，超额完成7.89万元，完成率101.7%。资产总值6266万元，比2021年资产总值6091万元增加175万元，同比增长2.9%。

（肖冬棉 李秋红）

水 利

【概况】 2022年，罗定市落实水利建设资金29180.65万元，其中中央资金3941.49万元、省级资金24618.16万元（含专项债券资金18000万元，一般债券资金377万元），罗定本级资金621万元。罗定市水务局组织实施罗定市2022年度全域自然村集中供水工程，投资1.1亿元，解决全市16个镇（街）101个建制村817个自然村21.97万人饮水安全问题。工程采取EPC（设计采购施工一体化）总承包的方式，分3批进行，累计完成管道铺设409717米，完成工程投资9350万元；组织实施农村集中供水全覆盖攻坚行动省级奖补资金项目6个，主要是水质提升和升级改造工程，新增9套超滤膜净水设施，规划解决13个建制村141个自然村4.8万人饮水安全问题。

【水土流失专项治理】 2022年，罗定市水务局组织实施围底镇水土流失治理工程。工程规划治理面积

57.29平方千米，总投资为1550.55万元，完成排洪沟整治0.8千米、排灌渠1千米、河道清杂整治1.5千米，护岸砌筑完成0.7千米、崩岗整治6座等，已完成工程投资470万元，完成工程进度40%。

【灌区建设】 2022年，罗定市开展引太灌区续建配套与节水改造工程（第三标段）建设，完成投资4100万元，完成新引镜干渠加固10.96千米，罗平干渠6千米，泄水闸加固3座，放水涵管3座，机耕桥7座，人行便桥2座；完成土方开挖15.9万立方米，混凝土3.0万立方米。是年，罗定市引泗中型灌区获评为广东省节水型灌区。

【小水电清理整改】 2022年，罗定市水电站需落实生态流量改造和监测监控设施任务94座，全年完成70座水电站落实安装生态流量监测监控设施，完成率74.4%。12月，龙湾镇大坑水电站完成退出工作。

【水生态治理】 2022年，罗定市实施泗纶镇、分界镇、素龙街道、黎少镇、船步镇、罗平镇水生态治理工程，主要是河道治理（河道清淤疏浚、护脚护岸等）、改造水田，以及驿站、广告牌等公共设施建设等。河道治理16.88千米，全部工程完成建设，完成投资6900万元；罗定江罗太流域示范段综合开发利用建设项目，河道治理15.8千米，工程主要包括路基路面工程、绿化工程、改造水田，以及驿站、广告牌、照明工程、河道清淤工程等内容，全部工程完成建设，完成投资6300万元。

【小型水库运行管理】 2022年，罗定市水务局实施第三批小型水库标准化建设28宗，项目投资概算249万元，实现全市小型水库标准化建设及雨水情监测全覆盖；实施13宗小型水库大坝安全鉴定工作，落实县级项目费用658万元，实现本阶段超期存量水库大坝安全鉴定全部清零；罗定市水库大坝除险加固工程第一批于4月19日完工验收3宗，完成工程建安投资1245.10万元；第二批的8宗小型水库除险加固工程合同总价1982万元，于5月20日开工建设，12月完成主体工程建设。

【水资源监管】 2022年，罗定市征收水资源费710.97万元。累计日常巡查150多次，巡查河道9395千米，依法查处4宗未取得河砂的合法来源证明擅自在河道内运输河砂的违法行为，开展取缔非法采砂专项行动取缔上砂点3个，暂扣运输车辆、勾机共7辆。

【水土保持】 2022年，罗定市征收水土保持补偿费（上缴中央国库10%部分）19.43万元。全面应用水土保持监督管理系统，对辖区内的生产建设项目开展水土保持“天地一体化”监管，开展扰动图斑解释成果现场复核工作，对水利部和水利厅全年下发的38个图斑进行现场复核工作。

【水库移民】 2022年，罗定市水库移民后期扶持共投入资金1584.09万元。其中，发放移民直补到人资金606.96万元，投资977.13万元实施移民扶持项目10宗，受益水库移民人口10120人。

【“河长制”工作】 2022年，罗定市市级巡河工作122次，各镇街巡河19945次，发现问题30个，全部完成整改。完成水利部交办的10宗河道“四乱”问题整治工作，5宗妨碍河道行洪突出问题完成整治并获得省水利厅销号；开展集中清漂行动2次，投入资金158.42万元，完成清漂河长161.84千米，清理水域面积17.17平方千米，清理漂浮垃圾310.5吨。

【环北部湾广东水资源配置工程（罗定段）】 2022年，环北部湾广东水资源配置工程（罗定段）线路总长约66千米，涉及替滨、附城、泗纶、素龙、生江5个镇街，建设征（租）地面积182.79公顷，涉及征拆房屋及附属建筑物631.73平方米，涉及迁改建专业项目设施有交通运输设施5.23千米、电力设施7.61千米、通信设施13.26千米。是年，配合粤海粤西供水公司和相关单位开展前期各项工作，完成金银河隧洞进口先行用地（0.4公顷）及配套的临时用地（76.89顷）征（租）地交地工作，在替滨、泗纶、附城、生江、素龙等镇（街）同步开展征地拆迁工作征（租）地权属界线区分测量。

（梁炽锋）

农副产品进湾融湾

【概况】 2022年，罗定市供销社完成《云浮市进一步深化供销合作社综合改革打造为农服务生力军行动实施方案》各项工作任务，利用全省供销系统网络优势，线上线下开展云浮名优产品推介活动，推动云浮农副产品销往粤港澳大湾区。

【农产品网络配送】 2022年，罗定市加快构建放心农产品配送网络，融入全省直供配送一张网，建设农产品直供配送网络。出资200万元参与省级直供配送平台的建设，在省级平台参股5%搭建罗定市区域子平台，推进跨区域合作，打造品牌共享、资源共享、集约高效农产品直供配送网络。签订固定供应合同，增加本地优质农产品的供应。

【综合合作试点】 2022年，罗定市制定《云浮市供销合作社开展“生产、供销、信用”综合合作试点实施方案》，向省申报生产、供销、信用综合合作试点市。在罗定市太平镇拟投资500万元，建设提供禽畜类农产品的收购、交易、分拣、仓储、运输，农技培训、电子商务、金融服务等服务功能的综合服务站。至年末，农产品综合服务站均完成建设施工方案，进行土地流转、平整、清杂、涵洞铺设等前期工作。

【名优产品进湾区】 2022年，罗定市打造湾区农产品“安全供给地”。罗定市供销社立足农产品主产区资源优势，实施“品牌创建行动”，升级打造“天谷酱油”和“供销大米”品牌，开展2022年“云浮好物·佛云有约”年货供销节、“东西好品·云浮有约”云浮名优产品进湾区活动，两次活动23家厂商80种产品通过线上直播、线下展销等形式参与推介。（谭梦婷）

▲2022年8月29日，“东西好品·云浮有约”云浮名优产品进湾区推介活动启动仪式在广东东西部扶贫协作产品交易市场举行。图为罗定名优产品展区（罗定市供销联社办公室谭梦婷／摄）

工业·信息业

工　业

【概况】 2022年，罗定市主要工业门类有水泥、食品加工、装备制造、生物制药、化学制品制造业、电子设备制造业等。全市规模以上工业企业88家，其中，大型企业2家，中型企业11家，小型企业65家，微型企业10家；规模以上工业企业完成工业增加值32.4亿元，其中利润4.9亿元。高新电子产业完成规模以上工业增加值7.1亿元；日用轻工产业完成规模以上工业增加值12.6亿元；生物医药产业完成规模以上工业增加值1.6亿元。产值达亿元以上的企业23家。是年，全市100%建制村已实现光网覆盖和4G网络覆盖。

【工业数据】 2022年，罗定市实现规模以上工业总产值142.8亿元，同比下降2.1%。全市共88家规模以上工业企业，实现产值正增长的有38家、占比43%，负增长50家、占比57%。工业投资

（含技改）平稳增长，1—12月累计完成工业投资29.3亿元，同比增长21.8%。其中，工业技改投资14.7亿元，同比增长15.4%。全社会用电量累计18.7亿千瓦时，同比增长0.9%。其中工业用电量9.1亿千瓦时，同比下降1.9%。罗定产业转移工业园现有规模以上工业企业28家（含附城片区），实现规模以上工业总产值99.2亿元，同比增长2.8%，比1—11月上升0.5个百分点；累计实现规模以上工业增加值11.0亿元，同比下降10.8%；完成全社会固定资产投资22.7亿元，同比下降12.5%，其中工业固定资产投资13.7亿元，同比下降6.5%；实现税收收入4.8亿元，同比下降21.1%。罗定市高新电子、生物医药、日用轻工三大主导产业实现规模以上工业总产值83.1亿元，同比下降4.2%；实现工业增加值21.4亿元，同比下降3.4%。其中生物医药实现正增长，同比增长43.6%；日用轻工、高新电子负增长，同比分别下降0.6%、14.7%。

【中小企业经济发展】 2022年，罗定市符合条件的企业享受促进小微工业企业上规模奖励和企业贷款贴息、技术创新等政策，有汇星（云浮）工业科技有限公司等11家工业企业申报“2022年促进小微工业企业上规模发展专项资金入库”，即“小升规”奖补，每家企业奖励20万元，共220万元。是年，中小微企业贷款5908笔，贷款余额96.32亿元，其中2022年新发放2341笔，发放贷款金额16.53亿元。10月，有中顺洁柔（云浮）纸业有限公司、广东海泰金属制品有限公司、广东星光脂胶科技股份有限公司、广东铨镁能源集团有限公司、广东金正龙科技有限公司、一力制药（罗定）有限公司、磁电实业（罗定）有限公司、广东梦之禽农业科技股份有限公司、罗定市丰智昌顺科技有限公司、罗定市竹之森农业科技有限公司10家企业申报“创新型中小企业”，有中顺洁柔（云浮）纸业有限公司、磁电实业（罗定）有限公司、广东星光脂胶科技股份有限公司、广东金正龙科技有限公司、广东梦之禽农业科技股份有限公司5家企业申报“专精特新中小企业”项目。

【民爆物品管理】 2022年，罗定市工业和信息化局加强对广东宏大罗化民爆有限公司、云浮市晖益民爆器材有限公司罗定分公司、宏大爆破工程集团有限责任公司罗定分公司等3家民爆企业日常安全监管，开展“一线三排”和危险化学品行业整治工作。是年，宏大罗化的安全生产标准化建设达到二级标准，新成立的宏大爆破按二级安全标准建设，晖益公司（销售企业）安全生产标准化建设达到三级标准，3家民爆企业全部实行智能化安全监管。（龙雪惠）

【罗定产业转移工业园】 概况 罗定产业转移工业园位于罗定市东北面，毗邻中心城区，云罗、罗岑、江罗、罗阳、怀罗、罗信等六条高速和罗岑铁路在此交会，省道352线贯穿整个园区。总规划面积1217.73公顷，由佛山市禅城区政府重点对口帮扶，享受省级产业转移工业园相关政策。

基础设施建设 2022年，罗定产业转移工业园园区道路、绿化、电力、给排水、管道燃气、蒸汽、通信、有线电视、污水处理厂等基础设施全部配套到位。是年，园区建成五十米大道、日化二路、泰康制药厂前道路、环城路连接线、环园二路等道路10千米，在建道路20千米。

土地开发 2022年，罗定产业转移工业园“三通一平”，开发面积913.3公顷，建设厂房总面积250万平方米。

配套设施 2022年，罗定产业转移工业园建成的园区污水处理厂及配套管网已委托第三方运营，每天处理污水970吨。建成粤泷电厂通往园区各企业的蒸汽管道，每小时可供蒸汽100吨。

经济运行状况 2022年，罗定产业转移工业园实现规模以上工业总产值99.2亿元，税收4.78亿元、同比下降21.1%；实现规模以上工业增加值20.99亿元，同比下降4.6%；完成工业项目固定资产投资22.66亿元。罗定产业转移工业园2022年各项经济指标有较大幅度下滑，28家规模以上企业工业产值负增长有14家，其中铨镁能源、智元电子、天创公司、同力混凝土同比下降

▲ 2022 年 6 月 5 日，长利集团·东震高新产业园举行 开工典礼暨奠基仪式

（罗定市双东环保工业园服务中心／供图）

超 50%；税收负增长有 19 家。中顺洁柔、微容科技、雅达电子工业总产值同比分别下降 1%、21.9%、12.8%。天创公司因债务问题被拍卖，法人主体变更，是年退出规模以上企业。

招商引资　2022 年，罗定产业转移工业园已引入企业 131 家，其中投产（部分投产）项目 97 个，在建项目 27 个，协议项目 7 个，计划投资总额 399.77 亿元，全部建成后，预计产值 605.3 亿元，创税 30 亿元。是年，罗定产业转移工业园新增入园企业 5 家，分别是广东金正龙科技有限公司（贵金属精炼提纯及应用项目）、广东泰康制药有限公司（罗定中成药制剂生产基地项目二期）、长利实业集团有限公司（长利集团·东震高端玩具产业项目）、广东汇江铝业有限公司（铝合金型材罗定项目）、东莞市盟凯潜水用品实业有限公司（东莞市盟凯潜水用品实业有限公司潜水纺织用品罗定项目）。　（龙秋虹）

建材业

【概况】　2022 年，罗定市建材产业现有规模以上工业企业 30 家，占全市规模以上工业企业 34.1%。其中包括：水泥企业 2 家、陶瓷企业 3 家、石料矿山开采企业 5 家、混凝土企业 9 家、砖瓦制造企业 1 家、石材加工企业 1 家，其他建筑材料制造企业 9 家。是年，全市 30 家规模以上建材企业实现规模以上工业总产值 22.2 亿元，同比下降 16.8%。其中，水泥行业实现规模以上工业产值 13.2 亿元，同比下降 9.3%。

【华润水泥（罗定）有限公司】　华润水泥（罗定）有限公司有 1 条日产 4500 吨新型干法熟料生产线，配套 2 台 4.2×13 米带辊压机水泥粉磨系统和一座装机容量 9.0 兆瓦余热发电站，生产规模年产熟料 150 万吨、水泥 200 万吨。公司员工 258 人，当地就业人数占 60%。

【中材罗定水泥有限公司】　中材罗定水泥有限公司经营范围为水泥及水泥熟料的生产和销售。公司拥有一条日产 4500 吨熟料水泥生产线，年产水泥 200 万吨，是云浮地区重点水泥企业之一。

（龙雪惠）

纺织业

【概况】　2022 年，罗定市有规模以上纺织企业 3 家，实现规模以上工业总产值 1.5 亿元，同比下降 8.0%。是年，罗定市推动嘉达纺织增资扩产，建设粤北和“两广”纺织服装生产贸易基地；加大对纺织服装产业发展的政策扶持力度，引导和激励小微企业增资扩产加快转型；加强与珠三角地区的产业转移对接，政府赋能，降低用地价格、税收负担、简化办事手续、加强劳动力职业技能培训，培育链主企业，建设优势产业。

【罗定市嘉达纺织厂有限公司】 罗定市嘉达纺织厂有限公司具有科研、制条、纺纱、染整、针织一条龙生产体系，生产规模3万枚毛纺锭，年纺纱能力1.2万吨，年染色生产能力1万吨，实现年总产值3亿元。

【罗定大友汽车座椅有限公司】 罗定大友汽车座椅有限公司从事汽车座椅套的裁断缝制加工，生产销售汽车座椅套产品，为广汽本田、广汽丰田、日本铃木等汽车品牌企业合作生产。项目建成投产后每年可为50万台小汽车配套座椅，提供就业岗位800个，年创造产值4亿元。（龙雪惠）

生物医药工业

【概况】 2022年，罗定市有规模以上生物医药生产企业4家，全市生物医药行业实现规模以上工业总产值5.4亿元，比上年增长43.6%。

【生物医药企业选介】 广东三顺制药有限公司 2022年，广东三顺制药有限公司是一家综合性制药企业，坐落在罗定市双东环保工业园，占地面积5.49万平方米，建筑面积2.78万平方米，有员工120人。公司拥有片剂、胶囊剂、颗粒剂、口服溶液等多条可同时生产的现代化自动生产线，年生产能力可达片剂12亿片、硬胶囊剂10亿粒、颗粒剂2亿袋；拥有中药前处理及提取车间，年提取生产能力3000吨，年产值1.5亿元。

一力制药（罗定）有限公司 一力制药（罗定）有限公司由原“广东罗定制药有限公司”于2013年4月重组，是集高质量中成药研发、生产与销售于一体的高新技术医药企业。以中成药产品为核心，拥有片剂、口服液、胶囊剂、颗粒剂中药提取等先进生产线。2022年，有高级职称1人，其中中级职称有14人，初级职称有25人。

广东态森德制药有限公司 2022年，广东态森德制药有限公司有员工161人，生产原料药及医药中间体、片剂、胶囊剂（含头孢菌素类）、口服溶液剂，主导产品有红霉素、依托红霉素、琥乙红霉素、硬脂酸红霉素等。

广东泰康制药有限公司 2022年，广东泰康制药有限公司年产值1.8亿元，同比增长113%，税收1858万元。（龙雪惠）

电子信息制造工业

【概况】 2022年，罗定市有规模以上高新电子企业9家，高新电子产业实现规模以上工业总产值29.0亿元，同比下降14.7%；实现规模以上工业增加值7.1亿元，同比下降16.3%。其中，累计产值正增长的企业有宝捷电子、荣富电子、磁电实业3家，分别同比增长48.3%、438.6%、16.3%；雅达电子生产经营稳定恢复；微容电子工业总产值同比下降21.9%。

【依利安达—磁电实业（罗定）有限公司】 依利安达—磁电实业（罗定）有限公司主要生产与销售新能源产品、大型电脑通信网络、手提电脑等网络通信匹配的电子变压器类产品，产品销往世界各地。

【广东微容电子科技有限公司】 广东微容电子科技有限公司坐落在罗定产业转移工业园内，主要产品为片式多层陶瓷电容器（英文简称MLCC），广泛应用于移动通信设备、屏幕显示、数字蓝牙、数码产品及其他各类电子终端产品，客户包括华为、小米、联想、OPPO、TCL、华硕、TP-LINK、创维、海康、松下、霍尼韦尔、微软等国内外知名企业，有员工1500人。2022年实现产值8.51亿元，同比下降21.9%。

【罗定市宝捷电子有限公司】 罗定市宝捷电子有限公司主要研发光电烟雾报警器、一氧化碳报警器、热感报警器、气体报警器、婴儿监控器等产品。公司占地面积2.81万平方米，建筑面积2.8万平方米，注册资本人民币500万元，员工200人。2022年实现产值11286.9万元，同比增长48.3%，税收380.79万元。

【雅达电子（罗定）有限公司】 雅达电子（罗定）有限公司主要研发、生产和销售各类高频开关式电源、消费性电子电源、汽车电源、光伏储能产品、电线产品、磁性电子元件及其配件等。2022年，雅达电子改扩建技改项目，提升产能至18亿元/年，全年生产总值14.02亿元，纳税金额564万元。（龙雪惠）

电力工业

【概况】 2022年，罗定市安全生产局面稳定，没有发生五级及以上事件事故。供电面积2334.70平方千米，供电人口130万人。最高电力负荷38.73万千瓦，创历史新高。完成供电量18.71亿千瓦时，同比增长0.9%；完成售电量18.06亿千瓦时，同比增长1%。第三方客户满意度89分，创历史新高，位列云浮五个县区局第一。全年查获窃电及违约用电24宗，挽回损失14.3万元。全年投入8290万元对配电网进行升级改造，新建投产12回10千伏线路，新增改造119台配电变压器。完成中共二十大、高考保供电等各类保供电任务39项。全市实现“电水气+”联合报装及用电报装全流程线上办理。中、低压办电平均用时分别降至19.08个、2.28个工作日。

【政企村共建】 2022年，罗定供电局服务乡村振兴，投入8290万元对农网进行升级改造，城乡“两率一户”均达标。全力做好苹塘、船步2个“政企村共建”村级集体经济项目用电服务。建立并优化“政府主导、电网主动、多方参与”的政企协作整治“三线搭挂”的工作机制，治理32个自然村“三线”搭挂。完成消费帮扶15.93万元。助推罗定市黎少镇、连州镇500兆瓦平价农光互补光伏项目、罗定市100兆瓦光伏复合项目（一期）、船步欣龙80兆瓦集中式光伏项目并网，并网容量27.4万千瓦。推进屋顶分布式光伏开发试点工作，实现分布式光伏结算“一次都不跑”。100%消纳清洁能源2.76亿千瓦时，同比增长73.6%。新建30支充电枪，助力低碳出行。

▲ 2022年1月，罗定市供电局联合罗定市发改局、应急局、住建局、消防大队等单位在罗城街道开展“三线”搭挂整治行动

（罗定供电局/供图）

【电力保供】 2022年，罗定供电局落实“四保”要求，全年未发生错峰，全市电力供应平稳有序。建立网供负荷预测模型、需求响应资源库，市场化需求各时段响应容量均高于50兆瓦。是年，罗定市完成粤港澳大湾区500千伏外环西段工程（云浮段）、粤西网架优化工程（二期）（云浮段）的线路路径批复。110千伏环保输变电工程、110千伏金富输变电工程竣工投产，新增供电能力10.4万千瓦，提升双东、金鸡片区的供电能力。配网计划投资完成8290万元，新建投产12回10千伏线路，新增改造119台配变。罗定配电网自动化有效覆盖率66.07%，自愈覆盖率70.16%。

【优化营商环境】 2022年，罗定供电局政企联动优化用电营商环境，推动云浮市“获得电力”指标排名在全省提升7名。实现“电水气+”联合报装及用电报装全流程线上办理。中、低压办电平均用时分别降低至19.08、2.28个工作日。建立潜在用电负荷提前获取工作机制，市工程建设审批系统自动推送供电接入申请，是年，完成101宗用电申请接入，完成6项10千伏电力外线工程并联审批。报装容量160千瓦及以下小微企业用电报装实行“零投资”，为用户节省投资1019万元。从严管控超时工单，业扩服务时限合格率98.7%。优化客户全方位服务周例会等机制，兑现客户投诉奖惩方案，第三方客户满意度得89分，创历史新高，位列云浮五个县区局第一。警企联动开展反窃电行动，查获窃电及违约用电24宗，挽回损失14.3万元。

【电力情况】 2022年，罗定市供电量18.71亿千瓦时、同比增长0.9%，省网供电15.94亿千瓦时、同比降低5.9%，市网供电2.76亿千瓦时、同比增长73.6%。其中水电2.05亿千瓦时，同比增长100.6%，光伏0.72亿千瓦时，同比增长25.4%，沼气9000千瓦时，同比增长100%。

【电网规模】 主网 2022年，罗定市内有500千伏线路4回（途径）；220千伏变电站2座，容量540兆伏安，220千伏线路7回，线路总长度191.14千米；110千伏变电站13座，总容量782兆伏安，110千伏线路28回，线路总长度349.21千米；35千伏变电站8座，总容量81.55兆伏安，35千伏线路18回，线路总长度182.17千米。

配网 2022年，罗定市内有10千伏公用线路153回，架空线路总长度3827.72千米，电缆总长度352.04千米。公用配变3833台，公用配变总容量927.62兆伏安。

【输变电工程项目】 2022年，罗定市内110千伏环保输变电工程（位于双东工业园）、110千伏金富输变电工程（位于云安富林，向金鸡镇供电）竣工投产，新增供电能力10.4万千瓦。推动黎少镇、连州镇500兆瓦平价农光互补光伏项目、罗定市100兆瓦光伏复合项目（一期）、船步欣龙80兆瓦集中式光伏项目并网，并网容量27.4万千瓦。

【用电】 用电水平 2022年，罗定全市总体电网供应能力可以满足负荷需求，广东省共7天正式启动需求响应，罗定供电局合计参与需求响应29户次，参与响应容量合计67880千瓦。全年未发生拉闸限电等现象。是年，全市用电户户均容量2.39千伏安，供电可靠率99.936%，综合电压合格率99.995%，“两率一户”均达到考核标准。

行业用电情况 2022年，罗定市售电量18.06亿千瓦时，同比增长1%。其中，大工业用电7.96亿千瓦时，同比降低0.7%；普通工业及其他用电1.87亿千瓦时，同比降低1.7%；商业用电1.90亿千瓦时，同比增长1.1%；居民生活用电5.78亿千瓦时，同比增长4.2%；农业用电0.52亿千瓦时，同比增长4.5%。

【电网改造】 农网改造 2022年，罗定市对13个乡镇进行电网升级改造，合计改造10千伏线路29.15千米，新建10千伏线路27.66千米；改造台区16个，新建台区25个，增加变压器容量7140千伏安。

城网改造 2022年，位于罗

定双东工业园内的110千伏江滨变电站投入运行，增加供电能力9万千瓦，解决园区企业的用电需求。110千伏江滨变电站项目是年广东省和云浮市重点建设项目，新建110千伏变电站1座、2台主变，容量12.6万千瓦；新建110千伏线路3回、线路长度37.24千米；新建10千伏出线间隔30回。对罗城、附城、双东、素龙4个街道进行电网升级改造，合计改造10千伏线路25.02千米，新建10千伏线路18.26千米；改造台区22个，新建台区29个，增加变压器容量10215千伏安。

【节约用电】 2022年，罗定供电局开展“绿色低碳，节能先行”系列活动，联合罗定市发改局举办节能宣传活动，在21个供电所营业网点和该局总部LED显示屏播放宣传活动主题、节能宣传电子横幅和张贴宣传海报，多种形式开展节能宣传。

【安全用电】 2022年，罗定供电局筑牢安全生产防线，全年五级及以上事件“零发生”。巩固政府主导、政企联动宣传禁止燃放孔明灯工作机制，连续5年没有发生因孔明灯导致的停电事件。联合罗定市委办印发《关于加强涉电公共安全隐患整改工作的通知》，推动涉电公共安全隐患、森林火灾隐患100%完成治理。投入820万元开展“三线搭挂”、线路绝缘涂覆、残旧线路改造、安键环更换、警示牌设置。深化用户故障出门管控，协助转变用户开展巡检运维。加强用户工程管控，全面推行统建小区总体供电方案，从源头严防违规占用公共电网资源等行为。严把用户设备并网关，设立用户工程验收专班，提升验收质量及送电效率，督促客户消除隐患。是年，用户故障出门次数同比下降59.52%，中压线路故障率同比下降35.65%。全年累计治理32个自

表30　2022年罗定市各镇（街）供、售电量情况统计表

单位：万千瓦时

序号	供电所	供电量	售电量
1	罗城供电所	39123.39	37925.54
2	双东供电所	33764.43	33050.28
3	苹塘供电所	13585.04	13541.14
4	苪塘供电所	13207.53	12769.66
5	素龙供电所	12088.03	11414.01
6	围底供电所	12078.85	11777.80
7	附城供电所	11807.62	11323.05
8	华石供电所	7099.71	6964.45
9	金鸡供电所	6687.25	6117.64
10	罗镜供电所	5733.64	5397.07
11	太平供电所	5580.38	5230.70
12	罗平供电所	5197.79	4922.30
13	船步供电所	4418.57	4171.16
14	泗纶供电所	3273.94	3093.64
15	黎少供电所	3235.50	3160.99
16	连州供电所	2495.50	2380.18
17	生江供电所	2094.31	2038.12
18	榃滨供电所	1826.95	1756.21
19	龙湾供电所	1291.78	1201.57
20	加益供电所	1267.01	1233.07
21	分界供电所	1242.308	1178.95

然村 79 处“三线”搭挂，消除安全隐患。与气象部门联动，提前精准发布气象信息，全年完成 29 轮特殊天气的应急处置工作。

【电价】 2022 年，罗定供电局取消工商业目录销售电价，推动工商业用户全部进入市场，按照市场价格购电，仅保留居民生活、农业生产用电（含稻田排灌、脱粒用电）目录销售电价。执行广东电网公司每月代理购电用户电价，全年代理购电价格在 48.7 ～ 56.95 分 / 千瓦时波动。

【充电设施建设】 至 2022 年末，罗定市累计建成投运 37 个集中式公共充电站 110 个公用充电桩，为电动汽车提供充电服务 20.53 万次，充电电量 436.19 万千瓦时。其中，2022 年投运 5 个公共充电站 30 个公用充电桩，为电动汽车提供充电服务 14.44 万次，充电电量 310.44 万千瓦时。 （张 冰）

【广东省粤泷发电有限责任公司】

概况 广东省粤泷发电有限责任公司位于罗定市双东街道，厂区占地面积 28.7 公顷，工程总投资 9.6 亿元。2022 年，广东省粤泷发电有限责任公司全年发电量 11.85 亿千瓦时，上网电量 10.5 万亿千瓦时。全年供汽量 53 万吨，有用气企业 14 家，平均用气量 60 ～ 80 吨 / 小时。新签约 1 家用热用户，新增投产供热企业 3 家，其中郁南大湾工业园区供热项目于 10 月正式通气，实现跨区域供热。

设备管理 2022 年，广东省粤泷发电有限责任公司推进常态化高灰分低热值燃煤掺烧、机组管理。“云浮罗定天然气热电联产项目”纳入云浮市能源发展“十四五”规划。推动“厂外灰管线迁移项目”“恒安供热管线项目”“石膏堆场项目”“熔盐储热项目”和新能源发展建设等重点项目工作。完成 1 号机组、2 号机组 B 级检修工作，消除高温再热器出口裂纹、水平烟道严重减薄等隐患，全面提高机组可靠性。

安全管理 2022 年，广东省粤泷发电有限责任公司实现连续

▲ 2022 年 4 月 13 日，广东省粤泷发电有限责任公司 2 号机组 B 级检修现场 （广东省粤泷发电有限责任公司 / 供图）

▲ 2022 年 9 月 16 日，广东省粤泷发电有限责任公司 1 号机组 B 级检修现场 （广东省粤泷发电有限责任公司 / 供图）

安全生产运行 6901 天。全年未发生一起非计划停运事件，在电力供需紧张以及冬奥会、两会、中共二十大等重大活动期间完成保供电任务，实现人身和设备事故“双零”的目标，年度 18 项安全目标全部达标。

技术改造　2022 年，广东省粤泷发电有限责任公司开展技术改造、特殊修理、信息化、科技类项目，涉及信息网络安全、机组灵活性改造研究、汽机锅炉设备升级等，共计 58 项，所有项目均已实施，基本完成竣工验收，其中 50 万元以上股份公司年度批复技改、特殊修理及科技项目 16 个。总费用 1940 万元，实际支付费用 1942 万元，费用完成率为 100.1%。

节能减排　2022 年，广东省粤泷发电有限责任公司年供电标煤耗累计值 348.98 克 / 千瓦时，同比下降 1.21 克 / 千瓦时，符合常规燃煤发电机组能耗限额规定，能源消费总量标煤 24.91 万吨，同比下降 2.91 万吨，完成“双控”目标任务。

成本控制　2022 年，广东省粤泷发电有限责任公司设立成本控制专项行动领导小组和工作小组，搭建全面预算管理工作平台，推进业财深度融合，从投资、采购、生产营运、费用开支、融资等各方面强化预算刚性约束。对比集团下达的年度可控费用预算指标，可控费用预算完成率 94%，节约成本 6 个百分点。

（赖冬兰）

信息业

【信息技术应用创新产业】　2022 年，罗定市引进国内销量最大的高端片式多层陶瓷电容器制造企业——广东微容电子科技有限公司，其电容类产品已成功应用于移动通信基站、IT 终端及服务器等工业级信创领域。

【数字经济发展】　2022 年，罗定市有 12 家企业在广东工业互联网应用服务平台上注册并通过认证，全市有 35 家企业使用如 ERP（企业资源计划系统）、WMS（仓库管理系统）、CRM（客户关系管理系统）等数字化产品。全面部署“粤智助”政府服务自助机，实现全市 21 个镇（街）和 336 个村（居）委全覆盖。全市农村电商服务站点 171 个，其中乡镇级 17 个，村级 154 个，整体建设进度完成率 100%。开发“罗定宅优购选”小程序，进行同仓共配的业务整合。完成全市 33 个省定贫困村的电商服务站点建设任务。信息进村入户工程已建成“益农信息社”368 家，100% 覆盖建制村。罗定市省级数字农业农村试点县项目基本建设完成数字农业农村数据中心（罗定市数字农业农村数据中台）、农产品追溯及线上线下展销平台等基础设施和罗定丝苗米产业园“农语云”综合信息化服务平台。完成建设市级智慧养老服务信息化平台，数据库已录入全市 17.2 万名老年人的信息；全市中小学校均配备多媒体教学设备，教育装备数字管理，教育会议远程部署；水务管理接入云浮市水务局“智慧水利”云平台，实现水务应用、三防指挥、河湖智慧管理，通过移动终端可实时读取各类信息；完成建设森林防火监控指挥平台、智能路灯管理平台、“互联网 + 金融”大数据服务平台等信息化大数据平台。

（龙雪惠）

政务数据管理

【系统上云和政务数据共享】　2022 年，罗定市有 11 个自建系统迁移到广东省政务云，上云率达 90%。数据共享方面，23 个部门共 209 项高频事项录入开放广东平台数据；31 个部门共 526 条数据目录数录入一网共享平台。

【政府网站管理】　2022 年，罗定市政府网站发布稿件 7576 条，网站浏览累计 300.32 万人次。市政数局参加“御海”珠海 • 云浮数字政府网络安全联合攻防演练活动和“粤盾 -2022”广东省数字政府网络安全实战攻防演练活动，在“御海”珠海 • 云浮数字政府网络安全联合攻防演练活动中获优秀防守单位。市政数局聘请第三方网络安全技术人员对中心机房及周边设备进行全方位监测值守，对内网资产进行漏洞扫描。

【办文效能】　2022 年，罗定市 56 个市直政府部门 OA 公文办结率从 81% 提升至 98%，全流程率从 59% 提升至 85%，普通件平均办文时长从 30.6 小时减少至 14.4 小时，急件平均办文时长从 44 小时减少至 19.6 小时。

【推广使用“粤系列”平台】 2022 年，罗定市“粤省事”实名注册人数 947865 人，可办理 114 项事项。“粤商通”注册使用市场主体 41607 户，注册率 100%。“粤政易”开通账号 26743 人，每日活跃率 70.15%。

【信创应用】 2022 年，罗定市政务服务数据管理局推动信创工程，终端使用率保持 70% 以上，实现“真替真用”，电子公文替代率 100%。党政机关办公终端采购信用率 100%。配合完成云浮市一体化公共服务平台、云浮市智慧河湖长管理平台和云安区智慧河长和水旱灾动态监测信息管理平台等 8 个系统的信创适配。

（吴何芝）

建筑 • 房地产业

建筑业

【概况】 2022 年，罗定市房屋建筑和市政基础设施工程新办施工许可项目 60 个；建设工程产值 7.3 亿元，同比下降 1%。全市有建设工程企业 31 家，其中，建筑施工企业 15 家，服务类企业 16 家。全市办理诚信登记企业 183 家。

【建筑市场管理】 2022 年，罗定市住房和城乡建设局开展建筑业违规违法整治工作，实行闭合式管理，加大检查力度。是年，开展农民工工资支付专项检查、建筑市场“双随机、一公开”检查，共检查 56 个在建项目，发放 56 份整改通知书。对未落实实名制管理及逾期未整改的 26 个施工单位进行通报，共扣诚信分 107.5 分，对未落实实名制的一个施工单位进行立案查处，罚款 5 万元。

【人民防空工程建设管理】 2022 年 10 月 27 日和 12 月 6 日，罗定市在市城区举行防空警报试鸣，设备完好率 100%，鸣响率 100%，试鸣工作取得成功。

（雷 婷）

房地产业

【概况】 2022 年，罗定市有注册房地产开发企业 38 家。房地产完成投资 34.1 亿元，原已开发项目完成施工面积 116.7 万平方米，新开工项目完成施工面积 40.2 万平方米，项目竣工面积 113.7 万平方米。是年，核发商品房预售许可证 24 宗，商品房预售面积 41.64 万平方米、3527 套，其中商品房住房预售面积 40.7 万平方米、3394 套。在一手房交易市场，商品房成交面积 56.2 万平方米、5554 套，交易均价 5322 元 / 平方米，交易金额 29.91 亿元。二手房交易面积 18.25 万平方米、997 套，交易均价 2619 元 / 平方米，交易金额 4.78 亿元。

【物业管理】 2022 年，罗定市有物业服务企业 37 家，实施物业管理的小区有 64 个，面积约 510 万平方米。开展物业区域备案、协议选聘物业服务企业的批准、招投标选聘物业服务企业、物业服务合同备案、物业公司的管理等工作。是年，物业服务合同备案 2 宗。

（雷 婷）

交通运输业 • 邮政业

交 通

【概况】 2022 年，罗定市主要交通干线有国道 3 条，有省道 274 线、省道 352 线等省道 5 条，高速公路 3 条。全市境内有国道 134.5 千米、省道 170.2 千米、县道 285.3 千米、乡道 986.8 千米、村道 1323 千米。至年末，全市境内已建成高速公路里程 125.5 千米。全市公路通车里程 3025.3 千米。客运站点 4 个，100% 的建制村通客运班车。有公路桥梁 474 座，总长度 12661 米。是年，全市投入交通基础设施建设资金 0.6 亿元，新修农村公路 24 千米，其中改造乡村危桥 5 座。完成农村公路村道安防工程 30 千米、农村公路技术状况自动化检测 1035 千米。全市有公路客运车辆340辆、公路货运车辆2829辆。公路客运量168.34万人次，货运量1169.18万吨。

【交通综合管理】 2022年，罗定市交通运输局开展跨区联动执法，打击跨区货运车辆超限超载运输行为。全年查处违法超限超载车辆972辆次，卸载货物1.54万吨，平均单车卸载15.83吨，低于2021年的18吨。查处非现场执法超限运输案件196宗，同比下降51%。实施行政审核或审批事项578宗（其中维修企业备案74宗），未发生行政复议或行政诉讼。收到群众举报线索59条，回复率100%，办结率100%，开展4次治超站场开放日活动，接待群众52人次；春节、清明、“五一”、中秋、“十一”等重大节假日期间落实执法人员在辖区内各高速出入口、罗新交通检查站开展“两客一危一货一面”专项整治行动；在重点路段开展客运班车站外揽客专项整治行动；开展网约车非法营运专项整治行动、出租汽车经营秩序整治行动等查处非法营运网络预约、网约巴士，“镇通村”客运车辆不按规定线路行驶等违规经营行为。

【路政管理】 2022年，罗定市交通运输局办结涉路施工许可6宗，超限运输许可案件12宗，协助处理跨省跨市超限运输许可案件146宗。巡查公路1900余千米，现场作出责令改正通知、纠正擅自占用公路、公路用地、污染公路等违法案件7起，整治桥下空间隐患1处，开展辖区“公路围村设卡”排查整治工作，排查26处并全部完成落实整治；向公路机构发出告知书5份，移交执法案宗3份，并跟踪整改落实；发放路政宣传单500余份，实施涉路施工许可行政检查18次；联合地方铁路巡查300余千米，组织铁路沿线防汛、防火排查共21次；开展安全隐患综合治理8处、铁路沿线地质灾害隐患4处并全部落实整治。配合开展罗岑铁路建设推进工作、深南高铁的社会风险评估分析、征地框架协议、站场扩容建设征询意见等工作。

【陆路运输】 2022年度，罗定市新增营运车辆972辆。其中，道路旅客运输车辆65辆，普通货运车辆669辆，道路危险货运车辆20辆，巡游出租小汽车21辆，网络预约出租车197辆。全年发送旅客163.34万人，旅客周转量1.55亿人千米，货运量1169.18万吨，货物周转量99008.62亿吨千米。

【公共交通】 2022年，罗定市有公交企业2家，分别是罗定市公共汽车有限公司和罗定市鸿福公共汽车有限公司，均为民营企业，公交车辆107辆（罗定市公共汽车有限公司97辆、罗定市鸿福公共汽车有限公司10辆），均为新能源公交车。公交线路12条（罗定市公共汽车有限公司11条、罗定市鸿福公共汽车有限公司1条）。全市有普通农村客运线路14条，客运车辆136辆，覆盖全市21个镇（街）。“镇通村”农村客运线路20条，客运车辆52辆，覆盖除罗城街道外20个镇街306个建制村。全市有的士出租公司3家，有巡游出租小汽车94辆。 （邓根林）

公　路

【概况】 2022年，罗定市公路事务中心落实公路路况巡查，发现有关危害公路的违法行为及时制止，向市交通运输局报告涉路交通违法行为案件18宗；养护国道、省道公路总里程234.71千米，全年平均好路率为93.3%，较2021年提升1.1个百分点。

【公路建设】 2022年，罗定市公路事务中心完成国道324线金鸡路路口至良官段路面改造工程的交工验收及结算审核；完成国道324线修复养护和国道234线、国道359线预防养护工程招投标；开展国道324线素龙至附城段改线工程立项前的各项相关工作。

【公路养护】 2022年，罗定市公路事务中心管养公路总里程234.71千米，其中国道有3条，分别是：国道234线48.42千米、国道324线62千米、国道359线24.08千米；省道有5条，分别是：省道274线6.14千米、省道279线1.43千米、省道294线6.79千米、省道352线57.88千米、省道369线27.81千米；县道1条，县道476线0.15千米。年平均好路率93.3%，较2021年提升1.1个百分点。

【公路安全生产】 2022年，罗定市公路事务中心针对恶劣天气制定相应预案，组织应急演练，做好应急准备；开展道路交通安全隐患排查整治行动，排查出包括公路标志缺失、标线模糊、安全设施缺失或损毁、路树遮挡标志牌等隐患点92处，翻新标线13200平方米，修复护栏1500米，修剪遮挡标志牌或行车视线的路树78棵，增设标志牌50块；联合相关部门排查整治隐患点20处，完成路面标线3000平方米，设置标志52块，封闭中间缺口25处；开展安全生产宣传教育，派发宣传单张1000份。（李志华）

航 空

【概况】 罗定市航空公司是市人民政府直属正科级企业，下辖副科级单位罗定机场，上级主管部门为罗定市国有资产监督管理局，位于罗城街道龙华中路213号4～6楼（约360平方米）。

【航空业务】 2022年，罗定机场全年安全飞行333天，飞行总量5535小时。是年，山东通用航空有限公司进驻1架KA-32大型直升机，执行省林业厅航空护林消防任务；青岛通航、海直通航分别进驻1架俄罗斯产K32直升机调防粤西地区森林航空护林消防任务；重庆鹰飞航空体育俱乐部有限公司罗定分公司跳伞基地继续运营，使用1架美国产的赛斯纳208飞机开展双人跳伞体验及单人跳伞培训业务；珠海中航飞行学校有限公司罗定基地进驻5架美国产赛斯纳172飞机进行驻场训练、空域训练、转场飞行及飞机停放；中国航油珠海分公司继续进驻罗定机场进行航油供应保障，为驻场飞机提供航油保障。其间，还为非驻场的经停、转场飞机提供航油加注服务。

鹰飞跳伞基地运营 2022年，重庆鹰飞航空体育俱乐部有限公司罗定分公司（鹰飞跳伞罗定基地）继续运营，进驻1架美国产的赛斯纳208飞机开展双人跳伞体验及跳伞培训业务，全年该基地接待跳伞体验爱好者跳伞1500多人次，培训跳伞学员70多人。

珠海中航飞行学校罗定培训基地运营 2022年，珠海中航飞行学校罗定培训基地继续运营，进驻5架美国产赛斯纳172教练机，长年保持有学员20多人，教职员工20多人。全年安全飞行11679架次4599小时，毕业领取驾驶执照（包括私照和商照）的学员100多人。

招商引资 2022年，罗定市航空公司与深圳中航智飞科技有限公司签订合作协议，深圳中航智飞科技有限公司为罗定机场提供无人机调试和使用培训的地面保障服务。（梁振宇）

邮 政

【概况】 中国邮政集团有限公司广东省罗定市分公司有28个自办网点和1个代办网点，其中城市自办网点7个，农村自办网点21个，农村代办网点1个，覆盖全市21个镇（街）。辖下27个金融网点配置CRS（存取款一体机）76台，STM（超级柜员机）2台，ITM（智能柜员机）28台，多功能排队机27台；配置移动展业28台。

【邮政业务】 2022年，中国邮政集团有限公司广东省罗定市分公司搭建起365天全年无休的“普遍服务+农村电商+快递物流+金融”的邮政综合服务体系，为全市约70万名群众提供了一揽子便利服务。在政企、电商、商圈等重点市场，推进身份证、牌托销售、车牌寄递率、出生证等项目发展。推动商务、政务及教育辅助类图书销售，全年征订报刊16732份，报刊流转额13.06万元。

【邮政网路】 2022年，中国邮政集团有限公司广东省罗定市分公司建设1个县中心、2个镇中心以及306个村级站点。推动邮快合作、交邮合作等项目，实现镇级网点、建制村邮快合作覆盖

▲2022 年 7 月 28 日，罗定市兴隆路户外劳动者爱心驿站正式投入使用　　（邮政罗定市分公司／供图）

率 100%，年内代投其他快递公司快递邮件超 18 万件。推动网运五大环节改革，新增四条交邮合作邮路。是年，投入 120 万元对罗定双东处理中心工艺设备进行升级改造，配置自动分拣机及相应配套装卸分拣传输带。投递里程 170.69 万千米，投递邮件 613.7 万件。（卢　君）

通　信

【概况】 2022 年，罗定市完成 5G 基建任务 849 处，全市累计建成各类 5G 基站 1849 处。实现主城区的 5G 信号连续覆盖和各镇的中心区域覆盖。全市 4G 基站累计开通 2712 处，建制村 100% 实现光纤网络覆盖和 4G 网络覆盖。建成新一代光纤接入宽带网络，家庭宽带接入能力均达 1000 兆。三大运营商对全市 735 家企业给予 10% 优惠。（吴何芝）

【中国电信股份有限公司罗定分公司】 2022 年，中国电信股份有限公司罗定分公司（简称“电信罗定分公司”）全年税后收入同比增长 5%，是云浮市唯一保持宽带市场主导地位的县级分公司。是年，电信罗定分公司发展“双基”（移动、宽带）业务，推进智慧社区、数字乡村签约，发展金融合约、全屋 Wi-Fi 等业务；推进政企业务团购，拓展组网专线、互联网专线、云电脑、安全大脑、视联网（天翼看家、云眼）、慧眼等新型业务。是年，全市提速千兆宽带用户 10764 户、300 兆宽带用户 17435 户；4G 升 5G 用户 6016 户。

基础设施建设　2022 年，电信罗定分公司坚持“云改数转”发展战略，开展“HW-2022”专项工作，加快移动基站和光网千兆建设，开展光网线路巡检和 OLT（光线路终端）双路由改造，排查和整治云网隐患，筑牢云网基础。是年，开通 5G 基站 33 个、4G 基站 59 个，MR 覆盖率 95.5%；新建光网端口 5128 个，光网端口总量达到 21.78 万个；建设主干光缆 14 条，整治主干光缆 22 条；做好“重保”期间通信网络保障，特别是节假日、两会、防疫、防汛的通信保障。

服务经济社会发展 2022年，电信罗定分公司配合发送防疫公益广告，助力全市防疫工作；选派3名干部协助乡村振兴工作，赋能农村家庭信息化建设，助力农民生活智慧化。是年，数字乡村签约累计116个，整镇签约4个，数字乡村示范村净增72个，累计到达85个。（梁汝发）

【中国联合网络通信有限公司罗定市分公司】 2022年，中国联合网络通信有限公司罗定市分公司（简称“中国联通罗定市分公司”）主要由罗定市政要营服公司、罗定商企营服公司、罗定销售公司组成。是年，中国联通罗定市分公司落实“5G引领发展行动计划”和“宽带及智慧家庭发展行动计划”；树“联通千兆大师范儿”品牌，完善千兆小区挂图作战，锻造“1+1”智家铁军建设；推出“三必赔服务承诺”，升级“U悦服务”品牌服务。2022年，中国联通罗定市分公司移动用户6.3万户，5G用户2.15万户，互联网宽带用户1.1万户。

基础设施建设 2022年，中国联通罗定市分公司推进城区5G建设，建设新国标住宅小区室分，启动900M低频。城区做到精准补点优化覆盖，构建5G精品网；对乡镇/农村区域延伸5G精品网，对容量进行局部补点。携手罗定电信共同打造5G共建共享网络，实现100兆+100兆频率和网络资源共享，下载速率可达2Gbps，上传速率可超200Mbps。全年新增基站229个，新建管道3.1千米，光缆建设753千米，互联网端口总数5.98万个。

（林金玉）

【中国移动通信集团广东有限公司罗定分公司】 2022年，中国移动通信集团广东有限公司罗定分公司（简称“移动罗定分公司”）通信客户数59万人，客户份额79%；建制村宽带通达率100%，宽带客户数13.7万人，电

▲2022年8月31日，中国联通罗定市分公司在罗定市职业技术学院开展校园网络通信保障暨校园网升级推广活动 （中国联通罗定市分公司／供图）

视客户10.6万人，家庭宽带份额58%；全市5G网络已实现素龙、双东、附城、罗城街道和17个镇主要区域连续覆盖。

基础设施建设 2022年，移动罗定分公司完成5G基站建设287个、自然村宽带网络覆盖300个（新增覆盖客户2万户），累计完成5G基站建设696个，实现城区4个街道的连续覆盖、重点区域的深度覆盖、行业应用场景的针对性覆盖。至年末，省级产业工业园区、高校、医院等重要场景5G网络已100%覆盖，基本完成镇区以上连续覆盖，建制村覆盖100%。推进公共物业开放和5G快速建设，在市府大院建设开通5G基站。是年，罗定市中等职业技术学校、罗定市人民医院、罗定第二人民医院、市住房城乡建设局、罗定第二小学、罗定第一中学等多个单位开放公共物业，免费提供场所建设5G基站。

服务经济社会发展 2022年，移动罗定分公司以信息化赋能乡村振兴，“数字乡村”工程已覆盖全市336个建制村，平安罗定建设项目采用先进技术的视频产品和信息安全关键技术，专线接入市级平台服务器，连通县、镇、村三级综治中心，实现罗定综治视联网系统与省、市综治视联网系统的无缝对接；开展“断卡”“打猫”等专项行动，加大对违法信息的拦截治理力度，打击治理电信网络诈骗。

（沈进才）

商贸服务业

综　述

【概况】 2022年，罗定市有城乡各类商品交易市场29处，其中专业批发市场1处，综合集贸市场28处。各类商品交易市场成交额8.79亿元。粮食部门收购、定购粮食20469.5吨。罗定市出口商品种类主要有食品、纺织、土产、工艺、畜产、五金、化工、机械、电子元器件、塑料制品、陶瓷等产品。全年外贸出口17870.87万美元，其中“三资”企业11498.34万美元。利用外资合同额9308.8万美元，实际利用外资939万美元。

【商贸促销】 2022年，云浮罗定“家520”促销活动启动仪式在新世界家居博览中心举行；5月13日，举办“罗定市启动2022年汽车促消费活动”；8月30日，2022年云浮罗定市“夜经济”促消费活动启动仪式在罗定市农产品交易博览中心举办。11月11日，在罗定市文化中心前广场开展2022年云浮罗定市家电购物节暨家电“以旧换新”促销推介会。

【电子商务】 2022年，罗定市电子商务企业482家，从业人员10520人。全年农副产品网络销售额8085万元，乡村快递实现100%通达。

农村电子商务 2022年，罗定市开展国家级电子商务进农村综合示范县创建活动。成立项目工作领导小组，出台相关电商发展规划和扶持政策；建设电商产业园2个，电商公共服务中心2个，电商创业孵化基地和创业点多个；建成镇村电商服务站点223个（省级），国家级电商站点171个，实现全市33个省贫困村全覆盖；物流配送实现全市镇级全覆盖，邮政快递实现村级全覆盖，建成物流整合配送中心1个；电商培训1万多人次，举办农产品产销对接会20场次；以大米、肉桂、竹蒸笼、鱼腐和豆豉五大地理保护标志产品为立足点，推进南药、禽畜、水果等电商品牌培育。罗定市电子商务工作实施电商拓市场、电商促消费、电商扩投资、电商创优势、电商提质升级助推高质量发展。

农产品直播带货 2022年，罗定市电商发展氛围浓厚，全域电商格局逐步形成。罗定市市长参加“农货进城　市长来帮”直播带货活动，联手广东电视台人气主播为罗定优质农产品代言，鼓舞罗定市商界士气；组织农业龙头企业、农村合作社和种植大户产品参加全国、省、市农产品产销对接会20场次；组织50家企业参加“全国网上年货节”“国际跨境电商产业博览会”和“广交会双循环贸易促进活动”等大型活动，扩大罗定市电商业务和地域品牌影响力。组织企业向上级申报“关于组织开展农村电子商务激励县推荐工作”和“广东电商扶贫典型案例”等项目，为扩大罗定市企业形象和产业发展筑基础。（王俞钧）

供销合作商业

【概况】 2022年，罗定市供销合作社联合社下辖市果菜公司、农业生产资料公司、市日用杂品公司、市副食品公司、市供销综合贸易公司、市储运有限公司、市星辉烟花爆竹有限公司、市土产公司、市供销企业集团公司、市新达农业科技研究有限公司、市调味食品厂共11个直属公司。县级供销社1个，镇级基层社23个。

【购销业务】 2022年，罗定市供销合作社联合社完成经营总额30.9亿元，同比增长41%，其中农资销售额2.09亿元，农产品销售13.11亿元，销售各类化肥37755吨，销售农药5090多吨。属下新达农业科技研究有限公司销售额2.6亿元，其中烟花爆竹销售额1802万元；全年购进总额15.83亿元、同比增长41%，其中农资类2.12亿元、占购进总额13%，农产品类13.17亿元、占购进总额83%，消费品416万元、占购进总额0.03%。农业社会服务面积1.21万公顷次，土地托管4200公顷。

【综合改革】 2022年，罗定市供销合作社联合社建设基层示范社1个，升级改造薄弱基层社2个，打造具有3项以上服务功能的镇级供销社2个，新建村级供销社9家；建设农民专业合作社20家；领办农民专业合作社20个，经营服务网点25个；建设全产业示范基地1个，产业化联合体11个。是年，向省争取开展生产、供销、信用综合合作试点，制定《罗定市供销合作社开展“生产、供销、信用”综合合作试点实施方案》（以下简称方案），报市人民政府审核同意后向省申报生产、供销、信用综合合作试点市。《方案》明确，在太平镇拟投资500万元，建设提供禽畜类农产品收购、交易、分拣、仓储、运输、农技培训、电子商务、金融服务等服务功能的综合服务站。至年末，农产品综合服务站完成建设施工方案，进行土地流转、平整、清杂、涵洞铺设等前期工作。

【为农服务网络建设】 *公共型农产品冷链物流建设* 2022年，罗定市供销社推进罗定天泷冷链物流产业园项目建设，项目规划总建筑面积约5万平方米，总投资2.8亿元，拟建设库容约3万吨的冷冻冷藏综合型冷库，4万平方米的农产品交易中心，配套生活办公用房、仓储物流设施设备等。该项目纳入云浮市级重点项目，拍得建设用地4.2公顷，于5月动工建设，年末已完成第一期项目建设。

农产品直供配送网络建设 2022年，罗定市供销合作社联合社结合罗定实际抓好农产品直供配送网络建设。按照《广东供销放心农产品直供配送网络区域直供配送子平台建设合作方案》要求，出资200万元参与省级直供配送平台建设，在省级平台参股5%搭建罗定市区域子平台，推进跨区域合作，打造品牌共享、资源共享、集约高效农产品直供配送网络。在拓展配送业务的同时，强化稳定农产品供应商的渠道，开展供销商产地的考察调研，签订固定供应合同，增加本地优质

表31　　2022年罗定市商品购销情况统计表

	累计购进总额			累计销售总额		
	本期数（万元）	上年同期（万元）	增减（%）	本期数（万元）	上年同期（万元）	增减（%）
罗定市供销社	158329.19	112089.15	41.25	150520.72	111514.4	34.98

农产品的供应，确保质量过关、价格实惠。

助农服务平台建设 2022年，罗定市供销社利用助农服务平台（中心）作为母体，下沉合作社和基地，与农民、合作社形成利益共同体，成立了以“促进现代农业发展，振兴美丽乡村”为宗旨的农业合作社2个，农户以技术、货币、土地租赁或劳力入股，建立40公顷供销社助农服务蔬菜基地，发展合作社13户农户进行蔬菜种植，联合18户贫困户进行蔬菜种植技术学习和务工。2个合作社通过供销社助农平台输出各类蔬菜203吨，收入32万元，18户贫困户务工工资发放63000元。是年，助农服务平台已和173户农户签约，完成700万元的农产品购销。

【农业生产社会化服务】 2022年，罗定市供销系统持续增强农业全产业链服务能力，将教育培训作为供销社强化人才支撑，融入乡村振兴大潮的重要途径，全年合作经济组织负责人培训54人，农民技能教育和技术培训1.82万人次。是年，罗定市果菜公司与广东天禾农资股份有限公司、罗定供销优禾农业科技服务有限公司结合广东省供销合作联社农业面源污染治理、生产托管服务等项目，提供病虫害统防统治、配方肥料统配、单一飞防（除草、灭螺、撒种）等业务，完成化肥统配、病虫害专业化防治以及机械化收割服务合计2320公顷，服务水稻种植农户437户，封草灭螺23.33公顷；在服务中心负责区域确定村助理6名，协助处理问题，并探索水果等经济作物病虫害防治服务。

【供销农产品品牌打造】 2022年，罗定市供销社立足农产品主产区资源优势，实施“品牌创建行动”，升级打造“天谷酱油”和“供销大米”品牌。利用佛山对口帮扶云浮产销对接政策，深度对接佛山、广州等大湾区农产品配送服务中心，开展2022年“云浮好物·佛云有约”年货供销节、“东西好品·云浮有约”云浮名优产品进湾区活动，两次活动23家厂商80种产品通过线上直播、线下展销等形式参与推介。

（谭梦婷）

食品企业商务

【概况】 2022年，罗定市食品企业集团公司屠宰收购本地生猪168319头，屠宰生猪196538头，同期同比减少42907头，同比下降17%。商品销售收入50510万元，代收及应缴税收193万元。6月，被广东省市场监督管理局授予“连续二十四年（1998—2021）广东省守合同重信用企业”称号。

【农产品冷链物流电商设施建设项目】 2022年，罗定市食品企业集团公司落实罗定市农产品冷链物流电商设施建设项目，项目建设工程总投资56000万元，总用地面积41526.87平方米；该项目建设地址由5部分组成，分别为苹塘镇苹塘圩、茜塘镇茜塘村委鸡笼桥、罗城街道区屋居委昌济园一号、围底镇文岗村委会瓦屋岗村、船步镇船北村委。项目主要内容包括：建设3个农产品冷库基地及1个电商物流平台；建设2个标准化的五星级1生猪屠宰场，配套牛、羊和家禽屠宰保鲜冷库，建设冷库和冷链配套车辆。该项目列入云浮市2022年重点建设项目。（刘伟斌）

烟草专卖

【概况】 2022年，罗定市烟草专卖局（分公司）受上级烟草专卖行政主管部门及罗定市人民政府双重领导，实行“统一领导、垂直管理、专卖专营”的管理体制，属正科级企业单位，主要职责是烟草专卖管理和卷烟销售。是年，罗定市烟草专卖局（分公司）销售卷烟30584.45箱，同比增长5.2%；实现税利29999万元，同比增长4.9%；利润实现同比增长10.8%；税金16785万元，同比增长0.7%；上缴各项税金18264万元，同比增长1.4%。

【烟草市场管理】 2022年，罗定市烟草专卖局打击大户“二次批发、左右价格、扰乱市场”等违法违规经营活动，查处各类涉烟案件90宗，查获违法卷烟692.04万支，烟丝7.92吨，涉案总货值 570.91 万元。其中假烟案件 14 宗、涉案卷烟 201.56 万支，非烟案件 71 宗、涉案卷烟 385.68 万支，私烟案件 2 宗、涉案卷烟 104.8 万支，烟丝烟叶案件 1 宗，向未成年人销售电子烟案件 2 宗，上缴财政罚没款 23.9 万元。

【证件管理】 2022 年，罗定市烟草专卖局以书面审查与实地考察相结合的方式规范推进许可证到期延续工作，受理各类许可申请 1222 项。其中，新办 243 项，停业 19 项，变更 54 项，歇业 187 项，注销 99 项，延续 619 项，恢复营业 1 项，截至 12 月 31 日全市有持证户 3817 户。新的合理布局规划出台后，辖区内不符合延续条件的户数较多，排队轮候户数激增到 538 户。

【乡村振兴】 2022 年，罗定市烟草专卖局（分公司）围绕乡村振兴战略部署，融入乡村振兴工作大局，先后帮助生江镇垌尾莿村、船步镇仓地村两地拓宽村道，改善农村基础设施条件；回访对口帮扶的罗镜镇云龙村 10 户脱贫户，巩固脱贫攻坚成果；派出驻村第一书记到罗镜镇官渡头村持续推动乡村振兴。

【普法宣传】 2022 年，罗定市烟草专卖局（分公司）践行“谁执法谁普法”的普法责任制，打造“红心结”党建融合普法品牌，组织党员驻点普法，开展驻点普法宣传活动 12 次，出动党员 158 人次，派发普法宣传资料 728 份，普法半径全面覆盖罗定市 4 个街道 17 个乡镇。 （区文海）

盐务管理

【概况】 2022 年，广东省盐业集团云浮盐业罗定分公司履行国企食盐用盐安全责任，担负着保障合格加碘食盐供应、消除碘缺乏病的社会责任和国有资产保值增值的责任。是年，全市盐产品销售 2331.76 吨，其中小包装加碘食盐 1660.16 吨，大包装食品加工用盐 481.6 吨，工业用盐 190 吨。

【加碘食盐供应】 2022 年，广东省盐业集团云浮盐业罗定分公司从原盐加工到终端消费等环节进行全程监控。密切监测产品质量，从盐场加工、装袋出仓、销售终端等各个环节，对每批次食盐质量进行监测，确保每一项指标均达到国家标准；流通环节实行直配直送，配备多辆轻型货车专门对一些交通不便、比较偏僻的农村商店进行直配直送，确保各个环节的充足供应，保证消费者能买到合格的加碘食盐；做好产品售后服务，在市场巡查过程中收集客户和消费者反映的意见建议，不断对产品进行优化，满足人民群众的需求。

【盐业执法与监管】 2022 年，广东省盐业集团云浮盐业罗定分公司配合市场监督管理局做好食盐巡查工作，登记食盐巡查日志，为食盐市场监管部门提供协助资料。加大市场食盐巡查力度，先后针对因粤盐产品结构调整、竞品盐低价倾销、冲销较严重的街道、乡镇等区域，开展了多次较大规模的市场专项整治行动，辅助检查 1000 多家综合市场、商超、商店及学校、工厂、药厂等销盐用盐单位。

【食盐安全宣传】 2022 年，广东省盐业集团云浮盐业罗定分公司组织配送粤盐客户召开配送商会议，落实市内食盐配送要求，执行食盐配送的合法合规性，保证食盐保质保量配送。是年，联合市卫健局、市疾控中心、市教育局、太平镇中心小学举办主题为“智慧人生健康路，科学补碘第一步”碘缺乏病防治日宣传活动，向广大市民群众讲解分辨真假盐方法以及《食盐专营办法》等盐业政策法规，普及碘缺乏病防治和食盐安全知识；联合市场监督管理局举办“食品安全周”活动，宣传食盐安全知识。

（尹世友）

开放型经济

【概况】 2022 年，有外贸进出口实绩企业 24 家，主要进出口产品为电子元器件、服装玩具、贵金属和高档生活用纸，外贸出口总值 123969.8 万元。是年，罗定市实际利用外资 10570 万元人民币，

表 32　　2022 年罗定市进出口额和实际利用外资额情况统计表

单位：万元

月份	1月	2月	3月	4月	5月	6月	7月	8月	9月	10月	11月	12月
累计出口额	8679	10700	17200	24266	32687	61583	70100	79651	86953	98985	118093	123969
累计进口额	6566	14400	20300	28959	41012	62476	69622	78905	86531	101125	117755	141805
累计实际利用外资额	2434	2846	4887	5887	6152	6742	8015	8015	8272	10570	10570	10570

同比增长 119.8%，完成云浮市指导性目标 6000 万元的 176.2%。新设外资企业 9 家，同比下降 10%。合同外资金额 14045 万元人民币，同比下降 72.9%。

【招商引资】 2022 年，罗定市招商引资项目 21 个，计划投资金额 53.9 亿元，完成目标任务 122 亿元的 44.2%。其中，超亿元项目 13 个，超 10 亿元（含 10 亿元）项目 1 个。合同预计年总产值 79.33 亿元，年总税收 4.77 亿元，计划占地面积 63.10 公顷（不含租赁土地）。前期开工项目 15 个，开工率 71.4%。

【外贸进出口】 2022 年，罗定市外贸进出口总值 265775.3 万元，同比增长 16.9%。出口贸易总额 123969.8 万元、同比增长 50.6%，进口贸易总额 141805.5 万元、同比减少 2.2%。社会消费品零售总额累计实现 137.49 亿元，同比增长 1.6%。实际利用外资 10570 万元人民币，同比增长 119.8%。全年外贸进出口总值 265775.4 万元，同比增长 16.9%。

（王俞钧）

旅游业

综　述

【概况】 2022 年，罗定市有国家 A 级旅游景区 1 个（AA 级景区蔡廷锴将军故居），省红色旅游示范基地 1 个（蔡廷锴将军故居），省森林生态旅游示范基地 1 个（龙湾生态旅游区），省休闲农业与乡村旅游示范点 7 个，省休闲农业与乡村旅游示范镇 5 个（罗镜、连州、苹塘、生江、泗纶），省中医药文化养生旅游建设单位 2 个（华石镇霸王中草药基地和替滨镇浩良香料有限公司的肉桂基地），星级酒店 1 家。全市有旅行社 4 家，旅行社分社 1 家。

【旅游业情况】 2022 年，罗定市受疫情影响，全市旅游接待总人数 189.41 万人、同比下降 52.8%；实现旅游总收入 14.47 亿元、同比下降 54.6%，占全市地区生产总值总量的 4.5%，旅游外汇收入 1433.25 万美元，占全市地区生产总值总量的 0.3%。

【旅游线路】 2022 年，罗定市打造 4 条精品旅游线路项目，有长岗坡红色文化精品游线、罗定美丽田园精品游线、南药生态文化精品游线、罗定历史文化精品游线。

长岗坡红色文化精品游线

长岗坡文化休闲旅游区—叶少泉故居—区寿年将军故居—东山湖—东山公园—蔡廷锴将军故居—云沙温泉

罗定美丽田园精品游线　罗定市海惠生态农业观光示范园—茶榕村—龙龛岩—山泉水番石榴果园—罗定野生动植物生态园—鹰飞跳伞俱乐部—顺天生态葡萄园—石牛山森林公园—广盛科技生态园—金滩肉桂文化村—肉桂主题公园

南药生态文化精品游线　连城百果园—亚灿米种植基地—亚灿米农业合作社有机科研中心—罗竹竹艺产品展示馆—龙湾镇万亩南药种植基地—龙湾生态旅游区—龙湾风车山—古榕书风石头村—东风红星村

罗定历史文化精品游线　文

▲ 2022 年，罗定市苹塘镇田园风光　　（罗定市苹塘镇政府／供图）

塔—罗定学宫—三罗民众抗日指挥部旧址—菁莪书院—国宝黄公祠—丰盛村—梁家庄园—田心村—连州战斗纪念公园—蒲垌自然生态景区

【旅游资源】　历史文化资源　罗定市是广东省历史文化名城，是广东省文化遗存最丰富的地区之一，拥有大量古文化遗址（多处战国、南朝墓葬），出土的青铜鉴、金手镯等为国家一级文物。全市有全国重点文物保护单位 2 处（龙龛岩摩崖石刻、长岗坡渡槽），其中长岗坡渡槽是全国重点文物保护单位；省级文物保护单位 9 处和市（县）级文物保护单位 108 处。登记革命文物 55 处，登记南粤古驿道碑刻 56 通，登记历史建筑 132 处，其中，41 处建筑被公布为全市第一批历史建筑。罗定文峰塔、罗定州城旧址、谭御史祠、大夫第、陈公宗祠、刺史祠、梁家庄园等数十处古迹遗址保存完好。此外，春牛舞、泷州歌、东山祖庙庙会、禾谷醮、罗定鱼腐和豆豉制作技艺等 6 项文化资源被认定为省级非物质文化遗产。

自然生态资源　罗定市山清水秀，景点众多，境内有苹塘石山峰林、聚龙洞、龙湾山水瀑布群、连州蒲垌自然旅游区、八排山、泷江河风光、金银湖风景区、帝瓮飞瀑、万丈洒瀑布、石牛山、天子岩、云雾山等风景名胜。

【旅游资源开发】　2022 年，罗定市推进“罗定市四条精品旅游线路沿线旅游配套设施建设完善项目”。该项目建设范围涉及全市 13 个镇（街），主要建设游客服务中心、停车场、旅游厕所、通景道路、标准化旅游标识系统等旅游基础配套设施。项目总投资 20941.34 万元（其中广东省政府专项债 1 亿元，本级财政自筹资金 10941.34 万元）。项目分 4 个标段，第一标段工程于 4 月 16 日完成项目勘察设计施工、监理招投标，4 月 27 日正式签订了第一标段的建设项目工程总承包合同、建设工程监理合同，6 月正式开始施工。至年底，项目已完成各场地的平整及排水沟、挡土墙、人行广场、建筑主体，生态停车场基本完成，建筑装修及室内装修、绿化种植、室内布展工程量完成 80%。

旅游市场推广

【概况】 罗定市文广旅体局组织全市企业参加旅游推介、投融资对接活动，宣传推介罗定市丰富的旅游资源，拓宽企业宣传渠道和投融资对接方式。

【旅游宣传】 2022年6月1日，云浮市文化广电旅游体育局在云安区高村镇盛世樱桃农业公园举办“2022年云浮人游云浮促消费活动启动仪式暨重走脱贫攻坚路——体验云浮脱贫攻坚成果系列活动”，举行“云浮市红色文化+乡村旅游资源产品对接会”。媒体代表和文旅企业代表开展“重走脱贫攻坚路—体验云浮脱贫攻坚成果”采风活动。6月21日，罗定市文广旅体局参加由广东省文旅厅主办的“活力广东 魅力肇云——肇云（贺州）区域文旅推介活动”，现场派发旅游宣传小册子500份。8月18日，云浮市文化广电旅游体育局举行“云浮市乡村旅游高质量发展大会”，罗定市分享推介乡村旅游发展典型项目——罗定市黎少镇九歌文旅田园综合体。网络票选，罗定市泗纶镇连城村（第二名）、苹塘镇良官村（第十名）入选“云浮市十大乡村旅游示范村”前十名。12月14日，云浮市文化广电旅游体育局在云安高村镇盛世樱桃农业公园举办2022年云浮市乡村旅游季成果推介活动，罗定市推介“罗定市长岗坡红色传承之旅”“罗定历史文化精品游线”；“罗定渔湾肥四鱼腐”获得“2022乡村旅游十大手信”荣誉称号。

【旅游行业监管】 2022年，罗定市有三星级酒店1家，为罗定市雍颢苑大酒店，拥有餐位260个，床位125张，房间79间，从业人员62人。有旅行社4家，旅行社分社1家，从业人员15人。是年，罗定市推行旅行社用车“五不租”制度，检查旅行社（分社）110家次，全市文广旅体行业市场没有发生安全生产事故。受疫情影响，全市旅行社大部分时间处于停业状态。 （邓 祺）

▲2022年12月14日，2022年云浮市乡村旅游季成果推介活动在云浮市云安区举行，罗定市“罗定渔湾肥四鱼腐”获得“2022乡村旅游十大手信”荣誉称号。图为牌匾颁发仪式现场 （罗定文化广电旅游体育局/供图）

社　会

人力资源·劳动就业

人力资源

【概况】　2022年，罗定市人力资源和社会保障局（简称“罗定市人社局”）采用企业“市内＋市外”招工，“线上＋线下”招聘，举办各类招聘会8场。全市职工养老、失业、工伤三大险种参保分别为4.56万人、4.10万人、5.59万人，城乡养老正常参保31.4万人（不含领取待遇人员），征收社保费10.01亿元（不含职工医疗保险及城乡居民医疗保险），同期增加0.66亿元；完成3.05万名特殊人员社保兜底参保或待遇发放工作，完成1.25亿元被征地农民养老保障资金分配工作。

【事业单位人事管理】　2022年，罗定市新增博士工作站1个，建成“博士工作站”3个；全市14个乡村振兴人才驿站建设投入经费20万元。镇（街）事业单位引进镇域经济发展紧缺专业人才22人，选聘紧缺人才2人；教育引进高层次人才、紧缺人才25人，定向培养毕业生57人；公开招聘中小学教师180人，医疗卫生单位公开招聘卫生技术人员137人。

【人才引进】　2022年，罗定市举办市教育系统、卫生系统事业单位高层次人才引进面谈5场，引进日语类、汉语言文学类高层次人才10名；订单定向培养农村卫生人才，引进13名基层医疗卫生紧缺人才，分配到镇卫生院。完成2021年度、2022年度全市企事业单位高层次人才引进87人次，发放高层次人才住房补贴和人才津贴146.32万元。

【人事人才公共服务】　2022年，罗定市人社局接收各类人事档案8208份，其中大学毕业生档案7883份，接收流动人员档案325份，转出1935份，协助单位考察45次，为单位提供档案查阅/借阅59次，为流动人员开调档函93份，服务流动人员15000多人次。

劳动就业

【概况】　2022年，罗定市城镇新增就业4981人，失业人员实现再就业1580人，就业困难人员实现就业271人，促进创业466人，城镇登记失业率控制在3.5%以内。发放各类就业创业补贴1326.78万元，惠及2945人次，公益性岗位安置重点群体就业97人，发放补助160.94万元。发挥“云浮好易工”公共就业服务平台、“罗定就业通”作用，拓宽就业信息渠道。全年开展招聘（含线上）活动8期，有93家企业提供3500个岗位。

【培训与就业】　2022年，罗定市人社局开发农村保洁、治安、扶残助残、养老护理等乡村公共

▲ 2022 年 8 月 23 日，罗定市开展 2022 年青年农民培育“领头雁”暨“粤菜师傅”就业技能提升培训班。图为理论培训现场（罗定市人社局／供图）

服务类岗位，兜底安置 321 名易返贫致贫人员就业；发放创业担保贷款 10 笔 290 万元，贴息 64.12 万元。实施“互联网+就业”服务，促进高校毕业生、退役军人、就业困难人员就业。是年，全市有劳力稳定脱贫户 17965 人，就业 16517 人，就业率 91.9%。其中，在劳力稳定脱贫户就业人数中，稳定就业 16492 人，稳定就业率 99.9%。全年开展“粤菜师傅”技能培训 1026 人次，“南粤家政”技能培训 2611 人次，备案新型学徒制培训 273 人，其中申领职业技能培训补贴 1884 人次，支出补贴金额 186.82 万元。经云浮市评定，认定首席技师 1 人，云浮工匠 2 人，大师工作室 2 个。在第四届云浮市“云浮名厨”技能大赛 4 个项目中荣获 1 个一等奖，4 个二等奖。

【劳动监察和仲裁】 2022 年，罗定市劳动保障监察综合执法大队检查用人单位 400 户次；处置劳资纠纷案件 814 宗，立案处理 129 宗，调解 685 宗；为 6328 名劳动者追回被拖欠和克扣的工资、押金等 9254 万元。全年办理劳务派遣经营许可 9 宗，特殊工时许可 3 宗；审查集体合同 6 份，涉及企业 6 家，涉及员工 598 人。全年办理劳动仲裁案件 230 宗，为 478 名当事人追回工伤补偿款、解除劳动关系经济补偿款、拖欠工资共计 1882.78 万元；行政诉讼案件 6 宗。

【用工制度】 2022 年，罗定市人社局落实重点用工企业专员服务，成立重点用工企业工作专班，安排专员从用工指导、政策宣传、资金申请等服务重点用工企业，加强人社部门与企业沟通联系；落实重点群体跟踪服务，登记失业人员、就业困难人员、建档立卡脱贫劳动力、高校毕业生等重点群体，加强跟踪服务，举办专场招聘会，推荐工作岗位；电话跟踪就业情况，宣传各项扶持就业创业政策等；落实就业专项资金帮扶服务，积极实施援企稳岗政策，落实各项惠企惠民政策，支出就业创业专项补贴资金 1326.78 万元，发放补贴 2945 人次。（程燕飞　赖金铃）

社会保障

社会保险

【概况】 2022年，罗定市社会保险基金管理局（简称“罗定市社保局”）落实企业养老、工伤、失业保险惠民惠企政策。疫情防控期间，享受企业养老、工伤、失业保险免征政策的中小型企业受惠户数达2850户，减费额10687.84万元；享受养老、工伤、失业保险减半政策的大型企业受惠户数142户，减费额916.96万元；享受医疗保险减半征收政策的企业2778家，减费金额1883.64万元。从7月起实施一次性留工培训补助发放，至年末，发放给706家企业合计159.59万元。1—11月，定期失业保险金发放3779人次，总金额671.16万元；失业补助金发放3207人次，总金额280.29万元；全年失业保险技能提升补贴审核435人次，公示并支付403人次57.1万元。

【社会保险待遇】 养老保险 2022年，罗定市企业职工养老保险参保人数4.56万人，完成率95%，同比增长0.5%；基金征缴收入51722.77万元，同比增长16.3%；全市发放企业职工养老保险待遇25.39万人次56334.5万元。

工伤保险 2022年，罗定市工伤保险参保人数5.59万人，完成率101.5%，同比增长2%；基金征缴收入660.92万元，同比减少20.5%；全市发放工伤保险待遇2348人次2251.47万元。

失业保险 2022年，罗定市失业保险参保人数4.10万人，完成率99.8%，同比增长2.9%；基金征缴收入977.98万元，同比增长13.6%；全市发放失业保险待遇1.07万人次1097.48万元。

职工基本医疗保险(含生育) 2022年，罗定市职工医疗保险（含生育保险）参保人数6.39万人，同比减少1.2%；基金征缴收入35739.89万元，同比增长31.7%；全市发放职工基本医疗保险（含生育）10.97万人次19554.17万元。

城乡居民基本养老保险 2022年，罗定市城乡居民养老保险正常参保（不含领取待遇人员）人数31.40万人，同比增长0.5%；基金征缴收入4489万元，同比增长1.4%；全年发放城乡养老待遇220.97万人次41284万元，其中征地待遇发放19.92万人次5067.82万元。

城乡居民基本医疗保险 2022年，罗定市城乡居民基本医疗保险参保人数92.40万人，同比减少6.5%；基金征缴收入29013.79万元，同比增长4.4%；全年发放城乡居民基本医疗保险待遇136.5万人次76527.18万元；发放大病保险6.02万人次6328.35万元；发放医疗救助8.61万人次1762.70万元。

机关事业单位养老保险 2022年，罗定市机关事业单位养老保险参保人数2.27万人，完成率110.2%，同比增长1.3%；基金征缴收入42249万元，同比增长4.2%；职业年金征缴收入21208万元，同比增长3.7%；全年发放机关事业单位养老保险待遇9.07万人次46966万元；职业年金发放1.28万人次140.61万元。

【社会保险待遇调整】 企业职工养老保险 2022年，罗定市参加调整的企业职工养老金领取人员20569人，调整后月人均养老金2299.76元，月人均增加132.96元，同比增长6.1%。

城乡居民养老保险 2022年，罗定市参加调整的城乡居民养老金领取人员14.90万人，调整后月人均养老金203.4元，月人均增加14.47元，同比增长7.7%。

机关事业单位养老保险 2022年，罗定市参加调整的机关事业单位养老金领取人员7484人，调整后月人均养老金5156.06元，月人均增加191.78元，同比增长3.9%。

【社保经办服务优化】 2022年7月，罗定市社保局除机关事业养老保险以外的政务服务事项窗口进驻罗定市行政服务中心，助力罗定建设一流政务服务平台，提高服务效能，优化营商环境。

【社保风险防控】 2022年，罗定市社保局开展“清数筑墙”专项行动，对各部门下发及局内自查发现的疑点数据开展核查。是年，全市“清数筑墙”行动接收疑点

▲ 2022 年 3 月 11 日，罗定市社会保险基金管理局到附城街道平西村委开展社会保险志愿服务宣传活动

（罗定市社会保险基金管理局 / 供图）

数据 19494 条，完成核查 19494 条，核查率 100%；核实需清理整改数据 11874 条，完成清理整改 11874 条，数据修正率 100%。

【社会保险志愿服务宣传】 2022 年，罗定市社保局开展多种形式社会保险志愿服务活动，宣传和服务罗定市疫情防控、创文创卫、企业纾困、社保基金反欺诈等工作，业务经办大厅志愿服务上岗 400 人次，志愿服务进社区 36 场，进农村 8 场，进企业 2 场。 （黄伟健）

医疗保障

【概况】 2022 年，罗定市医疗保障局录制城乡居民基本医保宣传音频分发到各镇（街）、村委进行播放，印制《罗定市 2023 年度城乡居民基本医疗保险须知》30 万册，在各镇（街）辖区范围内进行全覆盖的宣传；利用电视台、广播、市政广场、大润发广场等大型户外广告平台开展宣传；联合税务部门在全市 336 个村委（社区）设置粤智助机，组织人员进行培训，拓宽缴费渠道；完善医保信息系统，及时解决征缴期遇到的各种技术性问题。至年末，全市参加 2023 年度城乡居民基本医保 876118 人（其中税务征缴 821306 人，资助参保 54812 人）。

【基本医疗保险】 2022 年，罗定市参加基本医疗保险 100.28 万人，基本医保参保率 106.4%（常住人口 94.22 万人）。其中，参加城镇职工基本医疗保险 78819 人，参加城乡居民基本医疗保险 923958 人。全市城镇职工基本医疗保险基金统筹收入 35739.9 万元，支出 23169.81 万元（其中，城镇职工基本医疗保险支出 21130.91 万元；生育保险待遇支出 2038.90 万元）。全市城乡居民基本医疗保险基金统筹收入 96333.94 万元，支出 76488.82 万元。

【特殊人群“应保尽保”】 2022 年，罗定市医疗保障局落实特殊人群参保分类资助，资助特困、严重精神障碍患者、低保、重度残疾人、返贫致贫监测对象等特殊人员参加 2022 年度城乡居民医保 57484 人，其中特困供养 4649 人、孤儿 750 人、低保 25691 人、

▲ 2022 年 7 月 6 日，罗定市医疗保障局召开全市定点医疗机构医保基金监管工作会议

（罗定市医疗保障局 / 供图）

低收入 1527 人、返贫致贫人员 567 人、严重精神障碍 8789 人、重度残疾人 11621 人、优抚对象 1846 人、计生优惠对象 2044 人。资助金额 1839.49 万元，参保率达 100%。

【医疗保障基金管理】 2022 年，罗定市医疗保障局对辖区内定点医疗机构监督检查。对 37 家定点医疗机构进行巡查监督；处理举报投诉、纪委移交材料 2 单；对罗定市 3 家民营定点医疗机构医保基金使用情况开展检查；开展全面排查冒用死亡人员参保信息骗取医保基金工作。暂停支付定点医疗机构医保基金 1 家，行政处罚 2.78 万元，追回医保基金 537.01 万元。

【药品采购管理】 2022 年，罗定市医疗保障局组织辖区内公立定点医疗机构做好冠脉扩张球囊类医用耗材报量、冠脉药物涂层球囊类医用耗材带量采购、高值医用耗材（人工关节）集中带量采购、2 批国家和省级集采中选药品续签、新型冠状病毒（2019-nCoV）检测试剂和相关耗材预采购量确定等药品耗材采购工作；对全市带量采购医疗机构开展第一批续期、第二批和第三批国家组织药品带量采购医保资金结余留用考核工作，有 27 家医疗机构获得医保结余留用资金 190.01 万元；全面清理拖欠药品耗材历史货款和清理拖欠国家和省级集采药品耗材货款，涉及拖欠国家和省级集采药品和医用耗材货款时间 2 个月及以上的定点医疗机构于 5 月 30 日前完成欠款清零；清理违规线下采购行为，各定点医疗机构开展药品和医用耗材线下采购工作全面自查自纠，5 月 30 日前将 2021 年线下交易相关采购信息上传到省平台。

【门诊共济保障】 2022 年，罗定市医疗保障局健全门诊共济保障机制，提高职工医保参保人员普通门诊统筹待遇水平。自 9 月 1 日起，职工医保普通门诊统筹不设起付标准，在职职工发生的政策范围内医疗费用，一级及以下定点医疗机构支付比例为 60%，二级定点医疗机构为 55%，三级定点医疗机构为 50%；退休人员发生的政策范围内医疗费用支付比例比在职职工提高 10 个百分点。将群众负担较重的门诊多发病、慢性病门诊费用纳入共济保障，扩大个人账户资金使用范围。

（谭冠泉）

社会事务

社会治理

【概况】 2022年，罗定市民政局依法依规做好社会组织登记管理，全市登记备案社会组织4080个，其中登记327个，备案3753个，全市社区合计336个，城乡社区平均拥有社会组织12.1个。全市登记慈善组织3家，《中华人民共和国慈善法》出台后申请认定为慈善组织1家。

【城乡社区治理】 2022年，罗定市民政局印发《罗定市加强村（居）务监督委员会建设的工作指引（试行）》，加强村级民主管理和监督；印发《罗定市加强村（居）民委员会规范化建设的工作指引（试行）》，推进村（居）委会工作规范化、标准化；印发《罗定市村（居）民委员会调整工作指引》，规范村民小组建设；印发《关于规范村庄搬迁撤并有关事项的通知》，规范罗定市村（社区）搬迁撤并等工作；印发《罗定市民政局关于印发深化社区“万能章”治理专项行动实施方案的通知》和《关于调整罗定市基层群众性自治组织出具证明事项正面清单和负面清单的通知》，持续为基层减负。

【社会组织管理】 2022年，罗定市民政局对30个随机抽取的社会组织进行执法检查，打击整治2个非法社会组织，对排查出的24个“僵尸型”社会组织进行整治。进行行业协会商会乱收费清理整治，全市13家行业协会、商会累计减免会费约12万元。鼓励社会组织按业务属性成立业界党组织，并设立相应的团组织、妇女组织，全市社会组织中共有党员190多名，建立党组织30个，其中单独建立党组织28个，联合建立党支部2个。

【区划地名管理】 2022年，罗定市民政局对市区10条道路进行命名，对罗镜镇镇北路等18条道路进行命名、更名，对“文塔公园”“泷江大桥”、分界镇“启元花苑”进行命名，“全民健身广场”更名为“文化广场”，“龙城乐园广场”更名为“人民广场”。

社会工作

【婚姻登记】 2022年，罗定市民政局办理各类婚姻登记7483宗。其中，结婚登记5295宗，离婚登记1666宗，补领结婚证403宗，补领离婚证119宗。是年，推进婚姻登记档案信息化建设，对35万份历年婚姻登记档案进行扫描录入系统，实现婚姻档案信息化。

【“双百工程”建设】 2022年，罗定市民政局完成全市21个社工服务站和112个社工服务点建设，配备社工338人，“双百社工”主要为困难家庭、空巢老人、留守儿童、残障人士等困难群众和弱势群体提供服务，全年入户走访困难群众和特殊群众61890人次，实现兜底民生服务社会工作“双百工程”全覆盖。

【志愿服务管理】 2022年，罗定市民政局推进志愿服务规范化管理，全市志愿者系统注册登记志愿者6.9万人，注册志愿团队611支、志愿服务组织30个、志愿服务协会5个；全市有党政机关类、事业单位、村民互助类等类别的新时代文明实践志愿服务大队20支、小队297支，文明实践志愿者86733人。

【殡葬管理】 2022年，罗定市民政局规范殡葬管理，推动绿色殡葬，投入217.5万元对殡仪馆火化机尾气排放进行更新改造，投入17万元对老爷山公益性生态公墓完成临时停车场改造。把绿色殡葬理念贯穿工作全过程，宣传节地生态安葬重大意义。

社会救助

【概况】 2022年，罗定市民政局向13926户33998名低保对象发放低保金15014.22万元；向4455名特困人员发放特困供养金5246.76万元。是年，全市发放困难残疾人生活补贴2436.82万元，惠及10670人；发放重度残疾人护理补贴6180.25万元，惠及20454人；向293名临时救助对象发放救助金合计49.95万元。

【特困人员救助】　2022年，罗定市特困供养标准为城镇1376元/月、农村976元/月，均比2021年增加48元/月。是年，罗定市民政局向4455名特困人员发放特困供养金合计5246.76万元，临时价格补贴合计83.28万元。

【最低生活保障】　2022年，罗定市城乡低保标准为城镇860元/月、农村610元/月；城乡低保补差水平为城镇685元/月、农村325元/月，分别增加25元/月、15元/月。是年，罗定市民政局向城镇低保863户1653人发放低保金1354.85万元，农村低保13063户32345人发放低保金13659.37万元；向城镇农村低保发放临时价格补贴646.98万元。

【流浪人员救助】　2022年，罗定市民政局开展流浪乞讨人员街面巡查72次，派出工作人员318人次，社会救助站街面救助33人次，寻亲成功20人次，成功送返20人次，救助疑似精神障碍流浪人员4人次，为流浪本市人员购买车票返乡12人次。

【医疗救助】　2022年，罗定市民政局配合医保部门开展贫困严重精神障碍患者救助治疗申请审核，提高贫困人口和严重精神障碍患者保障水平。是年，核实贫困严重精神障碍患者救助治疗申请759份。

【最低生活保障边缘家庭认定】　2022年，罗定市认定最低生活保障边缘家庭625户2523人，其中单人保216户219人。向低收入家庭发放临时价格补贴合计12.98万元。

社会福利

【居家社区和农村养老服务】　2022年，罗定市拓展公办养老机构嵌入居家养老服务，为周边老年人提供日间照料、助餐配餐、短期托养、“喘息服务”、精神慰藉等服务。是年，全市建成74个居家养老服务中心（站），有5家敬老院嵌入居家养老服务。利用居家智慧平台，统一运营调度

▲2022年10月21日，罗定市民政局联合罗定市司法局在罗定市居家养老服务中心开展“敬老月”涉老反诈骗法治宣传教育活动
（罗定市民政局/供图）

县、镇、村三级居家养老服务中心（站）的专业工作人员、“双百”社工、村（居）助老员，解决老年人的养老服务需求。全市居家养老服务站点开展上门服务 2.33 万人次，站点服务 8.9 万人次。

【儿童福利】 2022 年，罗定市集中供养孤儿和散居孤儿每人每月发放标准为 1949 元、1313 元，全市有在册孤儿 346 人，全年发放孤儿基本生活费 581.07 万元；事实无人抚养儿童基本生活保障金每人每月 1313 元，在册事实无人抚养儿童 378 人，全年发放保障金 434.7 万元；加大对农村留守儿童和困境儿童关爱力度，全市有农村留守儿童和困境儿童 7055 人。

【残疾人“两项补贴”】 2022 年，罗定市民政局向 10670 名困难残疾人发放生活补贴合计 2436.82 万元，向 20454 名重度残疾人发放护理补贴合计 6180.25 万元。

【社会慈善】 2022 年 7 月 28 日下午，广东省慈善总会到罗定市开展“大爱救心”义诊筛查活动，筛查统计先天性心脏病儿童和成年人风湿性心脏病患者和疑似患者 14 人。9 月 5 日，罗定市慈善会发动罗定市银牛食品有限公司携手罗定市心连心扶志助学协会进行“携手做慈善，传播真善美，中秋表浓情”系列活动，将爱心月饼派送给全市孤儿（含事实无人抚养儿童、集中供养儿童）。

（巫柔颖）

应急管理

【概况】 2022 年，罗定市有镇应急管理办 17 个，街道应急管理办 4 个。是年，全市发生生产安全事故 17 起，死亡 10 人，同比分别下降 10.5%、54.6%；受伤 10 人，同比上升 400.0%。全市发现卫星热点 10 个，发生森林火灾 2 宗，受“龙舟水”强降雨和台风“暹芭”影响，全市农业出现轻度受灾，农作物受灾面积 754.43 公顷，成灾面积 606.87 公顷，直接经济损失 253.6 万元，无人员伤亡。全市投入救援力量 4306 人次，其中专业救援力量 321 人次，干部群众 3985 人次。

安全生产监督管理

【安全生产领域改革】 2022 年，罗定市应急管理局整合本级危险化学品、烟花爆竹、非煤矿山、工贸等行业领域安全生产监管，以及地质灾害、水旱灾害、森林火灾等有关应急抢险和灾害救助、防震减灾等方面行政处罚、行政强制职能，实行综合行政执法。

【安全生产责任制建设】 2022 年，罗定市主要领导与各镇（街）、市安委会成员单位主要负责人签订 2022 年度安全生产和消防工作责任书。市委印发节前督查通知，市四套班子带队到挂钩镇（街）、企业开展节前安全生产督查。市应急管理局组织开展罗定市 2021 年度安全生产责任制和消防工作考核，对罗定市各单位 2021 年度安全生产和消防工作开展情况进行全面评价，通报约谈考核结果未达到优秀的镇（街）、市直单位。

【安全生产重点领域治理】 2022 年，罗定市应急管理局开展非煤矿山领域治理，在华润水泥（罗定）有限公司塘木石石场召开全市非煤矿山企业安全生产工作现场会暨安全宣教进矿山活动，对非煤矿山安全政策法规、矿山安全管理基础、非煤矿山事故警示教育、双重预防机制建设等方面进行培训。制定《罗定市工贸行业安全生产专项整治“百日清零行动”工作实施方案》，成立“百日清零行动”工作专班，对全市 6 家粉尘涉爆企业进行全覆盖专项检查，查出一般隐患 12 处，发出现场处理措施决定书 2 份，责令 2 家企业暂时停产停业，发出责令限期整改指令书 2 份。制定《罗定市危险化学品安全风险集中治理实施方案》，成立危险化学品安全风险集中治理工作专班，开展危险化学品生产、经营、运输企业和使用单位检查行动，联合检查企业 15 家次，发现隐患 17 处，查处非法“黑油点”1 个。

【安全生产宣传与培训】 2022 年，罗定市应急管理局开展“遵守安全生产法 当好第一责任人”安全生产月活动，全市张贴安全生产海报 1000 张，利用村（居）委

▲ 2022 年 6 月 16 日，罗定市在市文化中心广场开展 2022 年“安全生产月”宣传咨询日活动

（罗定市应急管理局 / 供图）

应急大喇叭播放提示语音 9000 余次；悬挂大型海报 3 张、制作短视频 2 条在各处 LED 屏轮播；开展“6・16”安全生产月宣传咨询日活动，活动当天 1500 人次现场咨询，摆放各类宣传展板 10 块，发放安全知识宣传资料 13000 份、宣传品 8000 份。开展“学新法、送安全”活动，将新《中华人民共和国安全生产法》宣传小册子带到各企业，督促企业第一责任人做好学习和宣贯工作。是年，组织市、镇（街）应急干部参加云浮市应急管理干部培训班 2 次、各级安全生产执法业务培训 7 次、广东应急管理大讲堂 6 次；联合市委组织部、市委党校组织举办罗定市 2022 年应急管理干部培训班，培训市、镇应急干部 50 人。

【安全生产执法监察】 2022 年，罗定市应急管理局立案查处 30 家生产经营单位非法违法生产经营行为。处监督监察罚款 36.52 万元，其中，烟花爆竹立案 13 宗，危险化学品 3 宗，非煤矿山 3 宗，工贸企业 8 宗，其他行业 1 宗。排查烟花爆竹销售企业 116 家，查处采购、销售非法生产、经营的烟花爆竹案件 9 宗，查处非法储存、运输烟花爆竹 11 宗，拘留 3 人，集中销毁的收缴非法产品价值 18.2 万元。

【安全生产行政许可】 2022 年，罗定市应急管理局办理行政审批事项 145 宗，其中办理烟花爆竹经营（零售）许可证 136 宗，危险化学品建设项目安全条件审查 4 宗，危险化学品建设项目安全设施设计审查 4 宗，第三类易制毒危险化学品备案 1 宗。

【安全隐患排查与风险管控】 2022 年，罗定市应急管理局监督检查企业 587 家次，发现各类隐患 282 处，发出限期整改指令书 111 份，完成隐患整改 264 处，隐患整改率 93.6%。全市检查非煤矿山、商贸制造业、危险化学品、道路交通、旅游、消防、民爆、建筑施工等行业领域的各类企业 40343 家次，发现隐患 10679 项，其中重大安全隐患 6 项，打击非法违法行为 36301 起，整治违章行为 829 起，停产整顿 8 家，关闭取缔 1 家，立案处罚 775 宗，罚款 245.31 万元。

自然灾害和减灾救灾

【森林防火】 2022年，罗定市发生森林火灾2宗，过火总面积7.53公顷，受害森林面积6.64公顷。全年出动森林消防大队34次，出动森林消防人员1133人次，其中支援郁南、云安出动61人次，跨市支援阳春出动35人次。是年，划拨专项资金160万元，用于补充市森林消防大队与各镇（街）应急分队森林消防装备建设；罗定市应急管理局开展森林防火宣传“敲门行动”“我是森林防灭火宣传员”活动，张贴禁火令和派发宣传单张71.46万份，悬挂宣传横幅10476条，开展固定或流动宣传喇叭宣传3028次，劝导文明祭拜12万人次，制作短视频103条；春分和清明期间，全市市直机关干部职工、志愿者深入镇村一线开展森林防火宣传引导工作，投入市镇村干部、志愿者40168人次，设置检查点4248个，检查车辆67542辆次，检查进山人员26.61万人次，收缴火种及代管烟花爆竹、香烛纸钱等14112件。

【防震减灾】 2022年，罗定市通过“5·12”防灾减灾日、安全生产月、全国科普日等活动，发放防震小常识、自然灾害防灾及应急措施宣传单等宣传资料，开展防震减灾科普知识、震后自救措施、救援装备器械使用科普等宣传“六进”活动。全年开展防震抗震宣传教育活动3次，发放各类防震减灾法律法规和科普宣传手册、宣传画册1.5万份册。利用广播、电视、板报、宣传栏和“今日罗定”微信公众号、抖音等媒介，宣传防震减灾有关法律法规和转移避让常识。

【“三防”工作】 2022年2月19—22日，罗定市出现强冷空气天气过程。19—20日，罗定市普降暴雨，全市平均降雨量77.5毫米，各镇（街）最低气温3～6℃；21—22日，雨势减弱气温回升，普降小到中雨，最低气温5～7℃。2月19日13时启动冻Ⅳ级应急响应，各镇（街）、各部门采取相关防御措施，加强值班值守和信息报送。全市出动督查组12组48人次进行防冻工作督查，农业部门派出农业指导员17人次，进驻镇村田间地头及畜禽水产养殖场，发布低温信息和宣传防寒措施，指导农民做好露地农作物和鱼塘防冻害等工作。是年，罗定市受到“暹芭”“木兰”“马鞍”3个台风直接影响，共启动防汛应急响应3次、防风应急响应2次。通过“一键通”APP和手机短信向全市“三防”责任人发送预警信息3.1万条。市四套班子领导带队到挂钩联系镇（街）、村（社区）开展防汛检查，应急、住建、水务等部门对全市防洪排涝设备及应急抢险物资进行检查。年内向各镇（街）提前预置防洪编织袋10万条，排查地质灾害点16处、城区易涝点5处、乡镇易涝点25处，排查在建工程191处、沿河低洼区域11处、清理堵塞水沟31处，排查中小型水库105宗、堤防5宗、水闸9宗、水电站125宗、库容1万立方米以上山塘226宗，全市紧急避险转移易受灾群众972名。

【灾害救助】 2022年，罗定市发生冰冻灾害、洪涝灾害，全市11844人受灾，紧急避险转移人口972人，直接经济损失837.67万元。2月19—22日受冷空气影响，罗定市普降大雨到暴雨，天气持续阴冷。全市受灾人口43人，无人员伤亡；全市农作物受灾5.33公顷，成灾面积4.73公顷，受灾农作物为辣椒、萝卜，经济损失27万元。6月上旬，受“龙舟水”强降雨影响，部分镇（街）农作物受灾（素龙、生江、金鸡、附城、苹塘），全市农作物受灾34.33公顷，成灾面积29.4公顷，受灾农作物为水稻、玉米、蔬菜、花生等，损失产量46.8吨，经济损失16万元。7月2—7日，受台风“暹芭”外围影响，罗定市出现暴雨到大暴雨，局部特大暴雨，强降雨和大风导致在农业、交通、供电方面出现灾情险情，全市农作物受灾面积720.1公顷，其中水稻受浸29.33公顷、倒伏679.3公顷，水稻成灾面积577.47公顷，玉米受灾7.34公顷，蔬菜受灾面积4公顷，直接经济损失237.6万元，发生25处交通险情，受损公路长度0.37千米，受阻公路长度0.98千米，5处路基塌方，造成经济损失555.57万元。 （唐福进）

消防救援

【概况】 罗定市消防救援大队属上级驻罗定市机关单位，辖1个消防救援站，18个政府专职消防队。2022年，罗定市消防救援大队制定“我为群众办实事”工作清单，上门开展“帮你查”“教你防”“陪你练”等“菜单式”服务；定期开放科普教育基地，市民“体验+互动”学习消防安全知识；定期到政府机关、社会单位、社区、小区、农村等开展消防知识宣讲活动；开展消防宣传培训89次，消防站开放20次，受训达11万人；组织消防志愿者开展志愿服务91次，发放各类宣传资料7万份，辐射5.6万人。

【应急救援】 2022年，罗定市消防救援大队围绕单兵、作战单元和整建制队站3个层面，结合辖区灾害事故类型和现有人员装备实际，设置纵深救援训练、黑暗环境内攻搜救、初战控火等实战科目训练；组建体能专业示教队，组织体能教练员每周开展示教组训；对辖区不放心场所进行实地驻练驻训，完成辖区9家隔离场所预案制作，更新重点单位预案99份，提高处置能力。是年，抢救被困人员63人，抢救、疏散被困人员269人，抢救财产价值2041.13万元。完成“3·21”东航MU5735客机坠毁事故增援任务、“3·21”附城废品回收站火灾、“7·6”泷江小车坠江救援、“11·28”素龙油烛厂火灾等一系列急难险重的救援任务及全国两会、中共二十大等防护期的消防安全保卫任务。

▲ 2022年12月16日，罗定市消防救援大队扑救西湖（罗定）双东环保工业园罗定市明曜金属表面处理有限公司火灾

（罗定市消防救援大队／供图）

【社会火灾防控】 2022年，罗定市消防救援大队开展全市校外培训、托管机构、批发市场、大型商业综合体、高层建筑、校外托育机构等场所安全专项整治行动。推进消防安全专项整治三年行动、消防安全“扫雷”行动及电动自行车领域消防安全综合治理工作等各项重点任务，开展市人民医院、市博物馆重大火灾隐患单位和罗城街道火灾高风险区域隐患整治工作。对37家消防安全隐患突出单位场所当场查封。对存在重大火灾隐患的3家场所采取提请市政府挂牌督办整改措施。推行21个镇（街）委托执法，办理委托执法案件2起，罚款20元；各镇（街）明确不少于2名公务员（或事业编制人员）专职负责辖区消防工作；落实“镇（街）包建制村（社区）、网格员包户”包保责任机制，推进全市消防安全网格化工作。推动各级网格力量，深入辖区人员密集场所、“三小”场所、社区等场所开展防火检查巡查和家庭火灾防范宣传提示，消除隐患。是年，全市排查各类单位1.36万家，下发责令改正通知书2730份，行政处罚决定书38份，下发临时查封决定书5份，“三停”6家。 （胡 梅）

生态环境

环境状况

【概况】 2022年，罗定市空气质量优良率95.7%；六项污染物指标年均浓度均达到国家二级标准。省控大湾断面、市考围底河六宅口河段断面平均水质、县级城市集中式饮用水水源地水质均达到考核目标要求。罗定市镇级以上千吨万人饮用水水源水质全部达标。

【大气环境质量】 2022年，罗定市城区空气质量优良达标率95.07%，其中二氧化硫均值浓度为12微克/立方米，二氧化氮均值浓度为16微克/立方米，细颗粒物$PM_{2.5}$均值浓度为27微克/立方米，可吸入颗粒物PM_{10}均值浓度为36微克/立方米，一氧化碳日均值第95百分位数为0.9毫克/立方米，臭氧日最大8小时均值第90百分位数为133微克/立方米。有效监测天数365天，优良天数347天，轻度污染天数18天，空气质量较好。

【水环境质量】 2022年，罗定江河段（赤新断面、双东电站断面）平均水质类别为Ⅲ类，省控大湾断面平均水质类别为Ⅲ类，市考断面围底河六宅口河段平均水质类别为Ⅲ类，县级城市集中式饮用水水源地罗定市金银河水库水质为Ⅱ类，均达到考核目标要求。罗定市镇级以上千吨万人饮用水水源水质全部达标。

生态环境监测

【监测点】 空气监测点位 兴华站点、沿江站点主要监测项目：二氧化硫、氮氧化物、PM_{10}、$PM_{2.5}$、一氧化碳、臭氧、气象五参数（温度、湿度、气压、风向、风速）、能见度。监测频率：每天24小时连续监测。

挥发性有机物成分谱在线监测点位 罗光站点主要监测项目：挥发性有机物成分谱。监测频率：每天24小时连续监测。

地表水水质监测点位 七和电站左、七和电站右、赤新左、赤新右、双东电站左、双东电站右主要监测项目：水温、pH，溶解氧、高锰酸盐指数、化学需氧量、五日生化需氧量、氨氮、总磷、总氮、铜、锌、氟化物、硒、砷、汞、镉、六价铬、铅、氰化物、挥发酚、石油类、阴离子表面活性剂、硫化物、粪大肠菌群。监测频率：每月一次。

金银河水库水质监测点位 金银河水库主要监测项目：水温、电导率、pH，溶解氧、浊度、氨氮、高锰酸盐指数、总磷、总氮。监测频率：每天连续自动监测（4小时一次）。

城镇污水处理设施监测点位 9个镇级及以上城镇污水处理设施的进水泵站集水井、污水处理设施进水、出水主要监测项目：化学需氧量、氨氮、总磷、总氮、悬浮物、水量。监测频率：污水处理设施进水口、进水泵站集水井均在每月上旬和下旬监测1次；污水处理设施出水口每季度监测1次。

农村生活污水处理设施出水水质监测点位 部分设计日处理能力20吨及以上的农村生活污水处理设施出水口主要监测项目：化学需氧量、氨氮、总磷、总氮、悬浮物。监测频率：每半年监测1次。

生态环境污染防治

【水污染防治】 2022年，云浮市生态环境局罗定分局采取措施，保障农村“千吨万人”饮用水安全。针对泗纶镇湘垌水库蓝藻水华问题，邀请专家组进行现场检查与监测，协调泗纶镇政府对水体富营养化问题进行紧急处理，完成整改方案初稿并提交到广东省生态环境厅进行审核。制定入河排污口整治及规范化建设方案，开展市入河排污口整治。完成重点整治问题排污口10个，其中4个拟通过资源化利用的方式消纳直排污水，剩余6个通过截污管网纳入镇级污水处理厂处理。

【大气污染防治】 2022年，云浮市生态环境局罗定分局开展专项行动，推进罗定市双东工业园区重点异味企业调查项目、罗定市重点区域大气污染露天焚烧监控项目、罗定市重点企业大气污染调查和监测项目，均实施完成，建立实时监控。

【土壤污染防治】 2022年，云浮市生态环境局罗定分局联合市自然资源局核实上报全市4个季度的拟用途变更为住宅、公共管理与公共服务用地地块的有关情况。土壤污染重点监管单位有2家，督促其建立土壤污染隐患排查制度，形成土壤和地下水自行监测方案，完成1次土壤和地下水自行监测和隐患排查报告。

【固废辐射污染防治】 2022年，在广东省固体废物云申报系统审核161家企业的工业固体废物申报登记，工业固体废物贮存量429.81吨。在重大节日和两会召开及汛前防汛防风期间，对辖区内企业开展环境安全隐患排查，对产生危险废物和工业固体废物企业的处置设备、设施运行状况、存贮环境规范、固废登记台账、固废转移联单执行情况等进行检查。组织人员参加云浮市生态环境局举办的核与辐射监测仪器和个人防护设备操作培训班。

【农村环境综合整治】 2022年，罗定市新增完成农村环境整治建制村25个。截至2022年第四季度，全市完成农村生活污水收集自然村2993个，覆盖率79.9%，完成生活污水治理自然村2017个，治理率53.8%。其中建设生活污水处理设施157座，纳入城镇污水处理厂处理的自然村146个。

环境保护管理

【生态环境监督执法】 2022年，云浮市生态环境局罗定分局检查企业856家次，跟踪落实整改完毕。是年，使用广东省环境执法一体化平台进行“双随机”抽查摇号，规范对企业事中事后监管行为，抽查排污单位与建设项目184家次，其中建设项目随机抽查59家，排污单位企业125家，作出行政处罚决定书13件，责令停止违法行为13家，罚款68万元，其中适用广东省生态环境违法行为行政处罚罚款金额裁量表案件4件，适用《广东省生态环境不予行政处罚的轻微违法行为目录》作出不予行政处罚决定书1件。

【排污设施监管】 2022年，云浮市生态环境局罗定分局核发92家排污许可证，其中变更77家排污许可证，首次申领8家排污证，延审7家排污证。督促持证排污单位按照相关行业规范开展自行监测和信息公开工作，规范环境管理台账记录，定期提交执行报告和环境管理台账，及时在全国排污许可证管理信息平台进行公开。

【建设项目环境管理】 2022年，云浮市生态环境局罗定分局对建设项目环评审批开展事中事后监

▲ 2022 年 5 月 24 日，云浮市生态环境局罗定分局在素龙街道凤西村开展 2022 年国际生物多样性日宣传活动

（云浮市生态环境局罗定分局 / 供图）

督管理。对监督检查处理存在违法行为的企业，按照《中华人民共和国环境保护法》《中华人民共和国环境影响评价法》《建设项目环境保护管理条例》等法律法规进行查处。

【环境应急管理】 2022 年，云浮市生态环境局罗定分局督促指导 52 家企业编制突发环境事件应急预案并备案。根据企业上报突发环境事件应急预案备案情况，建立全市风险源企业精细化台账，实时更新。对辖区内风险源企业开展不定期排查检查，指导企业开展应急演练、隐患排查；组织执法、应急等相关人员参加“全国环境应急管理培训班”“广东省环境应急管理培训班”。是年，全市无发生重大环境污染事故。

【生态环保宣传】 2022 年，云浮市生态环境局罗定分局举办“5 • 22”国际生物多样性日、“六五”环境日、全国低碳日等生态环保主题宣传活动，宣传生态环保和科普知识。在广东汇江铝业有限公司开展 1 场环保专题宣讲活动，为双东环保工业园区内中顺洁柔、粤泷电厂等 20 多家企业提供环保政策法规服务和重点企业“一对一”技术服务，派发专题技术汇编 2500 册。

（冼国柱）

生态环境建设

【概况】 2022 年，云浮市生态环境局罗定分局排查挥发性有机物排放重点企业，加强工业锅炉炉窑污染管控；配合省生态环境厅开展企业碳排放核查工作，做好秋冬季大气污染防治百日攻坚；开展建设用地联动监管，整治涉重金属污染企业；2022 年省民生实事新增农村生活污水治理 8 个自然村，全部完成；定期分析河长制监测数据与水污染防治监测数据；对全市禁养区内的非法畜禽养殖场（户）进行清理，实行养殖总量和区域禁养双控制；根据《罗定市农村黑臭水体排查工作方案》，建立以市统筹、镇（街）为主体、建制村实施的分级责任机制，排查农村黑臭水体。

【排污口设置管理】 2022 年，云浮市生态环境局罗定分局制定入河排污口整治及规范化建设方案，重点整治问题排污口清单中罗定市占 10 个，其中 4 个通过资源化利用的方式消纳直排污水，剩余 6 个通过截污管网纳入镇级污水处理厂处理，整治工程已全部完成。

【危险废物经营单位运营】 2022年，罗定市建成危险废物收集经营单位2家，其中广东润洛环保科技有限公司年收集转运HW08废矿物油5000吨；广东实盛环保科技发展有限公司于2022年12月建成，收集储运HW08、HW09和HW49类危险废物25800吨。

（冼国柱）

节能减排

【节能管理】 2022年，罗定市发展和改革局抓规模以上企业单位和重点用能企业节能监管，对罗定市能源消费总量及单位地区生产总值能源消费量指标进行跟踪管理。是年，罗定市能源消费总量117.42万吨标准煤（等价值），同比增长5.7%，地区生产总值同比增长1.8%，万元地区生产总值能耗0.38吨标准煤，同比上升3.8%。罗定市汇江铝业一期年产5万吨铝型材项目、一力制药（罗定）有限公司（二期）GMP（药品生产质量管理规范）建设项目、云浮中顺洁柔三期建设项目、微容高端电容基地技术改造项目节能审查对应获批74303吨标准煤用能指标；对19家企业及机构开展节能监察，其中企业18家，公共机构1家。

（叶鸿锋）

【工业节能】 2022年，罗定市工业和信息化局对工业重点用能企业广东省粤泷发电有限责任公司、华润水泥（罗定）有限公司、中材罗定水泥有限公司、中顺洁柔（云浮）纸业有限公司、罗定市罗宝陶瓷有限公司、罗定市鸿正陶瓷有限公司、罗定市骏华陶瓷实业有限公司等加强节能工作组织领导，完善节能管理制度及落实节能措施，落实车间、班组（个人）节能目标责任制，加强和规范企业能源计量、统计及报送制度，淘汰落后设备和生产工艺，建立健全节能激励约束机制。是年，全市有42家企业通过清洁审核。

（吴何芝）

【生活垃圾分类】 2022年，罗定市住建局制定《2022年罗定市推进城市生活垃圾分类工作计划》《罗定市生活垃圾分类工作实施方案》《罗定市全面推进城市生活垃圾分类示范片区创建工作方案》和《罗定市城市生活垃圾分类工作评估办法》，多次召开推进会，每季度进行专项检查和督导检查。投入设备设施，在全市各示范片区范围内建成生活垃圾分类收集亭109座，配置四色分类垃圾桶，两分类不锈钢垃圾桶、两分类不锈钢果皮箱等，建成罗定市厨余垃圾处置中心、罗定市可回收资源综合利用处置中心、园林垃圾临时堆放点；投入资金102.45万元，其中，云浮市财政局奖补资金12.5万元、罗定市划拨资金89.95万元，用于示范片区垃圾分类设施建设和宣传教育工作。

【建筑垃圾处置】 2022年，罗定市住建局推进建筑垃圾处置管理体系建设，罗定市建筑余泥渣土受纳场正式运营，面积7.01公顷，库容量74.95万立方米。全年受纳建筑垃圾150.21吨。完善场内投建建筑垃圾资源化利用设施、厂区道路和绿化。

（雷　婷）

▲ 2022年，罗定市住建局推进生活垃圾分类示范片区建设。图为南江帝景小区生活垃圾分类收集亭　（罗定市住建局/供图）

教 育

综 述

【概况】 2022年，罗定市有幼儿园197所，在园（班）幼儿4.29万人，学前教育毛入园（班）率98.1%。义务教育学校386所，在校生16.5万人，小学适龄儿童入学率100%，初中适龄儿童入学率100%。普通高中9所，在校生2.2万人，高中阶段教育毛入学率95.1%。中等职业学校3所，在校生0.59万人。

【教育投入与支出】 教育投入 2022年，罗定市教育经费投入273176万元，比2021年增加2373万元，同比增长0.9％。国家财政性教育经费242237万元，比2022年增加5810万元，增长2.5％，占教育总经费的88%；非国家财政性教育经费30939万元，其中民办学校中举办者投入865万元，教育事业收入29832万元，其他教育经费投入26717万元。一般公共预算教育经费206724万元，比2021年增加2662万元，增长1.3％；其他一般公共预算安排的教育经费35513万元，比2021年的32365增加3148万元，增长9.7%。

教育支出 2022年，罗定市教育经费总支出276443万元，其中事业性经费支出272634万元，包括工资福利支出209390万元，对个人和家庭补助支出12221万元，商品和服务支出32781万元，资本性支出11584万元，其他支出3809万元。

【教育督导】 2022年，罗定市教育局开展“双减”督导，完成省对罗定市履行教育职责评价，协助省督查组完成对民办学校的实地督查；组织9所高中学校高二级师生1932人，完成广东省普通高中教育质量测试点所有测试程序；开展校外培训机构专项抽查督查近100所次，对义务教育中小学校开展“双减”专项检查督查近3000场次。

【教学教研】 2022年，罗定市选拔117名学科兼职教研员。全市中小学开展创建课改实验（示范）学校活动，改进课堂教学方法、改革教学组织方式；举办教师业务能力竞赛，组织优质课比赛、录像课比赛、说课比赛、单元优化设计比赛、青年教师能力比赛等；充实“罗定市区域教育资源云平台”网络教学资源，推出名校课堂、名师课堂、备课活动直播、教学设计案例等；加强科组、备课组建设，制定科组建设考核评比方案，开展优质课例，优质课件，优秀教案、学案评比活动。 （梁灼恒）

教育管理

【招生考试管理】 2022年，罗定

市教育局统筹做好疫情防控和考试组织工作，安全平稳顺利组织高考、中考、自考、普通专升本考试、学考、成人高考、教师资格笔试等各项重大考试，考试招生及改革发展规范有序。

【教师队伍管理】 2022年，罗定市在编教师10971人，其中硕士研究生学历104人，大学本科学历8179人，大学专科学历2688人；正高级职称3人，副高级职称1307人；引进高层次人才101人；广东省名校长工作室主持人2人、名师工作室主持人4人、省级名校长培养对象2人；云浮市名教师工作室主持人29人、云浮市名校长141人、名教师177人、名班主任177人。

人才引进 2022年，罗定市引进高层次人才101人（39人为公费定向培养的研究生），接收定向培养生毕业生71人，面向社会公开招聘公办教师1751人，合同制教师719人。

教师学历提升 2022年，罗定市动员教师在职攻读提升学历，对取得硕士研究生学位的教师给予学费、论文答辩差旅费和生活费补助2万元。22名教师在职攻读研究生。与肇庆学院、岭南师范学院、五邑大学、罗定职业技术学院等院校共建师范生教育实习基地。

【校园安全】 2022年，罗定市教育局加强校园安全工作，实现中小学幼儿园专职保安员配备率、一键式报警和视频监控与公安部门联网达标率、学校封闭式管理和“护学岗”设置率“四个100%”；强化校园安全防范、预防学生溺水、校车（交通）安全、消防安全、食堂食品卫生、实验室和危化品安全、防诈骗和师生心理健康等多方面的教育。全市中小学（幼儿园）使用燃气的83个内设食堂全部安装燃气报警系统；133所规模较大的学校推进安装金属探测安检门。全市各学校组织防疫、防暴恐、防震、消防、应急疏散、校车等各种演练135场次。

【学位供给】 2022年，罗定市扩增公办中小学、幼儿园学位供给，集中财力新建、改扩建一批公办中小学、幼儿园，增加公办学位9100个。学前阶段新建4所幼儿园，其中连州镇中心幼儿园已完成主体建设进入装修阶段，泗纶镇中心幼儿园荣安分园项目基本完成，苪塘镇中心幼儿园、苹塘镇瑞平幼儿园完成主体建设，全部投入使用后可增加1260个学前教育学位。义务教育阶段扩建6所学校，其中素龙街道平南小学综合楼建设工程、龙湾镇中心小学综合楼、罗定第五小学扩建项目均已完成，新榕中心小学综合楼工程、罗定中学城东学校宿舍楼、华石小学学生宿舍楼工程在办理手续，全部投入使用后可增加4690个义务教育学位。高中阶段扩建2所学校，其中实验中学第二综合楼完成主体建设，进入装修阶段，全部投入使用后可增加3150个学位。 （梁灼恒）

信息化教育

【信息化设备建设】 2022年，罗定市建立和完善“市教育局数据中心—市直学校—各镇（街、片）中学—中心小学（城区小学）—农村教学点”五级专线网络架构。在农村小学334个教学点实施三项工程，建设校园网。是年，全市中心小学以上学校互联网出口带宽500兆以上，农村教学点100兆以上，班平均宽带10兆，100%教学班实现优质资源班班通，100%的中小学教师开通应用实名制网络个人空间。全市有近30所中小学校装备录播教室，推进“国家中小学智慧教育平台”和“罗定市区域视频资源应用平台”应用。

【教育信息化服务】 2022年，罗定市建立“市教育局数据中心—各中小学校—农村教学点”三级教育信息化服务体系，将应用服务范围半径由原来的中学、中心小学扩大到中心幼和农村小学334个教学点，实现公网与内网全覆盖。征集上传优课、微课、名师课堂、名校课堂、专辑等板块课件近400节，充实教育局数据中心资源库资源。各中小学校利用“罗定市区域视频资源应用平台”进行课堂直播、远程教研、同课异构、资源点播、视频会议、网络培训；利用“国家中小学智慧教育平台”提供的教育资源、教研活动、教学应用、网络集群、云空间、培训等功能模块进行教育活动。

【信息化教育培训】 2022年，罗定市与肇庆市蓝天科教网和佛山市禅城区优质教育资源对接，开展“罗定市2022年粤东粤西粤北地区中小学教师全员轮训暨禅城区全口径结对帮扶罗定市基础教育培训”活动。疫情防控期间，2661名教师采用“线下+线上”模式进行培训，线上部分佛山禅城区老师的课件全部上传到“罗定市区域视频资源应用平台”。

（梁灼恒）

基础教育

【学前教育】 2022年，罗定市有幼儿园197所，其中普惠性幼儿园97所。在园（班）幼儿4.29万人，学前教育毛入园（班）率98.1%。

【义务教育】 2022年，罗定市义务教育学校386所，在校生16.5万人，小学适龄儿童入学率100%。全市初级中学有25所，初中适龄入学率100%；毕业生15138人，参加中考考生14638人，录取率96.7%。

【普通高中教育】 2022年，罗定市有普通高中9所，在校生2.2万人，完成8076名（含36名体教融合体校生）高一新生录取，高中阶段教育毛入学率95.1%。是年高考，云浮市总分前10名考生中，物理类罗定市考生占8人，囊括前五名；历史类罗定市考生占6人。总分600分以上81人；全市上特控线707人（不含体育、艺术考生），同比增长5.7%；本科线以上4059人，同比增长7.1%。

【特殊教育】 2022年，罗定市特殊教育学校有1所，设有18个班，教职工40人，在校生384人。

【民办教育】 2022年，罗定市有民办教育学校6所，分别是培英小学、喜耀粤西学校、敏博实验学校、华天中英文学校、明德实验学校和培献中学。在校学生7568人，教职工872人。

（梁灼恒）

中等职业和成人教育

【中等职业教育】 2022年，罗定市有中等职业学校3所（其中公办中职学校1所，民办中职学校2所），分别是中等职业技术学校、培英中等职业学校和电子工业学校。其中，中等职业技术学校是公办中职学校，在校学生5924人，教职工381人。

（梁灼恒）

【罗定市中等职业技术学校】

2022年，罗定市中等职业技

表33　　2022年罗定市中考情况统计表

县（市、区）	初中毕业生数（人）	升上高一级学校的学生数				升学率（%）
		普通高中（人）	中职（含技校）（人）	其他（人）	合计（人）	
罗定市	15138	8076	6617		14693	97.1

表34　　2022年罗定市高考情况统计表

县（市、区）	报考人数（人）	上本科线以上考生		上专科线以上考生	
		人数（人）	比例（%）	人数（人）	比例（%）
罗定市	8891	4059	45.65	8403	94.5

术学校秋季招收新生 1465 人，有 79 个教学班，全日制在校生 3446 人。是年，开设计算机应用高职班 2 个班，按分数录取学生 110 人；经广东省教育厅批准，开设中高职贯通三二分段班，分别与广东财贸职业学院、湛江幼儿师范专科学校、罗定职业技术学院开设电子商务、计算机平面设计、汽车运用与维修等专业教育，学生前 3 年在该校就读，后 2 年到对接院校就读，由对接院校发放大专毕业证书。

高职高考　2022 年，罗定市中等职业技术学校学生参加“3+专业技术证书”春季高考 121 人，全部入围广东省专科最低录取分数线，大专上线率 100%；17 人上本科线，本科上线率 14%。

就业　2022 年 4 月 8—15 日，罗定市中等职业技术学校举办 2022 届毕业生线上就业招聘会，邀请深圳比亚迪汽车工业有限公司、珠海格力电器有限公司、美的集团、雅达电子（罗定）有限公司等 30 多家企业和 20 多家幼儿园到校开展招聘工作，成功应聘毕业生 625 名。是年，选择自主就业 200 名毕业生，毕业生就业率 98.3%。（陈　茹）

【成人教育】　2022 年，罗定市成人教育工作主要由罗定开放大学承担。是年，全市成人本专科招生 1493 人，同比增长 35.1%；在校生 3198 人（不含研究生学历教育 73 人），同比下降 4.57%；毕业生 1646 人，同比增长 228.5%。（梁灼恒）

【罗定开放大学】　罗定开放大学是罗定市人民政府举办、罗定市教育局主管的公益一类教育事业单位。罗定开放大学占地面积 4329 平方米，建筑面积 3063 平方米。2022 年开设有专科、本科、研究生学历教育，在校生 3271 人。是年，参加广东开放大学专项体系建设项目评审，《罗定开放大学招生专项建设》入选项目库，获得广东开放大学专项资金 10 万元。

教育教学　2022 年，罗定开放大学招生分春秋两季进行，共招生录取 1569 人，其中春季 660 人，秋季 909 人。11 月，与中国电信股份有限公司罗定分公司签订改造协议，在原有 8 条 ADSLD（非对称数字用户线路）更换新的 FTTR4 口（光纤到房间）全

▲ 2022 年 5 月，罗定开放大学开展“情系老龄、关爱老人”健康知识讲座　（罗定开放大学 / 供图）

光兆主光猫，可达1000兆，8条ADSLD全免费提速到1000兆，提速后网络光猫自带Wi-Fi，测速可达1000兆。开展网上教学活动的课程占比、较活跃的教师占比、参与网上教学活动学生占比分别达50%、80%、50%以上。

专业设置 2022年，罗定开放大学主要开办两大类的学历教育，包括国家开放大学和广东开放大学。是年，国家开放大学开设8个专科专业：学前教育、行政管理、电子商务、汉语言文学、工商企业管理、会计、汽车检测与维修技术、小学教育，共招生1129人；广东开放大学开设7个本科专业：行政管理、法学、汉语言文学、计算机科学与技术、市场营销、土木工程、学前教育，开设14个专科专业：大数据与会计、电子商务、法律事务、工商企业管理、公共事务管理、会计、计算机应用技术（互联网营销）、计算机应用技术（移动开发）、建设工程管理、商务英语、市场营销（互联网营销）、物业管理、现代文秘、现代物业管理，共招生398人；奥鹏远程教育招生13人；湖北师范大学研究生班招生29人。

社区教育 2022年，罗定开放大学将开展社区教育经费纳入市财政预算。开展"墨飘开大，情暖泷州——罗定开放大学为市民送春联暨挥春观摩体验活动""'情系老龄、关爱老人'健康知识讲座""少儿硬笔书法进社区、进小区活动""篮球初级培训班活动"；与广州启瀚传媒联合举办"播音主持初级培训班"。 （陈祝容）

高等教育

【罗定职业技术学院】 罗定职业技术学院位于罗定市城区，占地面积27.65万平方米，学校校舍建设面积19.59万平方米，新办理老校区土地使用证15.3公顷。校内实验室、实践场所面积5.53万平方米，生均实训场所面积6.04平方米，教室面积1.59万平方米。学校教学科研仪器设备总值9627.59万元。是年，罗定职业技术学院设立有国家职业技能鉴定所、广东省博士工作站，建立云浮市云计算大数据人才培养基地、云浮市电子信息产业技术服务中心、云浮市自动化设备工程技术研究中心和云浮市南江文化研究中心，是共青团中央青年创新创业基地、广东省"绿色学校"、广东省"国防教育特色学校"、广东省农村小学全科教师培养基地、广东省语言文字工作先进单位、广东省征兵工作先进单位、广东省社会科学普及示范基地、广东省中小企业培训示范基地和云浮市文明单位、云浮市科普基地。

设施情况 2022年，罗定职业技术学院教学科研仪器设备总值9627.59万元。2022年新入账资产3244.35万元，无固定资产报废处置，新增教学科研仪器设备价值1542.85万元。扩容提质工程共投入经费321.66万元，其中校方投入经费67.66万元，包括校本部食堂装修改造254万元（食堂经营方带资）；毅锋体育馆屋面修缮项目17.5万元；小型物资采购项目5.15万元；第一教学楼玻璃窗及课桌椅维修项目5万元；西校区实训楼采购安装课室风扇项目14万元；空调及空气能热水器维修保养服务采购项目15万元；旧校区部分楼宇加装安全防护设施项目2.65万元；第一教学楼负一层心理咨询中心修缮项目8.4万元。校园网已经覆盖全院办公区域、教学区域和学生宿舍区域，拥有12200兆接入互联网接口带宽，10000兆主干网带宽，12000个网络信息点数，管理信息系统数据总量130千兆。启用网上办事大厅，开发办事流程30多个，办件近3000项。纸质图书68.67万册，电子图书42.41万册，生均（折合）图书49.55册，新增西校区书库1个。

生源情况 2022年，罗定职业技术学院招生方式有春季高考、自主招生、夏季高考等。学校招生专业40个，总录取3357人，报到3044人，报到率90.7%，同比增长4.1%。学校总录取中职毕业生1247人，报到1119人，中职生源占普通高职招生数比例为37.2%。全日制专科在校生13459人，成人教育在读学生438人。函授专科在籍学生438人，自考本科相沟通班在读772人。面向云浮籍退役军人定向开展人才培养工作，开设计算机应用技术、工商企业管理、电子商务3个专业，招生110人。中高职贯通培养五年一贯制转段301人，在校生731人。中高衔接在校生专业8个，招生专业8个（同2021级相比新增设置5个专业），实际报到学生323人，在校生419人，比2021年增加227人。申报中高衔接试点专业17个，同2021年相比新增设置6个专业。高本协同育人在校生专业2个，招生专业2个，实际报到学生147人，在校生334人。

师资情况 2022年，罗定职业技术学院有教职工547人，专任教师405人，其中副高以上职称81人，博士学位的教师1人，硕士学位的教师235人。新增教授3人，新增副教授20人。聘请校外兼职教师115人，具有“双师”素质的专任教师192人。组织线上线下各级各类师资培训和学术报告11次，参与教师3000人次。有17人分别报读菲律宾圣保罗大学、菲律宾黎刹大学、菲律宾雷省国立科技大学和泰国吞武里大学，19人（15人为编制人员，4人为学校聘员）在职攻读海外博士学位，涉及8个专业；有5人（聘员）在职攻读海外硕士学位，专业为教育管理。

教研科研课题 2022年，罗定职业技术学院组织完成广东省高校教育专项项目、广东省高校科研平台项目、广东省科技项目、云浮市社科联课题、云浮市青年发展研究课题等申报工作；获批省级项目30项、市级项目28项、横向项目4项；获批科研经费283.5万元；校级课题结题19项，校级精品在线开放课程结题5项，大学生创新创业训练计划项目结题1项，大学生校外实践教学基地结题5项，技能大师工作室项目结题3项，教育教学改革与实践项目结题1项，校内实践教学基地结题1项，应用技术协同创新中心结题1项。慕课微课课程建设验收通过5项，高职扩招教改课题验收通过11项，省级质量工程项目立项2项，校级专业领军人才项目立项2项，校企合作开发教材立项7项，大学生创新创业训练计划立项5项，校级精品在线开放课程立项5项。

就业情况 2022年，罗定职业技术学院共有35个专业，毕业生总人数3085人，其中师范毕业生1134人，非师范类毕业生1951人；家庭经济困难毕业生144人。截至2022年12月底，2022届毕业生就业去向落实率97.8%，平均薪酬3236.76元/月。2022届毕业生生源主要集中在云浮、茂名、湛江、肇庆、梅州等地区，其中，云浮市生源地人数730人、所占比例23.7%，茂名市生源地人数299人、所占比例9.7%，湛江市生源地学生294人，占比例9.5%。2022届已就业的毕业生中到珠三角地区就业有1954人，占已就业毕业学生总数66.7%；到粤北地区就业632人，占已就业毕业学生总数21.6%；到粤西、粤东和省外就业人数分别是148人、138人、56人，分别占已就业毕业学生总数5.1%、4.7%和1.9%。2022届毕业生中有10名学生参加国家和地方基层项目，94名学生参加升本考试成功被录取。 （陈谷平）

罗定市教师发展中心

【概况】 罗定市教师发展中心位于原罗定市教师进修学校，是经罗定市人民政府批准创办罗定市教师进修学校，属中等师范性质的学校，是由市教育局主管的正科级公益一类办学实体。

教研活动 2022年，罗定市教师发展中心举行2021届高考评卷心得交流会、2022届高考备考学科研讨会、高三级组长交流会、“命题双向细目表”培训会、高三备课组长交流会、术科高考总结交流会等教研活动。开展创建课改实验（示范）学校活动，对21所学校开展创建验收。开展名师工作室送课活动，组织罗定市名师工作室主持人、工作室成员开展送课下乡130多节。制订《罗定市学科组建设考核评比方案》，开展特色优质学科组建设。选拔94名中学学科兼职教研员。开展县级课题40个、地市级课题40个、省级课题28个，结题的省市级课题30多个。

教师队伍 2022年，罗定市教师发展中心事业编制63名，现有教职工59人，其中副高级以上职称25人，正高级职称1人，省特级教师1人、云浮名校长1人、云浮市名教师1人。

（梁昌明）

学校选介

【罗定中学】 2022年，罗定中学有初、高中学生4140人，其中初中学生834人，高中学生3306人；高三毕业学生1081人，九年级毕业学生204人。有76个教学班，其中高中60个班，初中16个班。是年，高一级招生人数1099名，七年级招生人数300名。有教职工304人，其中职工6人，教师298人。教师获高级职称103人，中级职称124人，初级及以下职称71人；研究生学历14人，本科学历284人；40岁以上163人，40岁以下（包含40岁）135人。

学校管理 2022年，罗定中学举行英语学术和年级管理经验交流会暨广东省罗定中学教育发展基金会校友联谊会议、2022年秋季学期开学典礼暨广东省罗定中学教育发展基金会奖教奖学大会、2022年班主任培训交流会，与仲恺农业工程学院合作建设优质生源基地启动仪式。

教育教学 2022年，罗定中学开展“国学经典诵读”“国学经典每日一吟”“元旦春联写作比赛”“暑假（寒假）读书活动”“阅读主题征文比赛”“读书交流活动”等一系列读书活动。组织学生参加各级各类写作比赛，获第十九届“叶圣陶”杯优秀团体奖、第十四届广东省中小学“暑假读好一本好书”活动先进单位奖。学生在第十五届全国创新作文大赛广东省决赛中获奖72人，一等奖1人，二等奖4人，三等奖67人；全国总决赛一等奖1人，二等奖1人，三等奖3人。

校舍设备 2022年，罗定中学建设（新）宿舍楼工程项目，总投入2500万元（政府扶持1500万元，自筹资金1000万元），预计2023年9月可投入使用；投入约100万元开展励志楼线路及门窗改造；投入近15万元开展试卷保密室、办公室改造及其他零星维修工程建设，均在12月竣工验收。

高考情况 2022年，罗定中学高考考生特控线上线人数461人，比2021年增加15人，上线率39.4%；本科上线人数1022人，上线率87.5%。特控线、本科线上线人数及上线率均居云浮市重点中学第一。云浮市物理类总分前10名占8名，历史类总分前10名占6名，囊括云浮市物理类总分前5名，考生梁永隆以665分夺得云浮市物理类总分第1名。云浮市总分前10名总人数占比达70%，总分600分以上学生77人，均居云浮市重点中学第一。

（陈妙云）

【罗定中学城东学校】 罗定中学城东学校位于罗定市龙华东路173号，占地20公顷。2022年，有在校学生5743人，教学班97个，其中高中学生5253人，初中学生490人。学校毕业学生2104人，高一招生1884人，初中恢复招生，初一招生490人。有在编在岗干部职工409人，其中正高级教师1人，特级教师2人，副高级教师83人，中级教师154人，初级教师169人。广东省高中名校长培养对象1人，云浮市名校长1人，云浮市名班主任2人，云浮市名教师3人，云浮市学科带头人6人，罗定市课改标兵12人，课改标兵指导专家1人，省、市级名师工作室共12个。

高考情况 2022年，罗定中学城东学校高考考生高分优先投档线81人，比2021年增加13人，上本科线1018人，比2021年增加277人。体育类高考本科双上线人数122人。15人被双一流院校录取。

教研活动 2022年，罗定中学城东学校推进“学本课堂”教学改革，组织教师参加各类备考会、新课标培训等活动，建立“教坛新秀、教学能手、骨干教师、学科带头人”的梯队人才培养模式。是年，省级课题结题有2项，地市级课题结题有6项，县级课题结题有14项。全校参加省级公需课培训412人，参加省级心理健康教育教师培训174人，参加地市级组织的广东省教师信息技术应用能力提升工程2.0培训397人，参加地市级教师职务培训19人，参加县级全员培训项目197人，参加学校校本研修培训412人。

（黄仔强）

【罗定实验中学】 概况 2022年，罗定实验中学有教学班90个，其中高中82个班，初中8个班；在校学生5350人，其中高中学生4954人，初中学生396人。

有教师359人，其中中学高级教师87人，中学一级职称119人，中学二级教师102人，硕士研究生27人，广东省特级教师1人，云浮市名班主任2人，名教师1人，云浮市学科带头人7名，云浮市名师工作室主持人4人。

教育教学　2022年3—5月，罗定实验中学组织学校青年教师开展微课竞赛活动，竞赛有103人获奖，其中一等奖获得者入选省、市级微课竞赛学校优先推荐名单；9月，学校开展同课异构活动；期中考试开展师生解题大赛暨师生同考活动；10月，开展“读一本好书”教师读书征文比赛活动；11月，开展班主任技能大赛。

高考情况　2022年，罗定实验中学高考考生上特殊类型招生录取控制线34人，其中物理类30人，历史类4人，上线率1.9%；上本科线618人，其中物理类357人，历史类127人，体育类26人，美术类80人，音乐类25人，舞蹈类1人，编导类1人，播音类1人，本科总上线率34.2%。

教研活动　2022年，罗定实验中学出台《罗定实验中学关于建立指导教师和青年教师培训的实施意见》，开展名师结对活动，建立名师工作室。推行“以赛促教、以赛促研”教研活动，开展教师教学基本功大比武、班主任技能大赛等活动。（尹继深）

▲2022年5月23日，泷州中学组织教师到龙湾中学开展“世行贷款”学校对口帮扶项目送教活动。图为专题讲座开展现场

（罗定市泷州中学／供图）

【罗定市泷州中学】　2022年，罗定市泷州中学有教学班90个，其中初中教学班60个，学生数3613人；高中教学班30个，学生数1490人。有教职工397人，其中专任教师358人（中学高级教师80人，中学一级教师148人，中学初级教师130人），在编职工2人，自聘临工37人。研究生5人，本科354人。广东省骨干教师46人，南粤优秀教师1人，云浮市名班主任1人，云浮市研训团队成员2人，云浮市名教师2人，罗定市兼职教研员7人，罗定市课改标兵9人，罗定市名师工作室主持人2人。

高考情况　2022年，罗定市泷州中学本科上线人数202人，创学校历史记录。其中3位学生考上全国“双一流”大学。

教研活动　2022年，罗定市泷州中学名师工作室主持人余建润联合张创东、黄宇明、罗辉等名师工作室在学校举办语文、英语、历史、生物、物理5个学科中考复习备考研讨会，余建润作“瞄准方向，精细备考”专题讲座。组织教师赴龙湾中学开展“世行贷款”结对帮扶项目送教活动，到茜塘中学、太平中学等学校开展听课交流活动。是年，教师获得县级以上奖励74人次，获得省级以上奖励1人次；学生获得县级以上奖励86人次。（林灿荣）

科　学

科学技术

【概况】 2022年，罗定市科学技术局组织申报省专项获立项12项，获上级项目资金380万元；卫生类科研项目获立项15项；云浮市级科技计划项目获立项1项，立项资金30万元；高新技术企业（提质增效）项目3项，获项目资金150万元；南药孵化器、众创空间、创新团队、南药创新创业团队、南药特派员补助共获上级奖补489万元，共争取科研经费1049万元。组织推荐72个项目入库云浮市2023年科技创新战略专项。全年完成线下结题验收5项，线上验收17项。

【农科技术立项】 2022年，罗定市科学技术局组织申报农业与社会发展科技项目7个。组织开展2022年罗定市文化科技卫生“三下乡”——科普进连州活动，邀请专家为种植户开展乌榄种植技术培训，推广农业先进实用技术。引进高校及科研院所（仲恺农业技术学院、罗定职业技术学院）驻镇帮镇扶村农村科技特派员团队21支共71人，引进新品种33个，推广新技术23项。仲恺农业技术学院与罗定市谷盈畜牧业有限公司进行了智慧农业合作，申报大专项资金50万元。罗定市广东省农业科技园区按申报要求完成申报工作，向省提出申请验收。

【高新技术及产业申报】 2022年，罗定市科学技术局组织全市科技型中小企业入库50家。组织17家企业进行高新技术企业申报认定，15家通过认定，其中属于新培育高新技术企业10家。截至2022年末，全市有高新技术企业达到34家。

【科技创新平台体系】 2022年，罗定市科学技术局推荐云浮市电子设备工程技术研究中心［雅达电子（罗定）有限公司］、云浮市肉类食品工程技术研究中心（罗定市金津农业发展有限公司与罗定职业技术学院共建）、云浮市热电联产工程技术研究中心（广东省粤泷发电有限责任公司）申报通过认定。截至2022年末，全市有省级工程技术研发中心6家、云浮市级工程技术研发中心12家；国家级星创天地1家、省级星创天地5家；省级技术创新专业镇10个；南药众创空间1个；引进肉桂深加工机械装备创新研发团队（罗定职业学院和华南理工大学食品工程学院）1支。

【科技创新人才引育】 2022年，罗定市科学技术局引进肉桂深加工机械装备创新研发团队（罗定职业学院和华南理工大学食品工程学院）、竹制品数字化智能加工及制造创新团队（仲恺农业工程学院）；引进县级

▲ 2022 年 6 月 17 日，“喜迎二十大　奋进新征程”2022 年广东社会科学普及周主题日活动在罗定市长岗坡党员教育基地举行（罗定社科联 / 供图）

科技特派员 15 名到企业、示范基地、经济实体等开展科技服务；引进 32 名南药科技特派员与当地南药企业进行合作；引进高校及科研院所（仲恺农业技术学院、罗定职业技术学院）驻镇帮镇扶村农村科技特派员团队 21 支共 71 人。

【镇（街）科技工作】 2022 年，罗定市喆滨镇、龙湾镇分别被评为肉桂专业镇和南药种植专业镇。罗定市科技局指导腾龙公司组建龙湾南药孵化器建设项目，罗定宏扬农业科技有限公司组建不休众创空间，龙湾南药孵化器建设项目获上级奖补 30 万元，不休众创空间项目获上级奖补 20 万元。

（陈志芳）

社会科学

【概况】 2022 年，罗定市有 4 个社科类社团，分别是罗定市易学研究会、罗定市老子文化促进会、罗定市孝道文化促进会、罗定市东坡文化促进会。截至 2022 年末，全市有 1 个省优质人文社科普及基地，即罗定市长岗坡党员教育基地；省级社科普及标准基地 2 个：华南教育历史研学基地（广东省立仲恺农业职业学校办学旧址）、罗定市博物馆；云浮市优质人文社科普及基地 6 个，分别是罗定学宫、罗定市博物馆、蔡廷锴故居、廷锴纪念中学、泗纶中学、罗定喜耀粤西学校。

【社科普及】 2022 年，罗定市社科联在省级社科普及基地——罗定市博物馆开展展览、讲座和各种宣传教育活动，组织专题展览 9 个，参观者 6.8 万人次，宣传、讲解活动 84 场次；7 月 6 日，在省级社科普及基地罗定市长岗坡党员教育基地开展童心向党主题活动，举办赛歌会、演唱会；9 月 7 日，开展“喜迎二十大　奋进新征程”主题党日活动；12 月 10 日，在省级社科普及基地华南教育历史研学基地（素龙街道广东省立仲恺农业职业学校办学旧址），开展“唱响新时代　文化进万家”2022 年文化志愿服务送戏下乡文艺晚会。

【社科学术研究】 2022 年，罗定市社科联组织开展学习贯彻党的十九届六中全会精神“乡村振兴我来‘议’”主题征文活动，动员全市党员、干部和有关专家、学者在镇域经济、园区经济、资源经济、产业发展、美丽圩镇、文明创建、环境保护、绿色发展、交通强镇、强化基层、建设现代化美丽罗定等方面提出对策和建议。收到投稿稿件55篇，评选出一、二、三等奖和优秀奖23篇。是年，发动全市社科工作者参加2022年度云浮市哲学社会科学课题项目立项申报，市委党校、市民政局、龙湾镇政府、市博物馆4单位申报课题结题。

【广东社会科学普及周主题日活动】 2022年6月17日，“喜迎二十大　奋进新征程”2022年广东社会科学普及周主题日活动在罗定市长岗坡党员教育基地举行。广东省社科联党组书记、主席张知干，党组成员、专职副主席曾赠，一级巡视员李夏铭，云浮市委常委、宣传部部长谢思佳，云浮市社科联主席岑晓玲，罗定市委常委、宣传部部长叶红杰以及广东省各地级以上市社科联负责人，部分2022年广东省优秀社科普及专家、工作者、优秀社科普及作品的作者、优秀社科普及基地和社科普及工作先进单位代表等有关人员参加活动。活动举行2022年广东社会科学普及周启动仪式；颁发新设计制作的广东省社科普及示范基地牌匾；为优秀社科普及专家、优秀社科普及工作者、优秀社科普及作品作者、优秀社科普及基地和社科普及先进单位代表颁发荣誉证书；广州、惠州、云浮、阳江、汕尾5个地级以上市社科联负责人分别就广东社会科学普及未来五年规划谈设想或提出意见建议。（黄梅锋）

气　象

【概况】 2022年，罗定市气象局开展各类灾害性天气和重大活动、重要节假日的气象服务。全年发布重大气象信息专报12期、重大气象信息快报33期，天气报告21期；春运、端午、高考、两会等专题气象服务材料20份；推送微信文章31篇；各类突发气象预警信号96次；发布决策气象短信297条74万人次；接受新闻媒体采访17次，针对灾害性天气启动气象灾害（内部）应急响应10次，响应持续时间719小时。微博关注7001人，微信公众号关注6718人。

【气候】 2022年，罗定市气候总体特点：天气情况复杂多变，年初低温阴雨、汛期强对流天气频发、“龙舟水”偏重、高温天数多、台风影响偏重、干旱阶段性发展。全市年平均气温22.4℃，比常年平均值偏低0.2℃；年降水量1598.4毫米，较常年同期平均值（1368.5毫米）偏多16.8%，年雨日154天，接近常年（144.8天）；全年热带气旋频繁来袭，先后有3个热带气旋对罗定市产生较大风雨影响，特别是台风“暹芭”“木兰”。年内高温日数43天，比常年同期偏多1天；年内旱情呈秋、冬季连续分布，前汛期、夏季有阶段性干旱情况。

【四季气候特征】 2022年，罗定市春季（3—5月）气温略偏高，日照偏多，雨水偏多。夏季（6—8月）气温略偏低，日照偏多，雨水偏多。秋季（9—11月）气温偏高，日照偏多，雨水偏多。冬季（12月至次年2月）气温偏低，日照偏多，雨水偏少。

【日照】 2022年，罗定市年日照时数1756.2小时，同比偏多10.6%。

【气温】 2022年，罗定市平均气温22.4℃，与常年（22.6℃）基本持平，但各月气温起伏波动大，1月、3月和11月显著偏高。其中，3月和11月为有气象记录以来最高；2月、5月和12月显著偏低。高温日数（日最高气温≥35℃）共计43天，其中，在7月11日至8月2日期间，全市连续23天出现大范围持续性高温天气过程。

【雨量】 2022年，罗定市年降雨量1598.4毫米，与常年平均值（1368.5毫米）相比偏多229.9毫米，较2021年（1119.7毫米）偏多478.7毫米。年内降水阶段性变化大，2月、5—7月、9—11月偏多，1月、3—4月、8月、10月和12月偏少，其中2月和11月

表 35　　2022 年罗定市月降水量和气温情况统计表

月份	降水量			气温		
	降水量 (毫米)	常年值 (毫米)	距平百分率 (%)	平均气温 (°C)	常年值 (°C)	距平百分率 (%)
1 月	17.0	51.8	-67.2	15.5	13.9	1.6
2 月	218.8	43.9	398.4	12.1	16.0	-3.9
3 月	52.4	76.2	-31.2	22.0	19.2	2.8
4 月	83.7	130.3	-35.8	22.6	23.4	-0.8
5 月	276.5	189.2	46.1	24.5	26.5	-2.0
6 月	270.7	212.3	27.5	28.2	28.2	0
7 月	236.7	189.1	25.2	29.2	28.9	0.3
8 月	161.3	188.8	-14.6	28.0	28.6	-0.6
9 月	169.4	150.6	12.5	27.6	27.2	0.4
10 月	11.9	56.5	-78.9	23.8	24.2	-0.4
11 月	91.6	41.9	118.6	22.1	19.9	2.2
12 月	8.4	37.8	-77.8	12.6	15.2	-2.6
年合计（平均）	1598.4	1368.5	16.8	22.4	22.6	-0.2

表 36　　2022 年罗定市月日照时数情况统计表

2022 年	日照时数		
月份	月日照时数（小时）	常年均值（小时）	距平百分率（%）
1 月	58.9	91.5	-35.6
2 月	44.7	81.1	-44.9
3 月	171.8	70.4	144.0
4 月	177.2	92.4	91.8
5 月	107.0	137.5	-22.2
6 月	132.5	149.7	-11.5
7 月	218.2	187.5	16.4
8 月	167.8	173.8	-3.5
9 月	212.1	160.6	32.1
10 月	244.1	170.8	42.9
11 月	76.4	144.6	-47.2
12 月	145.5	126.8	14.7
年合计（平均）	1756.2	1587.4	10.6

▲ 2022 年 6 月 5 日，罗定市气象局组织防雷安全技术人员对全市高考考点进行防雷安全检查。图为罗定实验中学考点防雷检测现场 （梁 铭/摄）

降水量分别较常年偏多 4 倍和 1.2 倍，1 月、4 月、10 月和 12 月分别较常年偏少 67.2%、35.8%、78.9% 和 77.8%。是年，罗定市汛期于 3 月 24 日开始，比常年（4 月 6 日）偏早，比 2021 年（4 月 15 日）偏早 20 多天，于 10 月 26 日结束。入汛后（4 月 1 日至 10 月 26 日）累计降雨量 1210.2 毫米，占全年的 75.7%，较常年同期（1111.6 毫米）偏多 8.9%。“龙舟水”（5 月 21 日至 6 月 20 日）期间降雨量 266.1 毫米，比常年同期（232.1 毫米）偏多 14.6%，降水时空分布不均。6 月 9 日，罗定国家基本气象站录得 2022 年单日最大降水量 84.6 毫米；7 月 2 日，龙湾生态旅游风景区气象站录得 2022 年单日最大降水量 269.8 毫米。是年，罗定市年最长连续降水日数 10 天，从 6 月 30 日至 7 月 9 日，累计降雨量 223.9 毫米；年最长连续无降水日数 29 天，从 10 月 4 日至 11 月 1 日。

【台风】 2022 年，对罗定市影响较大的有 3 个台风（“暹芭”“木兰”“马鞍”）。受“暹芭”影响，全市出现大范围暴雨到大暴雨，局部有特大暴雨降水过程。7 月 1 日 20 时至 4 日 20 时，全市平均累计雨量 178.5 毫米，有 6 站（16.7%）录得 250 毫米以上降水，最大雨量出现在龙湾镇风景区，为 513.2 毫米；最大小时雨强出现在龙湾镇，为 40.1 毫米。

【灾害】 水灾 2022 年，受 6 月上旬“龙舟水”强降雨影响，素龙街道、生江镇、金鸡镇、附城街道、苹塘镇等地区出现洪涝灾情，全市农作物受灾 34.33 公顷，成灾面积 29.4 公顷，受灾农作物为水稻、玉米、蔬菜、花生等，损失产量 46.8 吨，经济损失 16 万元。

台风灾害 2022 年 7 月初，第 3 号台风“暹芭”影响期间，罗定市农作物受灾面积 680.1 公顷，其中水稻受浸 29.33 公顷、倒伏 679.3 公顷，水稻成灾面积 577.47 公顷，玉米受灾 7.33 公顷，蔬菜受灾面积 4 公顷。直接经济损失237.6万元。

冷害 2022年2月19～22日受冷空气影响期间，罗定市普降大雨到暴雨，天气持续阴雨寒冷，受灾人口43人，无人员伤亡；农作物受灾5.33公顷，成灾面积4.73公顷，受灾农作物为辣椒、萝卜，经济损失27万元。

【气象灾害监测】 2022年，罗定市气象局在全市21个镇（街）新建或升级改造区域自动气象站117套，实现气象观测站点布局平均网格间距5千米，全部完成后覆盖率能提升至50%以上；生态气象监测预警列入“中国气候康养之都”创建（申报）工作，完成3个生态监测站安装工作，开展监测；建成生江镇金银河水库、围底镇山田水库2个流动作业点。

【农业气象保障】 2022年7月，受台风“暹芭”环流及随其北上的西南季风气流影响，罗定市连日普降暴雨，多地的早稻倒伏受浸受损，水稻倒伏面积近万亩，罗定市气象局联动其他部门提前部署，加密信息发布，开展专题服务，协助农户抢收倒伏早稻。

【气象科技应用】 2022年5月，罗定市气象局完成云浮市中小河流强降水致灾分析与防御系统建设项目验收，该项目历时两年，入选云浮市科学技术局的科技成果。项目分析云浮地区近55年暴雨强降水致洪阈值及其引发地质灾害阈值等现象，设计云浮市中小河流致灾强降水特征与风险预警技术平台，为当地政府防灾减灾决策提供参考。

▲ 2022年11月24日，罗定市气象局在围底镇山田水库旁实施增雨人影作业。图为增雨人影作业现场（梁炳林／摄）

【防雷减灾服务】 2022年4月，罗定市气象局与市教育局召开专题会议，推进全市中小学校防雷安全隐患整改工作。6月，气象局组织防雷安全技术人员对全市高考考点进行防雷安全检查，重点排查学校考场教学楼、办公楼、信息机房、配电室等重点区域的防雷设施隐患。

【人工增雨作业】 2022年11月，罗定市气象局在围底镇山田水库旁实施一次增雨人影作业，总计发射增雨火箭弹4枚，全市日平均降雨量39.6毫米。

【防灾减灾工作】 2022年，气象局发布各类突发气象灾害预警信号96次，其中台风8次，暴雨23次，雷雨大风27次，高温7次，寒冷10次，冰雹1次，大雾3次，森林火险17次。内部启动应急响应10次。

【气象业务服务】 2022年，罗定市气象局有国家基本站1个、区域气象自动站36个、气象信息显示屏31套、气象大喇叭338套、气象信息服务站21个，各建制村兼职气象信息员336名。全年市气象台站发布气象预警信号96次，各类预警发布统计：暴雨预警信号23次（黄色15次、橙色7次、红色1次），雷雨大风黄色预警信号27次，台风预警信号8次（白色3次、蓝色4次、红色1次），寒冷预警信号10次（黄色6次、橙色4次），森林火险预警信号17次（黄色8次、橙色6次，红色3次），冰雹橙色预警信号1次，高温预警信号7次（黄色6次、橙色1次），大雾预警信号3次（黄色1次、橙色1次）。接收预警信息短信人数74.35万人次。

（陈镇聪　王　岩）

文 化

综 述

【概况】 2022年，罗定市有公共文化馆1座（国家一级馆）、公共图书馆1座（国家一级馆）、博物馆1座（国家三级馆）；建成图书馆分馆12座、服务点36个；建成文化馆分馆15座、服务点45个。是年，罗定市有镇级综合文化站21座（省特级站4座、一级站6座、二级站9座、三级站2座），乡镇综合文化站总面积31345平方米，达到省二级以上标准19个；全市336个建制村（社区），其中建制村306个，社区（居委）30个，全市共建成建制村（社区）综合性文化服务中心336个，总面积151787平方米。

【文化惠民】 2022年，罗定市粤剧团开展送戏下乡、粤剧进农村等公益演出62场；市图书馆、市文化馆、市博物馆举办各类展览、讲座、公益培训等活动200场次，惠及群众2万人次。是年，罗定市促进戏曲艺术在农村地区传播普及和传承发展，11月12日至12月20日，开展文化惠民系列活动“奋进新征程·建功新时代”2022年云浮市戏曲进乡村演出活动36场次。

▲2022年8月9日，罗定市文化馆举办暑期公益培训班。图为培训活动现场照片　　（罗定市文化广电旅游体育局／供图）

文化市场

【概况】 2022年，罗定市有文化存量类经营单位43家，其中表演团体11家、演出经纪机构1家，娱乐场所经营单位24家、网吧6家、经营性互联网文化单位1家。

▲ 2022 年 4 月 27 日，罗定市文化馆、罗定市非物质文化遗产保护中心在文塔公园泷州歌台举办 2022 年非物质文化遗产项目（泷州歌）进社区活动 （罗定市文化广电旅游体育局 / 供图）

【文化市场监管】 2022 年，罗定市文广旅体局检查网吧 75 家次，游艺娱乐场所 11 家次，音像店 21 家次，出版物经营单位 190 家次，印刷复制企业 180 家次，歌舞娱乐场所 330 家次，影院 22 家次，营业性演出 13 场次，旅行社（分社）110 家次，游泳场馆 40 家次；年内立案 7 宗、结案 9 宗，其中出版物市场 5 宗、印刷市场 2 宗、娱乐场所 2 宗。收缴非法“六合彩”码报 5560 份（册），教育贩卖“六合彩”资料地摊经营者 64 人。

【文化市场简政放权】 2022 年，罗定市文广旅体局调整事项目录管理系统和业务办理系统，对实施事项进行调整，优化市级政务服务事项，梳理、录入、确认、纳入实施、发布事项 103 项。其中，行政许可 73 项，公共服务 15 项，行政确认 7 项，其他行政权力 8 项。全年办理行政许可审批 54 件，公共服务审核 1 件，全部提前办结，实现行政审批事项 100% 网上全流程审批，群众对网上行政审批满意率 100%。

公共文化

【文化志愿服务】 2022 年，罗定市文化馆整合文化志愿者力量，发挥文化志愿专业技能，利用寒暑假和周末时间，面向全市少年儿童、成人以农村、社区、校园、机关为主线，举办曲艺、书法、美术、舞蹈、语言、葫芦丝、形体气质等丰富多彩的公益艺术培训、讲座，举办培训、讲座活动 8 次，惠及 1200 多人次。

【公共文化服务】 2022 年 4 月，罗定市文化馆新时代文明实践文艺志愿服务队联合艺彩风车艺术培训中心到分界镇罗星村小学开展“书香悦读 爱心传递公益赠书——2022 年罗定市书香文化周”活动，捐赠书籍 300 多本及学习文具和零食一批，惠及罗星村小学师生 80 多人次。9 月，罗定市新时代文明实践中心开展“我们

▲ 2022 年 8 月 28 日，罗定市融媒体中心与罗定新华书店在罗定新华书城举办“喜迎二十大 少年儿童心向党”系列活动
（罗定市融媒体中心／供图）

的节日·重阳节”敬老助老主题活动。10 月，罗定市文化馆组织文化志愿者开展“九九重阳情 文化进万家——罗定市文化志愿送戏下乡”文艺演出 3 场，受益 300 多人次。

文化遗产保护

【概况】 2022 年，罗定市新增省级文物保护单位 1 处，县级文物保护单位 30 处。至年底，全市有全国重点文物保护单位 2 处，省级文物保护单位 10 处，县级文物保护单位 137 处，“三普”登记文物点 936 处。全市有省级非物质文化遗产代表性项目 6 个，市级 13 个，县级 38 个。全市有省级非物质文化遗产项目代表性传承人 4 人，市级非物质文化遗产项目代表性传承人 14 人。

【文物管理】 2022 年，罗定市博物馆在元旦、春节、“五一”等重要节点，组织人员开展辖区内文物建筑安全排查，对文物、博物馆等重点文博单位进行消防安全检查，组织镇级文化站人员对辖区内文物保护单位进行安全巡查。全年无发生文物博物馆单位安全事故。推进罗定市博物馆做好省政府第十三批重点火灾隐患问题整治整改工作，组织实施罗定市博物馆火灾隐患挂牌整改项目。至年底，罗定市博物馆火灾隐患挂牌整改项目基本完成。组织申报龙龛岩摩崖石刻安防工程项目。组织编制 9 处省级文物保护单位消防系统设计方案。

【文物保护利用】 2022 年，罗定市有全国重点文物保护单位 2 处，省级文物保护单位 10 处，县级文物保护单位 137 处。三罗民众抗日指挥部旧址第一期修缮工程以及菁莪书院后进屋面及厢房修缮工程顺利通过省文物局验收；组织召开罗西书院复原修缮工程设计方案评审会；争取到国宝黄公祠修缮工程、梁家庄园修缮工程（第一期）省文化繁荣发展专项资金合计 400 万元；争取到菁莪书院陈列布展项目省红色革命遗址保护利用经费 180 万元；配合云浮市开展南江古民居建筑群申报世界文化遗产工作。推动罗定文塔半岛地区城市更新项目（一期）；推动梁家庄园、国宝黄公祠等华南教育历史研学基地项目、华南教育历史研学基地历史文化游径建设；申报第二批广东省不可移动革命文物名录8处，可移动革命文物名录3件（套）。

【非遗保护】 2022年，罗定市线上举办非遗相关活动19场次，受惠人员2500人次；线下举办非遗相关活动10场次，受惠人员500人次。

档 案

【概况】 中共罗定市委办公室对外加挂罗定市档案局牌子，内设档案发展和管理股，负责全市档案工作、档案管理的规章、制度、标准、规划、计划并组织实施和监督、指导和协调全市档案业务工作。罗定市档案馆为市委直属正科级参照公务员法管理事业单位，是县级国家综合档案馆。罗定市档案馆依法依规接收、整理和集中统一管理市直党政机关、各镇（街）、人民团体及国有企业事业单位和其他组织等本馆保管范围内对党、国家和社会有保存价值的各类重要档案资料和各类历史档案资料（包括电子档案等），组织征集散存在社会上有重要价值的档案资料，为社会各界提供档案利用服务。罗定市档案馆新馆位于罗定市双东街道白荷村，共8层，首层占地1565.54平方米，总建筑面积为11114.49平方米。

【档案综合管理】 2022年，市档案局、档案馆对全市档案的收集、整理、移交等工作开展业务指导工作。年内，指导全市基层档案室整理文书档案37520件，其他档案31225卷/件。其中，市档案馆馆藏共有187个全宗，各门类档案80622卷（册），其中电子照片4404张，实物978件，图书报刊资料9759册，其中馆藏档案累计已数字化36138卷册，占应数字化量的57%。

【档案收集保管】 2022年，罗定市“1·31”突发性输入疫情防控档案（含数字化扫描成果）提前

▲2022年12月26日，罗定市档案馆新馆举行揭幕仪式 （罗定市档案馆/供图）

移交进馆，接收文书档案 867 件，照片档案 17 册 651 张，光盘类 16 张，实物类 1 件。罗定市 2020—2021 年度疫情防控档案提前接收移交进馆，接收文书档案 2063 件，照片档案 3 册 144 件。罗定市委党史学教办档案提前移交进馆，接收文书档案 206 件，照片 21 张。是年，罗定市档案馆接收市审计局、市总工会、市政协办等单位到期进馆的文书档案、业务档案共 934 卷 1527 件。

【专项档案管理】 2022 年，市档案局、市档案馆加强专项档案提前进馆的各项指导工作。年内，罗定市“1·31”突发性输入疫情防控档案（含数字化扫描成果）提前移交进馆，共接收文书档案 867 件，照片档案 17 册共 651 张，光盘类 16 盘，实物类 1 件。罗定市 2020-2021 年度疫情防控档案提前接收移交进馆，共接收文书档案 2063 件，照片档案共 3 册 144 件。罗定市委党史学教办档案提前移交进馆，共接收文书档案 206 件，照片 21 张。

【档案保管利用】 2022 年，罗定市档案馆接收市审计局、市总工会、市政协办等单位到期进馆的文书档案、业务档案共 934 卷 1527 件；提前接收市委党史学习教育档案和疫情防控档案等文书档案 4702 件，照片档案 21 册 816 张。全年接待查档干部群众 993 人次、5579 卷、121 件次，复印档案 3426 页。7 月 6 日，广东星海音乐学院音乐系主任祁斌斌到馆查阅广东省艺专资料，为他们提供民国档案资料，作为调研该院成立的时间佐证材料。9 月 3 日，罗定市档案馆分管领导参加广东省社科院到罗定召开调研座谈会，并提供相关的发言材料和《罗定之第一》《罗定红色文化资源》等档案编研书籍作参考，为省社科院形成的调研报告《岭南文化发南江——南江文化创性转化创新性发展研究课题》提供有价值参考信息。9 月 5 日，华南农业大学中国农业历史遗产研究所的研究生叶纳贤和李淑洁前来我馆查阅罗定历史时期的肉桂资料，用于国家社科基金重大项目研究。

【档案信息化】 2022 年，罗定市档案馆争取市财政资金，推进馆藏民生档案数字化建设。年内，馆藏档案已数字化 15237 卷（含接收档案的已数字化量），累计馆藏档案数字化 36138 卷册，占馆藏应数字化量的 57%，完成平安广东建设关于档案数字化要求达到 50% 以上的工作任务，为今后数字档案馆建设奠定基础。

【档案宣传培训】 2022 年，罗定市档案局、市档案馆围绕“喜迎二十大·档案颂辉煌”的活动主题，组织了系列档案宣传活动。先后接待罗定市委宣传部、市退役军人事务局、市审计局、市机关事务管理局、市人民法院等 5 个单位共 100 多人到档案馆参观爱国主义教育基地展览厅和有关功能室等，通过详细介绍和近距离接触档案，让大家认识档案工作，感受档案文化。开展档案宣传进社区活动，组织干部职工到市民相对聚集的地方派发新修订《档案法》小册子、档案知识宣传手册和档案宣传环保袋，向市民群众宣传档案法律知识，鼓励市民更好知档、用档和知法、守法。在《今日罗定》报纸刊登档案法律法规知识。6 月 9—15 日期间，通过罗定市广播电视台在每日新闻后播放档案工作宣传标语，营造档案宣传氛围。引导各单位档案员参加省、云浮市档案局（馆），分别在网上、现场举办各类档案业务培训班，322 人次参加。 （王维娇　罗妙娟）

传播媒体

综述

【概况】 罗定市有镇级广播电视站23个，市镇均采用租用联通光纤实施联网。全市镇级有线电视网络有自建光纤杆路近400千米，挂墙或挂靠其他运营商杆路的光纤线路有500千米，挂线的同轴电缆线路700千米，全市镇级的光节点有700多个。截至2022年12月底，罗定市有线数字电视23776台，其中城区12458台，乡镇11318台。

【广播电视行业管理】 罗定市融媒体中心是罗定市唯一一家广播电视播出机构。2022年，罗定市文广旅体局、罗定市融媒体中心（罗定市广播电视台）开展安全播出大检查和自查自纠工作，重点检查安全播出管理、技术系统管理、网络安全管理、设施保护管理4个方面内容。督促严格执行广告播出三审制度和重播重审制度，遵守各项法律法规，在节目三审制度，违规广告，广告播出时长、时段、导向性、虚假宣传误导消费者行为等方面开展自查自纠。

【广播电视融合发展】 2022年，罗定市文广旅体局“三网融合”取得阶段性成果，被列入国家试点。完成罗定市融媒体中心建设，完成云桂山发射台等广播电视发射台升级改造和无线覆盖工程建设任务，罗定市广播电视台完成电视频道高清化建设并实行高清拍摄制作，标清播出。全市21个镇（街）设立有线电视网络服务网点或广播电视站21个，建设4K超高清电视体验厅，覆盖所有镇（街）及33个省定贫困村，全面实现电视信号数字化无线覆盖，基本实现广播电视村村通向户户通升级，广播电视综合人口覆盖率100%。

（邓　祺）

罗定市融媒体中心

【概况】 2022年，罗定市融媒体中心推进媒体改革，以“罗定视窗”APP整合报、网、微、端等平台资源，促进“罗定视窗”客户端、“今日罗定”、微信公众号、抖音号、视频号等平台相融合。在各平台开设《凝心聚力同奋斗　豪情满怀启新程》《喜迎二十大》《二十大时光》《学习宣传贯彻中共二十大精神》《学习贯彻市党代会精神》《聚焦两会》《抗疫故事》《禁毒齐参与》《美丽罗定》等20个栏目。罗定融媒体中心综合广播新开设《习近平每日金句》栏目。全年制播本市电视新闻1800多条，专题23个，公益宣传21000多条（次）；制播罗定市电台新闻1900多条，专题22个，国内外新闻简讯3800多条，公益宣传36000条（次）；《今日罗定》

全年发行96期，刊登新闻1700多条，公益宣传专版190个；新媒体平台推文2万多条，本地新闻2200多条，公益宣传小视频83个，海报120张。罗定市融媒体中心被评为2022年度“谁执法谁普法”履职报告评议活动优秀单位。

【对外宣传】 2022年，罗定市融媒体中心开展“云浮‘镇’能量记者蹲点”和“新春下基层”等大型采访活动，采拍一批有深度的新闻在“学习强国”学习平台、人民日报客户端、“南方+”客户端、“触电新闻”客户端等主流媒体和省、市媒体平台播出。“学习强国”学习平台采用稿件268篇；“南方+”采用稿件1962篇；其中《罗定公安持续“亮剑”筑牢交通安全防线》《罗定：直播带货大赛助力乡村振兴》等多篇稿件被人民日报客户端采用；发布抖音短视频2000多条；人民号2095条；在新华网客户端刊登的《村里人讲村里事，云浮罗定这场宣讲有点“燃”》阅读量200多万次；触电新闻1642条；今日头条2137条；罗定融媒视频号1700多条，其中《早产三胞胎健康出院　团团圆圆喜回家》点击量200万人次，《当婚礼遇上疫情，民警陈迎文的选择令人感动》点击量100多万次。

（吴海鸣）

广播电视

【广播】 2022年，罗定市融媒体中心综合广播无线发射频率为调频102兆赫，发射台址坐落于罗定市云桂山顶之上，发射机标称功率0.3千瓦，覆盖罗定全境。自办节目《罗定新闻》及时宣传报道罗定市经济社会各项事业的发展与成果，节目时长15分钟，每天播出5次，日均播出新闻6条，字数1500字。

▲ 2022年3月10日，春耕时节，罗定市融媒体中心记者深入田间地头采访拍摄（罗定市融媒体中心／供图）

【电视】 无线电视　2022年，罗定市无线电视含中央电视台节目12套，广东本地电视节目5套进行无线转播，设在云桂山发射台。全市有线数字电视有效用户23776户，其中城区12458户，乡镇11318户，有线电视覆盖全市。栏目《罗定新闻》以本地时政新闻为主，每期时长15分钟，每天20时、22时、23时首播，次日7时、12时重播，每天播出5次。

【广播电视宣传】 广播宣传　2022年，罗定市融媒体中心综合广播全天播音时间15.5小时（6:30—22:00），开辟有《每日金句》《阅读吧》《健康生活》《资讯102》《童真童事》《生活小百科》《娱乐速递》《心灵驿站》《汽车立体声》等节目。全年制作播出新闻专题32条，本市新闻1920条，国内外新闻简讯3800多条。

电视宣传　2022年，罗定市融媒体中心改革、改版罗定综合频道新闻，开设《我为群众办实事》《勇毅前行开新局》《新春走基层》《疫情防控》《创建文明城市》《喜迎二十大》等22个栏目。全年制作播出各类专题28集，播出电视新闻1802篇，上送省新闻播出12篇，上送云浮新闻播出278篇。（吴海鸣）

▲ 2022 年 10 月 21 日，《光明日报》头版刊登罗定市罗平镇长岗坡丰收景象插图——《丰收在望》

（罗定市融媒体中心记者黄冬泳／摄）

报纸出版

【概况】 2022 年，罗定市现有内部刊物《今日罗定》报（即原《罗定报》），每周出版 2 期，每期 7500 份，全年出版 96 期 71.25 万份，免费派发给党委政府机关、企事业单位、学校、工厂企业等。是年，《今日罗定》发行 96 期，刊登新闻 1700 多条，公益宣传专版 190 个；新媒体各平台推文 2 万多条，本地新闻 2200 多条，公益宣传小视频 83 个，海报 120 篇。

【报纸出版】 2022 年，《今日罗定》报主要刊登罗定市时政、消息类等综合新闻及政策、公益类宣传。是年，《今日罗定》报刊登新闻稿件 1600 篇，拍摄刊登各类新闻图片 302 幅，刊登系列报道 67 篇，开辟各类专栏 33 个，刊登各类专版 90 个，在“罗定公众信息网”发布新闻 650 篇，在“今日罗定”微信公众号发布新闻 1800 多篇。

新媒体宣传

【新媒体构成】 2022 年，罗定市融媒体中心新媒体有“罗定视窗”APP、“罗定融媒”微信公众号、“今日罗定”微信公众号、“罗定发布”微信公众号、“罗定融媒”新华号、“罗定发布”南方号、“罗定发布”头条号、“罗定融媒”人民号、“罗定融媒”触电号、“罗定融媒”南方+等。

【新媒体宣传】 2022 年，“罗定视窗”APP、微信公众号等新媒体平台发布推文 2 万多条，其中本地新闻 2200 多条，公益宣传小视频 83 部，海报 120 篇。涵盖国内外和罗定要闻、时事热点、正能量传播、各类大型就业信息等方面内容。 （吴海鸣）

卫生·健康

综 述

【概况】 2022年，罗定市有各类医疗卫生机构521个（含村卫生室），其中医院36所（公立医院28所），卫生院17个，妇幼保健机构1个，社区卫生服务中心4个，村卫生室346个，疾病预防控制中心（防疫站）1个，专科疾病防治院（所、站）4个。全市医疗卫生机构有床位5222张；医疗卫生机构诊疗量64.92万人次，同比下降1%；出院人数15.28万人，同比增长2.5%。

【卫生人员】 2022年，罗定市有各类卫生人员5684人，含执业（助理）医师1929人，注册护士2547人，其中疾病预防控制中心（防疫站）卫生技术人员80人。各类个体（私营）医疗卫生机构419个，从业卫生技术人员1309人，其中乡村医生441人，中医生（师）104人。

【医共体建设】 2022年，罗定市发挥医共体作用，建立患者基层首诊、双向转诊、急慢分治、上下联动的分级诊疗模式，全年上转患者2800人次，下转患者587人次。探索医共体内开展药品、耗材统一采购工作，制定《关于进一步规范罗定市医疗机构药品、医用耗材采购管理的指导意见》。8～12月，药品采购节省金额665.02万元，节省16.1%；耗材采购节省金额1163.47万元，节省20.1%；中药饮片采购节省金额254.92万元，节省23%；药品、耗材、中药饮片采购合计节省金额2083.41万元，节省18.9%。2022年，公立医院住院次均费用减少480.1元，同比下降6.4%。

【医保工作】 2022年，罗定市推广人民医院、附城社区卫生服务中心的执行医保模式，成立局医保监管小组，医保部门指导市、镇公立医疗机构查找执行医保政策的存在问题和不足，督促各医疗机构加强内部精细化管理，调整业务结构，提质增效。

【信息化项目建设】 2022年，罗定市立项建设医共体信息化平台项目，至年底，建立医共体影像诊断系统，实现“基层拍片、总院出诊断报告”共享机制。远程心电中心、远程病理中心、医学检验中心、消毒供应中心、远程会诊中心等使用远程医疗平台、微信工作群实现互联互通。

【基本公卫项目服务】 2022年，罗定市推进基本公共卫生服务项目，基本公共卫生服务人均经费标准提高至84元，基本公共卫生服务项目增加至26项。开展家庭医生签约服务，组建家庭医生签约服务团队167个，签约服务人群覆盖率45.2%，全市居民规范化电子健康档案建档率62%。

表 37　　2022 年罗定市医疗卫生服务机构情况一览表

名称	地址	面积（平方米）	医技人员数（人）	病床数（张）	级别	备注
罗定市中医院	罗定市龙华东路 199 号	23500	488	420	三级	
罗定市妇幼保健院	罗定市罗城镇戏院路 44 号	7761	442	270	三级	
云浮市（罗定）第三人民医院	罗定市罗城镇大岗路大岗桥	8000	233	800	二级	
罗定市人民医院	罗定市罗城镇陵园路 34 号	49328.4	964	800	三级	
罗定市第六人民医院	罗定市罗城街道泷州南路 41 号	2311.26	222	153	二级	
罗定市第五人民医院	罗定市龙华东路 229 号	12455.02	172	110	二级	
罗定市素龙街道素龙社区卫生服务中心	罗定市迎宾七路 71 号	3856.5	119	75		
罗定市围底镇中心卫生院	罗定市围底镇正街 9 号	9000	87	60		
罗定市分界镇卫生院	罗定市分界镇人民路 57 号	3450	58	40		
罗定市生江镇卫生院	罗定市生江镇生江圩 40 号	3788.7	83	28		
罗定市黎少镇中心卫生院	罗定市黎少镇广海西路 26 号	4350	139	180		
罗定市加益镇卫生院	罗定市加益镇加益圩 79 号	1618.09	50	35		
罗定市泗纶镇中心卫生院	罗定市泗纶镇广海中路 80 号	6642	109	58		
罗定市苹塘镇卫生院	罗定市苹塘镇向阳路 2 号	3142	72	30		
罗定市华石镇卫生院	罗定市华石镇华发东路 2 号	3620	72	25		
罗定市连州镇卫生院	罗定市连州镇北街 3 号	4099.88	89	75		
罗定市龙湾镇卫生院	罗定市龙湾镇沿江街	4194	67	52		
罗定市金鸡镇卫生院	罗定市金鸡镇旧圩横街二巷 6 号	4000	60	23		
罗定市太平镇卫生院	罗定市太平镇府前路 15 号	5245	103	36		
罗定市替滨镇卫生院	罗定市替滨镇滨江路 68 号	3441	89	65		
罗定市罗镜镇中心卫生院	罗定市罗镜镇东路 1 号	56203.51	214	70		
罗定市罗平镇卫生院	罗定市罗平镇人民路 9 号	4605.6	97	55		
罗定市双东街道双东社区卫生服务中心	罗定市双东街 130 号	2700	71	25		
罗定市附城街道附城社区卫生服务中心	罗定市附城街道迎宾路 88 号	300	136	60		

续表 37

名称	地址	面积（平方米）	医技人员数（人）	病床数（张）	级别	备注
罗定市船步镇卫生院	罗定市船步镇开阳中路 10 号	15000	116	52		
罗定市苹塘镇卫生院	罗定市苹塘镇祥发一街 3 号	2894.7	69	54		
罗定市红十字会医院	罗定市罗城镇大新中路 35 号	5182.64	204	170	二级	
罗定市罗城街道罗城社区卫生服务中心	罗定市罗城街道龙华中路 207 号	1908	67	20		
罗定新世纪医院	罗定市罗城街道沿江二号 39 号	3500	83	95	一级	
罗定仁爱医院	罗定市城区兴华一路（原附城卫生院旧址）	2003	63	120	一级	
罗定晶亮眼科医院	罗定市兴华三路 276、278、280 号	1800	33	50	二级	
罗定卫人医院	罗定市罗城街道大新前路 2 号	4200	89		一级	
罗定博华医院	罗定市龙华东路双东街道东临天下小区西侧	5020	59	90	一级	
罗定市围康医院	罗定市围底镇中心小学旁（324 国道边）	2400	29	60	一级	
罗定恒爱脑科医院	罗定市素龙街道中村杨桥牌坊 324 国道旁（唐士宽楼房）	5670	63	65	一级	
罗定惟安医院	罗定市素龙街道龙华西路 90 号	4829.78	27	88	二级	

【妇幼保健】 2022 年，罗定市妇幼保健院通过产前诊断机构省级现场评审，成为罗定市首家开展母婴保健技术服务产前诊断项目的医疗机构。是年，罗定市新生儿死亡率 0.5‰，婴儿死亡率 1.9‰，5 岁以下儿童死亡率 4.3‰，孕产妇死亡率 11.9/10 万。婚前医学检查率 77%，孕前优生检查率达到 81%。适龄女生 HPV 疫苗免费第一剂次接种 8664 名，接种率 95%。宫颈癌筛查 7990 人，筛查完成率 101.2%；乳腺癌筛查 8013 人，筛查完成率 101.5%。

▲ 2022 年 9 月 24 日，罗定市在罗定中学城东学校开展 HPV 疫苗接种进校园工作
（罗定市卫生健康局 / 供图）

【医教科研】 2022年，罗定市全科医生培训48人，其中规范化培训7人（订单定向生），助理全科医生培训7人（订单定向生），转岗培训10人，岗位培训24人。全市各医疗机构申报省级继续医学教育项目23项、市级继续医学教育项目117项，全市卫技人员参加各类培训班12万多人次。全市各医疗单位申报省级医学科研基金项目立项4项、云浮市级科研立项51项。全市医疗机构全年发表论文86篇。其中，市人民医院45篇，市中医院21篇，市妇幼保健院10篇，云浮市（罗定）第三人民医院4篇，市第六人民医院2篇，市红十字会医院2篇，市疾控中心2篇。

【农村和社区卫生】 2022年，罗定市推进“优质服务基层行活动”和社区医院创建。有19家基层医疗卫生机构达到乡镇卫生院或社区卫生服务中心服务能力基本标准以上，其中4家卫生院达到乡镇卫生院推荐标准。全年罗定市基层医疗卫生机构诊疗人次占总诊疗人次62.6%。

【传染病防治】 2022年，罗定市乙类10种传染病报告发病3134例，年发病率339.59例/10万。丙类5种传染病报告发病1901例，发病率205.9例/10万。

【精神病防治】 2022年，罗定市推进严重精神障碍患者规范管理和长效针剂使用。全市严重精神障碍在册患者9612人，在管9302人，管理率96.8%，规范管理率93.8%；在册患者服药率91.8%，规律服药率83.4%；精神分裂症患者服药率92.8%，规律服药率84.8%。纳入用针对象5794人，其中无法用针2514人，12月底已用针2384人，脱落1032人，实际坚持用针患者1352人，坚持用针率41.5%，长效针推进工作的实际完成率53.2%。

【慢性病防治】 2022年，罗定市落实慢病综合防治措施。35岁以上人群高血压已管理36450人，任务完成率100%，规范管理率为68.9%，控制率67.6%；35岁以上人群糖尿病已管理14882人，任务完成率100.2%，规范管理率为63.4%，控制率62.4%。

【中医药事业发展】 2022年，罗定市推进罗定市中医院二期、罗定市第二中医院项目建设，支持罗定市中医院创建高水平县级中医医院。遴选辖区内5家基层医疗机构试点建设以“现代康复+中医药传统疗法”为特色的中医康复科，遴选4家乡镇卫生院和社区卫生服务中心中医馆在2023—2025年期间进行提档升级，建设“旗舰”中医馆，遴选36间社区卫生站和村卫生室建设“中医阁”，“一体一馆一室”实现全市中医药服务全覆盖；建设广东省名中医传承工作室1个和全国基层名中医专家传承工作室1个；承担第七批全国老中医药专家学术经验继承项目1项，广东省中医师承“薪火工程”项目1项；基层医疗机构能够提供6类15项以上中医药适宜技术。

【南药发展】 2022年，罗定市颁布实施《罗定市推进罗定南药（肉桂）产业发展工作实施方案》，编制《罗定市南药产业发展规划（2022—2030年）》，推进“广东省生物医药产业培育园区”工作，建成年加工处理中药材3000吨以上的中药材初加工厂。全市南药种植总面积约35333.33公顷，建有南药种植基地53个，其中20公顷以上的连片南药种植示范基地42个、种子种苗繁育基地6个，种植面积超133.33公顷的品种有9个，分别是肉桂、八角茴香、药用桑、三丫苦、牛大力、柠檬桉、广佛手、益智、巴戟天。全市南药种植联农带农10多万户。其中肉桂种植面积33333.33公顷，主要分布在榃滨、附城、黎少、连州、泗纶、加益、龙湾7个镇（街），罗定肉桂主要加工企业有24家。

【优生优育】 2022年，罗定市全面强化出生缺陷综合防治，全市唐氏筛查数5542例，唐氏筛查率71.4%；产前结构畸形超声筛查数6312例，产前结构畸形超声筛查率71.6%；免费新生儿代谢性疾病筛查数8695例，新生儿代谢性疾病筛查率98.6%；新生儿听力筛查数8436例，新生儿听力筛查率95.7%；孕产妇“三病”检测率100%、孕期检测率99.4%、孕早期检测率83.9%。

【人口监测与家庭发展】 2022年，罗定市户籍人口136.51万人，已婚育龄妇女20.64万人，截至12月底，户籍出生人口15638人，总和生育率0.95，出生率7.6‰，死亡率4.2‰，自然增长率3.5‰，户籍出生人口性别比为120.29（以女性为100）。是年，独生子女伤残家庭扶助金标准按照伤残等级提高到每人每月900～1000元；对独生子女死亡家庭扶助金标准提高到每人每月1200元。全市有托育机构11家，已备案的9家，可提供托位数467个，每千人口3岁以下婴幼儿托位数0.65。

【疫情防控】 2022年，罗定市加强物资储备、应急处置和医疗救治能力建设，有6家医疗卫生机构具备核酸检测能力，其中罗定市人民医院建成罗定市区域核酸检测中心，检测量5万管/日；增加配备一批负压救护车、呼吸机、心电监护仪、ICU床位等设备仪器。组织全市各级医疗机构500多人次参与支援全省各地核酸采样、检测工作，派出医务人员300多人次接管黄埔方舱医院、云安方舱医院，完成上级部门交予的任务。 （蓝 永）

罗定市人民医院

【概况】 罗定市人民医院位于罗定市陵园路34号，医院占地面积4.93公顷，建筑面积52640平方米。设有1个急诊科，3个门诊部，20个住院病区，编制病床位1120张，实际开放860张。设有职能科室21个，以及内科、外科、妇产科、儿科等32个临床科室、医技科室和20多个专家专科门诊。口腔门诊部位于罗定市龙华中路228号，设牙椅9张。

【基础设施建设】 2022年，罗定市人民医院完成医院门口核酸采样棚建设工程，罗定市疫情防控期间肿瘤防治中心大楼改造隔离病区工程，罗定市福利院700平方米隔离病房改造工程，洗衣房修缮工程，中医理疗门诊的修缮工程，核酸检测实验室建设项目工程，综合节能改造项目工程，学生楼、肿瘤楼、门诊楼的消防及生活供水系统改造工程，以及罗定市疫情防控期间肿瘤科、康复科、内二科搬迁至住院大楼三期的4、5、6、7楼等项目。

【设备建设】 2022年，罗定市人民医院设备总值54515万元，拥有直线加速器、1.5TMRI（核磁共振）、DSA（血管造影）、DR/CR（数字X线摄影/计算机X线摄影）数字化X线拍片系统、16层螺旋CT、64排CT、重症监护系统以及大型生化全自动分析仪超过百台（套）先进医疗设备。是年，投入4317万元，主要用于购置全自动化学发光分析仪、实时荧光定量PCR仪（聚合酶链反应仪）、全自动核酸提取仪、彩色多普勒超声诊断仪、呼吸机、血液净化机、新生儿小儿呼吸机等一批医疗设备。

【医疗质量指标】 2022年，罗定市人民医院门诊量118.2万人次，同比下降3.3%；出院病人3.8万人次，同比下降0.9%；住院手术1.12万例，同比增长2%；急诊12.73万人次，同比下降10.7%。病床使用率84.5%，同比下降8.1%；病床周转次数44.68次，同比下降1.85次；平均住院日6.94天，同比下降0.18天；门诊与出院诊断符合率99.7%；住院危重病人抢救成功率87.8%；急诊危重病人抢救成功率96.1%。三、四级手术数量占总手术量31.3%。开展临床路径164个病种，开展手术及操作1839种，可诊疗病种3437种；C、D型病例占总住院病人数70.9%；住院微创手术占住院手术19.6%；平均住院日减少0.18天，术前平均住院日减少0.05天。

【支出与收入】 2022，罗定市人民医院总收入67533万元，同比减少2578万元，同比下降3.7%，预算执行率96.5%。其中，医疗收入66208万元，财政补助收入1195万元，其他收入130万元；总支出67508万元，同比减少2896万元，同比下降4.1%，预算执行率96.5%，其中业务支出65764万元，财政补助支出1168万元，科教支出10万元，其他支出为566万元；收支结余25万元，其中医疗盈余7万元。

【诊疗技术】 2022年，罗定市人民医院开展中医适宜技术，运用中药、针灸、推拿、拔罐、穴位贴敷、中药熏蒸、中医热奄包、雷火灸、火龙罐、耳穴压豆等设备开展中医康复治疗，包括偏瘫、中风后遗症、面神经麻痹、偏头痛、颈肩腰腿痛等疾病。

【医学重点学科】 2022年，罗定市人民医院推动普通外科、妇科、神经外科建成云浮市重点专科。将儿科及肿瘤科纳入省级重点专科标准建设，将肾内科、耳鼻喉科、产科、神经内科、心血管内科、康复医学科纳入云浮市级重点专科规划。

【医教科研】 2022年，罗定市人民医院开展各种教学活动632次，完成学生考评及带教评价676人次；培训15名助理全科医生，完成32名全科医生转岗、岗位培训人员的培训工作，有36人通过结业考核，接收各级医疗单位进修人员58名。完成省级继教项目14项、市级继教项目34项。是年，罗定市人民医院获得省医学科研基金立项2项，云浮市科技计划立项9项，云浮市医药卫生立项15项，实用新型专利6项，广东省卫生健康适宜技术推广项目2项。获得实用新型专利6项，发表学术论文82篇，其中《科学引文索引》（SCI）收录论文1篇。

【疾病治疗】 *危重病人救治* 2022年，罗定市人民医院卒中中心成功为患急性脑梗死（基底动脉闭塞）的梁大叔实施急诊介入血管再通术，避免了坐轮椅或瘫痪的后果。是年，呼吸与危重症医学科成功完成紧急情况床旁电子支气管镜取异物一例，患者为一名77岁的老年男性；胸外科成功为一名正在读大一的男性患者实施腔镜下双侧乳腺切除术；内三科血液透析中心成功为一例左前臂动静脉内瘤狭窄并瘤样扩张的患者进行动静脉内瘘修复手术；内三科血液透析中心成功为一名左前臂动静脉内瘘堵塞5小时的70岁男性老年患者进行血液透析患者动静脉内瘘修复手术。

住院治疗 2022年，罗定市人民医院开设呼吸与危重医学科、内二科、内三科、内五科、ICU东病区、肿瘤防治中心、康复科、消化内科、全科、介入医学科、外一科、骨科一区、骨科二区、外三科、外五科、外六科、妇科、产科、儿科、口腔科、麻醉科等20多个住院病区，有38082人次出院，完成住院手术1.12万例。

门急诊治疗 2022年，罗定市人民医院开设呼吸内科、老年医学科、感染、肝病专科、消化内科、神经内科、内分泌、肾病、风湿免疫专科、心血管内科专科、肿瘤科、妇产科、儿科、眼科、耳鼻咽喉科、口腔科、中医科、神经外科、甲状腺、乳腺、周围血管、胸外科、胃肠、肝胆、肛肠、烧伤外科、骨关节专科、骨科、皮肤性病科、泌尿外科专科、普外科、激光美容专科等专科门诊；急诊开设内科、外科和儿科急诊。全年诊疗118.21万人次。

【药品质量管理】 2022年，罗定市人民医院将药品不良反应监测指标进行修订，纳入《罗定市人民医院安全用药管理控制方案》。由临床药师收集药品、医用器械使用后的反馈信息进行药品不良反应和医疗器械不良事件检查，按照“可疑即报”的原则上报上级药监部门。

【医技】 *检验技术* 2022年，罗定市人民医院5万级新冠核酸检测实验室建设完成验收，门急诊检验实验室投入使用。是年，新增小而密低密度脂蛋白、辅助性T细胞亚群TH1、TH2细胞计数、呼吸道六项病原体核酸检测、肺炎衣原体抗体检测、呼吸道合胞病毒抗体检测、腺病毒抗体测定、结核分枝杆菌IgG抗体、血浆肝素含量测定和低分子量肝素测定、骨质疏松筛查三项、干燥综合征组合、骨代谢5项、性激素激发试验、生长激素激发试验等项目，淋球菌DNA定性测定、解脲支原体DNA定性测定、沙眼衣原体DNA定性测定改为自行检测。

影像技术 2022年，罗定市人民医院发热门诊专用方舱CT投入使用；新增一台钼靶数字DR机。是年，罗定市人民医院与市妇幼保健院、市第六人民医院、市疾控中心，船步、附城、太平、罄滨、素龙、苹塘等镇（街）医共体内分院进行联网，可远程实施影像诊断收发报告。

【医疗保障】 2022年，罗定市人民医院按照医保管理部门核定的标准和规定准入报销范围进行阳光透明收费和合理诊疗，杜绝多收费、分解项目收费、不按医嘱收费、大检查、大处方等现象的发生；杜绝分解住院、挂床住院、不符合开展条件/医保报销条件、超限制条件或范围用药等情况。建立检查落实长效机制，全年开展临床科室自检查12次。

【便民服务】 2022年，罗定市人民医院实现常态化门诊志愿服务；推广多学科诊疗模式；创新急诊急救服务；拓展口腔门诊服务新领域；推动医共体提供连续医疗服务；推进急慢分治；建设智慧医院和互联网医院；建立推广“糖友会”“肾友会”“女性健康”等医患交流平台，优化网上预约系统。

【护理管理】 2022年，罗定市人民医院开展护理部、科护士长、病区护士长三级质控，运用“PDCA循环原理”（计划、实施、检查、处理）进行4个循环的护理士质量检查、回头查。在省级以上杂志发表论文5篇，云浮市医药卫生科研立项5项，云浮市科研课题立项1项。周燕晴、唐少梅护士分别获得广东省基层医药学会急诊护理专业委员会授予“护理个案”优胜奖。张涛、李莉、陈晓红参加云浮市第六届职工职业技能大赛急救技能竞赛荣获三等奖。

【医共体建设】 2022年，罗定市人民医院成立总院呼吸慢病健康管理团队，确定金鸡镇会龙村作为慢病管理试点村，推进糖尿病、高血压和呼吸慢病管理。11月，帮扶船步分院建设规范化呼吸学科，每周定期派出呼吸学科的专家到船步分院开展工作。全年派出395人次到各分院进行技术帮扶，包括医务管理、院感防控督导、服务质量提升、联合门诊等。推动医共体各分院开展药械统一采购。

【医院改革】 2022年，罗定市人民医院抗菌药物使用强度下降至34.1%。医院药品收入占业务收入26.8%，同比下降1.9%；药品费占业务支出比重（含中草药）26.6%，同比下降1.3%；后勤物资消耗性支出降低，总务仓办公用品出库148万元，2021年同期166万元，同比下降10.8%。住院次均费用和住院次均药品费用均得到控制。（辛智平）

罗定市中医院

【概况】 2022年，罗定市中医院设有门诊部1个，住院科室12个。全院门诊诊疗35.17万人次，同比增长0.3%；出院病人17556人次，同比增长2.4%。均次费用情况：门诊人均费用272.27元，同比增长19.8%；住院病人人均医疗费用9157元，同比下降4.7%。医疗收入25650.74万元，同比增收1197.33万元，同比增长4.9%。全年完成医疗服务类收入16814.05万元，同比增长8.8%，占医疗收入65.5%，同比增长2.3%。

【诊疗技术】 中医 2022年，罗定市中医院推进名老中医药专家继承项目、名中医室建设、“西学中”班等，开展中医治疗项目78种，内二科（脑卒中科）应用中西医结合诊疗技术，配合特色针灸、理疗等手段，开展常见神经系统疾病的诊断与治疗（如中风的不同时期、头痛、癫痫、痴呆以及其他非血管性脑神经病变等方面）。脊柱科引进中医新技术平衡火罐以及棍点理筋两项正骨手法。风湿免疫专科开展正清风痛宁定向投药治疗风湿类病疗法。

西医 2022年，罗定市中医院采用牵引床辅助下骨折闭合手法整复、经皮髓内钉内固定术成功攻克股骨干骨折；采用组织超声骨动力系统截骨术，成功开展单侧双通道内镜下腰椎间盘摘除术；采用乳腺肿瘤的微创（旋切）腹腔镜、胆道镜联合保胆、藏毛窦切除皮瓣转移术；开展腹腔镜下子宫全切术、中药保留灌肠治疗慢性盆腔炎和子宫内膜菲薄等疾病等。是年，外一科开展1项新技术——超声引导下真空辅助乳腺微创旋切术（VABB术）；重症医学科成功开展首例局部枸橼酸钠抗凝血液净化（CRRT）治疗。全年完成手术3885人次，其中三级手术1840人次，四级手术1039人次。开展冠脉介入等手术157台，急性冠脉综合征急诊手术72台；开展脑卒中患者溶栓术，成功溶栓6例患者。

【医教科研】 2022年，罗定市

中医院组织全院卫生专业技术人员“三基”知识考核1次，各科室每月完成1～2次科内业务讲课，选派长期（3个月以上）进修学习10人，参加省级以上的短期培训27次44人。开展云浮科技局项目5项，云浮卫健局科研项目11项。完成云浮市科技局科研项目结题6项，延期结题4项；完成广东省中医药局科研项目结题2项；完成科研成果登记3项。举办省级中医药继续教育项目5项，云浮市级继续教育项目31项。带教实习生150人，接收基层进修人员22人。5月，成功申报广东省博士工作站，引进博士1名，成功申报省级科研项目1项，横向项目1项，发表国家级SCI论文2篇。全年发表论文24篇。

【危重病救治】 2022年，罗定市中医院重症监护科（ICU）有科室人员21人，开放床位6张，全年抢救危重病人146人次，疑难危重收治CD型（病情复杂、危重复杂）108例，危重病人抢救成功率83.6%，年出院量115人次。

【医共体建设】 2022年4月，推进医共体建设，成功上线PACS（影像归档和通信）系统，提升运行效率；8月，罗定市中医院医共体新增云浮市（罗定）第三人民医院、市第六人民医院。全年组织总院骨干力量278人次到各分院开展业务培训67场次，参加培训医务人员1199人次，开展业务技术指导60次。开展中医药适宜技术培训42场次，培训基层医务人员920人次。是年，罗定市中医院胸痛中心建设有序推进，全年收治胸痛患者1122人。药械管理中心于5月开始药械统一采购遴选工作，8月开始统一药械采购工作，医共体内药械采购资金节约20%。8月开始联合门诊及联合病房建设及分级诊疗工作，上转到医共体总院311人，下转38人。每月派出业务骨干定期在各分院联合门诊坐诊和联合病房查房118次，实现资源共享。

【医技】 2022年，罗定市中医院设有放射科、医技科（超声室、心电图室）、检验科、胃镜室等医技科室。放射科配置有GE1.5T光纤超导核磁共振、GE64排宝石能谱CT、飞利浦16排螺旋CT，有飞利浦DR 1台，锐柯DR1台，西门子CR1台，自助打片机2台等设备，全年磁共振（MRI）检查量4572例，DR35124例，CT23416例。

B超室 2022年，罗定市中医院B超室共11人，其中高级职称2人，中级职称3人，科室配置8台高端彩色多普勒超声诊断仪，包括飞利浦Q7C、A70、A50及GE-E、E9等高端仪器，可开展经阴道及经直肠彩色多普勒超声、心脏、血管、腹部、妇产、泌尿、肌骨、盆底超声等检查，全年检查4.3万例。其中经阴道超声及生理盐水宫腔输卵管造影、盆底、肌骨关节等超声属本地区率先开展项目。

心电图室 2022年，罗定市中医院心电图室共4人，医师3人，护士1人，其中高级职称1人。科室可开展常规心电图、频谱心电图、动态心电图、动态血压检测、经颅多普勒、脑电地形图等项目，年检查量2.5万例。

胃肠镜室 2022年，罗定市中医院胃肠镜室配有进口的电子胃肠镜检查治疗系统、电刀系统、碳13、碳14呼气检测仪，能独立开展无痛胃肠镜检查、消化道异物取出术、消化道息肉切除术等。全年完成胃镜检查3485例，肠镜检查1109例；5～12月，碳14、碳13呼气试验1271例。

检验科 2022年，罗定市中医院检验科配有全自动生化分析仪、全自动血细胞分析仪、罗氏化学发光分析仪、基因扩增仪、生物安全柜等一批先进设备，能独立开展常规、生化、免疫、微生物、核酸检测等项目。是年，新增项目抗甲状腺过氧化物酶抗体（TPO）测定、抗环瓜氨酸肽抗体（抗CCP抗体）测定、EB病毒抗体测定、神经元特异性烯醇化酶测定（NSE）化学发光法。全年检验约26万人次。

（谢　意）

罗定市妇幼保健院

【概况】 罗定市妇幼保健院位于罗城街道戏院路44号，是罗定市唯一的妇女、儿童保健机构，被规划为“三级”妇幼保健院，国家级爱婴医院。医院占地总面积7761平方米，建筑总面积25531.31

平方米，业务用房17869.32平方米，编制床位410张。2022年，罗定市妇幼保健院门急诊总量391372人次，同比上升3.7%；出院病人12417人次，同比下降14.8%；手术6914人次，同比下降12.1%；全院总收入21794.8151万元，同比增长48.3%，其中医疗业务收入12734.95万元，同比下降0.9%；开展三、四级手术1200例，同比上升37.3%；住院分娩产妇数4032人次，占全市分娩总量的45.9%，同比下降19.8%；开放床位数300张，病床使用率46.8%，病床周转次数41.39次，平均住院日3.78天，门诊与出院诊断符合率100%，危重病人抢救成功率99.7%。

【医务队伍】 2022年，罗定市妇幼保健院在职干部职工587人（在编人员375人，编外人员212人）：卫生技术人员442人，其中，正高3人（医生2人、护理1人）、副高52人、中级119人、初级268人（含未取得职称的33人）；其他职工145人。

【孕产保健】 2022年，罗定市妇幼保健院孕产保健部下设产科住院部、产前筛查中心、产前诊断中心、产后保健科等二级科室。市妇幼保健院是中国妇幼保健协会母婴友好示范医院，产科是云浮市“十二五”医学重点专科，是罗定市孕产妇急危重症救治中心。产科住院部业务用房面积3235平方米，设置病房床位107张，分为产前区25张，ICU病床3张，产房产床7张（设有独立的产科手术室），产后区64张，温馨病房8间。配有主任医师1名，副主任医师9人，主治医师9人，医师5人，助产士、护士73人。是年，产科住院部出院4608人次，住院分娩产妇4032人次，活产4061人，其中剖宫产活产1307人。

产前筛查中心（产前诊断中心） 2022年，罗定市妇幼保健院开设普通门诊、高危妊娠门诊、遗传咨询门诊、助产士门诊、孕期营养门诊、产后保健门诊等，并配备产前诊断手术室、胎心监护室、孕妇学校。配备妇产科医师6人（副高职称3人，主治医师2人，住院医师1人），护士10人。产前筛查中心（产前诊断中心）门诊55701人次，其中在保健部接受初次产前保健孕妇3674人（全市8930人）。

产后保健科 2022年，罗定市妇幼保健院开设产后保健门诊、产后42天门诊、母乳喂养咨询门诊。产后保健科全年门诊5060人次。

【儿童保健】 2022年，罗定市妇幼保健院儿童保健部下设新生儿科、儿科、儿童保健科、儿童康复科、外科等二级专科。

新生儿科 2022年，罗定市妇幼保健院开展日间光疗服务，缩短母婴分离时间，又保持母乳喂养延续，相对传统住院治疗，费用大幅降低；加强危重新生儿治疗中心网络建设，提高治疗服务能力，降低新生儿死亡率；11月，被列入国家卫生健康委妇幼司第二周期新生儿安全项目试点单位，实施新生儿早期基本保健技术。

儿科 2022年，罗定市妇幼保健院儿科咳喘专科开科，常规开展肺功能检查项目；儿科住院部中医理疗项目有中医定向治疗、穴位贴敷、机械振动排痰等，对发热、肺炎、腹泻、腹痛、慢性咳嗽、肠系膜淋巴结炎开展辅助治疗，部分护士可开展相关理疗工作，如穴位贴敷。

儿科急诊 2022年，罗定市妇幼保健院开设留观病房，设置留观病床5张，分开传染、非传染病区；开展中医穴位贴敷业务，能提供24小时穴位贴敷的业务有发热、腹痛、腹泻、咳嗽穴位贴敷，业务量每月有300～1400贴。

儿童保健科 2022年，儿童保健科对城区小学及托幼儿童开展体检及宣教工作，对存在异常的儿童提出指导意见，做好登记随访。在校小学体检20807人次；托幼体检6475人次，其中骨密度检测2381人。

【妇女保健】 罗定市妇幼保健院妇科是云浮市临床重点专科、广东省妇幼保健院宫颈疾病防治分中心、中国宫颈癌防治工程定点医院，是罗定市基本避孕服务项目（免费提供基本避孕药具和免费实施基本避孕手术）唯一指定单位。妇科由住院部、妇科门诊两部分组成，设置宫颈疾病防治中心、生殖健康科、更老年期保健科、中医妇科、盆底康复、计划生育服务科等专科。2002年，住院部开放床位50张。医护人员41人，其中医生22人，护士18人，康复技术员1人。其中副主任医师8人，主治医师7人，副主任护师1人。妇女保健部诊疗范围包括妇科良恶性肿瘤、女性盆底功能障碍、子宫内膜异位症、月经病、生殖道炎症、不孕不育、妊娠相关疾病等全部妇科疾病。是年，妇科门诊（含妇女保健科）量64966人次，住院2215人次，妇科手术765台，其中腹腔镜有235台。

妇科 2022年，罗定市妇幼保健院成立宫颈疾病防治中心，9月，聘请广东省妇幼保健院宫颈疾病专家每月来院坐诊，开展宫腔镜电切手术和广泛性子宫全切术及盆腔淋巴结切除术；10月，在门诊开展宫腔镜检查业务。

妇科门诊 2022年，罗定市妇幼保健院更老年期保健专科为更老年期妇女建立健康档案，提供有关更老年期妇女营养、心理、运动、盆底康复和性保健等方面的健康评估和指导；开设妇科内分泌月经病门诊，对多囊卵巢综合征、异常子宫出血等内分泌疾病进行规范管理；通过国家妇女儿童基金会PAC公益项目初审，成为云浮地区首家开展流产后关爱（PAC）项目的医院。是年，医院为罗定市免费“两癌”筛查初筛单位，妇女保健科完成1000例的宫颈癌和乳腺癌初筛任务。

婚前保健和孕前保健科 2022年，罗定市妇幼保健院为罗定市适龄人群开展免费婚前和孕前保健服务。是年，结婚6784人次，婚前医学检查5236人次，检查率77.2%；计划怀孕7542人次，孕前优生健康检查6133人次，检查率81.3%，达到2022年医学检查65%、孕前优生健康检查80%的绩效考核要求。

【医技辅助】 2022年，罗定市妇幼保健院医技科室设置有麻醉科、超声科、放射科、检验科、病理科、消毒供应室等科室。放射科配置有1.43T核磁共振（MRI）、40排螺旋CT、数字化X光机（DR）等设备，2022年，DR检查6924例，阳性率80.2%；CT检查536例，阳性率75.2%，MRI检查834例，阳性率72.9%，钼靶检查739例，阳性率90.4%。超声室配置有9台超高档彩色多普勒超声诊断仪、高端四维彩色多普勒超声诊断仪等。是年，超声科开展腹直肌检查和小儿髋关节发育超声检查。超声检查69052例，心电图检查13049例。检验科配置有全自动生化分析仪、全自动血球分析仪、全自动血液细菌培养仪、全密封自动脱水机、全自动封片机、全自动染色机等设备，能独立开展常规、生化、免疫、微生物等项目，其中三大常规检查499590例，生化检查161299例，细菌30753例，罗定市妇幼保健院参加各类级别的室间质评活动，包括临床化学、性病实验室、HIV初筛实验室、孕前优生、中期唐氏筛查、省新冠核酸室间质评等14个类别，全部取得优良评价。麻醉科配置进口多功能麻醉机、多功能监护仪等多台先进的麻醉期监测仪器，如国际领先的Drager呼吸机、手术无影灯系统、美国进口自动手术床、全自动血液分析仪、微量输注泵、脑电双频指数仪（BIS）、无创动脉检测机高清2D、3D腹腔镜系统、等离子低温电刀、脉冲乳腺系统等。麻醉科配合术科开展无痛引产无痛宫腔镜手术等，应用“可视喉镜”进行插管操作，配合妇科开展淋巴清扫手术常规性有创动脉血压。麻醉科下设疼痛门诊，全年门诊量1104人次。

【护理工作】 2022年，罗定市妇幼保健院在全院各护理单元开展中医适宜技术，如妇产科自5月起陆续开展穴位贴敷、梅花针叩刺、耳穴压豆、中药熏洗足浴、热熨疗法等；优化患者入院、出院、转科、转院服务管理工作制度和标准、流程。在产前筛查中心建立糖尿病管理群，制定17项基础护理质量指标，比2021年增加7项专科护理质量指标。全年护理满意度95.5%。

【妇幼卫生公共服务】 *城乡妇女“两癌”免费检查项目* 2022年，罗定市城乡妇女“两癌”免费检查总任务数为7897例。全年完成宫颈癌筛查7990例，宫颈癌筛查任务完成率101.2%；完成乳腺癌筛查8013例，乳腺癌筛查任务完成率101.5%，100%完成省要求任务数。

出生缺陷综合防治项目 2022年，罗定市产前唐氏筛查、产前结构畸形超声筛查任务数7766例，新生儿代谢性疾病及听力筛查任务数9881例。截至12月31日，全市唐氏筛查5542例，高龄组NT筛查867例，唐氏筛查率72.7%，唐氏筛查任务完成率82.5%；产前结构畸形超声筛查6312例，产前结构畸形超声筛查率71.6%，产前结构畸形超声筛查任务完成率81.3%；新生儿代谢性疾病筛查8629例，新生儿代谢性疾病筛查率97.8%，新生儿代谢性疾病任务完成率87.3%；新生儿听力筛查8436例，新生儿听力筛查率95.6%，新生儿听力筛查任务完成率85.4%。全市分娩活产8822例，血常规检测夫妇6870对（其中孕前检测1986对，孕期检测4884对），血红蛋白电泳筛查夫妇2328对，地贫基因检测夫妇1178对（其中孕前检测343对，孕期检测835对），查出同型地贫夫妇120对，进行产前诊断91对，产前诊断发现重度地贫21胎，人工终止妊娠21胎。

消除艾滋病、梅毒、乙肝母婴传播项目 2022年，罗定市妇幼保健院住院分娩产妇数8818人，接受HIV梅毒乙肝检测8818人，检测率100%。其中孕期检测8722人，孕期检测率99.4%。HIV阳性产妇3人，梅毒感染产妇24人，乙肝表面抗原阳性产妇所生活产儿710人，注射乙肝免疫球蛋白和完成首剂乙肝疫苗接种数均是710人，注射率均是100%。对阳性病例做好追踪服务，实施干预措施，做好相关资料收集存档，准确及时上报。

▲2022年12月9日，罗定市妇幼保健院支援广州核酸采样队获赠锦旗
（罗定市妇幼保健院／供图）

增补叶酸预防神经管缺陷项目 2022年，罗定市免费服食叶酸7844人，服用率100%，服用依从率97.3%。

【基础设施建设】 防疫隔离留观病房建设项目 2022年，罗定市妇幼保健院投入177.19万元建设一栋钢结构车库架空层及防疫隔离点，楼高2层，占地面积591.8平方米，总建筑面积913.4平方米，设置隔离留观病房10间，配备独立卫生间。

康复保健综合楼项目 2022年，罗定市妇幼保健院康复保健综合楼项目已完成环评、±0.000以下阶段施工许可证、工程规划许可证等工作。进行施工图审查，深基坑支护以及土石方开挖。

胜利巷10—13号瓦房拆除和改造工程 2022年，罗定市妇幼保健院投入126754.49元，将胜利巷10～13号瓦房拆除，并投入124346.53元，将其硬底化、加装铁棚划线等，改造为停车场，面积约200平方米，增加小车位9个，摩托车位50个。（梁业娇）

云浮市（罗定）第三人民医院

【概况】 2022年，云浮市（罗定）第三人民医院占地面积8000平方米，建筑面积13500平方米。是年，云浮市（罗定）第三人民医院医疗业务总收入9909.71万元，同比下降1.2%，其中门诊收入1955.55万元、同比下降8.8%；住院收入7954.16万元、同比增长0.9%；医疗业务总支出9982.58万元。

【诊疗技术】 2022年，云浮市（罗定）第三人民医院开展常见精神障碍的诊断治疗；承担云浮市及罗定市的严重精神障碍管理治疗，严重精神障碍救治救助工作的技术指导、业务培训及管理工作；承担云浮市及罗定市社会心理健康服务体系建设的技术指导、业务培训工作。

【医疗队伍】 2022年，云浮市（罗定）第三人民医院核定编制人员180名，在职干部职工310人（在编正式职工165人），其中取得正高职称7人、副高职称12人、中级职称33人；医生岗位51人、护理岗位158人、药学岗位9人、辅助岗位15人，其他人员39人，后勤日工38人。是年，医院新增加编制内医生2人、护士3人、中药师1人、检验技术师1人、编外合同工清洁工1人；办理编内职工退休1人、编制内职工辞职1人、编外合同工辞职4人。

中医医疗队伍 2022年，云浮市（罗定）第三人民医院有中医医生5名，其中高级2名，初级3名。

西医医疗队伍 2022年，云浮市（罗定）第三人民医院有西医医生46名，其中高级8名，中级14名，初级24名。

【医教科研】 2022年，云浮市（罗定）第三人民医院组织三级考核2次，共有392人次参加，其中考核不达标6人次。全年申报通过广东省省级继教项目1项、云浮市市级继教项目18项。组织全院医务人员开展23次院内业务学习，相关医务人员外出参加培训班、会议30多次。接收广州市脑科医院选派的10名医护人员到医院开展为期1年的下乡支援工作。

【疾病治疗】 住院治疗 2022年，云浮市（罗定）第三人民医院入院2164人次，出院2141人次，实际占用床日299554床日，实际开放总床日310250床日，病床使用率96.6%。

门诊治疗 2022年，云浮市（罗定）第三人民医院门诊诊疗83794人次，其中美沙酮药物维持治疗门诊11444人次，占总诊疗量的13.7%。

【特殊药品管理】 2022年，云浮市（罗定）第三人民医院制定《第二类精神药品管理制度》，建立第二类精神药品目录，第二类精神药品共有14个品规，麻醉药品1个品规。二类精神药品专柜加锁储存，账物相符，专册使用；麻醉药品储存、保管实行专人负责、专库（柜）、专锁，建立专用账册且逐笔记录。

【药品质量管理】 2022年，云浮市（罗定）第三人民医院新药引进21个品规，其中国家基本药物12个品规。医院药物品规335种，其中国家基本药物品规195种，国家基本药物占总药品品种数的58.2%。是年，药品使用金额2546.54万元，其中国家基本药物使用金额1171.41万元，国家基本药物使用金额占总药品使用金额的46%，同比上升5%。

【医技】 2022年，云浮市（罗定）第三人民医院业务科室开设功能科室，设备设施有无抽搐电休克治疗仪、经颅磁刺激治疗仪、生物反馈治疗仪、音乐治疗仪、全自动生化分析仪、血球三分类计数仪、脑电地形图、心电图、床旁心电图机、呼吸机、床旁心电监护仪、B超、DR、X光、三大常规检验等先进的医疗检测治疗设备。

【医疗保障】 2022年，云浮市（罗定）第三人民医院将6种严重精神障碍纳入基本医疗保险门诊特定病种范围，按同级别定点医疗机构住院支付比例报销，按该年度居民医保统筹基金最高支付限额支付。严重精神障碍患者救治医疗费不纳入各类医保机构当年总额预付结算指标之列。精神病患者住院费用报销比例，按照职工医保和城乡居民基本医保政策规定分别保持在85%以上和85%。贫困严重精神障碍患者凭贫困严重精神障碍患者贫困救治审批表收治。患者相关治疗费实行“医保先行、财政兜底”的政策，所有送治住院的贫困严重精神障碍患者均获得免费治疗，全部实施一站式结算。

【基础设施建设】 2022年，云浮市（罗定）第三人民医院新院建设完成项目用地围蔽、旧建筑拆除、高压线迁改、村道迁改、办理用地规划许可证、工程规划许可证、勘察、项目部建设、箱涵工作、用地护坡施工等工作。（李莉莉）

罗定市第五人民医院

【概况】 罗定市第五人民医院（原罗定市泷州医院、原罗定市保险医院）占地面积12455.02平方米，总建筑面积34934.79平方米。该院是广东省第二人民医院协作医院，是城乡居民、城镇职工医疗保险定点医院，属于罗定市“120”急救医疗中心成员单位。医院开设有门诊部、急诊科、体检中心、康复医学科、普外科、脊柱外科、综合外科、五官科、骨外科、颅脑外科、内科、妇科、儿科、中医科、麻醉科、手术室、医学检验科、影像科、药剂科、病案室等临床及辅助科室。2022年，罗定市第五人民医院有在职职工203人，其中管理人员5人，专业技术人员173人，工勤25人；专业技术人员中：高级职称10人，中级职称14人，初级职称126人。门诊服务15544人次，接急诊5220人次，住院3419人次，手术415人次。至年末，全院开展优质护理的病区有4个。

【硬件设施】 2022年，罗定市第五人民医院开设床位150张，医院拥有救护车2辆，拥有CT机、日本进口全新数字X线机（DR）、C型臂X线机、遥控X线机、床边X线机、彩色B超、心电图、脑电图、胃镜、中央监护仪、指微循环仪、血黏度检测仪、全自动血液分析仪、全自动尿十项分析仪、全自动生化仪、电解质分析仪、进口麻醉机、自动牵引机、微波治疗仪、数码电子引导镜、关节镜、中医定向透药治疗系统、空气波压力治疗仪、病房中心供氧以及各临床科急救用心电监护仪、起搏仪、自动呼吸机、无创呼吸机、12导联心电图、中耳功能分析仪、肺功能检测仪、心电监护、神经机电图仪、电泳仪、离心机、心电监护仪、全自动化学发光免疫分析仪、外周神经电刺激仪、手术显微镜等。全院实行电子病历、电脑化办公、收费等信息化管理。

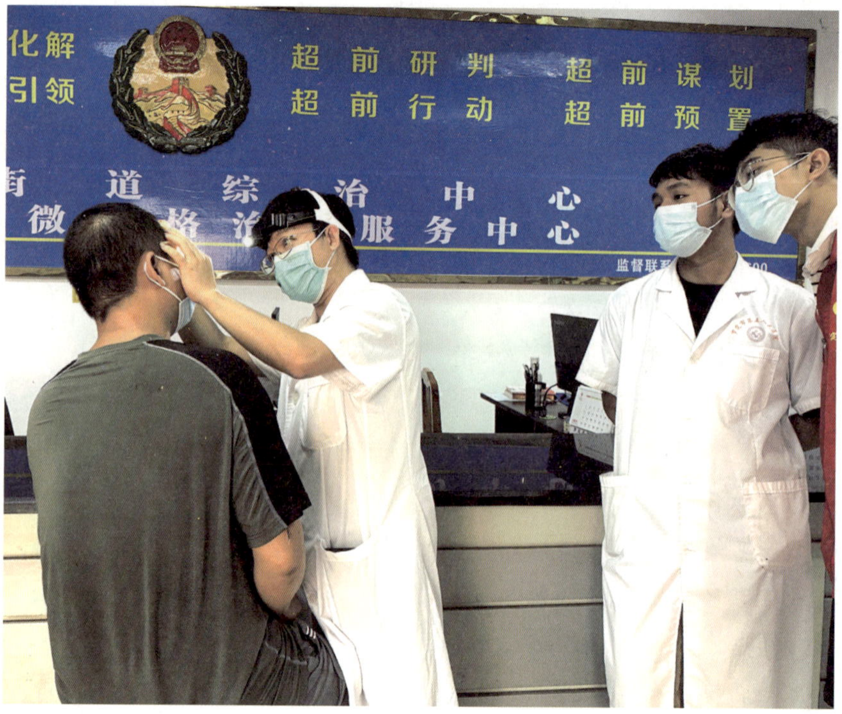

▲ 2022年8月12日，罗定市第五人民医院在附城街道开展“服务百姓健康行动”义诊活动（罗定市第五人民医院／供图）

【义诊活动】 2022年，罗定市第五人民医院联合附城街道办事处在附城街道举行“服务百姓健康行动”义诊活动。是年，联合罗镜镇人民政府在罗镜镇影剧院举行“服务百姓健康行动”义诊活动。（陈力维）

罗定市第六人民医院

【概况】 罗定市第六人民医院的总院位于罗定市罗城街道泷州南路41号，占地面积2311.26平方米，建筑面积9734.29平方米，是罗定市卫生健康局管理的公益二类事业单位，副科级。2022年，有在职医务人员266人，其中卫生技术人员201人（高级职称11人、中级职称39人、初级职称151人），行政、财会、后勤人员共37人。全年门急诊122242人次，出院3388人次，开展手术1590台。罗定市第六人民医院通过国家皮肤与免疫疾病临床医学中心和银屑病规范化诊疗中心的认证，被认定为“银屑病规范化诊疗中心专病医联体”；获得广东省实施《遏制结核病行动计划（2019—2022年）》先进单位、2022年度广东省麻风病防治先进单位称号；获得广东省食品从业人员健康检查机构认证。

【麻风病防治】 2022年，罗定市第六人民医院严格规范麻风诊疗管理，控制全市麻风病的发生与流行。至年底，全市有麻风现症病例1例。

康复项目 2022年，罗定市第六人民医院与广东省皮肤病医院和广东省汉达康福协会协作，为麻风病治愈患者安装、更换和维修假肢共5条；发放麻风溃疡包4个，护理包1个，开展康复护理指导及治疗。

麻风病防治宣传 2022年，罗定市第六人民医院开展第69届“世界防治麻风病日”暨第35届“中国麻风节”主题宣传和麻风病防治知识知晓进校园宣传活动，全年派发宣传资料4550份。到罗定市麻风康复村对疗养员开展春节、中秋慰问活动。

培训与督导 2022年，罗定市第六人民医院举办专题培训班2期，培训内容为麻风病防治管理工作、麻风病早期发现及临床诊疗等，全年培训全市麻风骨干学员共90人次。分别赴乡镇开展麻风病防治工作督导20次。

【性病防治】 2022年，罗定市第六人民医院性病门诊就诊125人次，其中梅毒54例，淋病11例，尖锐湿疣36例，生殖器疱疹1例，生殖道沙眼衣原体感染23例。

自愿咨询检测 2022年，罗定市第六人民医院开设自愿咨询检测门诊，全年检测HIV 80人次，无发现HIV抗体阳性者。

高危行为干预 2022年，罗定市第六人民医院到市区娱乐场所开展高危行为干预工作，全年干预101人，检测101人。其中梅毒TP阳性者7例，无HIV阳性者。

健康教育 2022年，罗定市第六人民医院到罗定市中等职业技术学校举办性病防治知识讲座，全年发放各类宣传资料300份、安全套1000只。

【结核病防治】 2022年，罗定市第六人民医院加强结核病的归口管理，全年结核病门诊就诊6638人次，报告肺结核患者和疑似肺结核患者1349人，共接诊初诊病人1315例，确诊肺结核病人412例，其中病原学阳性病人322人，对322例病原学阳性病人密切接触者进行了筛查，筛查率100%，免费治疗412例病人。

学校结核病防控管理 2022年，罗定市第六人民医院定期组织相关专业人员为学校结核病防控工作提供技术指导。年内全市学校发生结核病人数13人，对病人进行诊治，对同班、同宿舍的密切接触者和患者家属进行筛查，组织筛查692人，发现疑似病例1例，预防性服药13例。

结核病宣传 2022年3月24日，罗定市第六人民医院在各乡镇分别开展结核病防治日宣传活动，覆盖人数1600人，发放宣传单折页6万份、张贴宣传材料1200份。年内在电视台播放结核病防治广告7期。开展结核病防治知识进校园主题活动。

实施培训 2022年，罗定市第六人民医院开展4次线上、线下多种形式的工作规范技术培训，加强结核病防治专业队伍建设。

【皮肤性病专科诊疗】 专科建设 2022年，罗定市第六人民医院开设皮肤科门诊部、皮肤科住院部和医疗美容科。全年皮肤科门诊63713人次，皮肤科住院部出院388人次，医疗美容科门诊1654人次。

品牌建设 2022年，罗定市第六人民医院利用医共体建设，强化皮肤科、医学美容科、外骨科、中医康复科等重点特色科室建设，推行专科专病优势突出的医疗服务模式，推动医院品牌发展。

【平安医院建设】 2022年，罗定市第六人民医院制定《医院安全生产管理规定》，逐级签订安全生产责任书。全年开展安全生产巡查8次，重点领域安全排查6次，每季度开展消防演练、危险化学品专题培训等。

【性病实验室规范化建设和管理】 2022年，罗定市第六人民医院性病实验室通过省级质量控制考核。

【药品管理】 2022年，罗定市第六人民医院利用药品使用的信息反馈，开展网上采购。对药品进行临床观察，药品不良反应监测"可疑必报"，全年上报药品不良反应75例。对全院抗菌药物的合理应用有效检测，建立抗菌药物临床使用预警机制，指导临床合理用药。加强麻精药品开具和使用环节的管理，定期组织相关人员认真学习特殊管理药品相关制度并开展培训考核。

【医疗培训】 2022年，罗定市第六人民医院组织70人参加以"关爱护士队伍，护佑人民健康"为主题的国际护士节暨知识竞赛，组织80人参加庆祝第五个中国医师节暨疫情防控、院感防控知识竞赛，定期组织医务人员开展医疗服务质量和医疗质量安全培训。

【健康义诊】 2022年，罗定市第六人民医院派出医疗专家团队到罗定市居家养老服务中心开展2022年"岁岁健康 年年平安 新年爱心"义诊活动，为老者提供健康检查；邀请南方医科大学南方医院和云浮市人民医院专家到罗定市第六人民医院开展专家义诊活动。7月，联合南方医科大学珠江医院、南方医科大学皮肤病医院、广州市妇女儿童医疗中心等医院的医疗专家开展"牢记嘱托当先锋，践行宗旨解民忧"惠民义诊活动；7—8月开展冬病夏治"惠民三伏贴"义诊活动；联合罗城街道城东居委会开展2022年"服务百姓健康行动"全国大型义诊活动。

【性病监测】 2022年，罗定市报告5种常规监测性病752例。其中梅毒247例，淋病65例，生殖道沙眼衣原体感染293例，尖锐湿疣127例，生殖器疱疹20例。

【结核病监测】 2022年，罗定市第六人民医院开展结核病耐药性（国家点）的动态检测工作，监测结核病人425人次，培养阳性病例数266人。

【疑似麻风病症状监测】 2022年，罗定市第六人民医院在全市各级综合医疗单位开展麻风病症状监测项目工作。全年完成麻风病症状监测650例，转诊率100%，转诊到位650例，到位率100%。

（蔡伟桃）

罗定市红十字会医院（罗城医院）

【概况】 罗定市红十字会医院（罗城医院）始建于1958年，位于罗城街道大新中路35号，占地面积5182.64平方米，建筑面积11301平方米，是一家集医疗、康复、教学、科研、预防保健于一体的二级综合医院。2022年，医院编制床位300张，实际开放床位192张。

【设备设施】 2022年，罗定市红十字会医院拥有救护车3辆，综合业务保障用车1辆，拥有全自动五分类血球计数仪、全自动生化分析仪、全自动血凝仪、电子胃肠镜、心电图分析仪、菲利普彩色B超、意大利百胜彩色多普勒超声诊断仪、实时四维彩色多普勒超声波诊断仪、上海联影40排CT机和岛津数字X线摄影系统（DR）等先进医疗设备。手术室配备多参数心电监护仪、人工呼吸机、麻醉机、麻醉呼吸机等手术器械设备。

【医疗队伍】 2022年，罗定市红十字会医院核定编制210名。截至年末，在职干部职工241人（编内人员164名，编外人员77名），其中管理人员4人，专业技术人员214人，工勤人员23人；专业技术人员中高级职称28人、中级职称51人、初级职称135人。是年，经全市公开招聘招录医务人员10人。完成市级继续教育项目2项，选送5名业务骨干分别到中山大学附属第三人民医院、佛山市第一人民医院、佛山市禅城复星医院进修麻醉及妇科腹腔镜技术。参加省（市）级以上的短期培训人员30人。

【学科建设】 2022年，罗定市红十字会医院打造优势学科、特色专科，优化学科结构，培育重点科室、特色专科为基础的较完整的学科体系。2月，康复医学科投入使用，业务用房面积1500平方米，设55张病床，设有康复治疗大厅、运动治疗区、作业治疗区、言语治疗区，能针对性、系统性地帮助脑卒中、脑损伤、脑瘫、言语障碍、脊髓神经损伤导致的瘫痪患者最大可能地得到恢复和重建；经改造后的妇产科住院部投入使用，下半年开展阴道镜检查业务。

【医疗业务】 2022年，罗定市红十字会医院开展临床路径10个病种，能诊治的常见病/疑难病数量670种，可开展的关键技术/手术数量150种。是年，全院门诊诊疗225815人次，同比增加16252人次，增长7.8%；出院病人4069人次，同比增加1250人次，增长44.3%。住院分娩229人，手术治疗960人次。全院总收入6489.08万元，同比增加992.95万元，增长18.1%。检查、检验收入2388.64万元，同比增长7.4%；卫生材料收入435.12万元，同比下降1.3%；药品收入1925.34万元，同比下降12%。

【科研成果】 2022年，罗定市红十字会医院《右美托咪定复合罗哌卡因用于股神经阻滞减少膝关节术后急性期和慢性疼痛的综合评价》《插管喉罩与气管在呼吸衰竭患者急救中的应用及预后相关分析》等2项课题获云浮市卫生健康局立项。全年医务人员发表论文1篇。

【义诊活动】 2022年5月，罗定市红十字会医院联合南方医院驻点云浮市人民医院专家在该院内举办“高水平医院建设”义诊活动；6月，组织眼科医生在眼科开展“全国爱眼日”义诊活动；9月，组织10位医院内科、外科、妇科、骨科、中医科、康复科、眼科等科专家在医院大院内开展“服务百姓健康行动”义诊活动。 （刘 演）

罗定市疾控中心

【概况】 罗定市疾病预防控制中心占地面积1731.92平方米，建筑面积4350平方米，其中实验室用房950平方米，内设办公室、流行病与免疫规划科、应急办公室、卫生检验科、卫生监测科、职业卫生科、艾滋病防治科、慢性病控制与地方病防治科、健康教育科、计财科、总务室、质量控制室12个科室。

【传染病防治】 2022年，罗定市疾控中心执行传染病报告制度，全市无甲类传染病发生。乙类10种传染病报告发病3134例，年发病率339.59例10万。丙类5种传染病报告发病1901例，发病率205.9例/10万。是年，处置新冠肺炎涉疫任务1216起，甄别密切接触者3128人、次密切接触者2839人，消毒场所213个，消毒面积11.55万平方米。处置诺如病毒感染、流感疫情各1起，44例诺如病例以及47例流感病例均痊愈。在罗定市各医疗机构、集体单位等落实禽流感、登革热、诺如病毒感染、手足口、麻疹等各类传染病的监测工作中，监测结果均无异常。

【生物制品预防接种】 2022年，罗定市疾病预防控制中心开展预防传染病疫苗接种工作，周岁儿童基础免疫接种率均达95％以上。全年报告AEFI病例（疑似疫苗不良反应）29例，其中一般反应21例，异常反应6例，偶合症2例。开展6岁及以下儿童麻腮风疫苗查漏补种工作，完成补种人数1069人，补种率90.7%。适龄女生HPV疫苗免费接种第一剂次共8664人，完成目标人群接种率95%。开展全市学生流感疫苗接种工作，接种流感疫苗学生3.4万人。

【慢性病和地方病防治】 2022年，罗定市疾病预防控制中心推进慢性病防治工作。35岁以上人群高血压已管理人数36450人，任务完成率100%，规范管理率68.9%，控制率67.6%；35岁以上人群糖尿病已管理人数14882人，任务完成率100.2%，规范管理率63.4%，控制率62.4%。全市报告死亡个案6934例，报告死亡率5.4‰，排名前三位分别为脑血管病1935例，心脏病1546例，恶性肿瘤1241例。户籍肿瘤病例2032例，同期登记的肿瘤死亡例数1154例。发热病人血检总人数484例，血检阳性0例，血检率 0.5‰。抽取金鸡镇等 5 个镇的学生盐样、尿样各 200 份，孕妇盐样、尿样各 100 份，水碘样品 1925 份，监测结果显示碘缺乏病在消除标准范围内；采集 5 个地氟病区村水样共 26 份，氟斑牙检出率 10.3%。在船步镇、茜塘镇、华石镇 3 个镇 6 个村开展入户调查，入户 362 户，其中膳食调查户 180 户，非膳食调查户 182 户，体检人数 1074 人，完成居民营养与健康状况监测任务，在全省卫生健康大会上作专题经验介绍。在华石镇、双东街道双东社区、附城街道附城社区捕获 7 种类型老鼠 300 只，病原学监测、血清抗体监测样品各 300 份，检测结果均为阴性。

【职业卫生监测】 2022 年，罗定市疾病预防控制中心开展《中华人民共和国职业病防治法》宣传周活动，发放各类宣传海报 160 余份，宣传单张 2500 份，宣传折叠卡 6000 份，宣传小礼品 6500 余份。对全市 12 家重点企业 305 名劳动者进行现场的职业健康素养测评和行为干预。对辖区内 33 家医疗机构、企业及 183 名放射工作人员进行（含本底）个人剂量计置换工作。对全市 18 家企业开展职业病危害现状调查及其工作场所职业病危害因素监测，对近年新发的 3 例尘肺病病人进行随访。对 35 家厂矿企业进行监督检查，督促工人落实个人防护用品的使用，组织劳动者进行上岗前、在岗期间、离岗时职业健康检查。

【公共卫生监测】 消毒效果监测抽取医疗机构 35 间，样品 567 份，合格率 97.9%；托幼机构 67 间，样品 1072 份，合格率 84.6%。完成 4 个季度饮用水卫生检测工作，抽取水样 264 份，合格率 79.5%。其中农村饮用水抽取 208 份，合格率 74.5%；城市饮用水抽取 56 份，合格率 98.2%。采集辖区内用户水龙头水样 108 份，合格 94 份，合格率 87%。

【卫生检验检测】 2022 年，罗定市疾病预防控制中心购进全自动核酸提取仪（96 通道）、实时荧

▲ 2022 年 8 月 5 日，罗定市疾病预防控制中心选派专业技术骨干支援湛江雷州新冠疫情防控工作

（罗定市疾病预防控制中心／供图）

光定量PCR仪（96通道）、低温保存箱、生物安全柜、高压消毒炉各1台，各类理化检测4042份次，其中尿碘检测318份次，盐碘检测303份次，水碘检测2020份次，食品类检测22份次，水质检测367份次，营养项目检测1012份次；微生物检测4155份次，其中水质类检测336份次，公共场所检测169份次，食具检测11份次，梅毒类检测330份次，CD4检测834份次，丙肝检测323份次，消毒监测类检测1106份次，登革热检测1份次，诺如病毒检测148份次，麻疹、风疹检测5份次，HIV抗体初筛检测751份次，HIV确证检测141份次。（曹　艳）

罗定市卫生监督所

【概况】　罗定市卫生监督所内设办公室、监督一部、监督二部、稽查部共4个部（室），单位经费全额由市财政核拨。2022年，罗定市卫生监督所编制数核定为23名，实有行政干部（公务员）16人。是年，罗定市卫生监督所被评为“2022年度云浮市卫生监督执法先进集体”。

【医疗机构监督】　2022年，罗定市卫生监督所出动执法人员1227人次，检查医疗机构409家，立案查处28宗，作出行政罚款21.45万元，发出广东省医疗机构不良执业行为当场记分通知书20份，共记扣113分。

【生活饮用水监督】　2022年，罗定市卫生监督所根据疾控部门反馈第一季度用户水龙头水监测结果合格率偏低的问题，对未达标的6家供水单位进行集体约谈，下达卫生监督意见，责令整改，对整改后水质仍不达标的2家供水单位依法依规作出行政处罚，第三季度用户水龙头水监测结果均达标。调查居民住宅小区66个，联合疾控中心对15家二次供水单位进行水质抽样检测，其中1家水质抽检未达标，已完成整改。受理水质投诉49条，均在规定时限内进行受理、调查和答复。对罗镜镇天龙自来水厂进行专项治理。

【学校卫生监督】　2022年，罗定市卫生监督所开展学校卫生监管工作，提升学校师生卫生健康保障水平。开展学校卫生管理培训班，市教育局卫生工作专员、全市中小学校分管学校卫生工作负责人共77人参加培训。随机抽取11所学校（其中6所有检测任务）以及2所新开设学校进行卫生综合评价工作，对发现存在问题学校下达监督意见书。10月，开展学校卫生健康知识宣讲活动，向喜耀粤西学校的120名学生宣教爱护眼睛、保护视力。

【放射卫生监督】　2022年，罗定市卫生监督所开展全市放射卫生专项检查，对38家医疗机构放射诊疗规范工作情况进行日常监督检查，对2家超出批准范围从事放射诊疗工作的医疗机构依法立案查处。全年办理放射卫生建设项目预评价项目3个，建设竣工验收项目3个。

【职业卫生监督】　2022年，罗定市卫生监督所对61家次用人单位开展监督检查工作，发出卫生监督意见书61份，对13家用人单位进行处罚并责令改正违法行为。开展职业卫生宣传进企业活动，在华润水泥（罗定）有限公司和罗定市双东工业园举办职业卫生宣传活动，展出宣传展板4块，派发宣传材料18种8000份，接受健康咨询800余人，受教育群众6000人次。对检查发现问题的41家用人单位纳入职业病危害专项治理，对其中19家用人单位进行集中约谈和培训，至年末，纳入治理的用人单位均已安排开展职业病危害因素检测和职业健康检查工作。

【卫生监督协管】　2022年，罗定市卫生监督所对全市21个乡镇、街道卫生监督协管单位开展4个季度的督导工作，对存在问题的协管单位提出督导意见，发出协管督导意见书48份。组织全市协管员开展线下的专题培训。

【案件查处】　2022年，罗定市卫生监督所查处违法违规案件87宗，其中普通程序案件50宗，简易程序案件37宗，查办案件中包含医疗卫生案件36宗，生活饮用水案件4宗，放射卫生案件

2 宗，职业卫生案件 13 宗，传染病防治案件 14 宗，公共场所卫生案件 6 宗，非法医疗美容案件 3 宗，餐饮具消毒案件 1 宗，托幼机构案件 8 宗。取缔“黑诊所”窝点 19 个，作出卫生行政罚款金额 146.1 万元，没收医疗器械药品 20 箱，医疗器械 3 台，价值 1.15 万元。

【专项检查】 特殊重点场所监督检查 2022 年，罗定市卫生监督所定期组织对母婴和月子服务机构、托育机构和精神卫生机构等重点场所进行监督检查，出动执法人员 254 人次，检查重点场所机构 60 家次，发出卫生监督意见书 60 份。

托育机构备案 2022 年 3 月，罗定市卫生监督所对全市托育机构开展调查摸底工作，举办托育机构卫生知识培训班，全市 20 家托育机构负责人参加培训。5 月，对未按时落实登记备案的 17 家托育机构进行统一约谈，发出卫生监督意见书 17 份，责令限期改正违法行为。7 月，对市内 17 家托育机构进行监督检查，对 7 家逾期不改且仍经营的托育机构依法依规作出行政处罚。

血液安全监督 2022 年，市卫生监督所组织执法人员对单采血浆站、血站进行 100% 全覆盖监督检查，主要针对落实新冠疫情防控措施、人员资质、消毒隔离、医疗废物收集处置、院感防控等方面进行监督，单采血浆站和血站检查均合格。

打击养老诈骗专项行动 罗定市卫生监督所对辖区内 24 家养老机构进行全覆盖的监督检查。重点检查入院登记扫码核查工作、消毒产品的进货检查验收制度和日常场所消毒工作，是否存在违规开展医疗服务。

消毒产品监督检查 2022 年，罗定市卫生监督所抽查辖区内 10 家医疗机构和 3 家药店，对 4 家未落实消毒产品进货验收制度的医疗机构立案查处，作出行政罚款 7000 元，责令下架销售涉嫌添加化学药物的消毒产品 1 款。

“双随机、一公开”抽检 2022 年，罗定市卫生监督所“双随机、一公开”抽检工作任务 156 个（国家下达 108 个，云浮下达 5 个，罗定本级 43 个）。其中，传染病卫生单位 16 个、二次供水单位 10 个、放射卫生单位 8 个、公共场所卫生单位 61 个、生活饮用水卫生单位 10 个、消毒卫生单位 1 个、学校卫生单位 11 个、医疗卫生单位 28 个、职业卫生单位 11 个。完成 143 家单位的监督抽查，关闭抽检单位 13 家，完成率 91.7%，完结率 100%。对检查发现问题的抽检单位提出卫生监督意见书 143 份，责令整改单位 131 家，对违反法律法规行为的 2 家抽检单位进行立案查处，作出警告及罚款 500 元的行政处罚，案件履行完毕。

泳池卫生检查 2022 年，市卫生监督所组织开展游泳场所卫生知识培训，普及相关法律法规，辖区内 18 家游泳场所的负责人、卫生管理员参加培训。7—8 月，对全市辖区内的游泳场所开展专项卫生监督抽检，监督检查游泳场所 27 户次，泳池水质抽检合格率 100%。 （李荣开）

罗定市爱国卫生运动服务中心

【概况】 2022 年，罗定市爱国卫生运动服务中心宣传和落实关于开展爱国卫生运动的方针政策；协助市卫生健康局制订全市开展爱国卫生运动、创建国家和省卫生城市的发展规划、年度计划和责任管理目标；组织开展爱国卫生宣传和健康教育活动，组织全市开展爱国卫生运动；组织检查全市爱国卫生工作开展情况；协助制订全市城乡除“四害”规划并组织落实，督促各单位检查年度目标完成情况，组织落实城乡除“四害”考核、评比、验收等工作；组织协调各单位开展创建国家卫生市和巩固省卫生城市以及创建国家、省、市卫生镇（村）工作；协助指导全市各单位、居民住户开展创建卫生模范单位（户）、卫生先进单位（户）的爱国卫生竞赛活动，协助开展本级的检查验收、总结表彰工作。

【环境卫生整治】 2022 年，罗定市爱国卫生运动服务中心将每月第一个星期二和第三个星期五分别定为全市人居环境整治集中行动日和全市爱国卫生统一行动日，组织全市单位干部职工、居民群众，集中开展以清除卫生死角和“四害”孳生地为主的统一行动。开展“迎新春”爱国卫生专项活动、冬春季爱国卫生运动、“爱国卫生月”活动、强降雨后爱国卫生相关工作、“贺中秋、迎国庆”爱卫周活动。

【病媒生物防制工作】 2022年，罗定市爱国卫生运动服务中心推进罗定市创卫区域公共外环境病媒生物防制服务采购项目工作，于8月23日与广东鑫鹏环境集团有限公司签订采购合同书，聘请专业病媒生物防制公司对城区公共外环境开展病媒生物防制工作。举办病媒生物防制工作培训班、疫情防控有关业务培训会议，参加疫点消毒及个人防护培训会。9月，在创卫办一楼举办创卫区域公共外环境病媒生物业务培训班。

【爱国卫生运动宣传】 2022年，罗定市爱国卫生运动服务中心制作一批宣传广告牌匾、宣传小礼品等派发到各镇（街）和各单位；在新媒体发布爱卫月活动相关的宣传海报、短视频等内容共计23条，更新宣传栏、公共场所电子屏等宣传阵地758次。

【卫生镇村创建】 2022年，罗定市新增市级卫生镇2个，新增省卫生村481个（自然村），新增市级卫生村60个（自然村）。截至2022年12月末，全市有省级卫生镇7个，市级卫生镇5个，卫生镇覆盖率70.6%；全市有卫生村3110个，卫生村覆盖率66.9%。 （张靖川）

▲2022年9月1日，罗定市爱国卫生运动服务中心聘请专业病媒生物防制公司对城区公共外环境开展病媒生物防制工作 （罗定市爱国卫生运动服务中心/供图）

体　育

综　述

【概况】 2022 年，罗定市村级综合性文化服务中心建设体育场地设施 2896 个，镇（街）文体广场 21 个，人均体育场地面积 2.73 平方米。全市 336 个建制村实现体育设施建设全覆盖。全市大型公共体育场馆、全民健身广场免费或低收费开放。

【体育市场管理】 2022 年，罗定市组织开展经营性游泳场所专项整治行动，查处经营性游泳场所各类违法违规经营行为，预防和消除各类安全事故隐患；打击游泳救生员不足、无证经营游泳场所等突出问题。

【国民体质监测】 2022 年，罗定市开展国民体质监测工作，抽测 3～79 岁年龄段人群样本 640 例，开具运动处方，增强全民健身、

▲ 2022 年 7 月 15 日，罗定市被国家体育总局棋牌运动管理中心、中国象棋协会授予“全国象棋之乡”称号。图为授牌仪式

（罗定市文化广电旅游体育局／供图）

科学健身、全民健康的意识。

【体育人才培养】 2022 年，罗定市输送运动员 10 人，其中省队 5 人，云浮市队 5 人。开展新周期举重、手球、田径运动员参加全国和省级的注册确认、统计和上报工作。全市有等级运动员 52 人，其中省一级运动员 1 人，省二级运动员 10 人。全市有教练员 7 人，其中高级教练员 2 人中级教练员 5 人。

【竞技体育】 2022 年，罗定市选拔出 93 名优秀运动员参加 2022 年广东省第十六届运动会青少年

竞技组（田径、举重、手球）项目的比赛。至年底，已完成的项目有举重、田径、曲棍球、小轮车和手球。其中，罗定市男子手球甲组获第七名，乙组获第三名；女子甲组获第八名，乙组获第四名；个人单项获得2个第三名、2个第四名、4个第五名、4个第六名、1个第七名、1个第八名。U系列全国举重冠军赛中，罗定市获得第二名1人、第三名2人、第五名1人、第六名5人。全市业余体校运动员在训210人。

【“体育项目+文化课”项目】 2022年，罗定市招收200多名新生进入市少儿体校，与泷州中学、罗定第三中学等学校共同打造“体育项目+文化课”项目。输送举重班梁天柱、吴纤纤2人到广东省体育运动训练中心试训。

群众体育

【概况】 2022年，罗定市推动社会体育指导员进社区、机关和农村地区传播科学健身知识与技能。在人民广场、体育馆、文化广场、泷江体育悦运动球馆等开展活动8场活动，受益群众近千人次。

【社会体育指导】 2022年，罗定市推动社会体育指导员服务站点建设。6月，开展篮球、羽毛球三级社会体育指导员培训班，培训学员56人。组织篮球、足球、武术等多家体育协会到全市各小学开展体育项目教学。是年，对文广旅体局干部职工、市体育中心干部职工、各体育协会会员、市民群众、学校教职工、适龄学生等进行体质测定与运动健身指导，服务600余人。

【普惠性体育活动】 2022年，罗定市争创“全国象棋之乡”工作，开展象棋进校园、进社区活动，承办全国第二届象棋元老赛，成功创建“罗定市全国象棋之乡”。（邓　祺）

▲2022年8月11日，罗定市手球队参加广东省第十六届运动会乙组获第三名，甲组获第七名

（罗定市文化广电旅游体育局／供图）

镇（街）

罗镜镇

【概况】 罗镜镇位于罗定市南部，北纬22° 30′，东经111° 26′，地处镜船盆地南缘，东接太平，南面是与信宜市交界的云开大山山地，西邻分界，北面与连州为邻。镇政府驻地罗镜圩，距罗定市区40千米。总面积161.3平方千米，圩镇面积2.2平方千米。罗镜镇年平均气温22℃，全年无霜期345天，平均降水量1500毫米，一年四季可耕作。罗镜镇是广东省历史文化名镇。2022年1月，罗镜镇被评为广东省卫生乡镇。罗镜镇（丝苗米）入选2022年全国“一村一品”示范村镇。罗镜镇云沙温泉入选2022年度省级休闲农业与乡村旅游示范单位。截至2022年底，罗镜镇户籍总人口105122人，总户数26497户。其中，男性57085人，女性48037人；城镇人口20706人，乡村人口84416人。

资源物产　2022年，全镇有小型水库5座，储水量465万立方米，已建成水电站8座，总装机容量5100千瓦，年发电量1880万千瓦时。全镇有石灰石、石英砂、高岭土、瓷土、锰铁矿、硫铁矿、镁矿等矿产资源。镇境内有蔡廷锴将军故居、帝瓮飞瀑、蔡廷锴父母墓园、太平军凌十八部战斗遗址、鹤咀山南朝墓、云沙温泉、东山公园等文物遗址和旅游景点。有虾堆、白糕（碗仔糍）、鱼腐、豆豉、油糍、印糍（蕉叶糯米糍）、米糍、乌榄角、松糕、扭扭酥等地方特色小吃，有镜菜等特色农产品和核雕特色文创产品。

交通条件　罗镜镇是罗定市连接信宜市等周边城市的交通重镇。云茂高速途经罗镜并在罗镜圩镇设有高速出入口；省道369线贯穿镇境，省道294线途经辖区内官渡头村、新榕片区。已建成镇域公路总长271.65千米，镇通建制村公路硬底化率100%。

配套设施　罗镜镇有供水量超1万吨的自来水厂；有惠及罗镜及周边镇的液化石油气供气站；有生活污水处理厂；内配置有多处汽车充电桩；有凤凰山产业园，全园规划面积133.33公顷，建设厂房5万多平方米，工业园内建设有11万千瓦的变电站，保障园区工业及生活用电。

【经济建设】 2022年，罗镜镇实现工农业总产值101393.9万元，同比增长8.3%，限额以上商贸批发零售企业销售额度4322.4万元，同比增长14.3%；完成固定资产投资总额10044万元，同比增长7.8%；税收收入761.33万元。

工业　2022年，罗镜镇有小水电、电子、自来水厂等工业企业，发展制衣、针织、玩具、塑料、手套厂等民营企业。截至2022年12月，全镇有企业200家，个体户1811户。凤凰山工业园升级为“南工北农”凤凰山产业园，新引进项目19个，欧斯达电器增资扩产1亿元，计划投资额3.81亿元，建成项目4个，新增规模以上工业企业2家。全年实现工业总产值21148.9万元，同比增长62%。其中，规模以上工业总产值4148.9万元，同比增长（2005万元）107%。

农业 2022年，罗镜镇农作物总播种面积5176.07公顷。蔬菜播种面积1159.67公顷，总产量17604吨；谷物播种面积3013.27公顷，谷物生产总产量21137吨，其中稻谷播种面积2928公顷，总产量20819吨；豆类播种面积32.87公顷，总产量75吨；薯类播种面积127公顷，总产量1691吨。园林水果种植300.27公顷，总产量6285吨。大牲畜年末存栏1501头，出售和自宰肉用牛443头；活家禽年末存栏45.89万羽，出售和自宰活家禽46.38万羽。水产品总产量2409吨。“三高”农业主要有谷物、蔬菜、水果等基地。是年，全镇复耕复种31.2公顷，其中水摆村13.6公顷，驸台村10.93公顷，居委6.67公顷。

招商引资与项目建设 2022年，罗镜镇引进亚平电子、潮裕服饰、永裕汽车检测、华冠电子等一批中小型企业；建设核雕特色生产基地，建成优质农产品展示中心（核雕展示馆），完成核雕产业园建设项目的征地工作；推进新星村农产品购销点、镜东村“一村一品”优质稻米加工场以及大平岗、镜西、官渡头等6个村的垦造水田项目建设；实施罗镜河清淤疏浚工程，市财政增收1212万元；完成原罗镜不动产服务所等30宗资产移交；项目投资金额923万元的重要交通要道新旺湾大桥建成通车。龙星、镜东、大平岗等4个村集中供水管网进入收尾阶段，新榕片5个村完成集中供水扩网16千米；新建蔡廷锴将军故居游客服务中心、云沙温泉游客服务中心等配套基础设施；举办蔡廷锴将军130周年诞辰系列活动，完善修复“退避贤庐”“天星亭”等东南一景设施；十九路军抗日爱国广场建成并成功申报云浮市级科普教育基地。

交通运输、邮政与旅游业 2022年，罗镜镇新西村“爱心便民桥”、东南一景桥、新旺湾大桥建成通车，改造石淇湾大桥；完成高速出口至西城路段改造、镜东至步贺单改双工程项目；镜东至大平岗、新东小学至新中、南城至美河等公路水毁修复全面竣工验收。罗定市邮政局罗镜镇支局1个，下设新榕营业点1个，干部职工18人，有7个对外业务窗口和2个邮递窗口，6台自动

▲2022年11月27日，罗镜镇新旺湾大桥建成通车 （罗镜镇政府／供图）

存取款机提供24小时邮政储蓄业务服务。开通的主要业务有信件、物品邮寄、快递，储蓄存取款，报刊订阅投递，邮票、纪念币发行等。邮政编码分“罗镜片527229”和“新榕片527232”2个。是年，邮政储蓄总额7.8亿元，其中罗镜片5.7亿元，新榕片区2.1亿元；邮件业务数25.55万件，报刊数16万份。蔡廷锴将军故居和云沙温泉新建游客服务中心和生态停车场；引进知名旅游开发公司，打造云沙温泉旅游度假区、东南一景、山有湖景区；建设核雕文创基地，助推核雕特色产业升级发展。

城镇建设与管理　2022年，推进罗镜镇龙岩村、云沙村美丽乡村建设；开展农村垃圾、污水、厕所“三大革命”，实施“多彩罗镜 共同缔造”美化绿化提升行动；水摆村、龙岩村新建农村生活污水处理池3座，修复镜南村农村生活污水处理老旧设施，完成污水收集设施管网扩网。

【教育】　2022年，罗镜镇有中学3所，中心小学2所，教学点24个，幼儿园11所，教职工823人，在校中小学生9752人，其中，高中生1153人，初中生2806人，小学生5793人，幼儿园在读幼儿3350人。8月26日，罗镜教育基金会2022年助学奖教奖学大会在罗镜镇政府举行，发放助学奖学奖教金97万元，表彰在2022学年度取得优异成绩的学生和在教育教学工作取得优异成绩的学校，资助品学兼优的贫困学生。

【科技】　2022年12月底，罗镜镇有罗定市级及以上的科普教育基地2个：云浮市级科普教育基地十九路军抗日爱国广场、罗定市级科普教育基地镜坡生态园。是年，组织开展农业科学技术培训班12期，推广科学养殖、防疫、水稻栽培、蔬菜栽培和花生高产栽培技术等相关知识，参加培训群众3000人次。

【文化体育】　2022年12月底，罗镜镇有综合文化站1个，文化综合楼2座，文化室25间。是年，文化站开展各类专题讲座12场次，组织电影下乡放映200场次。镇文化站的图书室、电脑室、娱乐室等活动场所常年开放。有线电视覆盖25个村（居）委，覆盖率100%，有线数字电视用户1万户；宽带覆盖25个村（居）委，覆盖率100%。全镇有体育馆1个，体育场5个，全民健身广场2个，田径场5个，足球场5个，篮球场52个，游泳池2个。

【医疗卫生】　2022年，罗镜镇有公立二级综合医院罗定市第二人民医院，村级卫生站23个、诊所1家，医生66名，护士67名，村医44名，救护车1辆，核定床位250张，实际开放床位180张。是年，罗定市第二人民医院全年住院5324人次，门诊330434人次，抢救危重病人120人。全镇城乡居民医疗保险参保71695人，其中特殊人口参保4282人。

【社会保障】　2022年，罗镜镇有低保户1002户2523人，全年发放低保金1029万元；有五保户360户360人，其中集中供养13人，农村散居供养347人，全年发放五保金421万元；有低保边缘人员23户102人。有1628名残疾人领取残疾人“两项补贴”，其中重度残疾人护理补贴1469人，全年发放补贴444万元；低保残疾人生活困难补贴756人，全年发放补贴170万元；有29名孤儿和35名事实无人抚养儿童，全年发放基本生活费90万元。是年，全镇新型农村养老保险参保47393人，其中特殊人群参保2387人。

【乡村振兴】　2022年，罗镜镇有农业企业11家，农民专业合作社56家，农民家庭农场30多家。培育农民专业合作社国家级示范社2家，省级示范社4家，省级家庭农场示范场2家，省级农业龙头企业3家。建成投入生产的农业生产基地有50多个，年产值1.5亿元，带动农户600多户，促进罗镜镇农业产业发展。核雕企业增至35家，核雕产业产值1亿元。　（钟荣浩）

太平镇

【概况】　太平镇位于罗定市南部，北纬22°25′，东经111°30′。东与罗平接壤，南与信宜市交界，西、北与罗镜毗邻。镇政府驻地太平圩，距市区36千米。镇境内有国道359线，省道369线、280线、294线，江罗高速公路过境。全镇总面积94.5平方千米。截至2022年底，全镇户籍总户数19285户，总人口72602人，其中男性39407人，女性33195人；城镇人口16305人，乡村人口56297人。

【资源物产】 太平镇地处镜船盆地中部，太平河、罗镜河贯穿全镇，年平均气温22℃，全年无霜期345天，年均降雨量1500毫米。云丽水库最大储蓄量230万立方米。太平河位于罗定江（南江）上游，发源于信宜市鸡笼山，主河长21千米。矿产资源有陶土、瓷土、石英矿、黑炭土等，其中石英矿储量达1亿立方米，原矿含二氧化硅98%，洗选后达99.5%。盛产小吃油扭、虾堆、白糕。文物古迹与旅游资源有大罗营遗址、潭白故城址、镇安村引太水闸、太西乡第一高级合作社旧址、罗定五七干校旧址、傍城岗碑刻、双角村石人像、太平开元寺、塔石山公园、太平战斗遗址。有耕地2108.13公顷，山地4466.67公顷，圩镇面积6平方千米。

【经济建设】 2022年，太平镇总税收1654.61万元。全年完成固定资产投资14738万元；规模以上工业总产值9981万元，同比增长11%。全镇有个体工商户1264家，企业129家，规模以上企业有荣富电子有限公司、金津食品有限公司。粮食播种面积2207.13公顷，粮食总产量14568吨；水果播种面积2525.47公顷，总产量9045吨；茶叶种植面积210公顷，总产量58吨。生猪存栏量34562头，生猪出栏量22757头；肉用牛存栏量1000头，肉用牛出栏量265头；肉用羊存栏量2986只，肉用羊出栏量3725只；“鸡鸭鹅”存栏量29.87万羽，“鸡鸭鹅”出栏量16.83万羽。淡水养殖鱼类年产量1203吨。是年，引进广东（罗定）天溪冷链物流产地仓项目，总投资6000万元，主要用于储存各类蔬菜、水果、肉禽等。省道369线太平至思贺段、省道294线太平段分别投入公路维修资金30万元、10万元；县道489线公路维修及涵洞修复等投入资金30万元。邮政储蓄总额4.6亿元，邮件业务数12万件，报刊数4.5万份。杨梅田水电站总装机容量125千瓦，年发电量12万千瓦时，并入市电网。

▲2022年7月9日，广东（罗定）天溪冷链物流产地仓一期项目动工仪式在罗定市豆豉鸡产业园举行

（太平镇政府／供图）

【教育文化体育】 2022年，太平镇有中学1所，中心小学1所，小学教学点21所，幼儿园10所，其中，公办幼儿园3所，民办幼儿园7所。1月，太平镇中心小学入选教育部公示的2021年全国青少年校园足球特色学校名单。投入23万元建成18个文明实践所（站）。全镇17个村（居）委及部分自然村均设有农家书屋，各种藏书7.5万册，定期向村民开放。

【医疗卫生】 2022年，太平镇有中心卫生院1所，村级卫生站17间。全年门诊量8.19万人次，住院3165人次，业务总收入2428.65万元，其中中医药业务收入399.25万元，占业务总收入的16.4%。

【社会保障】 2022年，太平镇参加城乡居民基本医疗保险46479人；有低保户2254人，五保对象334人，共发放保障金1357万元；残疾人“两项补贴”发放1731人，发放金额474万元。

【乡村振兴】 2022年，太平镇组织开展专场招聘会及技能培训5场，建立“基本医保＋大病保险＋精准医疗救助＋防返贫险”四位一体健康扶贫工作机制，发放政策性保障兜底低保金609.55万元、脱贫户养老保险金178.97万元。投入资金1511.61万元完善圩镇、村道硬化、亮化、美化以及污水治理等基础设施建设，其中投入180万元在东良村建设日处理量50吨的生活污水处理设施；投入112万元对镇安村水井自然村、东良村刘屋坑自然村、潭白村佳美自然村和励志村散寨自然村实施新建篮球场工程，配套建设相关设备设施。（黄琬雯）

分界镇

【概况】 分界镇位于北纬22°25′，东经111°20′，在罗定市西南部，南与信宜市接壤，东、西、北面分别与罗镜镇、泗纶镇、龙湾镇为邻。省道369线贯穿三和、石牌等6个建制村，镇区距云茂高速罗镜出口9.5千米。分界镇总面积99.3平方千米，圩镇面积1.5平方千米。截至2022年底，

▲2022年，分界镇罗星村大力发展巴戟鸡特色养殖产业。图为罗定市金津农业有限公司肉鸡机械化养殖示范推广基地
（分界镇政府／供图）

全镇户籍总户数8912户，总人口33261人，其中，男性18052人，女性15209人；农业人口27410人，非农人口5851人。

【资源物产】 分界镇大部分属云开大山山地，与信宜市交界处有全市最高的山峰龙须顶，海拔1327米。年平均气温22℃，降雨量2000毫米，无霜期355天，四季均可种作。罗光水库是罗定市饮用水水源之一，常年水质达到一类标准。蕴藏有铁、铅、铜、锌、锰、石英砂等矿产资源。文物遗址与旅游资源有石角村旅游区、龙须顶、冶铁遗址、制蓝工场遗址等。全镇属生态保护区，耕地面积799.73公顷，其中水田面积587.07公顷、旱地面积212.66公顷。主要种植水稻等粮食作物以及辣椒、藠头、李子等经济作物。有山林7560公顷，其中生态公益林3506.67公顷，商品林4053.33公顷。养殖巴戟鸡、三黄鸡，种植乌榄、藠头等本地特色农产品。

【经济建设】 2022年，分界镇实现农林牧渔业总产值29272万元；规模以上工业总产值816万元；限额以上商贸企业销售额1516万元，同比增长26%；固定资产投资4645万元，同比增长85%；税收入库370万元，同比增长36%。有企业53家，其中规模以上企业1家。肉鸡年出栏量72万羽、生猪年出栏量16509头。全镇审批农村宅基地53处，发出农村宅基地批准书53份、停建通知书22份。拆旧复垦面积4.16公顷。引进罗定市大绿蓝农业科技有限公司分界启元商住小区项目，总投资2.2亿元；罗定市金津农业有限公司“肉鸡机械化养殖示范推广基地项目”，总投资3500万元。投入150万元实施“一村一品、一镇一业”橄榄种植项目。是年，邮政储蓄总额1800万元。

【教育】 2022年，分界镇有初级中学1所、完全小学1所、小学教学点9所、中心幼儿园1所、民办幼儿园3所。教职工333人，学生3663人，其中中学教职工78人，中学生892人；小学教职工168人，小学生1996人；幼儿园教职工87人，在园幼儿775人。是年，分界镇教育基金会发放助学奖学奖教金27.17万元。

【文化体育】 2022年，分界镇开展文明实践志愿服务活动30场次，包括理论政策宣讲、文化文艺服务、科学普及、卫生环保等活动。举办水稻种植、农产品质量安全等专业技术知识培训班3期，参训人员100人次。全镇有水泥篮球场16个（不含中小学），其中灯光篮球场3个；休闲广场健身设施10套。

【医疗卫生】 2022年，分界镇有综合卫生院1所，职工76人，专业技术人员69人，副主任医师1人，主治医师3人；村（居）委卫生站9间，乡村医生11名，其中2人已获执业助理医师资格证书。

【社会保障】 2022年，分界镇有低保户223户569人，五保户96户96人，均落实生活保障措施；11名孤儿和7名事实无人抚养儿童，均落实监护保障；残疾人1224名，办理残疾人生活津贴32人、护理补贴28人；敬老院1座，在院老人10名；办理80岁老人津贴62人次。

【乡村振兴】 2022年，分界镇组织开展“六乱”整治、“卫生创建”集中统一行动24次。建成分界镇金垌村委石角村旅游厕所2座；三和村及分界村圩头、黄狼自然村灌溉用水设施3座；“四小园”115个，其中小菜园99个，小果园8个，小花园5个，小公园3个。完成圩街至牛栏坝电站及石牌等6个建制村道路硬化建设6.42千米；省道369线长10千米道路亮化工程，增设路灯256盏；分界、石牌、金河、金垌4个建制村生活污水处理设施；石牌村坑口桥等3座危桥改造；总投资1200万元的水生态治理项目。 （黎　泓）

罗平镇

【概况】 罗平镇位于罗定市中部偏南位置，地处北纬22°31'，东经111°33'，东面与围底镇、船步镇交界，南面与信宜市思贺镇、罗镜镇、太平镇接壤，西面与连州镇相连，北面与生江镇、素龙街道毗邻。国道359线、省道369

线和县道479线穿越境内，距罗定市区20千米。罗平镇总面积135.4平方千米，林地面积5890.11公顷，耕地面积3311.07公顷，其中水旱地2764.8公顷。截至2022年底，全镇户籍总户数23157户，总人口93590人，其中农业人口75237人，非农业人口18353人；男性50896人，女性42694人。

【资源物产】 罗平镇四季气候温和，年平均气温22℃，无霜期345天，降水量1450毫米。水力资源丰富，东有替感河、南沿沙朗河、西泮泷江河，江水川流不息。境内引太、引沙两大水利工程枢纽穿越，有数十个山塘水库。辖区大部分是平原低丘地带，土质肥沃疏松，尤其是替感、沙蒳、泗盆等地，地处江河之畔，土壤均为夹带微沙的松软肥土，宜种植多种经济作物。矿产资源主要以高岭土为主。动、植物资源主要为桉树、松树、相思树、白玉兰、荔枝、龙眼、马尾榕、白鹭、松鼠、野鸡等。盛产水稻，还有玉鳞鸡、八月橘、望天淮山、槟榔芋、泗盆竹笋土特物产。文物古迹旅游资源有长岗坡渡槽、龙头寺、惠民庙、金山迳古道遗址、京山口抗日战壕和陈璘陂遗址。

【经济建设】 2022年，罗平镇地区生产总值9.40亿元：实现农业总产值6.51亿元，工业总产值2.89亿元。其中，规模以上工业企业实现产值4119万元；社会消费品零售总额9832万元；固定资产投资项目7个，累计投资14556万元；地方财税收入1540万元。水稻播种面积3323公顷，稻谷总产量25620.33吨。全年增加水田面积30.93公顷。种植经济作物1878公顷。淡水产品2586吨；畜牧饲养量79.05万只。有果园429.67公顷，蚕桑384.53公顷。是年，泗盆村成功申报蚕桑专业村。罗定市绿家农业发展有限公司成功申报"一村一品"。招商引资项目7个，总投资金额8200万元，其中投资规模达到2000万元以上项目有广东省众创渔业有限公司黑鱼和叉尾鮰鱼养殖项目、罗定市永峰农业有限公司辣椒种植及深加工产业项目。邮政储蓄余额6.5亿元。水电总装机容量1370千瓦，年发电量294万千瓦时。长岗坡红色旅游精品线路接待游客90万人次。

【教育】 2022年，罗平镇有中学2所，中心小学1所，小学教学点27所，幼儿园11所，其中，

▲2022年12月22日，罗定市长岗坡景区入选2022年度"广东摄影目的地"。图为游客在长岗坡景区游玩

（李世友/摄）

公办幼儿园4所，民办幼儿园7所。中学生3110人，小学生603人，在园幼儿2450人。专任教师626人。全年投入教育事业基础设施建设经费447.5万元。

【文化体育】 2022年，罗平镇成立篮球协会。举行长岗坡体育公园揭幕仪式暨罗平镇“振兴杯”篮球邀请赛。举办惠民挥春送春联、送年货等活动。是年7月，中厨食品（深圳）集团有限公司捐赠3000元为古勇小学购置标准化的象棋及桌椅，打造广东省象棋特色学校，邀请象棋大师吕钦现场培训棋艺。9月，罗定市在双莲村举办主题为“庆丰收　迎盛会”的庆祝2022年中国农民丰收节活动。

【医疗卫生】 2022年，罗平镇有一级甲等卫生院1所，占地面积3633平方米，医务人员120人，其中医生43人，护士45人，其他员工32人。全年门诊总量12万人次、住院3014人次，总收入2292万元。全镇有23个村级卫生站，医务人员49人，服务总人口10万人。

【社会保障】 2022年，罗平镇参加城乡居民基本养老保险39364人；参加城乡居民基本医疗保险66366人。低保户1496户3344人，五保户324户324人，孤儿8户8人，事实无人抚养儿童15户15人。敬老院集中供养五保老人12人。全年完成危房改造1户；发放临时救助资金1.87万元及日用物资一批。

【乡村振兴】 2022年，罗平镇投入500万元完善镇区基础设施建设，开展圩镇“六乱”整治。投入1000万元完成大东路、人民路、农贸路、建设路等道路的升级改造及新建成1.5千米环镇北路，圩镇规划停车位600个。投入700万元完成23条16千米的“四好农村路”，完成4条村道拓宽工程15.3千米，改造修建桥梁2座。建成长岗坡特色“农贸一条街”、民国风情“文旅骑楼一条街”。完成圩镇排污管网建设，新建星级农超综合市场1座，新建居家养老服务中心1个，新建成规范化的村级卫生站8个，新建或改建公厕37座，完成“三线”改造5千米，建成泷江碧道5千米，建成“四小园”（小菜园、小果园、小花园、小公园）683个16830平方米。开展农村人居环境整治，清理垃圾、杂草杂物22283处；完成157个自然村人畜分离及禽畜集中圈养。是年，罗平镇获得“广东省卫生镇”“广东省文明镇”等荣誉称号。

（张达鹏）

船步镇

【概况】 船步镇位于北纬22°36′，东经111°36′，在罗定市东南部，东邻萧塘镇，南连信宜市思贺镇、阳春市河镇，西接罗平镇，北毗围底镇。国道234线贯穿镇境。镇政府驻地船步圩，距市区23千米。船步镇总面积160.3平方千米，圩镇总面积4.6平方千米。截至2022年底，全镇户籍总户数22743户，总人口88071人，其中男性47563人，女性40508人；城镇人口24725人，乡村人口63346人。是年，全镇出生人口1079人。

【资源物产】 船步镇地处镜船盆地东段，东南部属云开大山山地，东北部为石灰岩地带。属南亚热带季风气候，具盆地气候特征。年平均气温22℃，年平均降雨量1450毫米，无霜期345天。耕地大部分肥沃松软。船步河水源充沛。主要矿产资源有石灰石、铁矿石和花岗岩等。盛产稻谷、蔬菜、蚕桑、花生、豆类。豆豉、豆腐、三黄鸡是特色农产品。旅游资源有船步八排山自然景点。

【经济建设】 工农业　2022年，船步镇实现工农业总产值15.62亿元，其中工业总产值1.74亿元，农业总产值5.42亿元，社会消费品零售总额8.46亿元，完成税收670.40万元。固定资产投资2.64亿元，同比增长256%。全镇有企业202家，农业合作社42家，个体工商户1592户。粮食播种面积4439.2公顷，粮食总产量35020吨，其中稻谷播种面积2700.67公顷，总产量17920吨；蔬菜种植面积448公顷，年产量7670吨；韭菜基地种植面积40公顷，年产值49.5万元；船步豆豉加工年产量1500吨；种植南药牛大力、三

▲ 2022 年船步镇船北村规模化种植匙羹藤，成为国内较大规模匙羹藤育苗和种植示范基地，图为匙羹藤种植基地（船步镇政府／供图）

丫苦、匙羹藤等，其中匙羹藤种植基地育苗 30 万株，种植面积 10 公顷。是年，全镇养殖牛年末存栏头量 1001 头；山羊年末存栏量 1320 只；生猪年末存栏量 30019 头；活家禽年末存栏量 20.52 万羽。

项目建设 2022 年，船步镇完成云罗村垦造水田项目 10.07 公顷，新增水田面积 9.33 公顷，项目总投资 879.38 万元；仓地村垦造水田项目 36.01 公顷，新增水田面积 33.42 公顷，项目总投资 3560.25 万元。是年，引进投资金额 4 亿元的罗定市欣龙船步镇 80 兆瓦平价农业光伏发电项目和投资金额 1.5 亿元的船步生态养殖小区项目。引进广东兴盈农业科技发展有限公司、荣耀电子有限公司等企业，总投资金额 5000 万元。船北村匙羹藤基地项目已建成年产种苗 200 万株的育苗场和 23.33 公顷的匙羹藤产业化种植基地。船北村光伏板底下食用菌种植基地项目，种植 6.67 公顷平菇。完成农贸市场升级改造项目。

【教育】 2022 年，船步镇有中学 1 所，中心小学 1 所，分教点 24 所，幼儿园 8 所（公立幼儿园 3 所）；有教职工 694 人，在校学生 12213 人，其中中学生 3239 人，小学生 6238 人，在园幼儿 2736 人。是年，船步镇教育基金会发放奖教奖学助学资金 19.6 万元。

【医疗卫生】 2022 年，船步镇卫生院有干部职工 142 人。全年应用中草药 260.9 万元，中成药 134.19 万元；开展中医适宜技术 15 项。是年，住院分娩 148 人。对在校儿童进行免费体检及新建儿童保健档案，入册 540 人，建卡率 100%；开展学校新生入学查验制度，对新生进行一类、二类疫苗查漏补种工作，新生入学查验 4634 人，查验接种率 100%；做好传染病防控各项措施，全年报传染病 54 例，传染病报告率 100%，网络直报及时率 100%。

【社会保障】 2022 年，船步镇有低保 868 户 2207 人，发放低保金 712 万元；五保户 285 户 285 人，发放五保金 344 万元；临时救助 31 人，发放救助资金 3.16 万元；新增低收入人群 31 户，惠及 115 人；向 18 名事实无人抚养儿童发放救助金 24 万元。全年办理住院报销 1500 件，新生儿购买合医 700 份。新农保购买 15000 人。

新办残疾人证105本，办理残疾人“两项补贴”338份，残疾人“两项补贴”发放485万元，其中生活补贴发放126万元，护理补贴发放359万元。向有辅具需求的残疾人家庭发放6份辅助器具，为32户贫困重残家庭进行无障碍改造。

【乡村振兴】 2022年，船步镇新增垃圾收集点100个，“六乱”整治877处。14个扶贫资产收益项目投入2233.57万元，涵盖光伏、南药、种养项目。是年，佛山市禅城区住房城乡建设和水利局倡议爱心企业捐赠19万元，其中6万元用于河堤路拓宽工程龙岗段80米挡土墙建设，10万元用于支持龙岗村村道硬底化工程和康体小广场项目，其余3万元用于慰问防返贫监测户和云罗小学修缮。发动捐款25.48万元，其中通过“6·30”慈善金定向捐赠21.98万元：3万元用于廻龙村灌溉渠维修，3万元用于机场新村亮化工程，3.03万元用于支持龙岗村“数字通信”合作社项目，15.5万元用于龙岗村修建党建广场、提升村委周边宣传环境和购置广场健身设备，其余用于支持其他公益性项目。 （蓝 淳）

苹塘镇

【概况】 苹塘镇位于罗定市东南部，东西北三面毗邻罗定市金鸡镇、船步镇、围底镇，南面与阳春市接壤。镇辖区有肇阳高速出入口距圩镇1千米，从苹塘到罗定市区车程20分钟。苹塘镇境内多山，山石形态各异，独具特色，被誉为“罗定一景”。属喀斯特地貌，易受旱，宜植旱地作物。境内无河流，有两条涧溪，东南一条源于平石村，北面一条源于东村新围，交汇于南村荔枝园水口社。旅游资源有天子茶场、罗阳万寿山公园、石菴天子岩洞等自然风光景点。国道234线和县道476线贯穿全境。全镇总面积83.2平方千米，圩镇面积6平方千米。年平均气温22℃，全年无霜期345天，平均降雨量1250毫米。截至2022年底，苹塘镇户籍总户数12583户，总人口50381人，其中城镇人口10245人，乡村人口40136人；男性27360人，女性23021人。

【经济建设】 工业 2022年，苹塘镇实现农业总产值40835万元；工业总产值76370万元；规模以上工业总产值68363.9万元；规模以上工业增加值21886万元；限额以上商贸企业销售额522.1万元；固定资产投资9865万元；工业投资7878万元。有市场主体1052家。华润电力综合能源（广州）有限公司18兆瓦分布式光伏发电项目总投资7200万元，一期竣工并网发电。罗定市欧领格实业有限公司增资扩产项目总投资8000万元。引进甘江食品（天谷）产业转移园项目、顺力达科技有限公司电器配套产业项目、罗定市通达成金属制品项目、罗定比翼机械版辊有限公司机械制造和版辊加工项目等，签约项目总投资3.95亿元。拆旧复垦项目3个14.69公顷，镇、村增收8320万元。

农业 2022年，苹塘镇耕地

▲2022年4月12日，云浮市委副书记、市长李庆新（右一）一行深入罗定市天谷农业科技有限公司调研指导镇域经济发展工作

（苹塘镇政府／供图）

面积1857公顷，其中水田1563.13公顷、旱地293.87公顷。撂荒耕地复耕36.59公顷。粮食播种面积1761.53公顷，粮食总产量10372吨。全年水稻保险购保户数8610户，购保面积1266.67公顷，投保率92%；办理水稻险理赔19宗，理赔面积54.53公顷，金额37.36万元。年内发放耕地地力保护补贴资金164.84万元，补贴面积1296.8公顷；种粮补贴133.38万元，补贴面积1196.62公顷。生猪存栏量36955头，出栏量29537头；"鸡鸭鹅"存栏量148.7万羽，出栏量51.6万羽；养鱼面积60.33公顷，水产品总产量794吨。全镇有绿泉茶叶专业合作社、东联腐竹专业合作社、银兴农资专业合作社等农民专业合作社26个，打造规模种植基地40个。有罗定市"一村一品、一镇一业"项目2个：云泉种养专业合作社（果蔬）、天谷科技有限公司（大豆）。是年，邮政储蓄总额4.6亿元。天谷科技有限公司接待游客10万人次，旅游销售收入1000万元。

【教育】 2022年，茜塘镇有公办初级中学1所、中心小学1所、小学教学点14所、中心幼儿园1所、民办幼儿园4所、成人文化技术学校1所。是年，投入资金10万元修缮北羌教学点宿舍；佛山帮扶单位及外出乡贤捐赠黄金教学点电教设备一批；新建中心小学幼教综合楼、学生宿舍楼。茜塘教育基金会发放助学奖学奖教金27.29万元，受助受奖师生126人。

【文化体育】 2022年，茜塘镇有新时代文明实践所（站）14个；有综合文化楼1幢，文化室30个；农村文体广场19个；篮球场58个；乒乓球台52张；健身器材25套。开展学习贯彻《习近平谈治国理政》第四卷专题宣讲会14场、中共二十大精神系列宣讲会18场，其中《"村里人讲村里事"——广东云浮罗阳村首场二十大精神宣讲有点"燃"！》在《人民日报》、新华网、"学习强国"学习平台、"文明广东"等央媒省媒广泛传播，累计阅读量超350万人次。

【医疗卫生】 2022年，茜塘镇卫生院有工作人员93人，其中副主任医师3人、主治医师6人、主管护师4人、主管药师1人、主诊医师24人。全年门诊10.78万人次，住院3589人次，业务总收入2190万元。12个村级卫生站全部投入使用。是年，茜塘镇被广东省爱国卫生运动委员会授予"广东省卫生镇"称号。

【社会保障】 2022年，茜塘镇有低保户421户，发放低保金444.9万元；五保户196户，发放五保金229.6万元。协助解决户口问题、办理残疾证、申请特困供养、农村低保等118人次。探访民政服务对象和边缘困难群体313人次。为优抚对象和困难退役军人发放抚恤物资2.4万元。

【乡村振兴】 2022年，茜塘镇整治"六乱"现象1050宗，清理卫生死角1010处。对集贸市场、垃圾收集点、学校周边等重点场所开展病媒生物防制工作，累计消杀面积130万平方米。投入乡村振兴资金2655万元，实施民生项目60多个，竣工验收4个。投资船步温氏、苹塘德康生态养殖小区项目。建成干净整洁自然村9个，美丽宜居自然村112个，特色精品自然村5个。新增农民专业合作社3家、家庭农场6家。

（周水芹）

苹塘镇

【概况】 苹塘镇位于罗定市东部，北纬22°46′，东经111°44′，东面与金鸡镇相邻，南面与围底镇相邻，西面与华石镇相邻，北面与云安区的镇安、白石镇和郁南县的河口镇交界。镇距罗定市城区25千米，国道324线贯通全境，铁路货运站场位于圩镇内，云岑高速、江罗高速越境而过，邻近围底、金鸡两个高速出入口。苹塘镇年平均气温22.1℃，年均降水量1250毫米，无霜期345天，阳光充足，四季均可耕作。有水库11座，拥有丰富优质的石灰石资源，1992年经国家地质勘探局测定，储量100亿立方米，含钙量52%以上，易于开采。属喀斯特地貌，石灰岩地区，是全市唯一兼有丘陵、盆地和喀斯特地貌的历史文化名镇。有海惠生态示范园、聚龙洞风景区、龙龛岩道场、三合土板筑房等旅游资源。全镇总面积87.9平方千米，圩镇面积1.3平方千米。截至2022年底，全镇户籍总户数11755户，总人口44913人。其中，农业人口40944人，非农业人口3969人；男性24055人，女性20858人。民族以汉族为主。

【经济建设】 工业 2022年，苹塘镇工业总产值94494万元，其中规模以上工业总产值84945万元，规模以下工业总产值9549万元。固定资产投资总额2.55亿元。规模以上企业5家，有中材罗定水泥有限公司、罗定市华粤隆石材有限责任公司、罗定市宏泰建材有限公司、广东天堡沥青混凝土有限公司和罗定市酯润合成材料有限公司。

农业 2022年，苹塘镇耕地面积1975.4公顷，粮食播种面积1733.6公顷，其中全年稻谷播种面积1372公顷，全年总产量8428吨；玉米播种面积250公顷，总产量874吨；薯类播种面积41.8公顷，总产量557吨。桐油村南药种子种苗繁育基地繁育中药材种苗6.67公顷，有岗梅、两面针、三丫苦、五指毛桃等21种中药材。食用牛存栏量1370头；山羊年末存栏量2927只；生猪存栏量43869头；家禽存栏量15.41万羽。

项目建设 2022年，苹塘镇桐油村垦造水田项目建设规模19.28公顷，新增水田面积18.14公顷，项目概算总投资1891.14万元；大虾村垦造水田项目建设规模21.31公顷，新增水田面积19.82公顷，项目概算总投资2210万元；道村村垦造水田项目建设规模7.23公顷，新增水田面积6.82公顷，项目概算总投资856.93万元。是年，引进2亿元级投资项目——德康集团罗定市苹塘镇道村弘道一体化猪场和海大罗定益豚（澳塘）生猪现代化养殖项目，建成投产。市“政银企村共建”项目——苹塘生态养殖小区于12月动工建设；总投资200多万元的顺德酒厂红荔红米酒原粮产区项目，租赁3000平方米厂房用于生产酒饼；光嘉海中环保科技有限公司工业固废绿色资源化综合利用项目落地中材水泥园区。推进粤澳华融科技有限公司光伏复合项目第二期建设；开展深南高铁、广佛肇云高速等重大交通项目及省天然气管网“县县通工程”在苹塘段的征地及相关勘探工作；云浮市市级精神卫生体系升级改造项目（新院建设）开展群众安置和项目围闭等保障工作。

【教育】 2022年，苹塘镇有中

▲苹塘镇道村村弘道一体化猪场厂区（2022年） （苹塘镇政府／供图）

学1所，中心小学1所，分教点18所，幼儿园6所（公立幼儿园4所），教职工436人，在校学生5612人。其中，中学生1381人，小学生2907人，幼儿1324人。苹塘镇光教育基金会对苹塘中学等2个先进单位和李达强等26名先进教育工作者、59名学生进行奖教奖学助学，发放资金25.08万元。

【文化体育】 2022年，苹塘镇有新时代文明实践所1所，新时代文明实践站12个，全年组织开展文化惠民送戏下乡活动3场。良官村委新涌自然村文化室升级改造为罗定市文旅融合发展试点之一。

【医疗卫生】 2022年，苹塘镇有卫生院1所，职工86人，其中注册全科医生10名；村级卫生站11间，乡村医生37名。是年，城乡居民医疗保险参保32794人。道村村和澳塘村分别获得“云浮市卫生村”称号。

【社会保障】 2022年，苹塘镇有低保户419户981人，五保对象172人，孤儿6人，均落实最低生活保障措施，按时足额发放社会最低生活保障金。全镇领取城乡养老待遇人数6247人。有居家养老服务站1个，位于周沙村，配有综合文娱室、健康理疗区、医务保健室、厨房、日间照料休息区等功能室，敬老院有集中供养五保老人7人，管理人员2人。城乡居民养老保险参保续保8442人。

【乡村振兴】 2022年，苹塘镇新增垃圾收集点64个，“六乱”整治776处。投入1640万元升级改造镇农贸市场，完善道村寨、竹高岭、新围坪、苹塘中学以及市场周边路网建设、水库入库道路和除险加固工程等基础设施及配套建设。代表云浮市参加2021年度广东省推进乡村振兴实绩考核第三方评估实地考评工作，综合评价获“优秀”等次。参加云浮市美丽镇村建设第一轮专项竞赛获得“优秀”等次。是年，重点关注28户监测户动态，帮助28户中的4户申请纳入低保；云浮市公益性岗位安置9名监测对象。发放价值31.26万元的7775只鸡苗，涵盖208户。投入1019.82万元，17个扶贫资产收益项目，涵盖光伏、南药、种养项目。佛山市烟草专卖局（公司）援建大虾村综合服务中心、助学、路灯建设、公共厕所等项目，投入资金100万元；佛山市工贸集团有限公司援建良官村路桥建设，投入资金8.8万元；佛山市顺德港华燃气有限公司向良官村小学捐赠助学物资6万元；佛山市公盈公司同苹塘镇良官村签约“村企结对”，帮助良官村发展集体经济；佛山市中医院与苹塘镇卫生院对口结对帮扶，投入“6·30”帮扶资金27万元。大虾村成立村集体合作社，注册大米商标“三丫汶”。佛山市第十四中学与苹塘镇中学进行结对帮扶，开展教师跟班学习交流。佛山驻镇帮镇扶村工作消费帮扶结对支持苹塘农业产业发展，佛山市悦家商业有限公司签订采购协议，金额100万元。（曾燕玲）

金鸡镇

【概况】 金鸡镇位于罗定市东部，北纬22° 4′，东经111° 50′。东接云安区，南靠阳春市，西南连莳塘镇，西北与苹塘镇为邻。国道324线公路、云浮市大环市路、罗定地方铁路分别纵横贯穿其境，交通便利。全镇总面积87.5平方千米，圩镇总面积4.85平方千米。全镇地处云雾山余脉石灰岩地区，属喀斯特地貌，南亚热带季风气候区，年平均气温22℃，无霜期345天，降雨量1250毫米，旱地多，适宜种植花生、黄豆、指天椒等旱地作物和水果。有小（1）型水库1座、小（2）型水库13座，储水量559.6万立方米；有山塘87处。有三座佛、观音山、夫粉岩、罗贯等矿区。有西岸石拱桥、大垌八角楼、大垌广居楼、金鸡岭石拱桥等文物古迹，有“金果甜美”风貌带、大岗清水塘示范村等旅游景点。有火龙果、辣椒、黄豆、茄瓜、三华李等土特产。截至2022年末，金鸡镇户籍总户数9586户，总人口37696人，其中男性19982人，女性17714人。

【经济建设】 2022年，金鸡镇实现工农业生产总值6.19亿元；税收入库2369万元，固定资产投资4029万元。工业总产值2.92亿元，规模以上工业企业8家，其中规模以上工业总产值1.45亿元。有个体工商户910家，企业

▲2022年，腐竹产业是罗定市金鸡镇“一村一品”特色产业，深受广大消费者青睐。图为金鸡镇腐竹生产制作现场 （金鸡镇政府／供图）

166家。其中腐竹生产作坊30家，年产值730多万元；有采石场和碳酸钙深加工企业60多家。农业总产值3.27亿元，其中种植业产值1.23亿元，有26个农民专业合作社。粮食种植面积1257.73公顷，粮食总产量8390吨。生猪年末存栏量9500头，生猪年出栏量14228头；“鸡鸭鹅”年末存栏量21.48万羽；养鱼放养面积50.93公顷，总产量926吨。新增建设高标准农田5.67公顷，撂荒耕地复耕复种20.67公顷。在建火龙果和辣椒产业基地，种植面积均超千亩。引进2个投资超3000万元的万用石料厂、水泥窑技改污泥资源化生产陶粒轻质墙板项目，盘活原金鸡皮革厂地块。

【教育】 2022年，金鸡镇有初级中学1所，完全小学1所，教学点8个，公办幼儿园4所，民办幼儿园2所。

【文化体育】 2022年，金鸡镇各村委在新时代文明实践站举办“燃起来”——学习贯彻中共二十大精神“村里人讲村里事”系列宣讲活动。在政府大院举办夏季运动会，包括篮球赛、拔河、跳绳等项目。在石龙冲花村建成占地1公顷的党建小公园；在庙岗福禄墩、大垌水岩村、洪塘双住村、洪塘顺面村、大岗村新建篮球场。

【医疗卫生】 2022年，金鸡镇卫生院有职工75人，其中注册全科医生5名，中医类别医师9名。全镇有村卫生站9个。

【社会保障】 2022年，金鸡镇参加新型农村社会养老保险7751人，参加城乡居民基本医疗保险27274人（含特殊人群）。有低保户235户562人，每月发放低保金22.13万元；五保户99人，每月发放五保金9.96万元。有敬老院1家，入住老人9名。

【乡村振兴】 2022年，金鸡镇桥华通信有限公司投资300万元，金鸡镇政府投资（或入股）分享收益归村集体。全年排查清理垃圾黑点12个。对金冲段省道274线（原县道476线）冲花路口进行改造，增加辅道并铺设沥青。建设金鸡镇第二自来水厂，开展水质提升及村村通扩网项目，建设环镇北路项目，安装太阳能路灯全面亮化金冲线，增设基站和新建及拓宽道路。打造集培训、美食、农产品销售于一体美食文化街，完成圩镇主要街道沥青铺设，建成镇雕、亲水公园、碧道、连心湖、观景台、充电桩等，完成奔康路酒厂路口至金鸡围道路拓宽及水渠建设工程。完成危房改造任务3户。全镇有削坡建房9户，完成整治7户。登记报建申请宅基地建房193户，其中全部条件符合申请74户。完成大岗、西岸等村委3.53公顷环镇北路用地征收工作。（张秋美）

围底镇

【概况】 围底镇位于罗定市中部偏东，北纬22°43′，东经111°40′，东邻金鸡镇，南接苹塘镇、罗平镇，西连素龙街道，北接苹塘、华石镇。国道324线贯穿镇境，罗阳（罗定至阳江）高速、云茂高速从围底起通往茂名信宜市，罗阳（罗定至阳江）高速围底高速出入口与云岑（云浮至罗定）高速、江罗（江门至罗定）高速的交会点距离4千米。围底镇地处罗定市红盆中部，中部平坦，四周属黄土低丘地带，年平均气温23℃，全年无霜期345天，年均降水量1400毫米。围底河自南向北流经镇境内，可供灌溉和发电。旅游资源有寻贤黄花风铃木花木场、刺史祠等。全镇总面积109.3平方千米。截至2022年末，全镇户籍总户数12056户，户籍总人口47717人，常住人口24396人。全镇出生人数604人，其中男性303人、女性301人。

【经济建设】 工农业 2022年，围底镇工农业总产值11.2亿元，其中工业总产值6.75亿元、农业总产值4.45亿元，同比增长10.1%；实现规模以上工业总产值5.43亿元，完成固定资产投资1.43亿元，完成税收收入1697万元，农村常住人口平均收入19860元。截至2022年底，全镇有企业52家，规模以上的工业企业5家。农作物总播种面积2542.4公顷。蔬菜播种面积349.2公顷，总产量4991吨；谷物播种面积1598.47公顷，谷物生产总产量11019吨，其中稻谷播种面积1532.67公顷，总产量10798吨；豆类播种面积18.27公顷，总产量44吨；薯类播种面积45.27公顷，总产量529吨。全镇园林水果种植4138公顷，总产量2635吨。大牲畜年末存栏242头，出售和自宰的

▲2022年，围底镇凤山村中药材三丫苦种植基地 （围底镇政府／供图）

肉用牛112头；活家禽年末存栏77.2万羽，出售和自宰的活家禽305.70万羽。淡水养殖鱼类3193吨，其中，草鱼养殖1331吨，鲢鱼养殖465吨，鳙鱼养殖916吨，鲤鱼养殖14吨，鲫鱼养殖18吨，罗非鱼养殖124吨，其他鱼类养殖325吨。培育和种植林木203.86公顷，林产品总产量1909吨，全社会木材竹材采运38128立方米。民安中药材围底种植基地种植三丫苦800公顷。文岗蔬菜基地面积133.33公顷，年产值750万元；泗和白沙葛基地面积15.33公顷，年产值270万元。

项目建设　2022年，围底镇规划总投资15亿元的中水国曼新型储能项目已开展征地工作；规划总投资10亿元德康食品项目确定选址；规划总投资10亿元的罗定动植物生态园内，建设完善餐饮、道路、停车场等配套设施；2022年度寻贤村垦造水田项目全部完成建设。广东罗定动植物生态园项目规划用地面积200公顷，投入4200万元，引进龟鳖、食蟹猴、鸵鸟、蓝孔雀、山鸡等动物。

【村镇建设】　2022年，围底镇投资189.73万元扩建杨村至泗和村村道；投入160万元新建莲塘、文岗、城围三条村村道。农贸街、农民街、河堤路东段进行升级改造和风貌提升；完成二胡河一河两岸3.4千米河堤建设，铺设沥青路3.4千米、种植异木棉180棵、紫荆花220棵、毛杜鹃2万株；圩镇正街商铺的开业率100%；镇综合文化站升级改造完成并通过省二级站验收；规划占地26.67公顷的围底镇体育公园一期填土工程完成建设。是年，围底镇在云浮市美丽镇村第一轮专项竞赛中获良好奖。

【教育】　2022年，围底镇有中学1所、中心小学1所、面上小学16所、幼儿园5所。在校学生4599人，其中普通中学生1507人，小学生3092人；教职工368人，其中大专学历以上209人，本科学历以上159人。全镇小学适龄儿童入学率100%。是年，围底镇教育协会筹集280万元教育资金开展奖教奖学工作。

【文化体育】　2022年，围底镇有镇级占地4000平方米文化活动广场1个，设有标准篮球场、羽毛球场、网球场等健身场地。村级文体广场7个。全镇16个村均建立“农家书屋”。曲艺社1个（围星曲艺社）。开展各种文娱活动8场次。镇机关篮球队与镇外单位开展篮球比赛18场次，镇内业余篮球赛100场次，参加各类文娱体育活动5000人次。

【医疗卫生】　2022年，围底镇有医疗卫生机构16个，其中，中心卫生院1所，村级卫生站15所；医务工作人员109人，其中乡村医生20人（在职在岗）。全镇参加新型农村合作医疗保险33818人。参加无偿献血的干部群众42人次，总献血量12600毫升。

【社会保障】　2022年，围底镇有低保户589户1557人，发放低保金602.06万元；五保户185户185人，散居供养185人，发放五保金235.25万元；低保边缘人员5户32人。1302个残疾人领取残疾人“两项补贴”，其中重度残疾人护理补贴843人，发放补贴261.96万元；低保残疾人生活困难补贴459人，发放补贴107.13万元。孤儿22名和事实无人抚养儿童9名，发放基本生活费48.84万元。是年，全镇新型农村养老保险参保20707人，其中特殊人群参保1948人。

【乡村振兴】　2022年，围底镇文岗蔬菜基地、泗和白沙葛基地扩大扩种蔬菜、白沙葛等特色农产品；寻龙塘水产品项目投入1200万元，完成生产加工销售产业链，全年营业收入1200万元；规划建设1000公顷中药材种植基地，种植三丫苦800公顷。投入帮扶资金110万元，为430户防返贫监测户发放鸡苗18265羽，饲料740包。

（黎　泓）

华石镇

【概况】　华石镇位于罗定市东北部，北纬22°47′，东经111°40′。东北部与云安区、郁南县交界，东接苹塘镇，南与素龙街道、围底镇交界，西邻罗城街道，北与双东街道毗邻。地处罗定红盆北部低丘陵区，年平均气温22.9℃，全年无霜期345天，年均降水量1489.6毫米。镇辖区内省道279线贯穿全镇，云岑、江罗、阳罗、怀罗等四条高速公路交会，是广东“大西关”的重要交通枢纽。其中，江罗高速在镇内设有出入口及服务区。全镇公路总长150千米。2022年，华石镇总面积62.6平方千米，圩镇面积1.8平方千米。截至2022年底，全镇户籍总户数9726户，总人口37289人。其中，男性20030人，女性17259人；农业人口33769人，非农业人口3520人。

【资源物产】 华石镇水资源比较匮乏，总体分布不均匀。全镇有6座生态涵养水库，分别为五路塘水库、双塘水库、同庆庙水库、大垌塘水库、合水塘水库、山猪塘水库，主要功能均为农业灌溉，灌溉面积1433.07公顷，受益人口25000人。有页岩、红泥等矿产资源。培育“唐果果园”“翠鹭鸭”“华石黑糯玉米”等特色农产品品牌。

【经济建设】 工业 2022年，华石镇实现规模以上工业生产总值17503.7万元，完成固定资产投资6035万元，同比增长32%；财税收入648.4万元；农林渔牧总产值45586万元。截至2022年底，全镇有个体工商户694户，企业76家，规模以上建材企业5家，主要发展建材业，主要生产销售墙体砖、陶瓷、混凝土、预拌砂浆，全年产值17503.7万元，总注册资本5580万元。规模较大企业有罗定市鸿正陶瓷有限公司和罗定市龙信混凝土有限公司。

农业 2022年，华石镇成立农民专业合作社30个。稻谷播种面积1433.07公顷，总产量9052吨。玉米种植面积159.8公顷，总产量627吨。大豆种植面积37.2公顷，总产量99吨。薯类种植面积68.27公顷，总产量849吨，其中番薯种植面积62.53公顷，产量787吨。花生种植面积422.47公顷，总产量1242吨。鱼塘养殖面积340公顷，年产鲜鱼总产量3835吨。猪场52家，年出栏9.52万头；鸡场49家，年出栏192万羽；鸭场14家，年出栏23.24万羽。

项目建设 2022年，华石镇引入德康集团总投资约1亿元的100万头生猪全产业链种养循环配套机肥建设项目（沃野肥料厂），引入德康集团总投资2亿元年产72万吨的饲料厂、丝苗米种植基地等2个配套项目。完

▲2022年12月9日，华石镇荔枝埇村举行垦造水田项目动工仪式 （华石镇政府／供图）

成荔枝埔村15.2公顷水田垦造项目；云浮机场选址前期气象观测站建设项目动工建设。开展深南高铁华石段前期工作。统筹资金扶持打造大未村水稻蔬菜产业基地、莫村村蔬菜产业示范基地等村级经济发展项目。

【镇村建设】 2022年，华石镇推进雅言村综合性文体广场、寨脚村大水塘道路硬底化、双豆村田间水利设施3个民生实事项目建设。镇内5个建制村3.9千米道路进行硬底化，推进雅言村委丰香脚渡改桥工程，完成县道816线华石段升级改造并投入使用。升级改造农贸街、大水塘体育公园、居家养老服务中心、高速出入口景观。是年，华石镇成功创建云浮市卫生镇。

【科技】 2022年，华石镇配备农产品质量安全监测室1个，农产品质量安全速测设备2台，共召集各村开展有关种植技术、病虫害防控、农业统计、红火蚁防治、农产品质量安全等专业技术知识农业技能培训班12期，参训人员300多人次。

【教育】 2022年，华石镇有全日制初级中学1所，完全小学1所，教学点11个，幼儿园4所。有在校中学生1050人，在校小学生2275人，学前在园幼儿560人。全镇小学生操行评定优良率90%以上，中学生德育考核优良率93.6%。

【文化体育】 2022年，华石镇有综合文化站、综合文化站分站各1个，规范化、标准化建成1个新时代文明实践所、10个新时代文明实践站。农家书屋11家，上架书籍22000多册，定时向村民开放。开展“乡村振兴有我”植树、“感恩医路有你”医师节惊喜快闪等特色志愿服务活动68场次，累计志愿服务时长5826小时，人均志愿服务时长6.32小时。

【医疗卫生】 2022年，华石镇有镇级综合卫生院1所，村级卫生站10间，医生33人，护士32人，村医14名，救护车1辆。卫生院下设2个常规门诊、住院部、妇科、接种门诊、公卫科、辅助科等。卫生院全年住院2026人次，门诊70075人次。

【社会保障】 2022年，华石镇有低保户573户、1547人，发放低保金800.95万元；五保户145户、145人，其中集中供养3人，农村散居供养142人，发放五保金165万元；低保边缘人员39户、155人。1083个残疾人领取残疾人“两项补贴”，其中重度残疾人护理补贴655人，发放补贴198万元；低保残疾人生活困难补贴428人，发放补贴约96万元。12名孤儿和16名事实无人抚养儿童，发放基本生活费44万元。全镇新型农村养老保险参保9748人，其中特殊人群参保1177人。

【乡村振兴】 2022年，华石镇收到“6·30”扶贫济困活动捐赠资金14.72万元。脱贫户和监测对象家庭义务教育阶段适龄儿童入学人数246人，入学率100%；落实监测对象全员购买农村合作医疗报销7749.95元，落实医疗救助283.61元，报销比例80%以上；建档立卡评估对象787户均实现安全住房，农村危房改造3户，安全住房落实率100%。建设德马农业蔬菜综合种植基地、唐果果园、辣椒种植基地、水果木瓜种植基地等一批集康养文化、观光旅游、采摘农家乐于一体的综合示范基地。绿家公司返聘农户带动50多户农户就业增收。妇女创业小额贴息贷款共为7家妇女经营的种植大户、家庭农场申请妇女创业小额贷款57万元，扶持种植业、养殖业以及个体经营发展。培育高素质农民3人次，2名农民申报乡村工匠，组织参加“粤菜师傅”培训76人次，参加“广东技工”培训800人次，参加“南粤家政”培训300人次。

（吴倚莹）

榃滨镇

【概况】 榃滨镇位于罗定市西北部，地处北纬22°49′，东经111°23′，距罗定市区21千米，东接附城街道，南邻黎少镇、泗纶镇，北连附城街道新乐办事处，西与广西岑溪市筋竹镇交界，为两广交界之处。全境为云开大山山地，低山丘陵连绵。镇政府驻地榃滨社区，圩镇总面积2平方千米。国道324线、云岑高速公路以及规划建设中的罗岑铁路自东向西贯穿全境，是粤西地区进入广西的主要通道之一。有乡道18条，通村（居）委道路已全部实现水泥硬底化。替滨镇属亚热带季风气候，全年气候温和宜人，平均气温21.4℃，全年无霜期345天，平均降雨量1500毫米，一年四季皆可耕作。主要河流有替滨河，自西向东贯穿全境，河长46千米，经附城街道河仔口汇入罗定江（又称南江、泷江）。有丰富的瓷土和花岗岩资源，瓷土三氧化二铝含量35%。旅游资源主要有肉桂主题公园等。土特物产有肉桂、松脂、八角、萝竹、澳洲坚果等。全镇镇总面积153.9平方千米。截至2022年末，全镇户籍总人口52630人。其中，男性人口28456人，女性人口24174人；农村人口40715人，城镇人口11915人；劳动力人口32306人。

【经济建设】 **工业** 2022年，替滨镇工业实现产值3.794亿元，规模以上工业企业6个，规模以下工业企业14个，其中规模以上工业企业实现产值2.768亿元，创利税0.024亿元；固定资产投资0.352亿元；实现社会消费品零售总额0.45亿元。

农业 2022年，替滨镇耕地面积1006.87公顷，其中水稻种植面积466.67公顷。全镇粮食总产量8000吨，其中水稻总产量7000吨；木薯产量800吨；其他农产品200吨。山林地面积12200公顷，其中肉桂种植面积9500公顷，间种松杉混交林面积1333.33公顷，八角、罗竹1066.67公顷，水果面积133.33公顷；年产桂皮13000吨，桂油1500吨，松脂50吨，水果50吨。引进中国中药控股与众润康合作社开展肉桂规模种植、检测、销售，推广“四位一体”的合作模式；罗定市三罗农业发展有限公司投资400多万元，发展林下经济、养殖肉桂飞鸡；罗定建基矿业有限公司3家公司进行资源开发，计划总投资1.2亿元。

【教育】 2022年，替滨镇有中学1所，完全小学1所，教学点13所，幼儿园4所，全镇专任教师236人，其中中学专任教师104人，小学专任教师108人，幼儿园专任教师24人；在校学生4840人，其中中学生1428人，小学生2599人，在园幼儿813人。全镇

▲ 2022年，替滨镇肉桂综合示范基地一角　　（替滨镇政府／供图）

小学适龄儿童入学率100%，“三残”儿童入学率100%。初中阶段毛入学率100%，“普九”各项指标均达到要求。

【医疗卫生】 2022年，榃滨镇卫生院是一所集医疗和预防保健于一体的一级甲等综合性医疗卫生机构，医务人员109人，专业技术人员96人。全院实现业务收入1379.26万元；门诊88546人次，住院1833人次。村（居）委卫生站13所，乡医人员28人。新型城乡居民基本医疗保险参保35966人，参保率94.4%，其中财政资助困难人员购买医疗保险2425人。

【社会保障】 2022年，榃滨镇有低保户571户1258人，发放低保金600万元。五保供养247户250人，发放五保金246万元。对12户危房户房屋进行改造资金帮扶，投入县级补助资金37.64万元，投入中央补助资金25.91万元。全年整治削坡建房风险点107户，投入资金138.2万元。敬老院供养老人7人，工作人员2人。新型城乡居民社会养老保险9536人续保缴费，参保率99.9%。

【乡村振兴】 2022年，榃滨镇举办新型农民培训班6期，参训人员380人次。脱贫户家庭人均可支配收入同比增长5%，脱贫户的“两不愁三保障”及饮水安全全部实现。是年，全镇脱贫户务工人数689人（其中公益性岗位4人），小额贷款89户、409.9万元。经营性扶贫资产收益112万元。投资300万元建设4个农村集中供水工程，改善圩镇及农村安全饮水问题。硬底化道路7条4.7千米，农村主干道硬底化率100%。采用PPP模式（政府和社会资本合作）建设镇区生活污水处理厂1个，新建思理村污水处理设施1套。 （李经华）

生江镇

【概况】 生江镇地处罗定市中部，东邻素龙街道，南接罗平镇，西邻连州镇，北与黎少镇交界。镇政府驻生江圩，距罗定市区8千米。省道352线从镇域北部跨过，省道294线南北贯穿，北部片区交通较为便捷，建制村之间、自然村之间道路全部实现水泥硬底化，全镇累计硬底化村道140多千米，主要村道已全部实现硬底化。镇内有引泗水利大桥和生江二桥2条交通大桥。生江镇总面积62.4平方千米，圩镇面积3.8平方千米。生江镇地处丘陵山区，年平均气温22℃，全年无霜期345天，年平均降水量1460毫米。金银河水库水面面积2.5平方千米，集雨面积721平方千米。罗定江贯穿生江镇7个建制村，泗纶河和连州河绵延至生江镇；利用水能资源建有大凹、石应、浪花岗3个小型水电站，装机容量均为1500千瓦；中型水电站1个，金银湖一、二级电站，装机总容量11000千瓦。市属引泗水利工程（生江段）长16千米，宽度约3米，流经里午村、安全村、生江村、双脉村、三和村，是生江镇最重要的农业灌溉渠道。金银湖国家湿地公园内动物资源丰富，脊索动物共计28目65科148种：哺乳类6目10科18种、鸟类13目27科67种、两栖类2目6科13种、爬行类2目9科24种、鱼类5目13科26种；有国家二级重点保护野生动物穿山甲、小灵猫和豹猫；国家二级保护鸟类共有13种，大部分为隼形目、鸮形目和鹃形目的鸟类。湿地公园内维管束植物种类共计145科439属654种：蕨类植物23科40属60种；裸子植物4科6属9种；被子植物118科393属585种。土特物产有油茶花、茶籽油，生江村的荔枝、香芋南瓜，里午村的鸡心黄皮，七记村的辣椒，安全村的柑橘，三和村的玉米。除此之外有金银湖精米、花生、桑蚕、木薯、马铃薯等。截至2022年末，生江镇户籍总户数12405户，总人口41837人，其中男性22274人，女性19563人。

【经济建设】 工业 2022年，生江镇地区生产总值9.31亿元，同比增长2.7%；总税收入256万元，同比增长1.2%；人均可支配收入24401元，同比增长6%；规模以上工业增加值2585万元，同比增长76.6%；工业总产值9425万元，同比增长13.5%；农林牧渔业产值37961万元，同比增长5.8%。有企业64家，个体户465家，其中电子加工行业有17家，

▲ 2022 年，生江镇七记村辣椒基地村民采摘成熟上市的辣椒

（生江镇政府 / 供图）

规模以上的工业企业 1 家。金恺达光电实业有限公司年产值 3095 万元，已完成申报规模以上企业。

农业 2022 年，生江镇耕地面积 1844.53 公顷，主要经济作物有水稻、辣椒、油茶、木薯等，盛产荔枝、龙眼、糖橘等。水稻种植面积 1264.27 公顷，复耕复种 133.33 公顷，其中种植水稻 53.33 公顷，种植辣椒等蔬菜 80 公顷。引入省级龙头企业——罗定市绿家农业有限公司到镇发展特色农业，流转撂荒耕地 100 公顷。引进罗定市新科迪电子有限公司、罗定市裕洋工艺品有限公司 2 个项目投资约 500 万元；与广东库斯曼科技有限公司签订投资 1.5 亿元的低碳绿色产业乡村振兴综合项目合作框架协议。

项目建设 2022 年，生江镇在双脉村建设电子加工、纺织一条街，在生江村建设报纸夹加工一条街。在安全村委、八达村委新建生活污水处理设施，投入资金 200 万元，进入采购代理阶段。集贸市场引入民资约 100 万元完成改造重新投入使用。在建项目有投入资金 66 万元的生江镇居家养老服务活动中心。投入 300 万元的江滨党建主题公园已投入使用。年久失修的旺湾支渠完成清淤并重新修建排水渠，项目总长 1.5 千米。

【镇村建设】 2022 年，生江镇审批发放乡村建设规划许可证共计 76 户；向市自然资源局申请审批“农转用”24 宗；核实申请是否符合规划用地 300 多宗；协助市自然资源局为群众办理 18 宗国有用地手续。完成对 21 户削坡建房整治工作，其中 14 户为中风险、7 户为低风险，累计投入资金 15.4 万元。推进 2 批共 4 户危房建设，涉及万车、官田、平北及古榄村。生江村委水口顶至三屋道路建设项目，长度 1.2 千米，已完工并投入使用；碗窑村委鸦柳至八达村委同庆村路段道路硬底化建设项目，长度 960 米，已完工投入使用。新建完成村级污水处理设施 2 座，铺设污水管网 2.4 千米；建设完成蒲垌大屋坑尾下蒲垌铺设污水管网 1.7 千米。投入 30 多万元推进整治河道漂浮物和河道淤泥清淤工作，清理河道 3 千米，漂浮物 10 多吨。17 个村居均配备村庄保洁队伍，村内生活垃圾日产日清。

【教育】 2022 年，生江镇共有学校 18 所，其中初级中学 1 所，中心小学 1 所、教学点 12 个，幼儿园 4 所。在校中学生 1167 人，在校小学生 2627 人，在园幼儿 961 人。教职工 268 人，专任教师全部达到国家规定的学历标准。小学适龄儿童入学率、小学毕业生升学率 100%。

【科技】 2022 年，生江镇组织收看远程教育课程的干部群众 12618 人次；召集各村农科员及农业生产技术骨干开展有关种植养殖技术、病虫害防控、农业统计、农产品质量安全等专业技术知识农业技能培训班 4 期，参训人员 100 多人次。

【文化体育】 2022 年，生江镇 11 个村委均建有高标准农家书屋和高标准的远程教育学习室及标准篮球场。12 个村（居）委均设有综合性文化服务中心和新时代文明实践站。农家书屋 11 间，藏书2.1万多册；文化广场11个；标准篮球场37个；舞狮队2支。市电影队定期免费送影下乡到生江镇12场次；全镇组织文艺会演6场次。不可移动文物26处，其中古建筑14处，古遗址2处，古墓葬1处，近现代重要史迹及代表性建筑9处。纳入市县级文物保护单位3处，不可移动文物名录15处。

【医疗卫生】 2022年，生江镇有镇级综合卫生院1所，村级卫生站11间。卫生院业务用房1929平方米，有医务人员及职工104人，其中医生38人，护士37人，职工29人。全年门诊接诊35280人次、住院1669人次。年内建立健康档案65人，建档30289人，其中65岁以上老年人管理人数3119人、规范管理3119人，高血压患者管理人数823人、规范管理823人，糖尿病患者管理人数348人、规范管理348人，重性精神病患者管理人数311人、规范管理311人。按规范化建设标准建成村级卫生站11个，有18名乡村医生。每个卫生站至少配备62种以上基本药物。

【社会保障】 2022年，生江镇五保供养人数182人，其中集中供养10人，分散供养172人；低保户463户，共1119人，年内审核通过了35户共100人；事实无人抚养儿童21个，孤儿4个，有动态追踪，年内新增事实无人抚养儿童15人。 （范家玮）

黎少镇

【概况】 黎少镇地处罗定市中西部，北纬22°43′，东经110°28′。东与素龙、生江相邻，南靠连州，西接泗纶，北与替滨、附城交界。地貌属罗定红盆西段低山、丘陵区，亚热带季风气候。年平均气温23.95℃，平均日照时间1675.33小时，平均降雨量1445毫米，无霜期359天，一年四季可以耕作。泗纶河（俗称三都河）流经镇境，在替濮与生江河（俗称二都河）交汇。引泗水利贯穿全镇，灌溉六成以上的耕地。黎少镇总面积134.1平方千米，圩镇面积1平方千米。文物保护单位与旅游资源有替濮梁家庄园、替濮泷聚大屋、横岗乡农民协会旧址、田心文旅精品村、李芳春故居等。省道352线自东向西横穿黎少镇全境，最近离罗城5千米。截至2022年底，全镇户籍总户数18163户，户籍总人口60291人，其中男性32287人，女性28004人；城镇人口14492人，乡村人口45799人；全年出生人数655人，其中男性345人、女性310人。

【经济建设】 工业 2022年，黎少镇实现工业生产总值23083万元；社会消费品零售总额1151.3万元，同比增长30%；固定资产投资28070万元，同比增长26%。全镇有个体工商户830家，私营企业122家，其中规模以上工业企业2家，分支机构等22户。工业投资25931万元，同比增长42%。规模以上工业总产值14542万元，同比下降1.1%。

农业 2022年，黎少镇农业总产值76260万元，农村人均纯收入20197元，成立农民专业合作社62户。种植水稻1068公顷，荔枝、龙眼、肉桂等作物种植面积增加80.4公顷，肉桂种植3858.73公顷，优质水果种植超过1333.33公顷。撂荒耕地复耕复种面积59公顷，建设高标农田面积120公顷。发放种粮补助资金32.61万元。

项目建设 2022年，黎少镇有云浮市、罗定市及镇重大项目6个，分别是云浮市重点项目罗定市第二中医院新院建设项目，总投资4300万元；罗定市华南教育历史研学基地黎少镇梁家庄园建设项目，总投资1.2亿元，第二、第三期获得5000万元专项债作为建设资金，省住建厅分配建设资金250万元；黎少镇、连州镇500兆瓦平价农光互补光伏发电项目，总投资25亿元，完成租地266.67公顷，新建成一个110千伏升压站并投入使用，220千伏升压站完成70%，累计完成投资41920万元；美丽圩镇创建（改造圩镇旧街）项目，总投资200万元；农贸市场升级改造项目，总投资150万元；水生态治理工程（黎少镇段），总投资1600万元，全长1.6千米，已完成1.4千米的除杂、边坡修整、排水道开挖等。

【镇村建设】 2022年，黎少镇

▲ 2022 年，黎少镇推进罗定市华南教育历史研学基地梁家庄园项目建设。图为黎少镇梁家庄园全景（黎少镇政府／供图）

对黎少中学路口至田心村路口及芳春路共 1.8 千米的圩街进行整治美化；全镇范围内开展爱国卫生运动 5 次；投入 200 万元新建田心村和三家店村 2 个农村生活污水处理站，完成生活污水处理设施建设和管网的铺设。完成“四好公路”（建设好、管理好、维护好和运营好）37.91 千米，完成榃濮村河堤滑坡重建。全年整改拆除违建 14 处，拆除总面积 9774 平方米，及时制止违法建设并发放责令停止违法行为通知书 76 份。完成农村削坡建房风险点整治 20 户。新增市场主体 121 户，变更 35 户，注销 44 户。

【教育】 2022 年，黎少镇有学校 26 所。其中，中学 1 所，小学 1 所，小学教学点 18 所，公办幼儿园 3 所，民办幼儿园 3 所。全镇校园占地总面积 85053 平方米，建筑总面积 49536 平方米。在校小学生 2994 人，在园幼儿 1322 人。是年，黎少镇教育协会奖励优秀学子 71 人，资助家庭困难学子 33 人，奖励优秀教师 45 名，奖励黎少中心小学及黎少中学发放奖学助学奖教金额共计 24.15 万元。

【文化体育】 2022 年，黎少镇有省一级文化站 1 个。全镇 19 个村（居）委均设有文化室及农家书屋，各种藏书总共 34000 册，定期向村民开放。全年增加图书 6000 册。村级健身广场 15 个，篮球场 22 个，室外乒乓球台 28 张，健身器材 18 套。是年，建设榃濮村文化体育公园，占地面积 4500 平方米，投资 200 万元，配置健身运动场、篮球场、足球场等相关活动设施、设备；建设田心村初心广场，占地面积 1000 平方米，配置篮球场 1 个；榃濮等 7 个村各配置篮球场 1 个；里塘村、三家店村配置休闲广场 1 个。

【医疗卫生】 2022 年，黎少镇中心卫生院有医生 44 人、护士 60 人，全年门诊总量 110342 人次，住院 3190 人次，业务总收入 2424 万元。黎少镇中心卫生院加挂“罗定市第二中医院”，实行一套人马两个牌子。各村委均开设有农村卫生站，共有卫生站 18 间，在册乡村医生 32 名。规范各村卫生站管理，完善“村医”管理和经费补偿机制，推进镇村一体化管理，“村医”成为责任区内群众的“家庭医生”，榃泽迳村、坡塘村和隆久村等 3 个卫生站实现一体化管理。

18个村卫生站全部落实规范化建设用地，建成投入使用并通过验收的有14间，其余4间筹建中。全镇城乡居民医疗保险参保41420人。

【社会保障】 2022年，黎少镇将41户困难家庭共116人纳入最低生活保障范畴。有低保户593户1276人。年内新增五保人员8人，全镇分散供养五保人员216人，集中供养五保人员9人，合计225人。持证残疾人2340人，其中多重残疾153人，精神残疾433人，视力残疾187人，听力残疾192人，言语残疾17人，肢体残疾1217人，智力残疾141人；其中6～14岁持证残疾儿童70人。全镇城乡居民养老保险参保人数11040人。

【乡村振兴】 2022年，黎少镇发动捐款筹集120891元乡村振兴资金，用好驻镇帮镇扶村乡村振兴专项资金和630扶贫济困日资金，抓好镇村公共基础设施提升工作。投入47.5万元完成乡村振兴驻镇帮镇扶村五年规划编制，投入470万元完成大陂、三家店、田心、里塘、嶅濮、赤岭6个村的村道硬底化和里塘村公共设施建设，投入980万元完成黎少镇美丽圩街建设，投入150万元升级改造圩街农贸市场，投入200万元升级改造圩街，投入20多万元建设坡塘村视频监控工程和坡塘村基础设施建设工程。

（林水兰）

连州镇

【概况】 连州镇位于罗定市中部偏西，距市区27千米，东接罗平，南邻罗镜，西连泗纶，北与黎少、生江交界，南部和西部属山区，北部和东部属丘陵，中部有一条东西走向的狭长平原。属罗定中部高丘区，地势西高东低，年平均气温22℃，全年无霜期345天，平均降雨量1450毫米，水源充足，资源丰富，气候温和。全镇总面积125.5平方千米，其中圩镇面积1.7平方千米，山地面积7466.67公顷，耕地面积2383.4公顷。截至2022年末，连州镇户籍总户数17776户，总人口61125人。其中，男性33111人，女性28014人；城镇人口12006人，农村人口49119人。

资源物产 2022年，连州镇水资源丰富，泗纶河、新榕河、连州河流经镇境，其中泗纶河连州河段全长11.6千米，新榕河连州河段全长9.1千米，连州河连州河段全长25.5千米；有大小型水库7座，水库集雨面积2442公顷。连州镇有“黄金之乡”的美誉，蕴藏有锰、锡、铜、汞、硫铁、金、银、石灰石、高岭土、石英石等矿产资源。有白鹭、野猪、雉鸡、松鼠等野生动物，有肉桂、沉香、檀香、黄花梨等名贵树木。旅游资源有国家AA级旅游景区——蒲垌自然生态旅游区，革命传统教育基地——连州战斗纪念公园和罗定革命史料馆，生态茶园，幽谷梯田，油茶主题公园，云镇古庙，古屯庙，大乐明朝古建筑，百年桂樾林等景点。连州镇是革命老区镇、广东省旅游特色镇、广东省宜居示范城镇、广东省休闲农业和乡村旅游示范镇。

交通条件 2022年，连州镇有省道294线、县道479线竹罗线贯穿全境，镇内建有环镇大道东线0.8千米和小西线公路0.35千米，“一河两岸”河堤路0.5千米；主要公路150千米，主要村道全部实现硬底化。

【经济建设】 2022年，连州镇规模以下工业实现产值2276万元；固定资产投资金额12366万元；农林牧渔业总产值53615万元；社会消费品零售总额2186.3万元。

工农业 2022年，连州镇有企业67家。粮食播种面积2097.4公顷，粮食总产量12683吨；水果种植面积675.4公顷，总产量5360吨；茶叶种植面积250.27公顷，总产量564吨。生猪存栏量4475头，生猪出栏量4489头；肉用牛存栏量372头，肉用牛出栏量156头；肉用羊存栏量425只，肉用羊出栏量403只；“鸡鸭鹅”存栏量26.19万羽，“鸡鸭鹅”出栏量61.8万羽，肉用鸽2.8万羽。淡水鱼类养殖870吨，其中草鱼养殖284吨，鲢鱼养殖65吨，鳙鱼养殖76吨，鲤鱼养殖56吨，鲫鱼养殖62吨，罗非鱼养殖75吨，其他鱼类养殖252吨。培育和种植林木7466.67公顷，林产品总产量19.1万吨，木材竹材采运

▲ 2022 年，连州镇发展乌榄核雕产业，带动农民增收致富。图为万车村乌榄种植基地　（连州镇政府 / 供图）

64.57 万根。

项目建设　2022 年，连州镇引进投资 600 万元发展肉桂种植及桂枝初加工项目，项目占地 5000 平方米，年产桂枝 1000 多吨。镇农产品交易中心周边排水工程项目完成建设；东街道路升级改造项目落实；建设投资 2000 万元的云致路口至新星路段“单改双”路面拓宽项目、投资 150 万元的农村村道项目、总投资 5000 万元的连州中心幼儿园新院项目。

城镇建设　2022 年，连州镇审批发放乡村建设规划许可证 76 户；向罗定市自然资源局申请审批“农转用”24 宗；核实申请是否符合规划用地 300 多宗；为群众办理 18 宗国有用地手续。完成对 21 户削坡建房整治工作，投入资金 15.4 万元。完成 4 户危房改造。新建村级污水处理池 2 座，铺设污水管网 4.1 千米。投入 30 万元清理河道 3 千米、漂浮物 10 多吨。

【教育】　2022 年，连州镇有初级中学 1 所，完全小学 1 所，教学点 15 个，幼儿园 6 所。有教职工 337 人，在校生 4666 人，其中连州中学教职工 109 人，学生 1616 人；小学教职工 117 人，学生 1916 人；幼儿园教职工 111 人，在园幼儿 1134 人。是年，连州镇教育基金会发放奖教奖学助学金 48.96 万元。

【科技培训】　2022 年，连州镇开展有关种植养殖技术、病虫害防控、农业统计、农产品质量安全等专业技术知识培训班 4 期，参训人员 100 多人次。

【文化体育】　2022 年，连州镇有新时代文明实践所（站）18 个，全年开展文明实践志愿服务活动 15 场次。有农家书屋 17 家，藏书 36700 多册，书屋定时向村民开放。各村（居）均配置有健身器材及文化娱乐设施。

【医疗卫生】　2022 年，连州镇有镇级综合卫生院 1 所，村级卫生站、诊所 16 间，医生 37 人，护士 34 人，村医 34 名，救护车 2 辆，床位 90 张。全年住院 2262 人次，门诊 70380 人次，抢救危重病人 20 人，成功抢救 10 人。全镇城乡居民医疗保险参保 41996 人，其中，特殊人群参保 2890 人。

【社会保障】　2022 年，连州镇有低保户 705 户 1724 人，发放低保金 738.03 万元；有五保户 230

户230人，发放五保金269.38万元；有低保边缘人员31户117人。有2335名残疾人领取残疾人“两项补贴”，发放补贴金353.2万元；低保残疾人生活困难补贴558人，发放补贴金125.88万元；有11名孤儿和33名事实无人抚养儿童，发放基本生活费69.32万元。是年，连州镇新型农村养老保险参保11595人，其中特殊人群参保1797人。

【乡村振兴】 2022年，连州镇为16户监测户、7个重点帮扶村发放肥料、荔枝苗、鸡苗等帮扶物资；扶贫项目收益101.99万元，分配给符合条件的监测户、脱贫户1521人；成功申报消费扶贫产品2个（美香占米、红米）；动员本地单位采购扶贫大米2115千克，帮扶消费21150元。争取2个云浮市助弱扶困项目，投入3.5万元为1户孤儿建设安居房，投入1.5万元帮助低收入困难家庭亲子鉴定解决入户难问题；争取爱心企业捐赠3.5万元为1户孤儿户装修房屋；统筹资金帮助2户监测户修缮房屋。驻镇帮镇扶村资金总投资1100万元共8个项目，完工2个，在建6个。是年，连州茶叶发展有限公司“白马碧翠”绿茶进入2022年“粤字号”农业品牌目录。（王明潮）

泗纶镇

【概况】 泗纶镇位于罗定市西部，北纬22°41′，东经111°9′，东接黎少，南与连州、罗镜、分界连接，西与龙湾、加益交界，北连替滨，西北部与广西岑溪市梨木镇、筋竹镇相接，是罗定市西部的经济、文化、交通中心。镇政府驻泗纶圩，距罗定市区28千米，省道352线自东向西横贯全境，与毗邻乡镇均有公路连接。地处云开大山山地，境内大部分属高丘地带，年平均气温21.2℃，全年无霜期345天，年均降雨量1550毫米。泗纶镇总面积233.9平方千米，圩镇面积2.5平方千米。截至2022年末，全镇户籍总户数22448户，总人口81212人。其中，男性43765人，女性37447人；非农人口21108人，农业人口60104人。

资源物产 泗纶河自西向东流贯全境，建有引泗灌溉工程，灌溉便利；中型水库1座，小（1）型水库2座，小（2）型水库2座，水力资源蕴藏量1.7万千瓦；年供水量30万吨自来水厂1座，供水量较小自来水厂2座；镇、村两级水力发电站14座，总

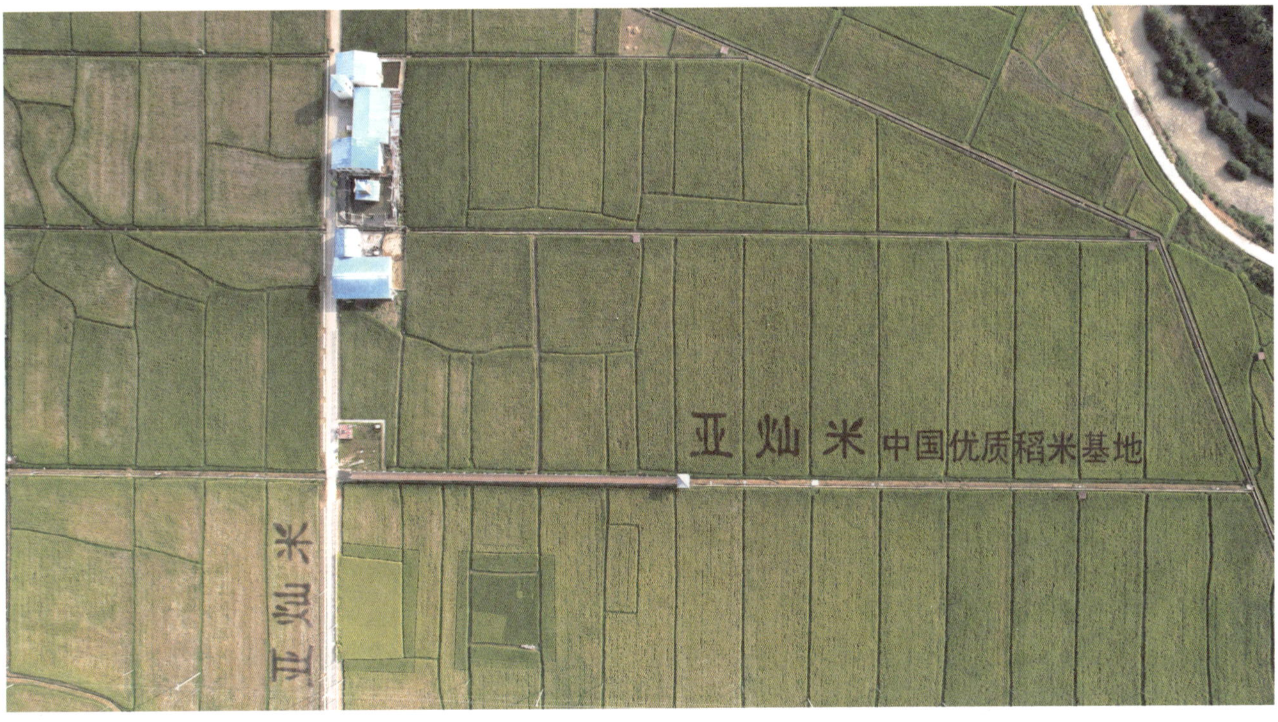

▲2022年，泗纶镇大力发展稻米产业。图为亚灿米种植基地 （泗纶镇政府／供图）

装机容量1620千瓦；110千伏、35千伏变电站各1座，高压输电线路6条总长72千米。境内有金、铁、锰、铅、锌、锡、石英砂、萤石等矿藏，其中铁矿、萤石储量较为丰富。旅游景点有双德千年古杉、南山刘三姑庙、罗西书院、沙底瓮缸潭、“亚灿米”种植基地、山栗场山公园、胜乐渔乐广场。主要土特产有亚灿米、肉桂、八角、大肉姜、粉葛、淮山、野山椒等。

【经济建设】 2022年，泗纶镇实现地区生产总值12.31亿元。新增个体工商户141家，新增企业13家。有个体工商户、私营企业1223家，形成以电子、加工、建筑、纺织等为主地方工业。规模以上企业有罗定市恒兆燕笼有限公司。推动罗定市丰智酒业有限公司丝苗米初精深加工和科技创新中心项目建设。全镇耕地面积4097.45公顷，其中水旱田2086.14公顷，旱地2011.31公顷。稻谷总产量12486吨，玉米产量387吨，番薯产量882吨，马铃薯产量77吨，大豆产量80吨。种植肉桂5553.33公顷，罗竹4000公顷，水果342.33公顷。年产桂皮463吨、水果3735吨、八角10吨。饲养生猪30333头，其中出栏22121头；“鸡鸭鹅”31.45万羽；鱼塘67.87公顷，年产水产品1387吨。

【教育】 2022年，泗纶镇有中学2所，完全小学2所，幼儿园7所。泗纶中学校园占地面积45531.10平方米，校舍建筑面积17996平方米，在校学生2029人，专任教师120人。都门中学校园占地面积10500平方米，校舍建筑面积6980平方米，在校学生331人，专任教师31名。泗纶镇中心小学是一所完全小学，下辖15个教学点、5所幼儿园和1所成人文化学校，在校学生4030人，在园幼儿1327人；校本部占地面积33300平方米，建筑面积16271平方米。都门片中心小学是一所完全小学，下辖7个教学点、2所幼儿园，在校学生661人，在园幼儿191人；校本部占地面积3593.33平方米，建筑面积3865平方米。

【文化体育】 2022年，泗纶镇有省一级综合文化站1个，村级文化室28个，农家书屋28间；新时代文明实践所1个，新时代文明实践站28个。全年免费送电影下乡32场，举办文艺演出活动15场（次）。

【医疗卫生】 2022年1月，泗纶镇卫生院住院大楼建成投入使用。截至2022年年底，卫生院有干部职工136人，其中医务人员115人，全年门诊11万人次，手术38例，出院1927人次。全镇28个村委会有乡村医生36人，建成18间公建民营规范化卫生站。

【社会保障】 2022年，泗纶镇有低保户1045户2505人，每月发放低保金85.47万元；五保350人，其中集中供养13人，分散供养337人，每月发放五保金34.16万元。全镇城乡居民养老保险参保续保33778人，城乡居民医疗保险参保56770人。

【乡村振兴】 2022年，泗纶镇投入3000万元建设登山栈道、渔乐广场、滨江公园、复古骑楼街、滨水栈道、棔井村党建主题公园等一批党建阵地、民生休闲项目及圩镇污水工程。山栗桥、新和垌安社教桥两座危桥开工重建；和合两岔河桥（危桥）完成前期重建手续；青桐电站桥（危桥）完成重建方案设计手续；铁陆金钱坑村道硬底化2.2千米。完成连城村精品示范村建设、省道352线都门路口至泗纶中学南侧沥青铺设工程、胜乐村生活污水处理设施建设一期工程。（王斌森）

加益镇

【概况】 加益镇位于广东省罗定市西部，北纬22°41′，东经111°09′，坐落在两省三市交界处，东靠泗纶镇，南连龙湾镇，西南与信宜市贵子镇相接，西北与广西壮族自治区岑溪市的水汶、梨木镇为邻。全镇总面积80.1平方千米，圩镇总面积2.2平方千米。镇境内有省道352线自东向西贯穿，县道482线合加线连接圩镇。镇通村公路基本实现硬底化。加益圩是加益镇经济、文化中心，镇人民政府所在地，距罗定市区52

▲2022年，加益镇推广本土特色红米产业，聚力打造“加益红米”品牌。图为“义昌源”红米种植基地

（加益镇政府／供图）

千米。加益镇是革命老区镇，广东省森林小镇。地处云开大山山脉，四面群山环绕，年平均气温20℃，全年无霜期345天，年平均降雨量1600毫米。有丰富天然山泉水资源。大芒山是加益最高山脉，海拔1044米，大芒山脚下龙景山泉清澈见底，常年水流不息，水温长年保持在16℃左右，常年日流量3000立方米。红椿、雅榕等古树名木保护良好，森林总面积6349.6公顷，森林覆盖率79.38%。有广东榕树王景观、天禄书院、大芒山自然景观、古民居、龙景峡谷、观音山等系列天然“高颜值”旅游资源。有红米、玉桂、八角等名优土特产。截至2022年末，加益镇户籍总人口28442人，总户数7474户，其中，男性15178人，女性13264人；乡村人口21897人，城镇人口6545人；常住人口12238人。加益镇有少数民族1104人，主要是壮族、苗族、瑶族、黎族等。

【经济建设】 工业 2022年，加益镇实现规模以上工业企业总产值3946万元，同比增长15.7%；农业总产值30671万元；限额以上商贸销售额779万元，同比增长10.9%；财税收入201万元；固定资产投资2005万元；个体户403家，私营企业26家。规模以上企业有罗定市侨宇文具制造有限公司，年产值3946万元，创税60万元。

农业 2022年，加益镇耕地面积821.53公顷，其中水田632.53公顷，旱地73.8公顷。种植水稻面积780公顷，总产量5064吨。种植南药733.33公顷，其中种植肉桂670.6公顷、鸡骨草3.33公顷、广金钱草4公顷、广藿香1公顷、八角茴香14.67公顷、山银花1公顷、广佛手10公顷、益智0.73公顷、红豆杉3.33公顷。鱼塘33.33公顷，50头以上规模养猪场12个，养鸡场6个。农民专业合作社28个。扶持加益众志汇种养专业合作社资金40万元，协助其流转土地10公顷，种植红米及各类蔬菜，年产值100多万元。整合双益、木寨、排阜等村13.33公顷土地种植香水柠檬6.67公顷。开发利用观音山、大芒山、龙景潭、榕树王等生态环境资源发展文旅产业，观音山生态公园动工建设。

【教育】 2022年，加益镇有初级中学1所，完全小学1所，小学教学点8所。中学生820人，小学生1658人，在园幼儿374

人。教职工255人。小学适龄儿童（含“三残”儿童）入学率100%，升学率100%。年内发放奖教奖学助学金37.88万元，受助受奖师生171人。

【科技】 2022年，加益镇举行香水柠檬种植、肉桂种植、果树栽培、水稻栽培、农业专业合作社、红火蚁防治、新兴产业引进、有机肥科学使用、秸秆还田等农业技术培训班33次，培训农村富余劳动力1610人次。

【文化体育】 2022年，加益镇文化站是罗定市文化馆分馆。文化站实施每天免费对外开放，每周开放时间50小时。在石头村继华广场分别举办“庆祝第112个三八国际妇女节活动”“庆祝中国共产党成立101周年系列活动”。全镇10个农家书屋全部向公众免费开放，每周分别开放30小时。有11个新时代文明实践所（站），在新时代文明实践所（站）开展“燃起来——云浮市学习贯彻中共二十大精神村里人讲村里事”宣讲活动10场。新建加益镇人民广场，有1000平方米的停车场，1个标准篮球场，1个一类公厕。举办第一届“义昌源红米杯”羽毛球赛。

【医疗卫生】 2022年，加益镇有卫生院1所，乡村卫生站9所，卫生技术人员53人。是年，全镇城乡居民基本医疗保险参保18415人。卫生院门诊40517人次，住院1010人次，其中住院分娩13人。儿童防疫入册率100%，孕产妇管理率96.7%，0～6周岁儿童系统管理率80.5%，“六苗”接种率92%。

【社会保障】 2022年，加益镇落实高龄老人津贴补贴政策、残疾人评残定级、残疾人“两项补贴”和辅助器具发放等工作。是年，敬老院供养老人3人；低保户379户914人；五保供养人数107人，其中集中供养3人，农村散居供养104人。全镇城乡居民基本养老保险参保11329人。

【乡村振兴】 2022年，加益镇实施一粒米（红米）、一滴水（加益山泉）、一个果（香水柠檬）、一头牛（西门塔尔肉牛）、一方游（乡村旅游）“五个一”产业发展策略，推进“山川秀美，绿色生态”新加益建设。是年，居委中桥、石头村河坝寨古树公园、美丽圩镇等项目完工，镇人民广场一期工程、双益上马文体广场、木寨合水体育公园落成，镇农贸市场实现升级改造，合江教学点扩建（幼儿园）完成征地。对木寨村、排阜村、鳌头村、石头村部分村道进行硬底化累计1.4千米。铺设村级污水管网9.3千米，新建木寨和排阜2座村级污水处理池。新建木寨合水公厕1座。投入30万元整治河道淤泥、垃圾等。整治圩镇范围“三线”长度2千米，农房外立面改造100多户。全镇干净整洁村达标率100%，美丽宜居自然村达标率49.7%。 （陈海婷）

龙湾镇

【概况】 龙湾镇位于罗定市西部，北纬22°41′，东经111°12′，东部与泗纶镇交界，南连分界镇，西部与信宜市为邻，北部与加益镇相连。有省道352线、县道481线从镇区内通过，到罗定城区有直通班车。全镇地貌属罗定红盆西段低山、丘陵区，亚热带季风气候。全境属云开大山山脉，是高寒山区，山地面积占总耕地面积的85.6%，年平均气温19.2℃，降水量1650毫米，无霜期335天，四季皆可耕作。有龙湾生态旅游区及云盖山森林公园。全镇总面积126.2平方千米，镇政府驻龙湾圩，圩镇面积1.2平方千米，距罗定市区53千米。截至2022年12月末，全镇户籍总户数9027户，户籍总人口35201人。民族主要为汉族，占总人口的98%，其余为壮族和瑶族等。

【经济建设】 2022年，龙湾镇工农业总产值34255万元，其中农业总产值29600万元，工业总产值4655万元。规模以上工业总产值3651.2万元，固定资产投资1294万元。税收收入715万元，比2021年增收120万元，同比增长20.2%。截至2022年12月底，罗定农商银行龙湾支行存款余额41153.29万元，比2021年增加3564.42万元；贷款余额11987.21万元，较2021年增加6985.04万元。邮政储蓄银行存款余额29000

▲ 2022 年，龙湾镇棠棣村万亩南药基地 （龙湾镇政府 / 供图）

万元。全镇有个体工商户、企业、合作社合计 562 家。全年新成立农民专业合作社 2 家、个体工商户 48 家、个人独资企业 1 家、有限责任公司 15 家、有限责任公司分公司 1 家。全镇有耕地 747.07 公顷，其中水田 639.47 公顷，旱地 107.6 公顷。粮食总产量 8136 吨，其中水稻总产量 5884 吨；木薯播种面积 203.2 公顷，总产量 5044 吨；玉米播种面积 278.53 公顷，总产量 1151 吨。新增南药种植 54 公顷，复耕复种 18.67 公顷撂荒地。棠棣村、大石村分别获得广东省首批“一村一品、一镇一业”南药专业村称号。广藿香种植基地、益智与肉桂复合种植基地、广东中药材（南药）产业化支撑综合技术服务平台等 3 个项目获首批广东省 26 个中药材产业化基地评定。建成万亩南药种植示范基地 1 个、发展壮大村级集体经济南药种植示范基地 11 个、大型南药组培中心 1 个、大型苗圃场 2 个、南药加工场 2 个。林地面积 10060 公顷，其中生态公益林面积 6333.33 公顷，商品林面积 3726.67 公顷。垌旺村、上赖村建造河堤分别投入 80 万元、20 万元。引进加油站项目、煤气站建设项目和光伏发电项目，总投资 8380 万元。与江西和力物联实业有限公司达成“订单式”合作，培育南板蓝苗 6000 万株，建设 13.33 公顷标准化南板蓝种植和种苗培育基地。

【教育】 2022 年，龙湾镇有初级中学 1 所，中心小学 1 所，教学点 11 个，幼儿园 4 所。全镇校园面积 38327 平方米，建筑面积 34053.35 平方米。全镇有在校中小学生 3082 人、教职工 257 人，其中专任教师 183 人。中学高级老师 15 人，中学一级教师 26 人，中学二级教师 17 人；小学高级教师 5 人，小学一级教师 57 人，小学二级教师 31 人；幼儿园专任教师大专以上学历 14 人。

【文化体育】 2022 年，龙湾镇有综合文化楼 1 幢，建筑面积 1600 多平方米；配套健身设施的广场 40 个、篮球场 14 个，有 1 支 16 人的文体志愿者队伍；业余文艺队 2 支，共 22 人。全镇设有 11 个村级图书阅览室和电子阅览室，村级文化室 11 个，农村文体协管员 12 人。新建新时代文明实践站 1 个（大石村），13 个所（站）外立面标识已建设完毕并达到“五有”（有场所、有队伍、有活动、有项目、有机制）标准。开展“送戏下乡”“送电影下乡”20多场次。

【医疗卫生】 2022年，龙湾镇有卫生院1所，卫生站11所，医务人员100人，其中镇卫生院81人，村卫生站19人。卫生院建筑面积4194平方米，设有病床52张，救护车2辆。

【社会保障】 2022年，龙湾镇有低保户396户883人；五保户124户，供养人数124人，其中集中供养3人，农村散居供养121人；残疾人生活补贴326人，护理补贴592人。是年，全镇新型农村合作医疗保险参保23302人，新型农村养老保险参保7055人。

【乡村振兴】 2022年，龙湾镇发放困难家庭学生助学金16人1.6万元；向全镇脱贫户发放鸡苗19.86万元；为44名困难残障人士和失能、半失能老人免费配置20万元的康复辅具；为131名60岁以上脱贫户购买惠民保。制订《龙湾镇巩固拓展脱贫攻坚成果南药种植产业发展帮扶方案（试行）》，共发放奖补金额74万元；采取南药种苗资助、家禽繁育资助、种植技术指导等方式帮扶4户脱贫不稳定户。统筹精品旅游线路资金650万元，完善龙湾生态旅游景区内道路、护栏、垃圾亭、旅游厕所等基础设施建设；归集上级扶村帮扶资金396万元投入罗定市船步生态养殖小区项目，发展村集体经济；流转100余户闲置土地40公顷。完成龙湾镇村庄道路（巷道）硬底化建设2.9千米；新建广场5个，共计4000平方米；完成2个建制村污水处理设施；建成育苗大棚2000平方米。筹措资金200万元，推进龙湾镇中医药广场和南药公园建设项目；安排“6·30”资金3万元为大石村卫生站周边安装护栏；筹措50万元为棠棣村配置380盏路灯；筹措15万元整修龙湾镇养老院和双合村老人居住点。10个村委实施群防群治平安乡村、智慧平安龙湾建设。 （郭卓泽）

素龙街道

【概况】 素龙街道位于罗定市中部，北纬22°44′，东经111°35′，与罗城、附城、双东、华石、围底、罗平、生江、黎少等镇（街）交界。辖区内有罗定机场，国道324线、国道234线、省道352线、云茂高速、春罗铁路、环市东路、环市南路、环市西路贯通全境。街道总面积101.4平方千米，圩镇面积4平方千米。属盆地低丘地区，亚热带季风气候，年均气温22℃，极端最低气温--1.3℃，最高气温38.8℃，全年无霜期345天，年均降水量1400毫米，四季皆可劳作。主要河流有罗定江、围底河，主要水库有水花坑水库、白泥坑水库、鹤山水库、大坑口水库。有花岗岩、凝灰岩、大理石、高岭土、耐火黏土等10多种矿产资源，其中花岗岩、大理石、高岭土储量丰富。旅游资源有八里明镜、石牛山森林公园、文峰塔、凤阳古村、国宝黄公祠等。盛产优质大米、大豆、花生、水果、蔬菜、塘鱼、三鸟、粉葛等农产品以及米粉、豆豉、腐竹、皱纱鱼腐等农副产品。街道辖区教育设施有罗定实验中学、罗定中学城东学校、罗定第二中学、罗定第三中学、素龙中学、培献中学6所中学，有罗定第二小学、罗定第四小学、泷州小学、素龙中心小学等28所公立小学和教学点，有环市东幼儿园、泷江幼儿园等30所幼儿园。医疗设施有罗定中医院、罗定第五人民医院、素龙社区卫生服务中心、罗定晶亮眼科医院。养老机构有素龙敬老院、松柏养老院、新希望养老服务中心。有碧桂园珑悦东方、泰德花园、东方明珠等30多个商住小区。有斯顿四季、凯里亚德等20多家酒店。截至2022年末，街道户籍总户数31510户，户籍总人口127617人。其中，男性66890人，女性60727人。

【经济建设】 2022年，素龙街道财税总收入1.30亿元。规模以上工业企业7家，规模以上工业企业总产值2.51亿元，商贸营业总额11.43亿元，同比增长17.2%。

工业 2022年，素龙街道有规模以上工业企业7家，分别为：华润混凝土（罗定）有限公司、广东宏大罗化民爆有限公司、汇星（云浮）工业科技有限公司、罗定市泓华混凝土有限公司、罗定市唯她美内衣有限公司、罗定市龙嘉新型墙体材料有限公司、罗定市忠灿新型墙体材料有限公司，规模以上工业年总产值2.51亿元。

农业　2022年，素龙街道有耕地3694.6公顷，其中水田2966.53公顷，旱地728.07公顷。粮食作物种植面积3519.87公顷，其中稻谷种植3340.67公顷，产量2.31万吨；蔬菜种植面积667.53公顷，反季节蔬菜种植面积增长迅速；水果种植面积285.27公顷，种植优质荔枝、龙眼、泰国香芒、香蕉、沃柑、杨桃、葡萄、火龙果、番石榴等品种占86%。是年，街道粮食生产总量2.63万吨，有素龙皱纱鱼腐、新塘浮绿仙大米、七根松阳桃、思围通心菜、上宁粉葛、凤塘葡萄、新塘火龙果等品牌农特产品。水产养殖308.53公顷，其中立体综合养殖面积占38%，总产量6317吨；“鸡鸭鹅”养殖以岗咀、大榄、上宁为中心，年出栏347.46万羽。

【招商引资】　2022年，素龙街道引进罗定市嘉裕电子有限公司电力电子元器件制造项目，项目计划总投资1.5亿元，规划用地面积4.13公顷，建筑面积8万平方米，建成后可实现年产值5亿元，年创税收2000万元，创造就业岗位2000个。引进罗定市粤华南药实业研产销基地建设项目，项目投资金额1.25亿元，计划占地面积3.32公顷，项目建成后年产值2亿元，年创税收1200万元，创造劳动岗位350个。引进宏大爆破工程集团有限责任公司罗定日产37000吨现场混装乳化炸药地面站建设项目，项目总投资4000万元，预计年产值1亿元，年创税收1000万元，2022年12月已建成投产。引进罗定市澳华花园，总建筑面积14万平方米，计划投资2.8亿元，已完成一期建设。引进星晨（罗定）电子有限公司三期厂房D项目，总投资3000万元，已建成投产，年产值1亿元以上，预计年创税收900万元。

【城镇建设】　2022年，素龙街道建成投入使用村级污水处理池8座，铺设管道426千米，分别是七和村3座，龙税村1座，思围村2座，沙豪岗村2座。

▲2022年8月，素龙街道凤塘村开展公益夏令营活动　（素龙街道办/供图）

【教育】 2022年，素龙街道有完全中学1所，初级中学2所，完全小学1所，教学点27个，幼儿园30所，九年一贯制民办学校1所，校园占地面积199127平方米，校舍建筑面积364388平方米。有在校中学生8647人，小学生8788人，在园幼儿4850人。是年，投入420万元将原素龙街道平南二小改建为素龙街道中心幼儿园平南分园。

【科技】 2022年，素龙街道开展农业技术指导和推广工作36次，选择优质水稻品种作为主导品种进行推广种植，主要培训测土配方施肥技术、绿色食品原料（水稻）标准化生产技术和病虫草鼠害综合防治技术、水稻“三控”施肥技术。

【文化体育】 2022年，素龙街道有曲艺社8个，文学社3个，农家书屋38个，藏书20余万册，私人博物馆1座，民间二胡博物馆1个，街道文化站1个，村级文化室37个，业余文艺演出队8支，老年人文化活动中心5个。有保存较完好明清古建筑100余处。有休闲文化广场42个，23个建制村均建有文化室。全年举办舞狮舞龙赛、七夕文化节、传统武术、暑期夏令营、曲艺表演等各类文化活动108场次。有立锋电影放映队，下乡放映51场，观看3万多人次。开展元旦晚会、五四晚会、“六一”等文艺会演35场次。有武术队2支，舞龙队8支，舞狮队8支，业余篮球队4支，棋类协会1个。举办第一届“篮协杯”篮球邀请赛，24个村居委以及社会、卫生系统等单位27支队伍参与，凤西村获得第一名。是年8月，素龙街道中村村运动员唐其钦夺得2022年全国自由搏击锦标赛57公斤级冠军。

【医疗卫生】 2022年，素龙街道有社区卫生服务中心1所，村卫生站23所，病床75张。有医务人员193人，其中街道社区卫生服务中心119人，村级卫生站74人。社区卫生服务中心门诊接待99353人次，住院2191人次。村卫生站诊治病人85210人次。

【社会保障】 2022年，素龙街道城乡居民基本医疗保险参保90978人，城乡居民养老保险参保54015人。实施临时救助26人次，救助金额50660万元；新增办理残疾人证146人，对符合申领残疾人“两项补贴”全部办理相关补贴。为其他类型残疾人提供功能训练266人次、药物治疗一大批和辅助器具112台套。对16户有需求的残疾人实施无障碍改造。有低保1362户3161人；特困人员351人；事实无人抚养儿童12人；散居孤儿33人。

【乡村振兴】 2022年，素龙街道清理村巷道生产工具、建筑材料乱堆乱放5206处；清理房前屋后和村巷道杂草杂物、积存垃圾9134处；清理沟渠池塘溪河淤泥、漂浮物和障碍物3026处。拆除危、旧、弃房4778间37.19万平方米；拆除乱搭乱建、违章建筑902间20551平方米；拆除非法违规商业广告、招牌364处31984平方米。完成生活垃圾、生活污水、水体污染整治4326宗。撂荒耕地复耕复种226.83公顷。硬底化建设村道2.5千米。

（彭庆文　刘继成）

双东街道

【概况】 双东街道位于罗定市区东部，北纬22°48′，东经111°36′。东与华石镇和郁南县大湾镇交界，南与素龙街道为邻，西与罗定主城区相邻，北与附城街道相接。街道交通便利，环市东连接线和县道罗大线（罗城至大湾）以及罗城沿江路横贯其中，泷江河、围底河夹境而流，罗岑铁路、云罗高速（云浮—岑溪）、江罗高速（江门—罗定）以及罗阳高速（阳江—罗定）出口均设在双东街道。双东环保工业园、罗定火车站总站、粤泷发电公司、国家粮库罗定分库、罗定血站、广东云浮（罗定）农产品交易博览中心坐落在双东辖区。双东街道处于罗定红盆底部，属河岸低丘地貌。年平均气温22℃，全年无霜期345天。境内黄土低丘密布，适宜种植水稻和旱地作物。街道总面积24.3平方千米。截至2022年末，双东街道户籍总户数6660户，总人口24265人，其中男性12365人，女性11900人。以汉族为主。常住人口2万人。全年出生人口296人。

【经济建设】 2022年，双东街道辖区有在册市场主体1826家，同比增长20%。累计实现规模以上工业总产值56.73亿元，同比增加1.0%，限额以上零售额5462.9万元。完成工业投资11.84亿元，固定资产投资25.51亿元。实现财税收入2.81亿元，同比下降11.1%。是年，罗定产业转移工业园双东片区面积拓展到866.67公顷。辖区内有规模以上企业21间，占罗定产业转移工业园规模以上企业总数的75%，规模以上企业总产值56.73亿元，占工业园规模以上企业总产值的57.2%。有微容电子高端MLCC（片式多层陶瓷电容器）科技大厦、华耀科技二期、恒安纸业、农产品交易博览中心二期、中顺洁柔三期、泰森德制药二期、至丰纸品、森和纸业、禅罗产业孵化基地、德信电子物流园等在建重点项目。新引进罗定产业转移工业园基础设施配套工程、广东宝莱果业科技发展有限公司水果加工项目、东莞市盟凯潜水用品实业有限公司潜水纺织用品罗定项目3个重点项目。投产项目有德信电子及物流产业建设项目、罗定天泷冷链物流产业园。引进未动工项目有东莞市盟凯潜水用品实业有限公司潜水纺织用品罗定项目、佛山市拓盈无纺布有限公司无纺布生产基地项目、广东泰康制药有限公司中成药制剂生产基地项目、广东态森德制药有限公司二期建设项目、广东金正龙科技有限公司贵金属精炼提纯及应用项目。有耕地面积411.67公顷，其中旱地128.34公顷，水田283.33公顷，其中水稻面积191.33公顷，粮食总产量1700多吨。

【教育】 2022年，双东街道有初级中学1所，小学6所（中心小学下设5个教学点），幼儿园8所。在园幼儿2194人，小学在校学生1836人，中学在校学生1783人；适龄儿童入学率100%。中学教师121人，其中高级教师27人，一级教师40人。小学教师113人，其中副高级教师7人，一级教师53人，二级教师28人，初级教师10人。8月28日，双东教育基金会召开第四年助学奖学奖教大会，发放助学奖学奖教金11.68万元，资助贫困中小学生45

▲2022年8月28日，双东街道教育基金会召开助学奖学奖教大会 （双东街道办/供图）

名，奖励在小升初、初升高、高考等考试中考取优异成绩的学生51名，奖励作出突出贡献的学校、教师一批。

【文化体育】 2022年，双东街道有文化中心文化楼1幢，建筑面积600平方米。有露天文化广场1个，占地面积4000平方米，其中舞台面积250平方米。有24个全民健身广场、9个文明实践站和1个文明实践所。篮球场40个，乒乓球室25个，乒乓球台48张，羽毛球场7个，足球场4个。全年举办农业技术培训班12期，共计670人参加培训。

【医疗卫生】 2022年，双东街道有社区卫生服务中心1个，卫生站8所，总医务人员93人，其中社区卫生服务中心83人，村医10人。城乡居民基本医疗保险参保16541人。全年医疗保险报销213人次，支付报销金额35万元。社区卫生服务中心门诊接诊4.6万多人次，接种各类疫苗3.3万人次，接受义诊和免费体检3360人次。

【社会保障】 2022年，双东街道有低保户247户508人，每月发放低保金178060元；五保户69户69人，每月发放五保金67344元。对13名在读特别困难儿童发放每人每年2400元的生活补助。新增残疾人发证15人，发放残疾人"两项补贴" 678人，补助金15万元，为残疾人申请扶助器具35件，完成残疾人居家环境改造任务5户。城乡居民社会养老保险参保4234人。

【乡村振兴】 2022年，双东街道在大众、白荷、陈皮新建人行道3千米，修补路面1.5千米。泷江大桥建成开放，深岑高速双东出口立交完成改造，建成村道路15千米，修缮拓宽道路35千米，更换维修路灯750盏。

（崔智浩）

附城街道

【概况】 附城街道位于罗定市北部，罗定江（又称泷江、南江）北岸，北纬22° 48′，东经111° 34′，东与双东街道相邻，南面紧靠罗城街道，西连䓣滨镇，北与郁南县、广西岑溪市交界，国道324线、深岑高速公路、省道297线、省道294线和已规划的深南高铁、罗岑铁路贯穿附城全境。街道城区通村公路已实现硬底化全覆盖，公路里程403.98千米，其中"四好农村路"40.87千米。街道总面积203.3平方千米。地处罗定红盘与云开大山余脉过渡地带，大部分属丘陵地区，年均气温22℃，年均降水量1400毫米，无霜期345天。大部分农田由引䓣水利工程灌溉，一年四季皆可耕作。盛产肉桂与蚕桑。有白鹭、野猪、山鸡、松鼠等野生动物。有古树名木78棵，其中，一级古树1棵，二级古树22棵，三级古树55棵。位于木护村打达坑的马尾松，已有605年历史，属于一级古树；丰盛张屋村内最古老的树是明末时期张姓太祖在南洋引进而种植的罗定第一批杧果树，超过400年的有19棵，超过150年的有54棵。罗定江、䓣滨河、新乐河流经镇境。有大小型水库6座，分别为南冲坑水库、连塘水库、松树塘水库、庵塘水库、腰子塘水库和第七塘水库，水库集雨面积720公顷；小水电站8个，水电总装机容量1400千瓦，平均年发电量740万千瓦时。蕴藏有铌、钽矿、高岭土、黏土矿、泥炭土、花岗岩、河砂等矿产资源。截至2022年底，全街道户籍总户数17380户，户籍总人口66465人。其中，男性34836人，女性31629人；城镇人口40006人，乡村人口26459人。

【经济建设】 2022年，附城街道实现工业总产值27.48亿元，规模以上工业总产值24.74亿元，农业总产值63425万元。固定资产投资4.74亿元。财税收入2.12亿元。有企业556家，个体商户2788家，其中规模以上工业企业12家，限额以上商贸零售业2家。邮政储蓄存款余额4.5亿元。水稻播种面积1509.41公顷，耕地面积1461.53公顷，林地面积14000公顷，其中用材林5866.67公顷；经济作物主要种植肉桂、乌榄、砂糖橘、八角、药用桑、牛大力、屈头鸡等传统南药，其中肉桂种植面积4666.67公顷，年产肉桂17500吨，产值约2.3亿元。生猪饲养量8067头，肉鸡饲养量39万羽。撂荒耕地复耕复种

▲ 2022 年。附城街道丰盛张屋村再焕新颜。图为 2022 年建设完成的望江驿　　（附城街道办／供图）

33.33 公顷。罗定康养教育智慧社区项目完成投资 1.2 亿元，教学楼、宿舍楼、综合楼完成封顶。涉及塔脚、高峰、大旁街等 8 个建制村生活垃圾污水处理项目，总投资 1500 万元，完成总工程量的 50%。在建项目有广东钜基织梦工业产业园。

【教育】 2022 年，附城街道有完全中学 1 所；初级中学 1 所；完全小学 4 所，其中民办完全小学 1 所，教学点 19 个；幼儿园 11 所，其中公立 2 所，民办 9 所。共有教职工 1118 人，学生 16115 人，其中中学教职工 415 人，中学生 5460 人；小学教职工 405 人，小学生 7554 人；幼儿园教职工 298 人，幼儿学童 3101 人，教师学历达标率 100%。是年，罗定第一中学高考上本科线 85 人。9 月 8 日，教育协会召开奖教奖学大会，对优秀教师、优秀班主任、先进教育工作者、扎根附城从教 30 年荣誉教师和先进教师集体进行表彰。

【文化体育】 2022 年，附城街道文化站配套有文化中心、文化广场、影剧院、文化楼等设施，是省特级文化站。文化站建设总面积 3800 多平方米，文化中心的建筑面积 1400 多平方米。是年，街道在文化站举办学习贯彻中共二十大精神宣讲、“4·23”世界读书日、党风廉政微电影等活动；在新乐村、星光村、康任村举办乡村文艺晚会 3 场。

【科技】 2022 年，附城街道联合职校、技校共同举办“粤菜师傅”技能培训班，230 人参加培训；举办“广东技工”技能培训班，112 人参加培训；举办“南粤家政”技能培训班，256 人参加培训。街道文化中心科普教育基地召开科技培训 8 次，培训人员 500 人次；开展科普讲座 12 次，听课人员 600 人次；接待单位部门、企业、群众 8000 人次。

【医疗卫生】 2022 年，附城街道有镇级社区卫生服务中心 1 所，新乐分院 1 所，村级卫生站、诊所22间。有医护人员139人，乡村医生32名。救护车2辆，核定床位数115张。是年，卫生院全年住院人数4090人次，门诊人数18.51万人次。

【社会保障】 2022年，附城街道在册低保户1070户，2965人，发放保障金1239.32万元。五保户297户297人，发放保障金347.85万元；五保供养人员照料护理费297人，发放保障金60.54万元。临时救助83户，发放救助金额8.46万元。在册社会散居孤儿和事实无人抚养儿童41人，每人每月发放补助金1359元。持证残疾人2355人，享受重度残疾人护理补贴的在册重度残疾人1159人，享受生活补贴的在册低保残疾人800人，全年发放两项补贴390万元。

【乡村振兴】 2022年，附城街道完成城区主干道两边人行道整改工程。丰盛精品村建设项目2.5千米的旧环村道路全部铺设沥青，建成1.8千米新环村道路；建成1000平方米的村口休闲小公园，8000平方米的绿化停车场投入使用，入口景观、单车驿站、写生公园、亲水平台、亲水平台沿江小路、古码头、党建公园、礼孝公园、五子树公园、廊架、景墙、公厕均完成建设。平西村创建省级生态宜居美丽乡村示范村，申报省级乡村治理“百镇千村”示范村。高峰龙船坑河堤工程项目总投资2500万元，完成78%；附城街道迎宾大道高峰村段道路改造工程项目总投资3958万元，完成80%；罗定市第三小学前市政道路工程项目总投资2408万元，完成91%。截至2022年年底，附城街道建成小菜园655个、小果园498个、小花园133个、小公园15个。 （陈建岐）

罗城街道

【概况】 罗城街道位于罗定市中部偏北，北纬22°46′，东经111°32′。北与附城、双东街道接壤，东、西、南分别与华石镇、生江镇、素龙街道交界，是罗定市的政治、经济、文化中心，市人民政府驻地。地处罗定红盆底部，罗定江（南江）从中流过，属河岸低丘地貌。年平均气温22℃，全年无霜期345天，年均降水量1500毫米。国道324线和省道德珠线在城区交会，交通便利。旅游资源有罗定文塔、罗定学宫、菁莪书院、三罗民众抗日指挥部旧址、市人民广场等。罗城街道总面积8.4平方千米。截至2022年末，全街道户籍总人口102617人，总户数36007户。其中，男性53629人，女性48988人。

【经济建设】 2022年，罗城街道规模以上工业总产值269504万元，限额以上商贸零售额58764万元，财政收入2815万元，完成固定资产投资6.61亿元。规模以上工业企业7家，限额以上商贸企业40家。城镇居民人均纯收入32073元，农村居民人均纯收入20197元。

【城镇建设】 2022年，罗城街道泷江碧道（旧桥至二桥段）、人民广场投入使用，升级改造区屋段河岸及旧龙城乐园等地块；升级改造大新前路排水设施及行人道，重新铺设大新前路1220米道路排水管道，对路面实施标准硬底化建设；投资5.8亿元改造老旧城区，升级改造排污管网16千米，改善市政道路30千米。投资2000万元改造“华侨里”“中瑶塘”“教师村”等老旧小区。对平田里、大木塘、莲池西街、体育二巷等老旧城区道路进行硬底化建设并铺设沥青；完成学府路的规划设计工作。完善升级街道、社区两级文化站，建造人民剧场、社区曲艺社。升级改造5个高规格综合农贸市场，建成3个生活垃圾分类示范片区。推进智慧停车，新增逾千个停车位。

【文化事业】 2022年，罗城街道文化站联合妇联、团委、社工站、社会组织和志愿者开展各类公益课堂活动，课程包括暑期公益课堂、法治讲座、禁毒宣讲、安全教育等。街道文化站开展学习贯彻中共二十大精神专题宣讲会、创建文明城市志愿服务活动、暑期关爱少年儿童系列活动、家庭教育进社区系列活动、预防新型毒品禁毒宣传、青年志愿服务进机关进社区文艺晚会等活动。

【教育】 2022年，罗城街道有完全小学6所，公办幼儿园3所，专任教师654人。街道小学在校学生10911人，在园幼儿1341人，小学、“三残”适龄儿童入学率、升学率等各项指标均达到100%。

【医疗卫生】 2022年，罗城街道社区卫生服务中心社区门诊护理服务17703人次，其中静脉输液3553人次，肌注3762人次，超声雾化430人次。服务精神病患者3612人次，慢病免费发药5285人次。门诊诊疗81867人次，比2021年增加1199人次，增长率1.5%。全年总收入2014.23万元，其中财政补助收入735.29万元，医疗业务收入1235.79万元（包括药品收入1074.33万元），医疗业务收入比2021度同期增收195.43万元，增长18.8%，其他收入25.15万元。建立居民健康档案119367份，其中0～6岁儿童档案13260份，常住65岁及以上老年人档案9050份，高血压患者档案3733份，糖尿病患者档案1762份，重症精神病患者档案596份，孕产妇档案4151份。“两癌”筛查402人，筛查完成率100%。

【社会保障】 2022年，罗城街道在册低保户863户，保障人口1693人，发放保障金1334.64万元。五保户24户，保障人口24人，发放保障金347984元，照料护理费24人77370.6元，2022年春节慰问金91300元。对困难群众进行临时救助27人次，救助金额42300元。在册社会散居孤儿18人，事实无人抚养儿童11人，已全部享受基本生活费每月每人1313元。罗城社工站12名社工驻点南区、区屋、石围，开展服务工作。

【乡村振兴】 2022年，罗城街道提供消费帮扶资金9.67万元；发放涉农贷款1001万元；政策扶持涉农冷链物流，罗定市鸿麟食品贸易有限公司获得农担贷款300万元；驻镇帮镇扶村工作队解决星河南湾小区物业纠纷等信访问题；开展燃气安全报警器安装、房屋结构性调查等工作。

（刘镕源）

▲2022年12月29日，罗定市碧道项目（一桥至二桥段）建设完成并投入使用 （罗 正/摄）

人物·荣誉

国家级荣誉获得者选介

颜志新　男，汉族，1986年1月出生，中共党员，现任罗定市司法局普法与依法治理股股长，主要负责统筹普法宣传和法治创建的指导、管理。任职以来，积极做好依法治理各项工作：围绕中国特色社会主义法律体系内容，结合时间节点和目标人群，开展形式多样、内容丰富的普法宣传活动；推进公职人员学法用法，开展常态化“谁执法谁普法”履职报告评议活动，做好国家公职人员学法专题考试。开展法治文化创建工作，持续推进法治阵地建设和“民主法治示范村（社区）”创建。强化普法基础，持续推动普法方式方法创新，加强普法队伍建设，提升普法成效。2021年12月28日，颜志新被中央宣传部、司法部、全国普及法律常识办公室评为2016—2020年全国普法工作先进个人。

黄志成　男，汉族，1961年9月出生，罗定市素龙人，为立锋电影放映队队长，自1983年起，黄志成跟随电影放映队到各镇各村放映电影，1988年，黄志成承包了素龙电影院，开始写下其放映事业的新篇章。上世纪90年代，黄志成开始摸索露天放映，到全市各镇各村放映，并坚持至今。2022年，黄志成被中共中央宣传部评为“全国岗位学雷锋标兵”。

梁中尧　男，汉族，1975年3月出生，农学专业大学本科学历，农学高级农艺师，中共党员。1993年9月至1997年6月，在仲恺农业技术学院农学系农学专业学习；1997年8月至2009年6月，在罗定市良种场工作；2009年7月至2021年4月，在罗定市农业技术推广中心工作；2018年11月，参加广东省农业农村厅“保护性农业技术培训”赴澳大利亚培训团学习；2021年5月始，在罗定市农业发展中心工作，主要从事水稻、玉米、花生、小麦、马铃薯、绿豆等农作物新品种、新技术的试验、示范、推广工作。2016年12月，获2014—2016年度全国农牧渔业丰收奖农业技术推广贡献奖（独立）；2019年12月，撰写《华南双季稻区两稻四鸭两绿肥种养结合水旱轮作集约型可持续农业生产模式》入选广东“2019年农作物绿色高质高效技术模式”；2020年3月20日，“亚热带丘陵区天然富硒有机水稻的栽培方法”被国家知识产权局授权发明专利；2022年12月，全国食味鉴评金奖品种“美香占2号”大规模推广及稻米品牌创新获2019—2021年度全国农牧渔业丰收奖农业技术推广成果奖一等奖。

省级荣誉获得者选介

蓝誉鑫 男，1987年10月出生，广东罗定人，中共党员，是广东电网有限责任公司云浮罗定供电局配网智能作业班班长、行业无人机领域拔尖技能专家、山区电网无人机巡检探路人。专注于攻克山区电网智能运维技术，带领团队悉心钻研适合山区及丘陵地带的无人机巡线及运维技术，取得重大突破。带头组建罗定供电局无人机先锋队，为特殊地形供电线路日常巡线及灾后巡视工作提供高效解决方案，积极参与无人机行业标准及作业场景解决方案的修编，探索新应用场景，试验、试飞新型行业无人机并研发人工智能识别模型，将智能电网运维技术有效应用到实际工作场景。作为罗定供电局“海蓝工作室”职工创新工作室负责人，坚持推进各项科技创新工作，带领团队成员获得广东电网有限责任公司创新奖励成果团体一等奖、广东电网公司多旋翼无人机技能竞赛团体二等奖、广东电网公司工人先锋号等荣誉。推进无人机技术应用的事迹在整个南方电网获得广泛宣传，被《中国青年报》《南方日报》刊发报道。曾获“广东省五一劳动奖章”和“广东省优秀共青团员”称号。2022年1月，蓝誉鑫荣获“中国南方电网公司劳动模范”称号。

王奋 男，汉族，1980年9月出生，现任罗定市消防救援大队大队长，荣立个人三等功3次。入队18年来，他在基层、机关、大队均历练过，哪里的工作任务最重，他就会出现在哪里。他素质全面、业务能力强，在通信岗位工作时，被总队评为全省信息化先进个人。在防火岗位工作时，先后多次被省公安厅抽调参与防火专业中级技术职称题库修订，被评为优秀法制员，被总队聘为全省火调骨干、公安现役部队办案业务骨干、战区灭火救援专家组成员，支队在2017年度全省执法质量考评工作中被总队评为优秀，2018年度全省第六名，2019年全省第八名，工作实绩突出。2019年，公安消防部队改革转制，原大队主官选择转业，王奋作为“救火队员”再次临危受命，到罗定市消防救援大队主持工作。罗定市消防救援大队是省艰苦边远地区队站，每年接警量占支队的一半，任务极重、形势复杂。自任代理大队长以来，他大力推动基层基础建设，队伍面貌焕然一新。狠抓队伍精细化管理，开展“正风肃纪”活动，队伍正规化水平进一步提升。2022年1月，王奋被广东省消防救援总队评为大队优秀指挥员。

黄灿才 男，汉族，1994年10月出生，共青团员，大专学历，现任罗定市龙华东路消防救援站消防员。曾获中共十九大安保“三等功”1次、广东省消防救援总队“训练标兵”、云浮市消防救援支队“先进个人”等荣誉，多次被单位评为“优秀士兵”“优秀消防员”等先进代表。一个消防站就是一座堡垒，一名消防员就是一面旗帜。堡垒无言，却能凝聚强大力量；旗帜无声，却能鼓舞磅礴斗志。黄灿才就是这样书写着消防人的忠诚，在平凡之中，用最真挚、最实际的行动践行着“对党忠诚、纪律严明、赴汤蹈火、竭诚为民”的新时代消防人的铮铮誓言。2021年8月21日，在天创（罗定）双东环保工业园厂房火灾等灭火救援过程中，黄灿才发扬英勇顽强，敢于拼搏，敢打近战、恶战的战斗作风，与大家合力成功阻止火势继续蔓延。2022年1月31日除夕，罗定市新冠疫情暴发，作为一名罗定人，黄灿才坚守在基层，主动请缨担任队站公共卫生消毒员，奋战在防疫第一线。在职业生涯他参与了4000余起消防救援任务，抢救被困人员60余人，抢救财产2000余万元，献血1500毫升，开展消防宣传500余次，为保障驻地人民生命安全做出了突出贡献。2022年1月，黄灿才再次获得广东省消防救援总队“训练标兵”荣誉称号。

郑鹏涛 男，汉族，1986年9月出生，现任罗定市消防救援大队专业技术一级指挥员。作为大队的防火业务骨干，为切实做好消防宣传工作，全面落实“防、消、宣”三位一体化工作机制，他从监督检查、宣传培训、救援演练等多方面着手，以各场所消防安全负责人、管理人和员工等群体为重点宣传对象，从源头上防范化解群众身边的安全风险，切实筑牢火灾防控根基。曾多次组织和参与辖区高风险区域宣传培训、消防安全“网格化”培训、119消防月活动启动仪式、消防志愿者宣传培训、火灾隐患举报投诉宣传等活动，对各镇村领导、派出所民警和重点单位、社会单位有关人员的分批进行消防培训。危难面前，他身先士卒，冲锋在前，先后参加抗击台风“艾云尼”“山竹”“11·15”火灾等救援。2011年，被云浮市消防救援支队记三等功1次。2022年1月，郑鹏涛被广东省消防救援总队评为支队级优秀教练员。

王彩强 男，1972年3月出生，广东平远人，研究生学历，中共党员。1995年7月参加工作，现任广东电网有限责任公司云浮罗定供电局党委书记、副总经理。自2018年到罗定供电局担任领导职务以来，他始终把企业工作放到服务党和国家大局中去思考和推进，在电网领域奋勇争先，坚决打赢关键核心技术攻坚战，取得一系列成绩，带领罗定供电局实现逆境突围。为解决山区供电企业基层管理的痛点难点，他弘扬长岗坡精神，充分克服山区供电企业资金人员不足的困境，先行先试、积极探索，推动罗定供电局无人机应用从无到有到精，走在全省前列，引导技术人员充分发挥无人机数据价值，打造广东首张电力数字地图，推动罗定电网看得见、摸得着、守得住，实现透明化管理，切实为基层减负。他始终坚持从管理、从技术上进行创新探索，推进装表工厂化、打造综合指挥中心等多项创新实践落地。其中《县级供电企业透明化管理体系研究与实践》获得2021年第十八届南方电网国际技术论坛优秀论文二等奖、广东电网公司管理创新一等奖。2022年3月，王彩强被广东电网有限责任公司授予“广东电网公司2021年度创新先进个人”称号。

冯敏英 女，1976年3月出生，广东罗定人，本科学历，中共党员。1997年8月参加工作，现任中共罗定市委政策研究中心干部。2021年8月，她主动请缨参加乡村振兴驻村帮扶工作，获得单位罗定市委办的指派，成为驻华石镇帮扶工作队队员，并任驻古范村第一书记。驻村以来，冯敏英深入了解调研，党建引领推进撂荒土地复耕复种。牵引广东省农业龙头企业绿家农业发展有限公司到村里规模化开垦种植，成功把村中150多亩撂荒地盘活，种上特色农作物辣椒和花生，带动脱贫户在家门口就业增收致富，实现巩固拓展脱贫攻坚成果与乡村振兴有效衔接。她坚持每天进村入户走访、收集社情民意，牢记为人民服务的宗旨，办了一批得民心、惠民生、顺民意的大小实事好事，获得群众的一致好评。

冯敏英在驻村工作中不断积累总结，撰写的乡村振兴小故事《惠民保险筑牢防返贫的“防火墙”》《荒地变基地，罗定华石蔬果香》《我的驻镇故事提升乡村“颜值”，扮靓幸福底色》《罗定华石镇：村道实现硬底化，村民走上放心路》等10多篇文稿被“南方+”“学习强国”学习平台等媒体采用刊登。其中，《罗定古范村冯敏英：村民眼中的“自家人”》《我是第一书记 | 冯敏英：驻村一年多，她已完成36件大小实事》分别被《云浮日报》采访和《新快报》采访报道。冯敏英给自己许下四个“不负”：不负群众信任、不负组织期许、不负党员使命和不负青春韶华。2022年3月，冯敏英被广东省乡村振兴局和广东省妇女联合会评为“优秀巾帼队员”。

李紫沿 男，1987年10月出生，群众，现任中顺洁柔（云浮）纸业有限公司质管部主管，质量工程师。负责所在单位现场质量管理及产品技术改进工作，负责修订及维护生活用纸质量标准期间，全程参与心相印高档涂布纸巾研发，携团队攻克涂布量及涂布乳霜回流脏污问题，确保成品顺利上市，于2012年参与涂布纸巾纸标准的起草，为《涂布纸巾纸》标准的主要起草人。任职中顺洁柔（云浮）纸业有限公司质管部主管期间，抓住ISO:9001体系风险控制核心，重点抓PDCA（计划、执行、检讨、改进）管理动态循环，不断寻求管理创新，打造一流质管团队，将产品质量保证能力推上一个新台阶。2017年至今，云浮分厂无国家监督抽检不合格事件，年度消费者指数显示，洁柔品牌位列2019年消费者触及数增长最快品牌，市场占有率大大提升。2017年首次参加罗定市质量奖评选，获得罗定市第二届质量提名奖，2018年云浮分公司获得中顺洁柔质量奖，2019年1月所在部门获评中顺洁柔（云浮）纸业2018年度优秀部门，2020年度获云浮市政府质量提名奖，2020年12月获评云浮市劳动模范。2022年4月获广东省五一劳动奖章。

彭丽 女，1981年12月出生，广东罗定人，中共党员，2001年6月毕业于肇庆市卫生学校。2003年4月至今在罗定市中医院从事临床护理工作20年。2011年1月从广东药学院护理专业（大专）毕业。于2018年6月取得主管护师资格。她爱岗敬业，积极进取，熟练掌握并独立完成25项基础护理操作，掌握各项常用的急救技术，掌握急诊科常见病、急危重症疑难病和院前急救护理。曾在抗击新冠疫情中表现突出，被罗定市中医院评为“抗击疫情先进个人”“优秀护士”。2022年4月，被广东省中医药学会护理专业委员会评为“广东省中医系统优秀护士”。2022年被广东省护士协会聘请为急诊护士分会委员。

范德才 男，1985年5月出生，广东罗定人，本科学历，现在工作单位是罗定市动物卫生监督所。2013年1月进入罗定市加益镇畜牧兽医水产站从事动物防疫检疫工作，于2016年1月毕业于东北农业大学动物医学专业。范德才在动物防疫工作中认真负责地做好每一项工作，曾经荣获2014年云浮市动物防疫职业技能选拔赛个人三等奖，2016年云浮市动物防疫职业技能选拔赛个人优秀奖，2022年云浮市动物防治员职业技能选拔赛三等奖。2022年8月，范德才被广东省农业农村厅授予第五届全国农业行业职业技能大赛广东省初赛——动物疫病防治员竞赛个人优秀奖。

王维绍 男，汉族，1971年2月出生，广东罗定人，中共党员，1992年12月参加工作，先后在罗定市公安局附城派出所、新乐镇人民政府任职，现任罗定市附城街道综治中心专职副主任。王维绍始终以党的事业为重，以为民服务为使命，时刻牢记全心全意为人民服务的宗旨、群众利益无小事的原则，实实在在解决群众纠纷，全面提升附城街道平安建设水平，不断增强人民群众获得感、幸福感、安全感。2022年10月，街道四级主任科员王维绍被中共广东省委平安广东建设领导小组办公室、广东省人力资源和社会保障厅评为“2020—2021年度平安广东建设先进个人”。

范桂贤 女，汉族，1980年10月出生，广东罗定人，广东海洋大学大气科学专业毕业，本科学历，自2001年7月起在罗定市气象局从事气象工作。范桂贤在思想上爱党爱国，坚决拥护党的路线方针，有较强的责任意识和大局意识；工作上积极肯干，勤学习、肯钻研，办事效率高，执行能力强，业务水平高。对于时时不间断的气象观测，周末、节假日值班也是常有的事，她敢于担当，认真负责，出色地完成各项气象工作任务。2009年11月，作为全市气象测报业务骨干，她代表云浮市参加阳江国家基本气象站“250班”验收工作，从中汲取先进经验，及时向领导作书面汇报总结验收工作的心得，推进了全市测报业务质量的发展，得到了市局领导的充分肯定。2011年和2013年分别获得中国气象局授予“质量优秀测报员”称号。2014—2022年期间在防雷监测、财务会计、办公室等岗位上皆表现出色。2021年参与天堂镇紫米种植气候分析与防灾增产研究项目，推动了农业气象观测发展。2022年12月，荣获广东省农业技术推广奖。

李海 男，1988年11月出生，广东罗定人，中共党员，高级工程师，现任广东电网有限责任公司云浮罗定供电局办公室主任助理兼数字化及网络安全专责。坚持开拓创新，主持参与创新项目10余项，申报发表多项技术论文、软著及发明专利。领衔建成广东电网公司优秀职工创新工作室“海蓝创新工作室”“云浮市技能大师工作室”，带领团队以一系列数字化创新成果攻坚解决制约供电发展技术难题，提升供电可靠性和配网数字化管理水平，助推电网企业高质量发展和地方经济社会发展。近年参与建成南方电网首个无人机WAPI（无线局域网鉴别和保密基础结构）传输网络，取得广东电网首个配网设备全景可视化技术、电力数字地图等多项数字化创新成果，辅助电网运维规划工作，解决地区用电紧张、电网安全隐患巡不到、辨不出等问题。围绕业务需求自主研发多款软件机器人，提升业务管理效能，为基层减负和推进企业数字化转型作出贡献。带领团队曾获南方电网国际技术论坛二等奖、广东电网公司管理创新一等奖、广东电网公司职工技术创新二等奖等奖项。个人曾获“广东电网公司技术能手”“云浮市职工经济技术创新能手”称号。2022 年 4 月，荣获“云浮市五一劳动奖章”。12 月，李海获评“广东电网公司劳动模范”，

陈怡光 男，汉族，广东罗定人，1963 年 8 月出生，中共党员，1983 年 8 月肇庆农业学校中专毕业，现任罗定市农业发展中心副主任、高级农艺师，从事农业技术推广工作 41 年。2013 年，《新型抗病毒剂病毒星原药合成技术优化与应用研究》获广西南宁市科技进步一等奖。2014 年，《水稻绿色防控技术研究与推广应用》获云浮市科技进步二等奖。2022 年 12 月，《水稻重大病虫绿色防控技术研究与示范推广》获广东省农业技术推广一等奖。

表 38　2022 年度罗定市单位集体获得国家级荣誉称号情况一览表

单位名称	奖项名称	授予单位	授予时间
太平镇中心小学	2021 年全国青少年校园足球特色学校	教育部	2022 年 1 月
罗定市	第二批全国农作物病虫害绿色防控整建制推进县	农业农村部种植业管理司	2022 年 6 月
罗定职业技术学院机电工程系教工党支部	全国党建工作样板支部	教育部	2022 年 6 月
罗定市疾病预防控制中心	2022 年中国居民营养与健康状况监测项目先进集体	中国疾病预防控制中心营养与健康所	2022 年 12 月
罗定市附城街道丰盛村	第九批“全国民主法治示范村（社区）”	中华人民共和国司法部、中华人民共和国民政部	2022 年 12 月
罗定市政务服务数据管理局工会户外劳动者爱心驿站	最美工会户外劳动者服务站点	中华全国总工会	2022 年 12 月

表 39　2022 年度罗定市单位集体获得省级荣誉称号情况一览表

单位名称	奖项名称	授予单位	授予时间
罗定市供销合作社联合社	2022 年度全省供销合作社系统综合业绩考核县级优胜单位二等奖	广东省供销合作联社	2022 年 1 月
罗定市龙华东路消防救援站	基层建设先进消防救援站	广东省消防救援总队	2022 年 1 月

续表 39

单位名称	奖项名称	授予单位	授予时间
罗定农商银行	2021 年度数字普惠金融先锋奖	广东省中小企业融资平台	2022 年 1 月
罗定实验中学	广东省网络安全示范校	广东省教育厅	2022 年 1 月
罗定市生江镇七记村	2022 年省级“一村一品、一镇一业”专业村称号	广东省农业农村局	2022 年 1 月
罗定市教育局	广东省校园网络安全示范区	广东省教育厅	2022 年 1 月
罗定市龙湾镇	广东省卫生镇	广东省爱国卫生运动委员会	2022 年 1 月
罗定市罗镜镇	广东省卫生镇	广东省爱国卫生运动委员会	2022 年 1 月
罗定市分界镇	广东省卫生镇	广东省爱国卫生运动委员会	2022 年 1 月
罗定市苹塘镇	广东省卫生镇	广东省爱国卫生运动委员会	2022 年 1 月
罗定市替滨镇替滨村	广东省“一村一品、一镇一业”肉桂专业村	广东省农业农村厅	2022 年 1 月
罗定市文化广电旅游体育局	2022 年广东省“扫黄打非”先进集体	广东省“扫黄打非”工作领导小组	2022 年 2 月
罗定供电局生江供电所	广东电网公司 2021 年度安全生产先进集体	广东电网有限责任公司	2022 年 2 月
罗定消防救援大队	广东省科普教育基地	广东省科学技术协会、广东省科学技术厅	2022 年 3 月
罗定供电局工会女职工委员会	广东电网公司 2020—2021 年度女工工作先进集体	广东电网有限责任公司工会委员会	2022 年 3 月
罗定供电局供电服务中心	2021 年度南方电网公司青年文明号	中国共产主义青年团中国南方电网有限责任公司委员会	2022 年 4 月
罗定供电局团总支	广东电网公司 2021 年度五四红旗团总支	中国共产主义青年团广东电网有限责任公司委员会	2022 年 4 月
罗定中学	广东省校园游泳推广学校	广东省教育厅	2022 年 4 月
广东微容电子科技有限公司	广东省五一劳动奖章	广东省总工会	2022 年 4 月
罗定职业技术学院经济管理系教工党支部	第二批广东省新时代高校党建示范创建和质量创优工作（样板支部）单位	中共广东省委教育工作委员会	2022 年 4 月

续表 39

单位名称	奖项名称	授予单位	授予时间
罗定中学	2022 年度广东省教科文卫工会模范职工之家	广东省教科文卫工会	2022 年 6 月
罗定市	广东省妇女儿童发展规划示范县（市、区）（实施时间为 2022—2025 年）	广东省妇女儿童工作委员会	2022 年 8 月
罗定市生江镇退役军人事务站	2021 年广东省五星级示范退役军人服务中心（站）	广东省退役军人事务厅	2022 年 8 月
罗定市泗纶镇人民政府	广东省优秀镇域乡村振兴规划一等奖	广东省乡村振兴局、南方杂志社	2022 年 9 月
罗定市华石镇三屋村	2022 年广东省“民主法治示范村（社区）”	中共广东省委全面依法治省委员会办公室、中共广东省委农村工作领导小组办公室、广东省司法厅、广东省民政局	2022 年 9 月
罗定市苹塘镇良官村	2022 年广东省“民主法治示范村（社区）”创建单位	中共广东省委全面依法治省委员会办公室、中共广东省委农村工作领导小组办公室、广东省司法厅、广东省民政局	2022 年 9 月
罗定市罗平镇双莲村	2022 年广东省“民主法治示范村（社区）”创建单位	中共广东省委全面依法治省委员会办公室、中共广东省委农村工作领导小组办公室、广东省司法厅、广东省民政局	2022 年 9 月
罗定市教育局	广东省校园网络安全示范区	广东省教育厅	2022 年 10 月
罗定市森林消防大队	广东省应急救援先进集体	广东省人力资源和社会保障厅、广东省应急管理厅	2022 年 10 月
罗定供电局海蓝创新工作室	2022 年广东电网公司优秀创新工作室	广东电网有限责任公司	2022 年 12 月
罗定供电局生产计划部配网智能作业班	广东电网公司 2022 年度工人先锋号	广东电网有限责任公司	2022 年 12 月
罗定市总工会	广东省新就业形态劳动者建会入会集中行动先进集体	广东省总工会办公室	2022 年 12 月
罗定职业技术学院	广东省国防教育特色学校	广东省教育厅	2022 年 12 月
罗定市罗镜镇中学	广东省校园排球项目推广学校	广东省教育厅	2022 年 12 月

表 40　　2022 年度罗定市单位集体获得市级荣誉称号情况一览表

单位名称	奖项名称	授予单位	授予时间
中共罗定市委办公室	云浮市党委系统信息工作先进单位	中共云浮市委办公室	2022 年 1 月
罗定中学	2021 年云浮市文明单位	中共云浮市委 云浮市人民政府	2022 年 1 月
罗定职业技术学院共青团	共青团工作年度考核“优秀”	共青团云浮市委	2022 年 1 月
罗定市气象局	2021 年度全市气象部门综合考评特别优秀单位	广东省云浮市气象局	2022 年 2 月
罗定市气象局	2021 年度重大气象服务先进集体	广东省云浮市气象局	2022 年 2 月
国家税务总局罗定市税务局收入核算股	2021 年度云浮市“巾帼文明岗”	云浮市妇女联合会	2022 年 2 月
罗定市素龙街道办事处	云浮市消费帮扶突出贡献单位	云浮市乡村振兴局	2022 年 3 月
罗定市卫生监督所	2022 年度云浮市卫生监督执法先进集体	云浮市卫生监督所	2022 年 3 月
罗定中学城东学校	云浮市消费帮扶突出贡献单位	云浮市乡村振兴局	2022 年 3 月
罗定农商银行	2021 年云浮市中征应收账款融资服务平台推广工作先进单位	中国人民银行云浮市中心支行	2022 年 3 月
罗定农商银行	2021 年云浮市“粤信融”推广工作先进单位	中国人民银行云浮市中心支行	2022 年 3 月
罗定农商银行	云浮市消费帮扶突出贡献单位	云浮市乡村振兴局	2022 年 3 月
罗定职业技术学院	征兵工作先进单位	云浮市人民政府征兵办公室	2022 年 3 月
罗定市龙湾镇驻镇帮镇扶村工作队	2021 年度消费帮扶工作中作出突出贡献单位	云浮市乡村振兴局	2022 年 3 月
罗定市人民法院	2021 年度消费帮扶工作中作出突出贡献单位	云浮市乡村振兴局	2022 年 3 月
罗定市宝捷电子有限公司行政部	云浮市工人先锋号	云浮市总工会	2022 年 4 月
广东金正龙科技有限公司	云浮市五一劳动奖章	云浮市总工会	2022 年 4 月
中国邮政集团有限公司广东省罗定市分公司	云浮市五一劳动奖章	云浮市总工会	2022 年 4 月

续表 40

单位名称	奖项名称	授予单位	授予时间
国家税务总局罗定市税务局团支部	2021 2022年度“云浮市五四红旗团支部”	共青团云浮市委员会	2022年4月
罗定中学志愿服务队	云浮市2021年度先进集体（组织/团队）	共青团云浮市委员会、云浮市志愿者联合会	2022年5月
国家税务总局罗定市税务局第一税务分局	2020—2021年度税务系统云浮市青年文明号	国家税务总局云浮市税务局、共青团云浮市委员会	2022年5月
泗纶镇人民政府	云浮市2022年度信访工作优秀等次	中共云浮市委办公室、云浮市人民政府办公室	2022年6月
罗定市政务服务数据管理局	“御海”珠海·云浮数字政府网络安全联合攻防演练活动优秀防守单位	“御海”珠海·云浮数字政府网络安全联合攻防演练指挥部	2022年7月
罗定市中医院药剂科	辛振杰云浮市中药名师工作室	云浮市卫生健康局、云浮市中医药局	2022年7月
罗定市罗镜镇龙岩村	2021年云浮市“民主法治示范村（社区）”创建单位	中共云浮市委全面依法治市委员会办公室、中共云浮市委农村工作办公室、云浮市民政局、云浮市司法局	2022年8月
罗定市船步镇甘步村	2021年云浮市“民主法治示范村（社区）”创建单位	中共云浮市委全面依法治市委员会办公室、中共云浮市委农村工作办公室、云浮市民政局、云浮市司法局	2022年8月
罗定市教育局	2022年云浮市校园足球高中联赛优秀组织单位	云浮市教育局	2022年9月
素龙街道驻街帮街扶村工作队	云浮市“农行杯”乡村音乐原创歌曲创作大赛一等奖	云浮市乡村振兴局	2022年10月
罗定市教育局	2022年云浮市中学生引体向上锦标赛团体总分第四名	云浮市教育局	2022年11月
罗定市教育局	2022年云浮市中小学生跳绳、引体向上锦标赛优秀组织单位	云浮市教育局	2022年11月
罗定市教育局	2022年云浮市校园足球夏令营选拔活动道德风尚奖	云浮市教育局	2022年11月
罗定市教育局	2022年云浮市校园足球夏令营优秀组织奖	云浮市教育局	2022年11月
云浮市李海电力数字化技能大师工作室	2022年度云浮市技能大师工作室	云浮市人力资源和社会保障局、总工会	2022年11月

续表 40

单位名称	奖项名称	授予单位	授予时间
云浮市彭媚粤菜师傅（面点）大师工作室	2022 年度云浮市技能大师工作室	云浮市人力资源和社会保障局、总工会	2022 年 11 月
十九路军抗日爱国广场科普教育基地	云浮市科普教育基地	云浮市科学技术协会	2022 年 11 月
船步镇人民政府	2022 年度征兵工作先进单位	云浮市人民政府征兵办公室	2022 年 12 月
云浮市（罗定）第三人民医院	2022 年度一网一证先进集体	云浮市精神文明建设委员会办公室、云浮市民政局、共青团云浮市委员会	2022 年 12 月
罗定市财政局	云浮市第七次全国人口普查先进集体	云浮市第七次全国人口普查领导小组	2022 年 12 月
罗定市委党史地方志办公室	2022 年度云浮市党史系统先进集体	中共云浮市委党史研究室	2022 年 12 月
罗定市苪塘镇护河志愿服务队	2022 年度云浮市疫情防控志愿服务先进集体	云浮市精神文明建设委员会办公室、云浮市民政局、共青团云浮市委员会	2022 年 12 月
罗定市苪塘镇人民政府	云浮市第七次全国人口普查先进集体	云浮市第七次全国人口普查领导小组	2022 年 12 月
罗定市苪塘镇平石村委	云浮市第七次全国人口普查先进集体	云浮市第七次全国人口普查领导小组	2022 年 12 月
罗定市市场监督管理局	云浮各县（市、区）直机关“十佳创新案例”	云浮市委组织部、中共云浮市委全面深化改革委员会办公室	2022 年 12 月
罗定供电局海蓝创新工作室	云浮市技能大师工作室	云浮市总工会、云浮市人力资源和社会保障局	2022 年 12 月
华石镇雅言村委	云浮市第七次全国人口普查先进集体	云浮市第七次全国人口普查领导小组	2022 年 12 月
罗定中学城东学校	2022 年云浮市志愿服务先进集体	云浮市文明办 云浮市民政局、共青团云浮市委员会	2022 年 12 月
加益镇人民政府	云浮市第七次人口普查先进集体	云浮市第七次人口普查领导小组	2022 年 12 月
加益镇社区居民委员会	云浮市第七次人口普查先进集体	云浮市第七次人口普查领导小组	2022 年 12 月
罗定实验中学	云浮市教育系统学习中共二十大精神知识竞赛优秀组织单位	云浮市教育系统党委	2022 年 12 月
罗定市龙湾镇人民政府	云浮市美丽镇村建设专项竞赛良好奖	中共云浮市委实施乡村振兴战略领导小组	2022 年 12 月

续表 40

单位名称	奖项名称	授予单位	授予时间
中国共产主义青年团罗定龙湾镇委员会	2022 年度云浮市疫情防控志愿服务先进集体	云浮市文明办、云浮市民政局、共青团云浮市委员会	2022 年 12 月
罗定市分界镇居民委员会	云浮市第七次全国人口普查先进集体	云浮市第七次全国人口普查领导小组	2022 年 12 月
替滨镇金滩村村民委员会	云浮市第七次全国人口普查先进集体	云浮市第七次全国人口普查领导小组	2022 年 12 月
生江镇生江村民委员会	云浮市第七次全国人口普查先进集体	云浮市第七次全国人口普查领导小组	2022 年 12 月
罗定市公安局治安大队	云浮市第七次全国人口普查先进集体	云浮市第七次全国人口普查领导小组	2022 年 12 月
罗定市苹塘镇良官村民委员会	云浮市第七次全国人口普查先进集体	云浮市第七次全国人口普查领导小组	2022 年 12 月
罗定市苹塘镇	云浮市美丽镇村建设专项竞赛优秀奖	中共云浮市委实施乡村振兴战略领导小组办公室	2022 年 12 月

表 41　2022 年度罗定市个人获得国家级荣誉称号情况一览表

获得者	工作单位	奖项名称	授予单位	获奖时间
颜志新	罗定市司法局	2016—2020 年全国普法工作先进个人	中共中央宣传部、中华人民共和国司法部、全国普及法律常识办公室	2022 年 1 月
黄志成	立锋电影放映队	第七批全国岗位学雷锋标兵	中共中央宣传部	2022 年 3 月
梁中尧	罗定市农业农村局	2019—2021 年度全国农牧渔业丰收奖农业技术推广成果奖一等奖	中华人民共和国农业农村部	2022 年 12 月

表 42　2022 年度罗定市个人获得省级荣誉称号情况一览表

获得者	工作单位	奖项名称	授予单位	获奖时间
文　忠	罗定市发展和改革局	从事广东省价格调查 20 年以上荣誉	广东省发展改革委	2022 年 1 月
蓝誉鑫	广东电网有限责任公司云浮罗定供电局	南方电网公司 2021 年度劳动模范	中国南方电网有限责任公司	2022 年 1 月

续表 42

获得者	工作单位	奖项名称	授予单位	获奖时间
王　奋	罗定市消防救援大队	优秀大队指挥员	广东省消防救援总队	2022 年 1 月
黄灿才	罗定市消防救援大队	训练标兵	广东省消防救援总队	2022 年 1 月
郑鹏涛	罗定市消防救援大队	支队级优秀教练员	广东省消防救援总队	2022 年 1 月
李梓健	罗定市信访局	“冬奥会、冬残奥会”信访安全保障工作先进个人	广东省信访工作联席会议办公室	2022 年 3 月
李梓健	罗定市信访局	争当“广东信访铁军标兵”活动表现突出个人	广东省信访工作联席会议办公室	2022 年 3 月
谭振宇	广东电网有限责任公司云浮罗定供电局	广东电网公司 2021 年度基建工作先进个人	广东电网有限责任公司	2022 年 3 月
王彩强	广东电网有限责任公司云浮罗定供电局	广东电网公司 2021 年度创新先进个人	广东电网有限责任公司	2022 年 3 月
冯敏英	中共罗定市委办公室	优秀巾帼队员	广东省乡村振兴局、广东省妇女联合会	2022 年 3 月
覃洪飞	驻罗定市生江镇帮扶工作队	全省乡村振兴驻镇帮镇扶村优秀巾帼队员	广东省乡村振兴局、广东省妇女联合会	2022 年 3 月
李紫沿	中顺洁柔（云浮）纸业有限公司	广东省五一劳动奖	广东省总工会	2022 年 4 月
张　宇	广东电网有限责任公司云浮罗定供电局	广东电网公司 2021 年度电力可靠性管理先进个人	广东电网有限责任公司	2022 年 4 月
戴琨林	广东电网有限责任公司云浮罗定供电局	广东电网公司 2021 年度优秀志愿者	中国共产主义青年团广东电网有限责任公司委员会	2022 年 4 月
陈永钦	广东电网有限责任公司云浮罗定供电局	广东电网公司 2021 年度优秀青年岗位能手	中国共产主义青年团广东电网有限责任公司委员会	2022 年 4 月
冉　杨	广东电网有限责任公司云浮罗定供电局	广东电网公司 2021 年度优秀青年岗位能手	中国共产主义青年团广东电网有限责任公司委员会	2022 年 4 月
彭　丽	罗定市中医院	2022 年度“广东省中医系统优秀护士”	广东省中医药学会	2022 年 4 月
黄嘉林	罗定市社会保险基金管理局	广东社保风采青年	广东省社会保险基金管理局	2022 年 5 月
张婷开	罗定开放大学	2022 年度广东开放大学体系新闻宣传工作先进个人	中共广东开放大学委员会	2022 年 5 月

续表 42

获得者	工作单位	奖项名称	授予单位	获奖时间
许才锋	罗定开放大学	2022 年度优秀教育工作者	广东开放大学	2022 年 6 月
陈宝婵	罗定市博物馆	2017—2022 年度广东省民革优秀党员	民革省委会	2022 年 6 月
黄文权家庭	罗定市人民检察院	2022 年广东省五好家庭	广东省妇女联合会	2022 年 7 月
范德才	罗定市农业农村局	第五届全国农业行业职业技能大赛广东省初赛——动物疫病防治员竞赛	广东省农业农村厅	2022 年 8 月
冼明炫	罗定开放大学	2022 年度优秀教育工作者	广东开放大学	2022 年 9 月
陈秀霞	罗定市人民法院	《罗定法院：巡回法庭进乡村　现场调解化干戈》荣获“2021 年度广东法院优秀新闻作品”优秀奖	广东省高级人民法院	2022 年 9 月
李梓健	罗定市信访局	“中国共产党第二十次全国代表大会”信访安全保障工作先进个人	广东省信访工作联席会议办公室	2022 年 10 月
王维绍	附城街道办事处	2020—2021 年度平安广东建设先进个人	中共广东省委平安广东建设领导小组办公室、广东省人力资源和社会保障厅	2022 年 10 月
范桂贤	罗定市气象局	广东省农业技术推广奖	广东省农业技术推广奖评审委员会	2022 年 12 月
李　海	广东电网有限责任公司云浮罗定供电局	广东电网公司 2022 年度劳动模范	广东电网有限责任公司	2022 年 12 月
陈怡光	罗定市农业农村局	水稻重大病虫绿色防控技术研究与示范推广	广东省农业技术推广奖评审委员会	2022 年 12 月

表 43　　2022 年度罗定市个人获得市级荣誉称号情况一览表

获得者	工作单位	奖项名称	授予单位	获奖时间
黄志成	立锋电影放映队	云浮市第四届道德模范	云浮市精神文明建设委员会	2022 年 1 月
曾伟明	中共罗定市委办公室	云浮市党委系统信息工作先进个人	中共云浮市委办公室	2022 年 1 月

续表 43

获得者	工作单位	奖项名称	授予单位	获奖时间
卢洁明	中共罗定市委办公室	云浮市党委系统信息工作先进个人	中共云浮市委办公室	2022 年 1 月
刘建卫	罗定市中医院	云浮市名中医	云浮市人民政府	2022 年 2 月
彭家柱	罗定市中医院	云浮市名中医	云浮市人民政府	2022 年 2 月
郑明锋	罗定市中医院	云浮市名中医	云浮市人民政府	2022 年 2 月
李建汉	罗定市中医院	云浮市名中医	云浮市人民政府	2022 年 2 月
王　岩	罗定市气象局	云浮市气象局重大气象服务先进个人	广东省云浮市气象局	2022 年 2 月
黎婉珊	罗定市气象局	2021 年度云浮市气象部门防雷减灾先进个人	广东省云浮市气象局	2022 年 2 月
练志森	罗定市气象局	云浮市气象局综合管理先进个人	广东省云浮市气象局	2022 年 2 月
林高斌	罗定市气象局	2021 年度云浮市气象部门优秀通信员	广东省云浮市气象局	2022 年 2 月
黄彩虹	广东电网有限责任公司云浮罗定供电局	云浮市先进女职工	云浮市总工会	2022 年 3 月
卢姿颖	罗定农商银行	2021 年云浮市中征应收账款融资服务平台推广工作先进个人	中国人民银行云浮市中心支行	2022 年 3 月
崔月飞	罗定农商银行	2021 年云浮市“粤信融”推广工作先进个人	中国人民银行云浮市中心支行	2022 年 3 月
李　海	广东电网有限责任公司云浮罗定供电局	五一劳动奖章	云浮市总工会	2022 年 4 月
陈燕婷	国家税务总局罗定市税务局	2021—2022 年度“云浮市优秀共青团员”	共青团云浮市委员会	2022 年 4 月
彭宇楚	国家税务总局罗定市税务局	2021—2022 年度“云浮市优秀共青团干部”	共青团云浮市委员会	2022 年 4 月
黄　翀	龙湾镇政府	2022 年第一季度“云浮好人”	云浮市精神文明建设委员会办公室	2022 年 4 月
陈哲彬	罗定市机关事务管理局	2021—2022 年度“云浮市优秀共青团干部”	共青团云浮市委员会	2022 年 5 月

续表 43

获得者	工作单位	奖项名称	授予单位	获奖时间
江雪梅	团罗定市委	2021—2022 年度“云浮市优秀共青团干部”	共青团云浮市委员会	2022 年 5 月
李婷婷	团罗定市委	2021 年度云浮市优秀志愿者	共青团云浮市委员会、云浮市志愿者联合会	2022 年 5 月
张永谦	一力制药（罗定）有限公司	五一劳动奖章	云浮市总工会	2022 年 5 月
黄灿才	罗定市消防救援大队	五一劳动奖章	云浮市总工会	2022 年 5 月
周燕晴	罗定市人民医院	五一劳动奖章	云浮市总工会	2022 年 5 月
李嘉龙	罗定中学	2021 年度优秀志愿者称号	共青团云浮市委员会、云浮市志愿者联合会	2022 年 5 月
罗宜欣	国家税务总局罗定市税务局	2020—2021 年度税务系统云浮市青年岗位能手	国家税务总局云浮市税务局、共青团云浮市委员会	2022 年 5 月
梁梓健	国家税务总局罗定市税务局	2020—2021 年度税务系统云浮市青年岗位能手	国家税务总局云浮市税务局、共青团云浮市委员会	2022 年 5 月
莫尔航	国家税务总局罗定市税务局	个人嘉奖	国家税务总局云浮市税务局	2022 年 5 月
陈继灿	国家税务总局罗定市税务局	个人嘉奖	国家税务总局云浮市税务局	2022 年 5 月
黄月怡家庭	罗定市泷州中学	2022 年云浮“最美家庭”	云浮市委宣传部、云浮市文明办、云浮市妇联	2022 年 6 月
岑思莲家庭	罗定实验中学	2022 年云浮“最美家庭”	云浮市委宣传部、云浮市文明办、云浮市妇联	2022 年 6 月
黄晓蕾家庭	罗定市围底镇人民政府	2022 年云浮“最美家庭”	云浮市委宣传部、云浮市文明办、云浮市妇联	2022 年 6 月
叶丽莎家庭	罗定海关	2022 年云浮“最美家庭”	云浮市委宣传部、云浮市文明办、云浮市妇联	2022 年 6 月
包国泰	国家税务总局罗定市税务局	云浮税务“最美退役军人”	国家税务总局云浮市税务局、云浮市退役军人事务局	2022 年 7 月
黄活汉	罗定市教师发展中心	云浮市名校长	云浮市教育局	2022 年 8 月
罗雪莲	罗定市教师发展中心	云浮市名教师	云浮市教育局	2022 年 8 月

续表 43

获得者	工作单位	奖项名称	授予单位	获奖时间
李凌充	苹塘镇政府	云浮市十大乡村旅游助力官	云浮市文化广电旅游体育局	2022 年 8 月
黄灿才	罗定市消防救援大队	金牌工人	云浮市总工会	2022 年 8 月
黄梓倍	罗定市人民法院	全市法院“喜迎二十大　司法颂党恩　奋进新征程”主题演讲比赛二等奖	云浮市中级人民法院	2022 年 8 月
肖雅雯	罗定市人民法院	全市法院“喜迎二十大　司法颂党恩　奋进新征程”主题演讲比赛优胜奖	云浮市中级人民法院	2022 年 8 月
黄　水	罗定市委党校	2021—2022 年度全市党校系统优秀教师	中共云浮市委党校	2022 年 9 月
文汉乔	罗定市委党校	2021—2022 年度全市党校系统先进工作者	中共云浮市委党校	2022 年 9 月
许树荣	罗定中学	2022 年云浮市名班主任	云浮市教育局	2022 年 9 月
黄　强	罗定中学	2022 年云浮市名班主任	云浮市教育局	2022 年 9 月
黄　伟	罗定中学	2022 年云浮市名教师	云浮市教育局	2022 年 9 月
莫继深	罗定中学	2022 年云浮市名教师	云浮市教育局	2022 年 9 月
陈正耀	罗定中学	2022 年云浮市名教师	云浮市教育局	2022 年 9 月
肖达强	罗定中学	2022 年云浮市名教师	云浮市教育局	2022 年 9 月
董盛尧	罗定中学	2022 年云浮市名教师	云浮市教育局	2022 年 9 月
何　流	罗定中学	2022 年云浮市名教师	云浮市教育局	2022 年 9 月
黄晓茹	罗定中学	2022 年云浮市名教师	云浮市教育局	2022 年 9 月
郭　绍	罗定实验中学	2022 年云浮市名教师	云浮市教育局	2022 年 9 月
张明国	罗定实验中学	2022 年云浮市名班主任	云浮市教育局	2022 年 9 月
方　哲	罗定实验中学	2022 年云浮市名班主任	云浮市教育局	2022 年 9 月
戴辉武	罗定华侨中学	2022 年云浮市名校长	云浮市教育局	2022 年 9 月
李永泉	罗定华侨中学	2022 年云浮市名教师	云浮市教育局	2022 年 9 月
林高钊	罗定中学城东学校	2022 年云浮市名校长	云浮市教育局	2022 年 9 月

续表 43

获得者	工作单位	奖项名称	授予单位	获奖时间
郭永升	罗定中学城东学校	2022 年云浮市名教师	云浮市教育局	2022 年 9 月
彭玉燕	罗定中学城东学校	2022 年云浮市名教师	云浮市教育局	2022 年 9 月
熊华定	罗定中学城东学校	2022 年云浮市名教师	云浮市教育局	2022 年 9 月
陈月嫦	罗定中学城东学校	2022 年云浮市名班主任	云浮市教育局	2022 年 9 月
蓝庆全	罗定中学城东学校	2022 年云浮市名班主任	云浮市教育局	2022 年 9 月
余建润	罗定市泷州中学	2022 年云浮市名教师	云浮市教育局	2022 年 9 月
杨莉霞	罗定市泷州中学	2022 年云浮市名教师	云浮市教育局	2022 年 9 月
黄月怡	罗定市泷州中学	2022 年云浮市名班主任	云浮市教育局	2022 年 9 月
梁　剑	罗定市纪委监委	“机关万人学报告　踔厉奋发竞向前”云浮市直机关学习二十大精神知识竞赛“学习标兵奖”	中共云浮市直属机关工作委员会	2022 年 11 月
陈哲彬	罗定市机关事务管理局	云浮市直机关学习中共二十大精神知识竞赛“学习标兵奖”	中共云浮市直属机关工作委员会	2022 年 11 月
陈　坚	罗定市篆工坊文化创意有限公司	2022 年度云浮工匠	云浮市人力资源和社会保障局、总工会	2022 年 11 月
刘园园	罗定市斯顿四季酒店有限公司	2022 年度云浮工匠	云浮市人力资源和社会保障局、总工会	2022 年 11 月
彭洁娥	罗定市茶小白茶艺文化工作室	2022 年度云浮市首席技师	云浮市人力资源和社会保障局、总工会	2022 年 11 月
陈树开	罗定市统计局	云浮市第七次全国人口普查先进个人	云浮市第七次全国人口普查领导小组	2022 年 12 月
朱继林	罗定市统计局	云浮市第七次全国人口普查先进个人	云浮市第七次全国人口普查领导小组	2022 年 12 月
梁其爱	罗定市统计局	云浮市第七次全国人口普查先进个人	云浮市第七次全国人口普查领导小组	2022 年 12 月
辛鸿露	罗定市统计局	云浮市第七次全国人口普查先进个人	云浮市第七次全国人口普查领导小组	2022 年 12 月

续表 43

获得者	工作单位	奖项名称	授予单位	获奖时间
邱贵灵	罗定市统计局	云浮市第七次全国人口普查先进个人	云浮市第七次全国人口普查领导小组	2022 年 12 月
梁婉琳	罗定市统计局	云浮市第七次全国人口普查先进个人	云浮市第七次全国人口普查领导小组	2022 年 12 月
蒋经昌	船步镇政府	云浮市第七次全国人口普查先进个人	云浮市第七次全国人口普查领导小组	2022 年 12 月
彭　炜	泗纶镇政府	云浮市 2022 年征兵工作先进个人	云浮市人民政府征兵办公室	2022 年 12 月
卢衍伶	罗定市委党史地方志办公室	2022 年度云浮市党史系统先进工作者	中共云浮市委党史研究室	2022 年 12 月
区继权	个体户	2022 年度云浮市疫情防控志愿服务优秀志愿者	云浮市精神文明建设委员会办公室、云浮市民政局、共青团云浮市委员会	2022 年 12 月
陈达健	罗定市苹塘镇人民政府	云浮市第七次全国人口普查先进个人	云浮市第七次全国人口普查领导小组	2022 年 12 月
刘宏涛	罗定市苹塘镇人民政府	云浮市第七次全国人口普查先进个人	云浮市第七次全国人口普查领导小组	2022 年 12 月
罗荣培	中共苹塘镇莆东村总支部委员会	云浮市第七次全国人口普查先进个人	云浮市第七次全国人口普查领导小组	2022 年 12 月
邓雪梅	苹塘镇周沙村委会	云浮市第七次全国人口普查先进个人	云浮市第七次全国人口普查领导小组	2022 年 12 月
王铭仪	苹塘镇政府	云浮市第七次全国人口普查先进个人	云浮市第七次全国人口普查领导小组	2022 年 12 月
邓文涛	苹塘镇政府	云浮市第七次全国人口普查先进个人	云浮市第七次全国人口普查领导小组	2022 年 12 月
江雪梅	团罗定市委	2022 年度云浮市优秀志愿者	云浮市文明办、云浮市民政局、共青团云浮市委员会	2022 年 12 月
李源伟	华石镇政府	云浮市第七次全国人口普查先进个人	云浮市第七次全国人口普查领导小组	2022 年 12 月
钟苑菁	罗定市泷州中学	2022 年度云浮市优秀志愿服务工作者	共青团云浮市委员会	2022 年 12 月

续表 43

获得者	工作单位	奖项名称	授予单位	获奖时间
肖火娇	加益镇灵凡村民委员会村干部	云浮市第七次人口普查先进个人	云浮市第七次人口普查领导小组	2022 年 12 月
谭虹霞	龙湾镇政府	2022 年度云浮市疫情防控优秀志愿者	云浮市文明办、云浮市民政局、共青团云浮市委员会	2022 年 12 月
张其燕	罗定市分界镇居民委员会	云浮市第七次全国人口普查先进个人	云浮市第七次全国人口普查领导小组	2022 年 12 月
林振远	分界镇政府	云浮市第七次全国人口普查先进个人	云浮市第七次全国人口普查领导小组	2022 年 12 月
黎素宁	替滨镇替滨村委	云浮市第七次全国人口普查先进个人	云浮市第七次全国人口普查领导小组	2022 年 12 月
黄敏玲	替滨镇人民政府	云浮市第七次全国人口普查先进个人	云浮市第七次全国人口普查领导小组	2022 年 12 月
梁志勇	替滨镇车田村委	云浮市第七次全国人口普查先进个人	云浮市第七次全国人口普查领导小组	2022 年 12 月
谭伯宽	生江镇人民政府	云浮市第七次全国人口普查先进个人	云浮市第七次全国人口普查领导小组	2022 年 12 月
陈嘉文	生江镇人民政府	云浮市第七次全国人口普查先进个人	云浮市第七次全国人口普查领导小组	2022 年 12 月
李启明	生江镇碗窑村民委员会	云浮市第七次全国人口普查先进个人	云浮市第七次全国人口普查领导小组	2022 年 12 月
陈俊宇	船步镇政府	云浮市第七次全国人口普查先进个人	云浮市第七次全国人口普查领导小组	2022 年 12 月
袁月明	中共罗定市委办公室	2022 年云浮市“城市大使”	中共云浮市委宣传部、云浮市文化广电旅游体育局	2022 年 12 月
梁家才	船步镇政府	征兵工作先进个人	云浮市人民政府征兵办公室	2022 年 12 月
蔡永林	罗镜镇政府	云浮市 2022 年度优秀志愿者	云浮市精神文明建设委员会办公室	2022 年 12 月

附 录

组织机构及负责人名单

中国共产党罗定市委员会

书　记：王雄飞（9月免）

副书记：罗永雄

　　李水友（7月免）

　　陈志林（8月任）

常　委：陈伟强

　　黄祖勇（1月免）

　　童志强（1月任）

　　叶红杰（女）

　　肖承宾

　　赵广峰

　　李金坚

　　刘金光

　　李　波

市委办公室主任：

　李水友（常委兼，1月免）

　赵广峰（常委兼，1月任）

市委组织部部长：

　陈伟强（常委兼）

市委宣传部部长：

　叶红杰（女，常委兼）

市委统战部部长：

　赵广峰（常委兼，1月免）

市委政法委书记：

　刘金光（常委兼）

市委机构编制委员会办公室主任：

　王福文（4月免）

　谭源杰（4月任）

市委直属机关工作委员会书记：

　李水友（7月免）

市委巡察工作领导小组办公室

　主　任：黄炳毅（7月免）

　　周建民（8月任）

罗定市人民代表大会常务委员会

主　任：梁国锋

副主任：蓝建阳

　　邓东林

　　陈　琦（女）

　　蔡成家

　　李建业

　　梁家发

办公室主任：郑庭荣

监察和司法工作委员会主任：刘　明

财政经济工作委员会主任：陈　柱

城乡工作委员会主任：张金炬

教育科技文化卫生侨务工作委员会

　主　任：陈华斌

选举联络人事任免工作委员会

　主　任：黄钦标（4月免）

　　陈仙林（4月任）

罗定市人民政府

市　长：罗永雄

副市长：肖承宾

　　陈志林（9月免）

　　谭树才（9月任）

　　江　力

　　唐民应

陈致远
蓝　美（女）
办公室主任：彭永文（4月免）
欧小平（4月任）
发展和改革局局长：
黄　劲（1月任）
党组书记：彭　勃（1月任）
教育局局长：谭光锋
科学技术局局长：江世彰
工业和信息化局局长：邓军超
公安局局长：江　力（副市长兼）
民政局局长：黄成章
司法局局长：谭文威
财政局局长：赖　阳
人力资源和社会保障局局长：
邱立新
自然资源局局长：
李金坚（4月免）
蓝其富（5月任）
住房和城乡建设局局长：
刘金光（1月免）
范建锋（1月任）
党组书记：刘金光（市委常委兼）
交通运输局局长：朱志能
水务局局长：黄标明
农业农村局局长：
唐民应（4月免）
张东雄（4月任）
商务局局长：
陈达成（5月任）
文化广电旅游体育局局长：陈　国
卫生健康局局长：
陈志华（1月免）
许　云（1月任）
退役军人事务局局长：沈　胜
应急管理局局长：吴　会
审计局局长：王晓炼（女）
国有资产监督管理局局长：莫志毅
市场监督管理局局长：曾树华
统计局局长：陈树开
医疗保障局局长：陈　勇
信访局局长：彭　健
政务服务数据管理局局长：
陈欧泰（4月免）
范建华（4月任）

中国人民政治协商会议罗定市委员会

主　席：张　娟（女）
副主席：谭树才（8月免）
沈灿明
梁学文
陈观明
谢　文
刘支权
秘书长、办公室主任：
刘支权（3月免）
潘泽辉（3月任）
提案和法制委员会主任：
黎　鋃（4月免）
邓　伟（4月任）
经济科技委员会主任：
邓　伟（4月免）
黎　鋃（4月任）
联络工作委员会主任：
区家伟（1月免）
黄新财（1月任）

中国共产党罗定市纪律检查委员会、罗定市监察委员会

中国共产党罗定市纪律检查委员会
书　记：黄祖勇（1月免）
童志强（1月任）
副书记：黄炳毅
苏郑生
常　委：周建民
林韦江
张城坚
关熙锐
罗定市监察委员会
主　任：黄祖勇（3月免）
童志强（3月任）
副主任：黄炳毅
苏郑生
委　员：林韦江
张城坚
邱龙成
范建锋（1月免）
罗可智（6月任）

罗定市人民法院

院　长：彭国荣

罗定市人民检察院

检察长：郭　磊

民主党派

民革罗定支部主委：沈灿明
农工党罗定市支委会主委：
陈文智

群众团体

罗定市总工会主席：
蓝建阳（市人大常委会副主任兼）
中国共产主义青年团罗定市委员会
书记：王龙波
罗定市妇女联合会主席：
唐先果（女）
罗定市红十字会会长：陈致远（兼）
罗定市残疾人联合会理事长：
李周泉
罗定市社会科学联合会主席：
苏智勋

罗定市归国华侨联合会主席：
谭勇海
罗定市工商业联合会主席：
梁廷桂
罗定市文学艺术界联合会主席：
马朝辉

市直属企事业单位

市机关事务管理局局长：邓　献
市档案馆馆长：黎　莎
市委党校校长：
陈伟强（市委常委兼）
市人民政府对外联络服务中心
主　任：辛　强
市供销合作社联合社主任：
郭锦才
市双东环保工业园服务中心
主　任：黄新财（1月免）
区家伟（1月任）
市政府投资项目代建中心主任：
梁国强（1月任）
市委党史地方志办公室主任：
邱洪响
市场物业管理中心主任：陈树淙
市融媒体中心主任（市广播电视台台长）：张定忠（市委宣传部副部长兼）
市公路事务中心主任：吴吉罗
市国有资产管理中心主任：
陈　显
市行政服务中心（市政府采购招标服务中心）主任：范建华（市政数局局长兼）
市人民医院院长：卢志文
市中医院院长：陈南官
市妇幼保健院（市妇幼保健计划生育服务中心、市妇女儿童医院）院长（主任）：关庆斌
云浮市（罗定）第三人民医院（云浮市精神卫生中心、罗定市精神卫生中心）院长（主任）：徐华铭
市疾病预防控制中心（市卫生检验中心、市健康教育所）主任（所长）：
罗冰贤
罗定中学校长：
谭光锋（8月免）
张创东（8月任）
罗定廷锴纪念中学校长：谭创基
罗定实验中学校长：
梁锐基（8月免）
刘启洪（8月任）
罗定中学城东学校校长：林高钊
市中等职业技术学校（市成人中等专业技术学校、市职教中心）校长（主任）：刘志生
罗定开放大学（罗定市社区大学）校长：黄铭锋
市教师发展中心（市教育局教研室）主任：黄活汉

上级驻罗定单位

武警罗定中队中队长：
郑进峰（7月任）
罗定市消防救援大队大队长：
王　奋
罗定海关关长：李诗敏
云浮市生态环境局罗定分局局长：
张向阳
国家税务总局罗定市税务局局长：
姚本欣（2月免）
谭永新（2月任）
国家统计局罗定调查队队长：
廖伟成
广东电网有限责任公司云浮罗定供电局总经理：张　青
广东省罗定市气象局局长：张志坤
云浮市住房公积金管理部中心罗定管理部主任：王广成
罗定职业技术学院
党委书记：邹　珣
院　长：马若义
云浮市国有飞马林场场长：
梁怡廷
云浮市国有龙埇林场场长：
陈建洪
罗定市烟草专卖局局长、经理：
刘栋球
中国邮政集团有限公司广东省罗定市分公司总经理：程敬文
中国电信股份有限公司罗定分公司总经理：陈应鸿
中国移动通信集团广东有限公司罗定分公司总经理：陈汉华
中国联合网络通信有限公司罗定市分公司总经理：黄　斌（2月免）
中国人民银行罗定市支行行长：
邓伟先
中国工商银行股份有限公司罗定市支行行长：李　俊
中国农业银行股份有限公司罗定市支行行长：梁文豪
中国建设银行股份有限公司罗定支行行　长：赖伟生（11月免）
罗国良（11月任）
广东罗定农村商业银行股份有限公司
董事长：吴远杰（11月免）
行　长：陈龙江
中国农业发展银行罗定市支行行长：
王国胜
中国银行股份有限公司云浮罗定支行行　长：李杰军（6月免）
石　锋（6月任）
中国邮政储蓄银行股份有限公司罗定市支行行长：罗少涛
中国人民财产保险股份有限公司罗定支公司总经理：莫锦伦
中国人寿保险股份有限公司罗定市

支公司总经理：陈　贺
中国太平洋财产保险股份有限公司
云浮市罗定支公司总经理：
尹洁珍
广东省粤泷发电有限责任公司
总经理：吴伟基
广东省盐业集团云浮有限公司罗定
分公司：尹世友

镇（街）

罗镜镇
书　记：林　盛
镇　长：刘家奇
人大主席：欧　日
太平镇
书　记：邓　平
镇　长：陈旺新（7月免）
廖金海（9月任）
人大主席：叶　铭
分界镇
书　记：张东雄（4月免）
陈旺新（7月任）
镇　长：江泽明
人大主席：黄金娣（女）
罗平镇
书　记：梁子球（7月免）
陈荣富（7月任）
镇　长：黄伟锋
人大主席：杜　充（女，1月任）
船步镇
书　记：梁英艺
镇　长：张展鹏
人大主席：黄春雷（女）
𦰡塘镇
书　记：陈　亮
镇　长：陈达健
人大主席：陈明敏
苹塘镇
书　记：彭良艺
镇　长：覃　琅
人大主席：黎杰成（1月免）
何东华（5月任）
金鸡镇
书　记：陈荣富（7月免）
镇　长：区松鹏
人大主席：黄慧杏（2月免）
胡新誉（7月任）
围底镇
书　记：唐劲松
镇　长：彭开誉（3月任）
人大主席：廖金海（8月免）
华石镇
书　记：陈汉清（5月免）
尹文涛（5月任）
镇　长：廖顺达
人大主席：莫　辉
榃滨镇
书　记：成尚芸（女）
镇　长：吴敬波
人大主席：覃倩影（女）
生江镇
书　记：张金海
镇　长：邓卓宜
人大主席：彭显宏
黎少镇
书　记：谭　捷
镇　长：黄树强
人大主席：唐　钢
连州镇
书　记：陈弥高
镇　长：谭明开（8月免）
陈为灿（8月任）
人大主席：赖郑伟
泗纶镇
书　记：黄立志
镇　长：尹文涛（5月免）
李洪良（9月任）
人大主席：罗立勇
加益镇
书　记：欧小平（4月免）
岑光耀（7月任）
镇　长：许　云（1月免）
黎杰成（1月任）
人大主席：唐开年
龙湾镇
书　记：沓世朗
镇　长：沈玉梅（女）
人大主席：赖　健（3月免）
张　喆（4月任）
素龙街道
街道党工委书记：陈树旺
街道办事处主任：
陈达成（5月免）
罗进星（8月任）
人大工委主任：
潘泽辉（3月免）
赖　健（3月任）
双东街道
街道党工委书记：谭志江
街道办事处主任：
岑光耀（7月免）
余展锋（8月任）
人大工委主任：宋富文
附城街道
街道党工委书记：周　鸣
街道办事处主任：
黄慧杏（2月任）
人大工委主任：
李任成（5月免）
谭连忠（5月任）
罗城街道
街道党工委书记：黄绍林
街道办事处主任：伍荣朝
人大工委主任：
谭连忠（5月免）
李任成（5月任）

2022年罗定市国民经济和社会发展统计公报

罗定市统计局

（2023年5月4日）

2022年，在市委、市政府的正确领导下，全市上下坚持以习近平新时代中国特色社会主义思想为指导，认真学习宣传贯彻党的二十大精神，坚决落实党中央、国务院和省、云浮市决策部署，全面落实“疫情要防住、经济要稳住、发展要安全”总体要求，坚持稳中求进工作总基调，高效统筹疫情防控和经济社会发展，精准落实稳经济一揽子政策和措施，实现了全市经济社会持续健康发展。

一、综合

经云浮市统计局初步核算，2022年罗定市实现地区生产总值（地区生产总值）319.19亿元，同比增长1.8%。总量中：第一产业实现增加值68.11亿元，同比增长5.2%；第二产业实现增加值83.80亿元，同比增长0.2%；第三产业实现增加值167.29亿元，同比增长1.3%。三产比重分别为21.3 ∶ 26.3 ∶ 52.4。

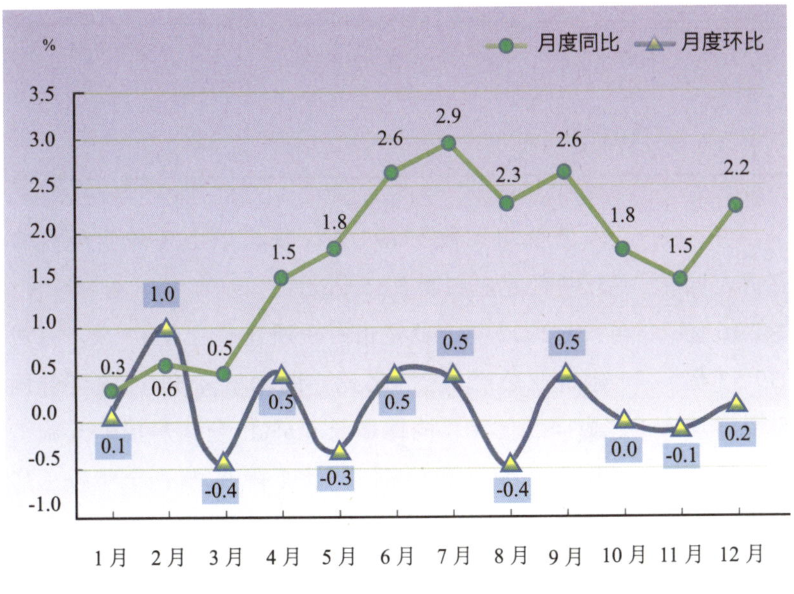

图7　　2022年居民消费价格月度涨跌幅度

全市人均地区生产总值33857元，同比增长1.5%。

全年居民消费价格比上年上涨1.7%。分类别看，食品烟酒类价格上涨1.7%，衣着类价格上涨0.2%，居住类价格上涨0.8%，生活用品及服务类价格上涨0.7%，交通和通信类价格上涨5.6%，教育文化和娱乐类价格下降0.3%，医疗保健类价格上涨0.5%，其他用品和服务类价格上涨3.0%。

二、农业

2022年，全市实现农林牧渔业产值104.5亿元，同比增长6.1%。其中，农业产值34.4亿元，同比增长4%；林业产值33.7亿元，同比增长9.6%；牧业产值27.9亿元，同比增长4.3%；渔业产值4.9亿元，同比下降13.3%；农林牧渔服务业产值3.5亿元，同比增长2.9%。

粮食生产总体保持稳定。全市粮食播种面积59.27万亩，比上年增加0.02万亩，粮食总产量24.79万吨，与2021年持平。其中水稻播种面积51.8万亩，同比增长0.04%，稻谷总产量23.15万吨，同比增长0.04%。蔬菜播种面积12.34万亩，同比增长1.4%，总产量达到12.2万吨，同比增长0.8%；花生面积10.8万亩，同比增长0.1%，总产量1.98万吨，同比增长2.1%；茶叶总产量2570吨，同比增长0.6%；肉类总产量6.21万吨，同比增长10.7%；水果总产量8.72万吨，同比增长12.5%；水产品总产量3.62万吨，同比下降1.9%。

表 44　2022 年居民消费价格比上年涨跌幅度统计表

指标	价格指数（上年 =100）	比上年涨跌幅度（%）
居民消费价格	101.7	1.7
食品烟酒	101.7	1.7
其中，粮食	103.8	3.8
食用油	105.4	5.4
鲜菜	99.4	-0.6
畜肉类	91.3	-9.7
禽肉类	99.8	-0.2
水产品	105.79	5.9
蛋类	105.3	5.3
衣着	100.2	0.2
居住	100.8	0.8
生活用品及服务	100.7	0.7
交通和通信	105.6	5.6
教育文化和娱乐	99.7	-0.3
医疗保健	100.5	0.5
其他用品和服务	103	3.0

三、工业和建筑业

2022 年，全市实现工业总产值 189.29 亿元，同比增长 0.3%，其中规模以上工业实现产值 142.16 亿元，同比下降 2.5%；全市实现工业增加值 39.57 亿元，同比增长 0.7%，其中规模以上工业实现增加值 27.78 亿元，同比下降 3.3%。在规模以上工业增加值中，轻工业实现增加值 11.44 亿元，同比下降 2.4%，重工业实现增加值 16.34 亿元，同比下降 3.9%。年末拥有规模以上工业企业 81 家，从业人员平均人数 17197 人；规模以上工业实现税收 5.37 亿元，利润 5.35 亿元。

2022 年，罗定市有资质建筑企业 17 家，完成建筑业总产值 7.3 亿元，同比下降 1%；签订合同额 14.5 亿元，同比增长 6.5%；全年房屋建筑施工面积 60.5 万平方米，同比下降 0.3%；全年竣工房屋建筑面积 14 万平方米，同比增长 2.3%；营业总收入 7.2 亿元，同比下降 0.6%；营业税金及附加 0.04 亿元，同比下降 4.5%；利润总额 0.1 亿元，同比增长 1113.3%；年末建筑从业人员 3206 人，同比下降 17.1%；全年人均劳动报酬 1.2 亿元，同比下降 26.6%。

四、固定资产投资

2022 年，全市固定资产投资总额同比下降 2.2%。按国民经济行业分：第一产业投资同比下降 27.7%；第二产业投资同比增长 21.8%，其中工业技术改造投

表 45　　规模以上工业企业主要产品产量统计表

产品名称	计量单位	2022 年	2021 年	增减数量	同比 ±%
石灰石	吨	2608817	2418420	190397	7.9
大米	吨	1138	7571	-6433	-85.0
食品添加剂	吨	3125	2733	392	14.3
绒线（俗称毛线）	吨	5417	5377	40	0.7
口罩	万个（只）	1422	6292	-4870	-77.4
人造板	立方米	197249	210920	-13671	-6.5
纸制品	吨	166663	187263	-20600	-11.0
初级形态塑料	吨	5143	5319	-176	-3.3
化学药品原药	吨	42	21	20	96.5
中成药	吨	4704	4073	630	15.5
硅酸盐水泥熟料	吨	3523196	3055418	467778	15.3
水泥	吨	4272905	3886052	386853	10.0
商品混凝土	立方米	750895	1137880	-386985	-34.0
砖	万块	7562	7542	20	0.3
瓷质砖	平方米	16025478	15308752	716726	4.7
白银（银锭）	千克	405784	215560	190224	88.2
电子元件	万只	12574395	17921269	-5346875	-29.8
自来水生产量	万立方米	3473	3071	402	13.1
发电量	万千瓦时	130458	141469	-11011	-7.8
热力	百万千焦	1503287	1629851	-126565	-7.8

资同比增长 15.4%；第三产业投资同比下降 7.5%，其中房地产开发投资同比下降 7.6%。按固定资产投资构成分：建筑安装工程投资同比增长 1.2%；设备工器具购置投资同比下降 8.6%；其他投资同比下降 40.6%。

五、交通和旅游

2022 年，全市境内公路 5039 千米。其中，高速公路 125.5 千米，国道 134.5 千米，省道 170.2 千米，县乡村及乡村小道的农村公路共 4608.8 千米（其中县道 285.3 千米）。全市总里程中，一级公路 191 千米，二级公路 316 千米。

2022 年末全市机动车保有量 370561 辆（其中，摩托车 241018 辆，汽车 128041 辆，挂车 1502 辆）。全年办理机动车注册登记业务 30024 宗（其中大型汽车 72 宗，小型汽车 4992 宗，摩托车 23512 宗，挂车 138 宗）。2022 年全市驾驶人保有量 375667 人，办理摩托车驾驶证申领 7142 人；办理初次申领汽车驾驶证 16465 人，组织汽车类驾驶人科目一考试 24532 人次，科目二考试 32919 人次，科目三考试 36517 人次。

2022 年，全市接待旅游总人数 189.41 万人，同比下降 52.8%，实现旅游总收入 14.47 亿元，同比下降 54.6%。

六、国内贸易

2022 年，全市社会消费品零售总额累计实现 137.49 亿元，同比增长 1.6%。按地域分：城镇消费品零售总额 94.5 亿元，同比下降 0.3%；乡村消费品零售总额 42.99 亿元，同比增长 6.0%。全市批发零售业商品销售额、住宿餐饮业营业额达到 163.1 亿元，同比下降 2.8%。其中，批发业达到 64.9 亿元，同比下降 10.6%，零售业达到 85.8 亿元，同比增长 3.5%，住宿业达到 0.4 亿元，同比下降 19.6%，餐饮业达到 12 亿元，增长 1.1%。

全市共有限额以上单位 78 家，其中批发零售企业 59 家，住宿餐饮企业 13 家，大个体户 6 家。限额以下批发零售、住宿餐饮抽样调查单位 33 家。

七、对外经济

全市外贸进出口总额累计实现 26.58 亿元，同比增长 16.9%。其中，进口 14.18 亿元，同比下降 2.2%；出口 12.4 亿元，同比增长 50.6%。实际利用外资累计 10570 万元，同比增长 119.8%。

八、财税、金融

2022 年，罗定市总税收入累计完成 14.94 亿元，同比下降 26.8%。罗定市地方一般公共预算收入累计完成 13.55 亿元，同比下降 32.2%。地方一般公共预算支出累计完成 69.95 亿元，同比下降 8.4%。

12 月底，全市金融机构本外币存款余额 454.11 亿元，同比增长 10.1%。本外币贷款余额 280.24 亿元，同比增长 7.2%。

九、教育和科学技术

2022 年末，罗定市有各级各类学校 597 所。其中，开放大学 1 所，中等职业技术学校 3 所，普通高（完）中 9 所，初级中学 25 所，九年一贯制学校 3 所，完全小学 42 所，教学点 316 个，特殊教育学校 1 所，幼儿园 197 所（公办 64 所，民办 133 所）。全市有 236989 名在校学生。其中，幼儿园在园学生 42912 人，小学生 110466 人，初中学生 54702 人，高中学生 22601 人，中职学生 5924 人，特殊教育学校学生 384 人。全市基础教育学校占地面积 5089473.55 平方米，校舍建筑面积 2489270.25 平方米。

全市现有中小学（幼儿园、中职）专任教师 14880 人。其中，高中专任教师 1756 人，学历合格率为 100%；中等职业学校专任教师 342 人，学历合格率均为 68.1%；初中专任教师 3292 人，学历合格率为 100%；小学专任教师 6224 人，学历合格率为 98.6%；幼儿园专任教师 3266 人，学历合格率为 98.9%。

全市学前三年儿童入园率 96.5%；小学毛入学率 100%，辍学率 0.03%；初中阶段在校生辍学率 0.11%，初中毕业生升学率 95.98%；高中阶段教育毛入学率 95.1%；“三残”适龄儿童入学率 97.7%。

2022 年罗定市有高新技术企业 34 家，产值 52.82 亿元，自主研发经费 3.25 亿元。全市拥有省级科普教育基地 1 个，云浮市级科普教育基地 19 个，全年参与科普活动累计 0.8 万人次。

十、文化、卫生和体育

2022年，全市拥有文化馆1家，文化站21个，博物馆1座，广播电台和电视转播台各1个，图书馆1座，图书馆藏书42.37万册。全市电视覆盖率100%，广播覆盖率100%。

2022年末，罗定市辖区内有医疗卫生机构449个。其中市直医疗卫生机构8个，分别是：市人民医院（三级甲等综合医院）、市中医院（三级甲等中医医院）、市妇幼保健院、市疾控中心、市第三人民医院、市红十字会医院、市第五人民医院和第六人民医院。镇卫生院17间，街道社区卫生服务中心4间，社区卫生服务站11间，村卫生站305间。民营医院7个，血液透析中心1间。个体诊所37间，公立口腔诊所1间。学校内设卫生室58间。全市拥有三级甲等医院2个，二级医院5个（包含罗定市妇幼保健院）。全市实有病床总数（包含民营医院）5222张，其中公立医院4463张。全市拥有卫生技术人员（包含民营医院）5684人，其中公立医院5029人。卫生技术人员中：正高级职称49人（主任医师42人）；副高级职称364人（副主任医师240人）；中级职称879人（主治医师420人）；初级职称4095人（初级师1786人，初级士2309人）。全市注册护士2546人，护师及以上职称1377人。

十一、资源与环境

根据市自然资源局年度变更调查数据显示，2022年罗定市耕地总面积37348.39公顷（56.02万亩）。罗定市2022年完成高质量水源林（水土保持林）面积460公顷，森林抚育面积2501公顷，新造林抚育项目274.13公顷，义务植树65万株。根据最新森林资源统计成果显示，全市森林覆盖率达到64.7%。

2022年罗定城区二氧化硫年平均浓度0.012毫克/立方米，二氧化氮年平均浓度0.016毫克/立方米，可吸入颗粒物（PM10）年平均浓度36微克/立方米，颗粒物（PM2.5）年平均浓度27微克/立方米，臭氧日最大8小时平均浓度133微克/立方米，一氧化碳24小时平均浓度0.89毫克/立方米，上述指标浓度均达到二级标准。2022年空气质量优良天数347天，空气质量优良率95.07%。

2022年，全市万元生产总值能耗0.3791吨标准煤，同比增长3.8%。

十二、人口、人民生活和社会保障

全市2022年度总户数348772户，户籍总人口1292344人（男性691609人，女性600735人）。其中统计城镇人口517660人，乡村人口774684人，城镇人口占总人口比例40.1%，乡村人口占总人口比例59.9%。总人口中0—17周岁为325487人，占总人口25.2%，18—34周岁为345735人，占总人口26.8%，35—59周岁为421984人，占总人口32.7%，60周岁以上199138人，占总人口的15.4%。

2022年度出生人口15638人（男8168人，女7470人，出生性别比109∶100），出生率12.1‰；死亡人口8172人，死亡率6.3‰；人口自然增长率5.8‰；市外迁入人口4031人，迁出市外人口11855人，人口机械负增长7824人，人口机械负增长率6.04‰。由于出生人数减少，迁往市外的人数增加，户籍人口比2021年减少4852人。

2022年末，全市常住人口94.33万人，其中城镇32.92万人，城镇化率34.9%。

2022年，全市常住居民人均可支配收入24301元，同比增长6%。其中，城镇常住居民人均可支配收入32073元，同比增长5.3%；农村常住居民人均可支配收入20197元，同比增长6%。

2022年，全市参加职工基本养老保险缴费4.56万人，同比增长0.4%；参加机关事业单位养老保险2.1万人，同比增长0.6%；参加职工基本医疗保险6.39万人，同比增长6.3%；参加失业保险4.10万人，同比增长2.9%；参加工伤保险5.59万人，同比增长1.9%；参加城乡居民养老保险50.01万人，同比增长为0.5%；领取基本养老金人数17.16万人（其中职工基本养老保险2.2万人，机关事业单位养老保险0.77万人，城乡居民养老保险14.19万人）；参加城乡居民基本医疗保险92.4万人，同比减少6.5%。

说明：本公报中2022年数据为年快报数据，最终数据以罗定市统计局编印的《罗定统计年鉴（2023）》公布为准

文献专载

在市委十四届二次全会第一次全体会议上的讲话

（2022 年 1 月 21 日）

中共云浮市委副书记、罗定市委书记 / 王雄飞

各位委员、同志们：

这次市委全会，主要任务是坚持以习近平新时代中国特色社会主义思想为指导，深入学习贯彻党的十九届六中全会和中央经济工作会议精神，全面落实省委十二届十五次全会、云浮市第七次党代会和云浮市委七届二次全会的部署要求，总结 2021 年工作，部署 2022 年度重点工作任务，动员全市上下走好新的赶考路、拼搏奋进新征程，凝心聚力推动罗定市第十四次党代会的各项决策部署落地落实，努力建设风清气正、宜居宜业、平安和谐的现代化美丽罗定，以优异成绩迎接中共二十大胜利召开。下面，我受市委常委会委托，向全会作工作报告。

一、不忘初心、牢记使命，“十四五”稳健开局起步

2021 年是中国共产党成立 100 周年。对罗定市来说，2021 年既是“十四五”规划开局之年，我们与全国全省一起，同步完成了全面建成小康社会的历史任务；同时，又是充满曲折坎坷的一年，发生万木林、黄天生、彭仲典连续三任市委书记严重违纪违法案件，对罗定的政治生态、经济社会发展和干部队伍造成严重损害，影响十分恶劣、教训十分深刻。前车之覆，后车之鉴，市第十四次党代会以来，新一届市委领导班子夙夜在公，竭忠尽智，在总书记、党中央的举旗定向下，在省委、云浮市委的坚强领导下，与罗定广大干部群众一起拨乱反正、兴利除弊、攻坚克难、开拓创新，奔着问题去，迎着矛盾上，一步步将罗定困难工作局面稳控好、调整好，开启了建设现代化美丽罗定的新篇章。

这是开启风清气正的一年。我们正视罗定处于腐败重灾区的严峻形势，全面彻底肃清万木林、黄天生、彭仲典案件的恶劣影响。一是在政治上对标对表。严格执行“第一议题”制度和“大学习、深调研、真落实”工作机制，深入开展党史学习教育，召开市委常委会会议 75 次、市委理论学习中心组学习会 13 次，安排第一议题 64 个，完成民生实事项目 316 项。二是在组织上激浊扬清。换届工作中，严把干部选拔任用的政治关、品行关、作风关、廉洁关，审查调整了涉嫌违纪违法问题的 34 名市县“两代表一委员”候选人初步人选，换届后稳步有序选优配强有关镇街、部门领导干部，从一线干部中择优提拔 13 人、交流调整充实 72 人、晋升职级 137 人，不断形成公道正派、干净干事的用人导向。三是在制度上严明规矩。印发《关于进一步加强工程招标投标和政府采购工作的通知》，明确要求任何公职人员不得插手干预工程发包和政府采购工作。四是在监督上专项整治。开展“吃公函”、“私车公养”、领导干部违规经商办企业等专项整治行动。一年来，全市处置党员干部违纪违法问题线索 509 条，立案 240 件，党纪政务处分 158 人；排查涉及

经商办企业信息112条，查处违反中央八项规定精神问题18起、处理45人；查处形式主义、官僚主义问题17起、处理29人；政法队伍教育整顿期间处理处分29人。

这是开启宜居宜业的一年。我们直面经济下行压力大、财政运行严重困难等多重挑战，强化风险防控，努力实现经济平稳健康运行。预计全市地区生产总值297.5亿元，同比增长6.5%。一是狠抓产业项目。全年共引进项目30个，其中超10亿元项目6个；列入省、云浮市重点项目40个，累计完成投资53.7亿元。二是坚持改革创新。出台系列政策，优化发展的社会环境。高新技术企业、科技型中小企业均增至30家，规模以上工业企业研发机构覆盖率达39.5%。三是推进乡村振兴。驻镇帮镇扶村工作全面铺开，被择优认定为10个省级家庭农场示范县之一；新增创建省级现代农业产业园1个、“一村一品、一镇一业”专业镇1个、专业村15个。四是力促开源节流。全力以赴抓好垦造水田、开发矿产、出让土地、盘活资产、清缴税款等五项举措，清理减少非编财政供养人员，压减一般性支出20%以上。地方一般公共预算收入同比增长26.8%，一般公共预算支出同比下降5.5%。五是增进民生福祉。年度十件民生实事全部办结，新增义务教育学位8640个、公办幼儿园学位4230个，文化广场等民生项目完成投资1亿多元，开展技能培训2.2万多人次，城镇新增就业5049人。

这是开启平安和谐的一年。我们应对罗定市社会治理欠账多、社会矛盾突出等问题，全力维护社会大局平安稳定。一是强力推进“无毒罗定”建设。建立“四个一”工作机制，推进专项整治，落实打防管控各项措施。全年立涉毒刑事案件67宗，破70宗，新发现罗定籍吸毒人员同比下降42%，省级毒品问题严重地区“摘帽降级”稳步推进。二是坚决抓好安保维稳工作。完善和落实重点人员“一人一策一专班一包案领导”工作机制，初步化解东骏广场——恒晖苑问题楼盘、云南水务工人欠薪等重大风险隐患，全年未发生重大群体性事件和恶性事件。三是全面铺开“微网格”治理。组建“网格长＋网格员＋联络员”架构，积极探索“1+1+2”矛盾纠纷多元化解模式和“微调处＋”模式，实现“微网格”治理。同时，抓好森林防火、生产安全、交通安全等社会面安全，人民群众获得感、幸福感、安全感不断增强。

过去的一年，市委坚持总揽全局、协调各方，支持市人大、市政府、市政协以及市法院、市检察院依法依章程履行职能。爱国统一战线巩固发展，群团组织政治性先进性群众性进一步强化。

各位委员，同志们！沉舟侧畔千帆过，病树前头万木春。凤凰涅槃，现代化美丽罗定的蓝图徐徐展开。我们之所以能克服困难、勇毅前行，根本在于总书记、党中央的掌舵领航，靠的是省委、省政府和云浮市委、市政府的正确领导，得益于全市广大党员干部群众的团结拼搏，离不开各民主党派、工商联人士、驻罗定部队、武警官兵、社会各界朋友的真诚关心。在此，我谨代表市委常委会，向所有为罗定改革发展稳定作出贡献的同志们、朋友们，表示衷心的感谢和崇高的敬意！

二、以史为鉴、开创未来，深入贯彻落实党的十九届六中全会精神

党的十九届六中全会，全面总结了党的百年奋斗重大成就和历史经验，具有重大现实意义和深远历史意义。总书记在中央经济工作会议上的重要讲话精神，是指导当前和今后一个时期经济工作的纲领性文献。省委十二届十五次全会强调指出，要深入学习贯彻六中全会精神，突出“五个方面”，奋力推动广东在新征程中走在全国前列、创造新的辉煌。云浮市委七届二次全会强调指出，要围绕“一二三四五六”思路举措，聚焦推进“八个破题开局”、坚决打好“八大攻坚战”。我们要把这些会议精神一体学习领会、整体贯彻落实，全面锚定目标任务，奋力跑好新征程的“第一棒”。

第一，要忠诚拥护“两个确立”。“两个确立”

是党的十八大以来最重要的政治成果，是实现第二个百年奋斗目标的根本保障。要坚决落实“两个维护”各项制度，一切从政治上考量、在大局下行动，不断提高政治判断力、政治领悟力、政治执行力。要加强对党忠诚教育，严格落实重大事项请示报告制度，在政治上忠诚核心、思想上紧随核心、行动上捍卫核心，确保政令畅通、令行禁止。要深化政治性警示教育，坚决同一切偏离“两个维护”的错误言行作斗争。

第二，要始终恪守为民之心。剖析黄天生、彭仲典被开除党籍和公职的蜕变轨迹，随着思想的堕落，他们逐渐开始用党和人民赋予的权力谋取私利，与企业老板勾肩搭背，与人民群众背道而驰，完全玷污了“亲”“清”政商关系。我们要站稳群众立场，坚持把群众需求作为第一选择，把群众利益作为第一原则，把群众满意作为第一标准，以实际行动回答“我是谁、为了谁、依靠谁”的问题。要走好群众路线，带着最质朴的感情，深入基层一线，多吹田野上的自然风，多坐群众家的硬板凳，始终同人民群众站在一起、想在一起、干在一起。要增进民生福祉，深刻汲取广州大规模迁移砍伐城市树木教训，进一步完善“小切口大变化”民生实事办理制度，让改革发展成果更充分更公平地惠及全市人民。

第三，要坚持稳中求进工作总基调。中央经济工作会议要求，2022年经济工作要稳字当头、稳中求进。要加强党对经济工作的领导，坚持既要“稳”、又要“进”的辩证关系，始终从讲政治的高度认识和做好经济工作，善于用政治目光观看和分析经济社会问题。要扎实做好“六稳”“六保”工作，以“保民生”“保工资”“保运转”为重点，科学统筹财政资源，维护经济社会大局稳定。要把握“进”的规律，充分发挥重大平台、重大项目和重大改革的关键作用，推动投资、消费和出口同时发力，努力实现经济综合实力稳居云浮第一方阵前列。

第四，要统筹好发展和安全。2022年将召开中共二十大、省第十三次党代会，要始终保持平稳健康的经济环境、国泰民安的社会环境、风清气正的政治环境，就必须统筹好发展和安全两件大事。要扛起政治担当，坚决清除妨碍发展的思想观念、坚决改变束缚发展的路径依赖，增强斗争意识和斗争本领，以昂扬的精神状态做好各项工作。要掌握历史主动，坚定历史自信、传承历史经验、增强历史定力，发扬钉钉子精神，按照既定部署、朝着既定目标、向着光明前景，自力更生、艰苦奋斗。要坚持底线思维，时刻警惕、抓紧抓牢各类风险危机管控，切实做好“一禁二防三安全”工作，综合运用法治、德治、自治、智治等社会治理方式防范和化解矛盾纠纷。

综合分析大局大势、全面把握机遇挑战，我们确定今年的总体要求是：以习近平新时代中国特色社会主义思想为指导，全面贯彻落实党的十九大和十九届历次全会及中央经济工作会议精神，深入贯彻习近平总书记对广东系列重要讲话和重要指示批示精神，坚决落实省委“1+1+9”工作部署和云浮市委“一二三四五六”思路举措，坚持稳中求进工作总基调，完整、准确、全面贯彻新发展理念，统筹疫情防控和经济社会发展，统筹发展和安全，坚持以供给侧结构性改革为主线、以改革创新为根本动力，紧扣云浮市委赋予罗定“作为东融西联的重要枢纽，要在东融西联中加快发展”的目标定位，深入推进高标准党建、高质量发展、高成色民生、高效能治理“四大部署”，继续做好“六稳”“六保”工作，努力建设风清气正、宜居宜业、平安和谐的现代化美丽罗定，以优异成绩迎接中共二十大胜利召开。

市委考虑，提出今年经济增长的目标为7%左右，实际执行时努力争取更好结果，确保罗定行稳致远。

三、坚定不移加强党的领导和党的建设，深入推进高标准党建

第一，要抓深思想政治建设。要巩固拓展党史学习教育成果。落实“第一议题”制度和“大学习、

深调研、真落实”工作机制，深化“六学”模式，用活“五大课堂”，推动理论武装不断走深走心走实。要把政治建设摆在首位。完善政治要件闭环管理，严肃党内政治生活，纯洁党内同志交往，着力解决随意化、庸俗化、交易化等问题。要严格落实意识形态工作责任制。推动宣传思想工作守正创新，弘扬主旋律、凝聚正能量，把全市上下的士气更加鼓舞起来、精神更加昂扬起来。

第二，要织密建强组织体系。要树立大抓基层导向。高质量落实新一轮基层党建三年行动计划，深化党支部标准化规范化网格化建设，常态长效整顿软弱涣散基层党组织。要持续强化组织保障。巩固拓展“三联系”“双报到”“党建共建项目”等工作成效，全面推行街道“大工委”、社区“大党委”工作机制，推动资源、服务和管理全面下沉。要创建更多党建亮点。大力创建广东省抓党建促乡村振兴示范县、城市基层党建示范县、农村党建示范县镇村，着力构建党建引领基层治理体系。

第三，要持续正风肃纪反腐。要压紧压实“两个责任”。深入开展领导干部违规经商办企业问题专项整治，探索“巡察+审计”等“巡察+”模式，稳步推进十四届市委巡察全覆盖。要驰而不息纠治“四风”。严格落实中央八项规定，进一步精简文件、压缩会议、改进调研方式、规范督查检查，以优良党风促政风带民风。要坚定不移惩治腐败。坚持无禁区、全覆盖、零容忍，坚持重遏制、强高压、长震慑，坚持受贿、行贿一起查，对违纪违法问题发现一起查处一起，绝不姑息。

第四，要打造“五型”干部队伍。要加强干部的教育管理。加强换届后各级领导干部的思想淬炼、党性锤炼、政治历练、实践锻炼、专业训练，对党员干部特别是领导干部严格要求、严格教育、严格管理、严格监督。要坚持严管厚爱结合、激励约束并重。在思想政治上关心干部健康成长，在事业发展上搭建干部干事平台，在切身问题上解决干部职级待遇，继续做好干部选拔任用、职级晋升工作，不断激发队伍积极性和精气神。要做好人才的“引育用留”。深入实施“泷江聚才”“平台引才”“柔性引才”“归雁留才”，加快构建满足现代化美丽罗定建设需求的人才发展体系。

四、加快构建现代化经济体系，深入推进高质量发展

第一，要坚持改革创新，激发动力活力。要推进重点领域改革。纵深推进财税金融、土地制度、户籍制度等改革，坚持“两个毫不动摇”，做大做强做优国资国企，以更大力度支持民营企业健康发展。要坚持创新驱动发展。加快推进工业园创建省级高新区，整合挖掘现有企业创新平台潜力，实施科技型中小企业梯度培育计划。要持续优化营商环境。规范执法、司法、审批、监管用权行为，积极构建“亲”“清”政商关系，持续深化“放管服”改革，打造“一网通办”“一事通办”政务服务体系。

第二，要发展园区经济，夯实产业基础。要加大招商引资力度。坚持以“科技含量、亩产税收、环境能耗”为标准，强化精准招商、以商招商、产业链招商，打造高新电子、生物医药、日用轻工等百亿产业。要加快项目工程建设进度。重点推进恒安纸业、中顺洁柔三期、微容电子二期等重大项目和国道324线罗定素龙至附城段改线、深岑高速罗定双东立交改造等重点工程建设。要加强园区扩容调度。进一步完善园区基础设施，加速“一园五片区”布局，研究制定“点状供地”落实办法，盘活“批而未供、供而未用、用而低效”土地。

第三，要发展镇域经济，促进城乡融合。要坚持规划牵引。着力构建以“县城镇”为龙头、“县域副中心”为牵引、“中心镇”为支撑、“卫星镇”为呼应的镇域经济高质量发展格局。要突出产业第一。严守耕地保护红线，依托稻米、南药（肉桂）、罗竹等特色优势产业，优化提升3个省级现代农业产业园，加强5个地理标志产品保护。要建设美丽乡村。接续开展农村人居环境整治提升五年行动，强力整治乱占耕地建房问题，突出抓好长岗坡AAAA级旅游景区、“中国美丽田园”AAA级

旅游景区等创建工作。

第四，要发展资源经济，厚植生态底色。要着力推动矿产资源开发一体化。进一步摸清矿产资源底数，支持采矿、提炼、仓储、加工和矿山机械先进装备等一体化发展。要着力推动资源重点项目绿色化。积极推进全国整县屋顶分布式光伏开发建设试点、粤泷发电厂天然气热电联产等项目建设。要着力推动生态环境治理科学化。持续抓好第二轮中央生态环境保护督察整改，紧盯“双碳”目标，科学有序谋划罗定碳达峰、碳中和实现路径。

五、践行以人民为中心的发展思想，深入推进高成色民生

第一，要全面提升城市生活品质。要优化国土空间规划。综合考虑人口分布、资源承载、城市容量等因素，高水平编制2035年国土空间总体规划，构建优质生活空间格局。要实施城市更新行动。加快推进老旧小区升级改造、文化广场、文塔半岛、城区停车场、市政道路“黑底化”等项目建设，加强城市建筑高度、外立面等设计管控。要丰富城市文化生活。启动罗定学宫、菁莪书院等历史文化遗址及周边环境全面修葺整治美化工程，大力建设城市公园，不断擦亮历史文化名城“金名片”。

第二，要全面实施科教兴市战略。要坚持教育优先。加大教育投入，规划建设好职教幼教中心、未成年人社会观护帮教中心等教育项目。要坚持立德树人。落实“双减”政策，推广好“快乐·高效”“习课堂”教学模式，着力解决未成年人辍学等突出问题，促进学生德智体美劳全面发展。要强化教育公平。促进优质教育资源向农村、薄弱学校倾斜，努力实现城乡、校际的教育均衡化。

第三，要全面推进健康罗定建设。要优化布局健康资源。加快医共体“六统一”建设，发挥云浮市市级精神卫生体系升级改造（新院建设）、人民医院新院等项目带动作用，全力推进村卫生站实现镇村一体化管理。要建立完善健康体系。坚持预防为主的方针，完善公共卫生体系，提高突发公共卫生事件监测预警和应急处置能力。要加快发展健康产业。纵深推进居家和社区养老服务改革试点，全面落实“三孩”及配套政策，依托罗定体育馆举办各类体育赛事，推动体育、养老、托育产业全面发展。

第四，要全面提高社会保障水平。要增加群众就业。持续深化“粤菜师傅”“广东技工”“南粤家政”三项工程，促进重点群体就业，推进脱贫人口稳岗就业。要加强生活保障。完善城乡居民最低生活保障、重大疾病医疗保险和社会救助体系，引导支持农民工、灵活就业人员、新业态就业人员参加社会保险，优化对特殊困难群体的关爱服务。要坚持“房住不炒”。加大保障房、公租房建设管理使用，严格房地产市场监管，着力化解无籍房办证、停工停建等一批历史遗留问题。

六、全面贯彻落实总体国家安全观，深入推进高效能治理

第一，要深入推进“平安罗定”建设。要坚决维护国家政治安全。持续深入开展维护政治安全“8+3”专项行动，健全反渗透、反颠覆、反分裂、反邪教常治长效机制，加强风险预警、防控和能力建设。要坚决推动禁毒“摘帽降级”。深化“四个一”工作机制，积极构建“宣、管、打、防、建”智慧一体化的现代化禁毒科技体系。要坚决防范各类风险隐患。从严从实抓好常态化防控措施，积极推动全市应急指挥中心项目落地建设，依法严厉打击各类违法犯罪，加快构建多元化矛盾纠纷化解机制。

第二，要深入推进“法治罗定”建设。要推进民主法治建设。加强和改进新时代人大、政协工作，坚持和完善大统战工作格局，充分发挥群团组织的桥梁纽带作用。要推进全面依法治市。巩固深化政法队伍教育整顿成果，深入开展法治宣传教育和法治政府建设，健全重大决策调研论证、公众参与、专家咨询、合法性审查等制度。要推进完善司法监督。加快推进公共法律服务体系建设，完善监察权、审判权、检察权运行和监督机制，确保司法公正高

效权威。

第三，要深入推进“文明罗定”建设。要提高社会文明程度。建强县级融媒体中心，统筹内宣外宣、网上网下，大力培育和践行社会主义核心价值观，广泛开展文明实践活动和志愿服务活动。要提升文化服务水平。深入实施文化惠民工程，打造博物馆、文化馆等城市文体标志，不断完善市、镇、村三级公共文化网络设施。要弘扬优秀传统文化。持续深化罗定文塔、蔡廷锴将军故居等罗定文化象征和符号的认同，深入推进长岗坡渡槽党员教育基地建设，发挥“广东省红色革命遗址重点建设示范点”社会教育功能。

第四，要深入推进“智慧罗定”建设。要发展数字经济。深入创建省级数字农业农村试点县、榃滨省级数字乡村试点镇，培育软件和信息技术服务及外包等现代服务业，推动数字经济和实体经济融合发展。要加强智慧治理。有效整合智慧治理云图、智慧新警务、“雪亮工程”等资源，以“一网统管”倒逼社会治理创新。要打造数字生态。探索运用罗定大米入驻溯源中国云区块链，进一步增加5G基站数量，加快推出智慧农业、智慧教育、智慧医疗、智慧停车等更多数字化生活场景。

各位委员，同志们，站在新起点，有总书记、党中央的领航掌舵、方向指引，我们信心如磐、意志如铁；踏上新征程，有130万罗定人民的亲切关怀、热切期盼，我们精神振奋、豪情满怀。让我们更加紧密地团结在以习近平同志为核心的党中央周围，大力弘扬伟大建党精神，在省委、云浮市委的坚强领导下，不忘初心、牢记使命，埋头苦干、勇毅前行，努力建设风清气正、宜居宜业、平安和谐的现代化美丽罗定，以优异成绩迎接中共二十大胜利召开！

政府工作报告

——在罗定市第十七届人民代表大会第三次会议上的讲话

（2023 年 3 月 14 日）

中共罗定市委副书记、市长／罗永雄

各位代表：

现在，我代表市人民政府向大会作政府工作报告，请予审议，并请市政协各位委员和列席会议的其他同志提出意见。

一、2022 年以来工作回顾

2022 年是中共二十大胜利召开之年。一年来，市政府坚持以习近平新时代中国特色社会主义思想为指导，深入学习贯彻中共二十大精神，认真落实党中央、国务院和省委、省政府及云浮市委、市政府的决策部署，在市委的坚强领导下，在市人大及其常委会、市政协的监督支持下，全面落实“疫情要防住、经济要稳住、发展要安全”的要求，全力保持经济平稳健康运行和社会大局平安稳定。

——我们全力抓好“双统筹”，疫情防控和经济社会发展取得扎实成效。因时因势优化防控措施，确保防控工作转段平稳有序。全力稳住经济基本盘。全面落实国家和省、云浮市稳经济一揽子政策措施，全年累计为 1157 户市场主体缓缴退税共 4.3 亿元，推动经济企稳回暖。全年实现地区生产总值 319.19 亿元、增长 1.8%。42 个省和云浮市重点项目完成投资 54.38 亿元，高于年度计划 4.2 个百分点。

——我们统筹推进“三大抓手”，经济发展动能进一步增强。园区经济提质增效。全年新引进产业项目 21 个，计划投资 53.9 亿元。培育“小升规”企业 7 家。全市工业投资增长 21.8%。罗定产业转移工业园规模以上企业增至 28 家，全年实现规模以上工业总产值 99.15 亿元、税收 4.65 亿元。镇域经济加快发展。省级现代农业产业园增至 4 个。镇（街）“四上”企业增至 250 家，96 个镇域经济项目建成投产。资源经济扎实推进。金鸡、苹塘、苪塘等镇矿山采矿权出让工作有序推进。完成垦造水田 2903 亩。全国整县屋顶分布式光伏开发建设试点工作加快推进。

——我们着力加快城市更新，城市发展环境不断优化。深南高铁（罗定段）、罗岑铁路等项目前期工作加快推进。人民广场、文塔广场、泷江大桥、城区碧道示范段等项目建成开放，兴业二路等 7 条市政道路建成通车。深岑高速双东出口立交完成改造。市政基础设施 PPP 项目、老旧城区改造工程加快推进。全市空气、水环境质量保持优良，完成植树造林 2.77 万亩，新建碧道 12 千米，实施河道治理 37 千米。

——我们深入推进乡村振兴，“三农”发展基础更加扎实。全年实现农业生产总值 104.5 亿元，粮食播种面积 59.85 万亩。新建高标准农田 4500 多亩，复耕复种撂荒耕地 9300 多亩。推进脱贫攻坚与乡村振兴有效衔接，为 2.1 万多低收入脱贫户和监测户购买防返贫保险。乡村振兴示范带加快建设。新增 4 个省级“一村一品”专业村。新增县级农业龙头企业 7 家、农民专业合作社 46 家、家庭农场 379 家。投入 3.26 亿元建设苹塘德康、船步温氏 2 个“政企村共建”生态养殖小区项目。建成干净整洁自然村 956

个、美丽宜居自然村2337个。

——我们抓好营商环境建设，市场主体发展活力持续增强。市行政服务中心连续两年荣获省县级标杆培育政务服务中心（大厅），事项进驻率和一窗无差别受理率居全省前列。推行审批事项网上办、预约办和“不见面审批”，政务服务办理时限比规定时限减少70%以上。促进主题服务集成办、并联办、一次办，全程网办率达72.9%。市场主体数量增长11.9%。高新技术企业增至34家、科技型中小企业增至50家。

——我们坚持保障和改善民生，人民生活质量稳步提升。居民人均可支配收入增长6%。十件民生实事全面完成。新建、扩建12所中小学幼儿园，增加公办学位8500个。第五小学完成扩建，职业技能培训中心动工建设。县域医共体建设深入推进。人民医院新院、中医院二期、附城医院等项目加快建设。新增就业近5000人，城镇登记失业率控制在3.5%以内。新建62个社会工作服务点、26个居家养老服务中心（站）。成功创建“全国象棋之乡”。

——我们统筹发展和安全，社会大局保持平安稳定。高质量完成禁毒重点整治工作。深入开展缉枪治爆、打击电信网络诈骗等行动，夏季治安打击整治“百日行动”成效明显，全年刑事治安警情同比下降15.7%。持续开展重点领域安全整治，突出抓好道路交通、建筑施工、消防森防、食品药品等领域问题隐患排查整治，全年安全事故同比下降10.5%。问题楼盘稳妥处置，打击逃废债工作取得积极成效，各类风险防范扎实有力。

一年来，市政府以政治建设为统领，坚持和加强党的全面领导，忠诚拥护“两个确立”，坚决做到“两个维护”。全面推进依法行政，高质量办结市人大代表建议197件、市政协提案199件，满意率达99%。促进政府系统转作风、提效能，项目审批、问题协调效率有新提升。持续加强党风廉政建设，深入开展以案促改警示教育，严格落实中央八项规定及其实施细则精神，充分发挥审计监督作用，作风突出问题扎实整治。全力抓好财政增收节支，“三公”经费支出持续减少。同时，民族宗教、国防动员、双拥共建、统计、外事、气象、档案、方志、供销、工商联、侨联、工青妇儿、红十字会、爱国卫生、残疾人等事业实现新进步。

各位代表！过去一年，全市经济社会发展取得的成绩来之不易。这是市委正确领导、市人大依法监督、市政协民主监督的结果，是全市人民奋力拼搏的结果。在此，我代表市人民政府，向全市人民，向人大代表、政协委员、各民主党派、人民团体和社会各界人士，致以崇高的敬意和衷心的感谢！

在总结成绩的同时，我们也要清醒地看到，高质量发展道路上还面临不少困难和挑战。经济恢复增长的基础还不够牢固，财政收支矛盾突出；产业结构不够合理、支撑力不强，工业新动能培育有待加快；城乡发展不够协调，县镇村发展动力不足；民生改善和公共服务还有较多短板，社会治理面临不少新的挑战；干部能力作风与高质量发展的要求还有差距。对这些问题，我们已经采取了一系列措施，今后将以更大力度加以解决。

二、2023年目标任务和重点工作

2023年，是全面贯彻落实中共二十大精神的开局之年，是实施“十四五”规划承上启下的关键之年。做好政府工作，要以习近平新时代中国特色社会主义思想为指导，全面贯彻落实中共二十大精神，深入学习贯彻习近平总书记对广东系列重要讲话和重要指示精神，认真落实省委十三届二次全会、云浮市委七届五次全会和市委十四届四次全会精神，按照云浮市委“一二三四五六”的发展思路和赋予罗定打造“东融西联”枢纽门户的目标定位，坚持稳中求进工作总基调，完整、准确、全面贯彻新发展理念，加快构建新发展格局，着力推动高质量发展，更好统筹疫情防控和经济社会发展，更好统筹发展和安全，推动经济运行整体持续好转，着力保障和改善民生，保持社会大局稳定，努力建设风清气正、宜居宜业、平安和谐的现代化美丽罗定。

今年经济社会发展的主要预期目标是：地区生

产总值增长7%以上，规模以上工业增加值增长8%，固定资产投资增长10%，一般公共预算本级收入增长6.5%，社会消费品零售总额增长6.5%，外贸进出口增长3.5%，居民人均可支配收入与经济增长基本同步。

奋进新征程，建功新时代。我们要更加积极主动作为，勇于攻坚克难，努力实现全年经济发展主要预期目标，以新气象新作为推动高质量发展取得新成效。重点抓好以下八项工作：

（一）坚持制造业当家，加快建设现代化产业体系

打造优势产业集群。围绕打造高新电子、日用轻工、贵金属智造、现代农业、生物医药、绿色建材、通用航空等产业集群，着力建强产业链供应链，培育产业发展新增长点。做大做强高新电子产业，以微容电子、雅达电子为主链企业，推动嘉裕电子、磁电实业等企业增资扩产，打造电子产业园，带动上下游配套企业集聚发展。做大做强日用轻工产业，以中顺洁柔、恒安纸业为龙头，引进卫生材料、包装材料等上下游产业链条，打造高新日用产业基地。做大做强贵金属智造产业。以广东金正龙、金业贵金属等为龙头，加快贵金属产业园建设，带动下游企业抱团发展。做大做强现代农业，依托4个省级现代农业产业园，推动稻米、肉桂、生猪、豆豉鸡等产业全链条发展，发挥德康集团等龙头带动作用，发展品牌化高附加值农业。加快发展生物医药产业，发挥南药等资源优势，加快中医药产业园建设，积极引进知名药企，推动一力药业、泰康药业、态森德制药等企业发展壮大。加快发展绿色建材产业，支持中材、华润等水泥企业开展智能化、绿色化改造，开发下游产品，延伸产业链条。谋划推动航空产业发展，盘活用好罗定机场，布局通用航空产业，积极发展低空经济。

强化产业平台载体建设。推动罗定产业转移工业园扩容提质，积极申报省级高新技术产业开发区。修编完善园区产业发展规划和总体规划，优化园区布局。投入5亿元完善园区基础设施和服务配套，统筹推进双东、附城、围底片区开发建设，收储产业用地2500亩以上。加快建设园中园，力促禅罗产业孵化基地一期尽快投用并创建省级孵化器，规划建设罗商回归创业基地。大力盘活园区留用地和低效用地，积极引进产业配套项目。完善园区产业政策，健全园区管理运营模式，提升园区开发建设和管理水平。

增强科技创新驱动力。制定高新技术企业扶持政策，大力培育高新技术和科技型中小企业，积极推动“小升高”“规升高”。推动全社会研发投入增长26%以上，专利授权量增长10%以上。优化人才引进办法，深入实施“泷江聚才”计划，力争引进高层次人才110名以上、紧缺人才30名以上。推进技工教育“强基培优”计划，加快推进职业技能培训中心建设。着力解决人才的住房、教育、医疗等问题，让各类人才在罗定专注创新、安心创业。

（二）聚焦“三大会战”，增强高质量发展新动能

聚力打好土地收储大会战。编制完善存量土地资源地图，制定土地收储和出让计划，建立土地收储工作专班，确保全年收储土地3000亩以上。加大闲置土地的处置力度，加快盘活批而未供土地，用好用活“点状供地”政策，积极实施“增减挂钩”项目，争取更多土地指标，破解项目用地难题。

聚力打好招商引资大会战。完善招商工作机制，实施招商引资“一把手”工程，主动加强与禅城区对接，利用商会、协会等平台，大力开展联合招商、驻点招商、链条招商、以商引商，提升招商工作实效。围绕壮大主导产业，聚焦珠三角、长三角等重点地区，策划一批专题招商活动、引进一批关联产业项目，积极承接产业转移，确保全年引进项目协议投资金额150亿元以上。优化实施亲商安商稳商的各项政策措施，突出抓好工业投资，多措并举扶植企业增资扩产、技术改造、创新转型。

聚力打好项目建设大会战。突出抓好82个重点项目建设，确保完成年度投资95亿元以上。推动深南高铁、罗岑铁路、广佛肇云高速、环北部湾水资源

配置工程、粤西天然气主管网等项目罗定段尽快动工，做好云浮（罗定）机场、国道324线改线工程前期工作。推动粤泷电厂二期、省能源集团抽水蓄能等项目纳入国家“十四五”规划中期调整。坚持落实重点项目领导挂钩联系制度和工作专班跟踪服务制度，强化项目用地、用能、资金、环境容量等要素保障，确保项目顺利推进。

（三）推进县镇村联动建设，促进城乡区域协调发展

提高中心城区辐射带动力。整体谋划推进九龙片区、高铁中央商务区、附城产业集聚区和城区“一江两岸”的规划建设，促进产城人深度融合。加快市政基础设施PPP项目、老旧城区改造工程、文塔半岛项目、供水升级改造工程等建设，贯通一批市政道路，改造20千米供水管网，整治3个城区内涝点。积极引进大型城市综合体，打造特色商业街区、便民生活圈。规划建设一批口袋公园、街心公园。深入推进创建国家卫生市和省文明城市工作，加强城市管理，常态化整治“六乱”现象。

推动镇域经济加快发展。因地制宜培育发展镇域特色产业，形成主业突出、特色鲜明、错位协同的镇域发展格局。大力培育农业龙头企业、农民合作社，抓好省级家庭农场示范县创建，推动罗竹、大豆、核雕、辣椒、油茶等特色产业扩面增效。充分利用生态、南药、历史文化等特色资源优势，加快发展康养、农旅、文旅等产业。积极盘活镇区闲置土地和厂房，着力引进企业项目，推动电子、服装、建材、五金等传统产业转型升级，促进镇域产业提质发展。大力培育镇域“四上”企业，力争工农业生产总值增长6%以上。深化美丽圩镇建设，完善提升圩镇道路、排水排污、供电通信、农贸市场等基础设施，优化教育、文化、医疗、养老等公共资源配置。

推进和美乡村建设。深化驻镇帮镇扶村工作，坚决守牢不发生规模性返贫底线。加快发展乡村产业，大力开展“一村一品”专业村创建，积极培育发展“美丽牧场”等联农带农项目，推动“政企村共建”生态养殖小区项目达产达效，确保今年每个建制村（社区）经营性收入达15万元以上。全面落实粮食安全党政同责，确保全年粮食总产量只增不减。年内建成高标准农田6000亩、垦造水田2200亩、复耕复种撂荒耕地6000亩，促进农村土地流转。落实最严格的耕地保护制度，扎实推进农村乱占耕地建房（非住宅类）专项整治试点工作，强化农房规划建设管控。加快推进乡村振兴示范带、风貌带、精品带建设。全力抓好“四小园”示范建设。巩固提升农村人居环境整治工作成效。实施农村公路提档升级54千米、危旧桥改造8座。加快农村供水“三同五化”改造提升工程建设。加快提升乡村治理现代化水平。

（四）着力抓好促消费稳外贸优环境，持续增强稳增长内生动力

促进消费回暖升级。加快恢复零售、住宿、餐饮等行业消费，促进房地产、汽车、食品、家电、家居等重点商品消费。支持客都汇、天润广场、大润发等综合体和商超举办促销活动。加快推进县域商业建设项目申报工作。力争全年培育限额以上商贸企业8家以上。加快商贸、文化、旅游等消费业态跨界融合，办好稻米节、肉桂节，积极培育会展经济、夜间经济、假日经济，打通消费全链条各环节。加快县镇村三级物流体系建设，挖掘城乡消费潜力。

推动外贸保稳提质。支持传统外贸企业、制造业企业拓展业务范围，组织企业参加进博会、广交会、东盟博览会等展会，积极抢抓订单、拓展国内外市场。加强外贸企业生产经营保障，加大对骨干企业的服务力度，支持雅达电子、广东金正龙、华耀科技等企业扩大对外贸易规模。引导在外地代理出口的外贸存量回归。

深入优化营商环境。深化“数字政府”改革，推动市行政服务中心扩容升级，优化“一网通办、一网统管、一次办好、帮办代办”等服务模式，扩大告知承诺制、容缺受理审批制适用范围。精简投资项目审批流程，健全重大项目集中审批机制，推行施工许可证分阶段办证，提高项目落地效率。切实落实“两

个毫不动摇”，支持实体经济和民营企业发展，降低企业用电、用工、物流等成本。深化“政银企”沟通对接，大力提升金融服务实体经济水平。完善领导挂钩联系重点企业制度，全力协助企业解决实际困难和问题。

（五）坚持生态优先绿色发展，全面推进绿美罗定生态建设

大力实施绿美提升工程。积极推动增绿补绿工作，深入开展全市性植树活动，新增植树造林 2.78 万亩，加快创建国家森林城市。深入实施林长制，稳步推进林分优化和林相改造，加快矿山石场复绿。推动云桂山森林公园规划建设。全面落实河湖长制，常态化规范化开展河湖“清四乱”，实施罗定江生态综合开发利用建设工程 12 千米。持续开展河道采砂专项整治行动，完成 19 座小型水库除险加固，抓好小水电站清理整改。

深入抓好环境污染防治。持续巩固中央生态环境保护督察反馈问题整改成果。着力提升空气质量，落实工业、建筑、交通运输等领域减排措施。加强污水治理，推动第五生活污水处理厂建成投用，抓好镇村污水处理设施运营管理，确保城镇生活污水收集率达 35% 以上。整治入河排污口 2 处，整治“千吨万人”饮用水保护区 15 处。强化土壤污染源头防控，加强固体废物污染防治和资源化利用。

推动发展方式绿色转型。完成国土空间总体规划编制，强化国土空间规划和用途管控，严格落实“三区三线”。抓好源头减量、清洁生产、资源循环、末端治理，推动重点领域节能降碳，深化资源节约集约循环利用。加快发展资源经济，有序推进矿山等资源开发利用。大力发展绿色低碳产业，支持清洁能源项目建设，因地制宜发展南药等林下经济。

（六）提升民生服务水平，推动高质量发展成果普惠共享

办好人民满意的教育。持续加大教育投入，计划增加中小学、幼儿园公办学位 3350 个，推动高级中学整体提升。加快推进职教幼教中心等项目建设，做好特殊教育学校规划建设。深入推进中小学“百千万人才培养工程”，大力培养名教师、名校长、名班主任。深化课堂教学改革，有效实施课后服务，不断提升教育教学质量。

提高医疗卫生服务能力。加快人民医院新院、中医院二期、第二中医院、第三人民医院等项目建设。深化医药卫生体制改革，深入推进县域医共体建设，持续抓好药品、医用耗材统一采购工作，强化镇村卫生服务一体化管理。把基层医疗卫生机构公益一类财政保障资金纳入年度财政预算。加强重大疫情预防控制体系建设，做好重点人群健康调查和分级分类管理，落实新冠感染“乙类乙管”要求。深入开展爱国卫生运动。

兜牢基本民生底线。全面落实城乡低保、特困供养对象、残疾人保障政策，加大困难群众临时救助。加快培育残疾人就业“五类基地”，促进残疾人就业增收。持续做好重点群体就业服务，加快创业孵化基地和实训基地建设，开展“粤菜师傅”“广东技工”“南粤家政”培训 2900 人次。加快实施区域养老服务设施整体提升工程。推动 19 个村级退役军人服务站全国示范性创建工作。加强未成年人服务保障，用好管好方正学校。

促进文旅体事业融合发展。推动建制村（社区）综合文化服务中心提质达标，加快新时代文明实践中心（所、站）建设。深入推进图书馆、文化馆等文化场馆建设。加强罗定学宫、梁家庄园、国宝黄公祠等南江历史文化遗产的保护利用。大力推进全域旅游示范区创建工作。加快体育公园、儿童公园等规划建设。举办第二十三届“体育节”。积极创建“全国武术之乡”。

（七）深入推进平安罗定建设，牢牢守住安全发展底线

着力维护公共安全。常态化推进扫黑除恶斗争，深化社会治安防控体系建设，严厉打击各类违法犯罪。推进禁毒示范创建，全力抓好摩托车电动自行车重点整治工作。严格落实安全生产责任制，推进安全生产专项整治行动，深入排查整治各行业领域问题隐患。加快综合防灾减灾救灾应急指挥中心建设，提高

风险预警监测和救援能力。

坚决防范化解重大风险。加强意识形态领域风险防控。严格政府债务管控，强化国有企业、政府平台公司债务风险防范。支持房地产业向新发展模式平稳过渡。坚决防范系统性金融风险，支持罗定农商银行等健康发展。健全根治欠薪长效机制，维护劳动人民切身利益。

优化基层社会治理。推进城乡公共安全监管治理一体化，深入推进“四标四实”体系建设，实现“多网合一、一网统揽、一网多能”。做实“一村一辅警”，加快镇（街）综治中心规范化建设。完善矛盾纠纷调处闭环机制，大力推行“夜间接访”等行动，加强和改进人民信访、人民调解工作。

（八）全面加强政府自身建设，不断提升政府治理能力和水平

始终坚持和加强党的全面领导。把党的政治建设摆在首位，深刻领悟“两个确立”的决定性意义，牢记“国之大者”，增强“四个意识”、坚定“四个自信”、做到“两个维护”，把讲政治贯穿到政府工作的全过程、各方面。

加快推进法治政府建设。严格执行民主集中制，落实重大事项决策机制，推进科学决策、民主决策、依法决策。自觉接受人大依法监督、政协民主监督，强化审计监督、统计监督，高度重视社会和舆论监督。加强政务公开，及时主动回应社会关切。

全力提升政府行政效能。深入开展“真抓实干、马上就办、办就办好”专题教育实践活动，保持善作善成、干就干好的作风和狠劲。健全专班推动机制，加强清单管理、目标管理、绩效管理，确保定一件干一件、干一件成一件。

深化政府系统党风廉政建设。坚决扛起全面从严治党主体责任，锲而不舍落实中央八项规定及其实施细则精神，持之以恒纠治“四风”。深刻汲取近年发生的腐败案件教训，深入推进以案促改工作，全力扎牢制度“笼子”。持续压减“三公”经费和一般性支出，真正把有限的资金用在发展紧要处、民生急需上。

各位代表！奋斗正当时，实干出实效。让我们更加紧密地团结在以习近平同志为核心的党中央周围，深入贯彻落实中共二十大精神，在上级党委、政府和市委的正确领导下，踔厉奋发、勇毅前行，真抓实干、争先进位，奋力推动高质量发展，努力建设现代化美丽罗定，为全面建设社会主义现代化国家、全面推进中华民族伟大复兴作出罗定应有贡献！

调研报告

关于罗定市强化党建引领赋能乡村振兴的调研报告

中共罗定市委办公室（市委政策研究室）

民族要复兴，乡村必振兴。中共二十大报告指出，全面建设社会主义现代化国家，最艰巨最繁重的任务仍然在农村。为深入学习贯彻中共二十大精神，全面贯彻落实上级关于做好巩固拓展脱贫攻坚成果同乡村振兴有效衔接、全面推进乡村振兴的各项决策部署，更好发挥参谋助手作用，2022 年 11 月 8—9 日，市委政研室组织相关工作人员前往黎少镇、华石镇、市农业农村局（乡村振兴局）、市财政局等开展实地或暗访调研，认真总结基层党建促乡村振兴现状，深入分析存在不足和突出短板，并提出针对性意见建议，积极寻求基层党建工作与乡村振兴的结合点，把党的组织优势、政治优势转化为乡村振兴的行动胜势、发展胜势，为努力建设现代化美丽罗定贡献政研应有力量。现将调研情况报告如下：

一、基本情况

2016—2020 年脱贫攻坚期间，罗定全市共收到各级“631”财政扶贫专项资金 64903.48 万元（其中省级资金 36245 万元、对口帮扶市资金 21415.37 万元、市县级资金 7243.11 万元），已全部支出使用；帮扶单位自筹资金和社会资金共 15583 万元，主要用于公益类基础设施建设、建档立卡户务工、学生生活费补助、危房改造补助和村集体收入增收等；2020—2021 年巩固脱贫成果期间，市涉农领导小组安排省级下拨到罗定的涉农资金 2600 万元用于建档立卡户和“三类”人员产业增收项目（2000 万元）、小额信贷贴息（600 万元）。

2022 年，全市可统筹使用省级涉农资金为 39994 万元，截至 2022 年 11 月 4 日，共支出 8627.85 万元，结余 31366.15 万元，支出进度为 21.57%。2022 年涉农项目报备共 145 个，已完工 21 个，未完工项目 124 个（其中，未开工的 69 个）。

2022 年华石镇、黎少镇推进乡村振兴、发展镇域经济和村级集体经济的主要做法有：

（一）大力抓好产业项目。华石镇扶优做强红砖厂等工业企业，加大饲料生产上游原料种植、下游养殖企业的招商引资力度，引进农业生产龙头企业，创新“土地流转 + 农民就业”模式，打造农文旅发展新路径。同时，坚持“市级统筹和自谋发展”双轮驱动发展村级集体经济，统筹利用驻镇帮扶资金和涉农项目资金 220 万元发展壮大村级集体经济产业。其中，引入绿家农业发展有限公司，与莫村村经联社合作投入 40 万元打造莫村蔬菜产业示范基地，依托莫村村——岭南第一状元莫宣卿后裔村以及莫村大屋等县级文保单位的文化底蕴建设状元文化生态园，目前基地已种上农作物，其中南瓜种植面积约 100 亩，辣椒轮作面积约 150 亩，水稻种植面积约 50 亩，全年种植收入预计达 200 万元，可带动劳动就业 8000 人次。2021 年，华石镇 10 个建制村的村级集体经济收入共 45.68 万元，其中达到 15 万元以上的 2 个，其中收入 15 万元以下的 8 个建制村由市统筹入股船步生态养殖小区项目和与德康集团公司进行合作建设养殖项目，三屋村和古范村将利用闲置资金自行入股德康集团的项目；2022 年第三季度，华石镇累计实现规模以上工业增加值 1643 万元，同比减少 6.7%；前三季度累计实现农林牧渔总产值51026万元，同比增长22.3%，累计完成固定资产投资4555万元，同比增长76.5%。黎少镇探索发展文旅产业，在美丽乡村田心村基础上，推进精品旅游线路建设，新建游客服务中心、廊桥，投资约1600万元在泗纶河黎少里塘禤罩朗至地坪段、田心牛角坝芳春码头至油麻朗方向一小段实施水生态治理，并依托荔枝面积种植优势，打造“万亩荔园”，谋划在省道352线旁边建设水果交易市场，做大做强水果产业，引进总投资约22亿元的500兆瓦平价农光互补光伏项目，集约土地约1万亩，以“农光互补”低碳发展模式，有效促进光伏产业和农业生产深度融合。2021年黎少镇18个建制村（社区）村级集体经济收入82.4万元，其中达到15万以上的0个、10万元至15万元的1个、5万元至10万元的7个，5万元以下的10个。2022年第三季度，黎少镇累计实现规模以上工业增加值2382万元，同比减少2.8%；前三季度，累计实现农林牧渔总产值48168万元，同比减少2.1%，累计完成固定资产投资18282万元，同比增长12%。

（二）持续巩固脱贫成果。制定《健全防止返贫动态监测和帮扶机制实施方案》，每月入户排查，对其进行造册登记及实施动态监测。其中，华石镇驻镇帮镇扶村工作队对监测对象（7户30人）统一实行台账管理，落实监测联系人“一对一”跟踪帮扶情况；持续开展消费帮扶，累计金额12万元，用于困难群众帮扶和发展壮大村级集体经济；2021年，监测户人均可支配收入12515元，高出稳定脱贫标准线9600元的30.3%，建档立卡脱贫群众人均可支配收入16981元，同比增长0.07%；2022年，风险消除2户8人，没有新增监测对象，预计2022年监测户人均可支配收入13327元，高出稳定脱贫标准线9920元的34.3%，建档立卡脱贫群众人均可支配收入18138元，同比增长6.8%。黎少镇就业帮扶相对稳定，全镇有劳动能力脱贫户和监测对象实现就业784人，稳定就业779人，就业稳定率99.4%；14个经营性扶贫资产项目得到巩固，并带动671户脱贫劳动力家庭持续增收；2022年脱贫户1186户3111人，有劳动力户673户2376人，2022年1—10月脱贫人口家庭人均可支配收入16643.70元（有劳动力户年人均可支配收入18864.17元），脱贫人口收入同比增长5.16%（有劳动户收入同比增长12.43%）；2022年防返贫监测户15户，比2021年防返贫监测户减少35户，同比减少70%；2022年防返贫监测户中脱贫不稳定户5户，边缘易致贫户10户，全部为有劳动力户，其中5户纳入最低生活保障。

（三）积极探索文旅融合。华石镇大尗村探索“党建＋基地＋旅游”，今年5月与农业发展有限公司正式签约，计划利用大尗村120余亩土地打造一个现代农业种植基地，融合党建示范、农业种植、旅游观光功能，预计建成后可为村集体每年增收7.5万元；华石镇探索“云浮—罗定”特色乡村旅游项目，6月2日，华石镇与云浮国旅合作开发的市内短途游路线首次顺利发团，成功吸引约100名旅客到华石洪岭山庄游玩，现场开展的“乡村振兴 助农消费”活动帮助农民销售七彩玉米1200斤、板栗南瓜300斤以及鱼腐等一批农产品，下来将持续开团；华石镇莫村村探索建设“状元文化生态园”，邀请广州粤港澳大湾区菜篮子研究院专家到莫村调研乡村振兴产业发展项目，计划深入挖掘莫村村当地“状元文化”资源，并与当地土地资源有机结合，探索打造“‘菜篮子’示范基地＋农耕体验＋状元文化探寻”乡村旅游新样板，现已初见成效。黎少镇田心村打造融合党建引领、碧道建设、垃圾分类、富民产业等文旅融合旅游精品村，以水车引水灌溉，打造稻米、水果、蔬菜耕作体验区，吸引市民体验农耕文化；引进培育优质黄金百香果约150亩，为群众增收约350万元；利用农村电商推动水果产业，打通产销“最后一千米”。黎少镇禤濮村恢复梁家庄园历史格局，建设华南教育历史研学基地，打造“文教旅融合”的典范，带动乡村文化、乡村旅游、生态农业、爱国教育、研学教育、大众体育等多产业发展，助推乡村振兴。

二、存在问题

经过调研了解，华石镇、黎少镇在发展镇域经济、村级集体经济和推进乡村振兴方面虽然取得了一定成效，却从中暴露出一些值得各镇（街）、各部门关注的问题。

（一）党建与乡村振兴融合度不高。一是农村党员结构素质与乡村振兴的要求不符合。存在党员年龄结构偏大、受教育程度偏低等问题。如，华石镇古范村共有4643人，正式党员80人，其中外出党员23人，平均年龄为54.39岁，35岁以下党员17人，大专以上学历党员仅15人；黎少镇榃濮村共有4170人，正式党员51人，35岁以下党员6人，大专以上学历党员16人。镇村党员队伍缺乏生机和活力，党员比例特别是村干部党员比例较低，大部分没有接受过专业技能教育或经济知识教育，带领群众振兴乡村能力较弱。二是农村党员团结带领群众加强理论学习、指导工作实践作用发挥不明显。未能及时跟上新时期农业农村发展，运用政治和业务理论知识去指导实际工作不够，发挥党员先锋模范作用团结带领群众听党话、跟党走的效果还较差。如，华石镇古范村、大未村、三屋村、华石社区，黎少镇田心村、黎少村、榃濮村以及沿线镇村均无学习宣传贯彻中共二十大精神相关标语横幅，氛围淡薄，古范村宣传栏仍在宣传党的十九大和党的十九届六中全会精神。三是抓基层党建受困于“面子工程”。从调研和平时掌握的情况来看，少数党组织书记抓党建的主业意识仍未完全形成，依然认为党建工作务虚，是“潜绩”，抓经济工作和项目建设很容易出成绩，是“显绩”，导致了部分党组织把更多心思放在抓大头上，抓党建工作停留在口头上、会议上、文件上，存在说起来重要、做起来次要、忙起来不要的现象。如，华石镇三屋村党组织书记，对“多网合一”只停留在口头上，利用党建平台掌握村民返乡回乡等情况底数不清、情况不明。

（二）发展经济的要素和服务保障不足。一方面是产业项目收益不稳定，对巩固脱贫成果产生一定影响。全市脱贫攻坚时期主要扶持发展光伏发电、金煌芒种植、南药（肉桂）种植、牲养殖等产业项目，具有时代性、局限性。如，投资光伏项目收益减少，存在收益无法按时发放的安全隐患。2017—2020年，全市185个光伏项目已全部实施完成，其中，2020年底有153个项目能发放收益，三年来，应收收益、实收收益以及已发收益均实现逐年提高，而到2021年底，只有57个项目能发放收益，已发收益由942.25万元降低到797.99万元，光伏项目的项目收益数和已发收益已出现较大幅度下降，光伏项目的收益稳定性优势已不明显；部分投资合作类项目收益发放不到位，截至2022年8月底，全市230个投资合作类项目中，累计有672.9万元收益应发未发，其中，1个黎少镇分散扶贫户入股罗定市原始蛋鸡养殖公司，但2021年收益均未发放，涉及金额10.64万元。另一方面是基础设施配套等要素保障不足。大部分镇村缺乏完善、关键的水利、交通等基础条件，农业基础设施薄弱，农民仍存在“靠天吃饭”现象。如，华石镇水库及水塘点多、面广、分散，供水、排水设施不够完善，存在灌溉困难、排水不畅等问题，三屋村木瓜种植场曾因台风天气遭遇水浸，损失惨重，收益减少近四成。市直有关部门、有关镇（街）对引进项目的要素保障还远未达到“店小二”意识、“保姆式”服务。如，全部达产后可实现年均纳税3亿元的德康集团罗定100万头生猪养殖全产业链项目，因用地、用水、用电、道路、水库经营等问题，导致各子项目推进缓慢、建设进程未达预期，其中，种养循环配套机肥建设项目，计划2022年12月底建成投产，用水、用电问题经与华石镇、供电局、水务局等多方协调仍未落地落实；德康集团饲料厂项目用地选址历经三次变换，目前确定位于双东街道陈皮村，但征地工作经过几个月时间毫无进展，等等。

（三）推进乡村振兴思路举措战略性不够。一是部分镇村干部对发展村级集体经济认识不到位，措施不得力。截至目前，全市集体经济收入15万元以下建制村（社区）达到275个，约占336个村（社区）的81.8%。经过调研和平时掌握的情况看，在镇村干部中，普遍存在认识不到位的问题，主要表现在两个方面：首先是瞻前顾后、畏首畏尾。有的干部存在得过且过的思想和短视行为，认为发展村级集体经济困难重重，还担心为了发展集体经济而背上债务包袱，畏难情绪严重。其次是方向不明，措施不力。有的干部眼界不够开阔，创新意识不强，对于发展和壮大村级集体经济思路不清、办法不多、措施不力、不知从何入手。二是个别镇（街）部门对文物和文化遗产的活化利用认识不到位，措施不得力。罗定有2400多年历史，是广东省首批历史文化名城，是南江文化发源地之一，拥有国家级、省级文保单位数量众多，时任省委、省政府主要领导曾于2022年3月同时到罗定调研指导文物和文化遗产的保护利用工作，罗定市委、市政府在党代会、市委全会、市委常委会会议、市政府常务会议等多个场合强调要擦亮历史文化名城“金名片”，以文化促文明、促发展。但个别镇（街）、部门仍固守传统思维，没有发挥主观能动性去积极谋划贯彻落实措施。如，华南教育历史研学基地梁家庄园项目经过近半年前期准备，一期在2021年11月正式动工，但项目施工进度款（涉住建、自然资源、林业、财政等部门）划拨较慢，另外施工许可证审批尚未完成，施工进度较慢，大大限制了纪念设施作为爱国主义教育基地、革命主义教育基地功能的发挥。基地项目建设内容包括服务提质设施配套、研学设施配套、周边古驿道建设、建筑物周边环境整治提升、标识系统建设等工程，并未包括文物的保护建设，市文广旅体局以从未申报开展过专项债项目为由，没有积极筹措资金修葺修缮省级文保单位九座屋，黎少镇以没有权限建设为由，对九座屋等文物没有进行拉线、围蔽等保护防护，配套工程建设过程容易对文物造成破坏。三是条件差异较大，发展不平衡。发展镇域经济、村级集体经济的水平大致分为三层，山塘山林等资源资产好、发展环境好、发展思路清晰、项目选择准确、各级扶持力度大的镇（街）、村（社区）发展要快一些，相反则要慢一些，还有一部分镇（街）、村（社区）因出租价格低租期长、产业落后没有进行升级改造、经营管理不善等原因，经济发展比较缓慢，还没有真正做到因地制宜。

三、意见建议

（一）一以贯之坚持党建引领。走好乡村振兴路，党建引领是根本。要加强村级组织特别是村党组织的建设，推动农村产业、人才、文化、生态、组织全面振兴，促进农业农村现代化。一是科学制定年度发展党员计划。持续优化基层党员队伍结构，加大在村民小组长中发展党员的力度，成熟一个，发展一个，在基层治理一线表现突出的网格员、务工人员、回乡大学生、退役军人中发现培养入党积极分子，持续补充基层治理网格队伍“红色”力量，将党组织战斗堡垒作用和党员先锋模范作用落实到“最后一百米”；成立流动党支部，加强对外出流动党员的管理，进一步增强流动党员凝聚力，引导外出党员把好项目、先进技术、宝贵经验、丰富人脉资源带回家乡；积极探索发展党支部领办专业合作社等模式，持续提升村级组织负责人和村“两委”班子能力水平，创造“家门口”的就业岗位，吸引农村党员回乡干事创业，不断激发广大群众能动力、创造力。二是创新党员分类管理模式。把加强农村党员教育培训摆在更加突出位置，开展农村党员特别是村干部学历提升行动，为乡村振兴提供有力人才和智力支撑；发挥老支书、老党员实践经验丰富、群众基础好和年轻党员懂网络、思路新的优势，开展青老党员“结对帮”活动，实现优势互补、共学互促，提升农村党员的活力和战斗力。三是探索建立增压赋责机制。把发展壮大镇域经济、村级集体经济作为镇（街）“一把手”工程，纳入党组织书记抓基层党建述职评议考核重要内容，与创建“三型”机关、先进基层党组织挂钩，激发镇村两级抓经济发展的内在动力，把精力聚集到带领农民致富上来。将镇域经济、村级集体经济年度目标完成情况与镇村干部绩效工资挂钩，形成有效的动力机制，对抓镇域经济、村级集体经济发展无思路、无举措、无成效的镇村干部，要通过撤换选派等方式进行组织调整。

（二）持续用力推动产业振兴。产业振兴是乡村振兴的基础工程，是解决农村一切问题的关键。一是聚焦提升产业发展质量。不断补短板、强弱项、固底板、扬优势，加快推进船步、苹塘两个“政企村共建”生态养殖小区建设，继续做强做优稻米、肉桂、罗竹、核雕、黄豆等特色产业，培育特色品牌，构建全产业链条，不断深挖产品附加值。市市场监督管理局（知识产权局）等部门要主动靠前服务，充分挖掘罗定地理标志资源，引导打造商标品牌和地标产品，进一步引领“一村一品、一镇一业”发展，通过农产品地理标志等品牌建设，提高农产品附加值，促进富民增收。二是聚焦提升要素保障质量。积极协调解决项目用地、用水、用电和审批等要素保障问题，确保产业项目按照进度和要求高效有序推进。积极推行“点状供地”模式破解乡村产业用地难题，以多种方式盘活闲置土地资产，探索建立项目用地 PK 机制和用地台账，在用地指标难落实的情况下，制订长期、中期、短期的用地台账，优先保障各镇（街）用地少、产出高、符合产业布局的特色产业的土地供给；全面推进河长制和万里碧道建设，增加对农村水利基础设施的投入，做好清淤、疏浚及水利设施后续管护和修复等工作，强化农业水旱灾害防控能力，优化水资源配置格局，保障农业生产和群众生活。三是聚焦提升三产融合质量。探索引领产业发展和集体经济壮大新模式，加快推动传统产业转型升级，支持企业加强技术创新，优化经营模式和资源整合方式，不断提升一、二、三产业发展的科学化、规范化、标准化水平，为产业发展注入源源不断的动力。市文广旅体局和各镇（街）要加大“旅游 +”培育力度，大力发展农产品加工、生态旅游、特色民宿、红色研学、农村电商等产业，尤其要加强对民宿的管理指导服务，建立完善民宿质量与监管制度，统筹旅游发展等各项优惠政策，发展壮大民宿产业，赋能乡村振兴，实现“一产往后延、二产两头连、三产走高端”。

（三）用心用情推进体制创新。制度机制是引导镇村经济发展的规制性措施。一是完善人才“引育用留”机制。因地制宜研究出台留才引才“一揽子”配套政策，进一步规范引进机制、优化激励机制、灵活流动机制，为各类人才打造平台、创造发展机会，切实把乡村发展需要的优秀人才留下来、引进来。加强基础设施建设，提升公共服务水平，更好满足人才需求，让人才安心扎根、建功立业。二是完善资产规范管理机制。从资金、资产、资源及经济合同上入手，对镇村“三资”进行全面的清查。以财务软件管理资金，即各镇（街）可依据自身财务情况实行财务软件管理，设立村级内部网银专户，将原有的村级集体银行账户都归集到此系统中。以台账管理资产，即对镇村资产进行资产清查，摸清现有资产情况，新登记资产台账，报上级部门备案。以公开竞标制度管理资源，即在镇村土地发包租赁、闲置资产处置、工程建设上实行公开招标制，所得资金用于镇村的基础设施配套建设。三是完善金融扶持支持机制。金融机构（商业银行）要改进风险控制手段，创新金融产品，健全对全市各类企业的金融服务体系，探索适合企业发展的信用评级方法，因企制宜，综合企业的经营规模、产品市场竞争力、企业财务状况及领导班子执行能力等多个维度，实行动态管理，评定信用等级，最大限度满足企业资金需求。企业应建立健全内部财务制度，强化内部控制，确保财务信息的真实性和合法性；提高自觉还款意识和行为，打造企业信用文化，建立银企之间的信任。

大力发展镇域经济，推动罗定经济社会高质量发展

罗定市人民政府办公室

为贯彻落实中共二十大关于“加快构建新发展格局，着力推动高质量发展”的重大战略部署，根据市委开展“深调研”工作要求，近段时间，围绕“大力发展镇域经济，推动罗定经济社会高质量发展”这一主题深入连州、罗镜、华石、素龙等镇（街），通过实地察看、座谈交流、召集有关部门专题研究等方式，围绕产业发展、基础设施建设、民生保障项目进展情况等方面问题进行研究。现将调研情况报告如下：

一、罗定市镇域经济发展基本情况

2021年以来，罗定市坚持以习近平新时代中国特色社会主义思想为指导，认真贯彻落实云浮市委、市政府“一二三四五六”工作部署，把镇域经济发展作为重中之重，持续推进镇域经济发展并取得初步成效，具体表现为：

（一）经济发展稳中向好。2022年前三季度，罗定市地区生产总值225.08亿元，农林牧渔业实现产值78.96亿元，同比增长10.5%；城镇居民人均可支配收入和农民人均纯收入分别达到24002元和15646元，分别增长4.2%和5.7%。1—10月，实现规模以上工业总产值115.42亿元，实现工业增加值26.55亿元，完成固定资产投资88.19亿元。

（二）产业结构逐步优化。一是持续抓好园区经济。全力推进罗定产业转移工业园扩容提质，强化招商引资，园区累计引入项目146个，投产（部分投产）项目103个，在建项目30个，2022年1～11月实现规模以上工业总产值89.94亿元、增加值19.14亿元，实现税收4.41亿元。二是持续优化农业产业结构。抓好丝苗米、肉桂、豆豉鸡、生猪等4个省级现代农业产业园，6家农业经营主体列入2022年广东丝苗米优势特色产业集群项目，10家企业（基地）建成湾区“菜篮子”生产基地，12家企业16个农产品获评“粤字号”农业品牌，“三品一标”有效期内总数达136个。

（三）市场活力持续增强。一是持续深化“放管服”改革。深入推进相对集中行政许可权和商事制度改革，梳理下放综合执法、市场监管等行政职能事项320项，借助“粤商通”推出114项与经济类相关的事权。罗定市实施政务服务事项1799项，其中1447项事项实现“零次跑”，352项事项实现“最多跑一次”。大力推进退税减税降费工作，为企业减轻负担，累计减免企业税费5.3亿元。二是持加大招商引资。引进招商引资项目21个，合同金额53.9亿元，其中超亿元以上项目13个，10亿元以上项目1个。

（四）民生保障更加有力。全面落实“双减”政策，推动学前教育普惠发展、义务教育均衡发展、高中和职业教育高质量发展，今年以来新、改、扩建学校12所，新增义务教育学位4690个、公办幼儿园学位1260个。20家基层医疗卫生机构达到市级优质服务基本标准，11间村级卫生站实现镇村一体化管理。建成镇（街）社工站21个、村（社区）服务点112个。镇（街）综合养老服务中心增至21个、农村居家养老服务站58个。21个镇（街）实现标准化文体广场全覆盖，自然村集中供水覆盖率达99.6%。全面实施乡村振兴战略，大力实施农村人居环境整治，镇级污水处理厂基本实现

全覆盖，建成139个村级污水处理设施。全市村庄保洁覆盖率、垃圾处理率、无害化卫生户厕普及率均达99.94%。建成美丽宜居标准以上自然村1980个，其中建成特色精品自然村118个。

二、存在问题

从走访调研来看，罗定市镇域经济发展总体较好，大多数镇（街）对镇域经济发展思路清晰、信心充足，为罗定市经济高质量发展提供了有力支撑，但从经济高质量发展的要求来看，罗定市镇域经济还存在思想认识不到位、镇域经济发展不平衡、产业平台尚未真正搭建起来、要素保障不够充分等问题。

（一）加快镇域经济发展的思想认识仍未凝聚起来。在调研中发现，虽然云浮、罗定市两级推进镇域经济工作一年多以来，依然存在主动探索能力不强，未能做到常抓不懈的现象。部分镇（街）、市直部门仍然没有正确认识到镇域经济发展对推动全市经济高质量发展、补齐罗定市经济发展短板、促进财政增收的作用，甚至存在“上热下冷”的现象，强调客观困难多，“等、靠、要”的思想较为突出，部分镇（街）推进镇域经济发展实施方案、领导小组工作方案存在更新不及时、目标不明晰、任务不够细化等。

（二）镇域经济发展不平衡不充分。主要为罗定市各镇（街）经济底子薄、基础弱，各镇（街）发展不平衡，如，前三季度，规模以上工业增加值方面，有15个镇（街）为负增长；固定投资总额方面，有11个镇（街）为负增长；一般公共预算收入方面，有15个镇（街）为负增长；税收收入方面，有16个镇（街）为负增长。总的来看，各镇（街）经济底子薄、基础弱，镇级财政自给不足，且发展不平衡，发展镇域经济均需要上级财政部门划拨或对口帮扶资金支持，制约了镇域经济的可持续发展。

（三）镇域经济发展产业平台尚未真正搭建起来。调研中发现，罗定市产业发展基础相对薄弱，存在：一是工业产业发展后劲不足。全市规模以上企业分布不均衡且处于“规模小”“布局散”“价值低”“支撑少”的状态，主要集中在附城、双东2个街道，极个别镇仍未有规模以上工业企业，全市88家规模以上工业企业中，有45家为负增长，并且根据当前经营状况来看，预计明年将有15家企业退出规模以上企业。二是农业品牌效应未能凸显。主要为在特色农产品产业发展上没有久久为功、深抓到底，没有形成规模性产业链。部分定位为农业大镇的乡镇推动力度仍不足，做大做强特色产业还不够明显，如，肉桂产业、稻米产业未能充分发挥优势且同类产品较多，难以形成竞争优势；部分产品价格定位不准，同类品质售价相对其他品牌较高，未能完全打开本地市场，产品的知名度、公信力、影响力还未充分凸显。

（四）抓镇域经济发展的要素保障仍然未够充分。一是配套政策没有落实到位。按照云浮市推进镇域经济发展的要求，各镇（街）、各部门必须要根据实际情况出台相应配套政策，目前，罗定市除组织、工信、财政、编办、政法、商务、自然资源等部门已参照云浮市出台了配套政策，绝大多数镇（街）、部门还未正式出台配套政策文件。二是用地指标落实难。受到项目资金和建设用地规模制约，部分项目进展缓慢。如，苹塘镇产业项目佛山绿顺透120万平方米环保生态透水砖项目有70亩用地规模待落实；华石镇县道816线华石至苹塘瑞平公路新改建工程进度缓慢；围底镇罗定市农产品冷链物流电商设施围底中心屠宰场项目仅完成计划投资进度的10.8%。三是事权承接不顺。推动事权下放后，市直部门事权下放“含金量”不高，多以非行政处罚、权责清单、行政执法和公共服务类为主，镇（街）普遍反映强烈的人才、规划及审批等资源要素缺乏自主权，存在事权与人权、财权不匹配等问题。此外，仍然存在企业在办理项目审批、证照等过程中，窗口人员交代不清、服务不到位、需要跑多次等现象。

三、今后对策建议

推进镇域经济是云浮市委推动云浮高质量发展的三大抓手之一，接下来，建议罗定市从以下五方面入手，继续抓好罗定市镇域经济发展，推动罗定市经济社会实现高质量发展。

（一）加强统筹谋划，推动镇域经济持续发展。一是把脉问诊，摸清家底。建议各镇（街）开展一次“我镇街有什么？我镇街能做什么？我镇街想做什么？”的家底大排查、发展大讨论，切实摸清家底，邀请专家学者、经济能人、行业企业、外出乡贤为“我镇街能做什么？”把脉问诊，发动社会各界、镇村干部、乡贤能人开展“我镇街想做什么？”大讨论，通过大讨论达成各镇（街）大力发展镇域经济的大共识。二是发挥优势，完善政策。各镇（街）要根据自身经济基础、区位、城镇人口集聚能力、资源等条件，确定主导特色产业，制订明确的产业目标、细化培育措施、明确税源培育时间进度等，对镇域经济发展实施方案再完善再细化，紧密围绕省、市政策，密切留意政策变化结合本镇区域有的资源和需要解决的民生，谋划政府投资项目，大力争取政府投资项目在镇实施，以“功成不必在我、功成必定有我”的姿态，久久为功，一届接着一届持续不断扶持、培育。

（二）壮大产业经济，提升镇域经济发展基础。习近平总书记强调，落实高质量发展要求，要把重点放在推动产业发展上来。我们罗定要实现高质量发展，必须要把产业摆在重要位置。一是做强园区经济。把产业园区作为推动镇域经济高质量发展的主战场，围绕打造高新电子、日用轻工、生物医药、绿色建材、贵金属智造等主导产业，着力抓好双东产业转移工业园园区内道路、供电、蒸汽、排污、绿化等设施建设，为项目落地提供良好的基础条件，推动产业集聚集群发展，同时，筛选一批成长性强、前景广阔的中小企业实施重点帮扶，使其尽快上规模上档次，形成高质量发展的新动能。二是培育“农业+”新业态。按照“一镇一业、一村一品”的特色经济发展思路，发挥榃滨肉桂、泗纶稻米产业优势，推动产品精深加工，打造肉桂、丝苗米、豆豉鸡、生猪四大农业产业园，加快推进中医药、大豆、蚕桑、罗竹、辣椒产业园等园区建设，大力引进链主企业、生态主导型企业、农业龙头企业，推动农业产业接二连三，着力打造农产品区域公用品牌，提升罗定市农产品知名度、公信力、影响力。三是打造“旅游+”新业态。依托罗定市资源禀赋，整合开发旅游资源，加快推进长岗坡AAAA旅游景区、华南教育历史研学基地等精品旅游线路和项目建设，努力使休闲农业、康养农业、体验农业、农村电商等新业态成为新常态。

（三）破解发展难题，增强镇域经济发展动能。一是抓好财政税收工作。树立抓发展就要抓财政的理念，认真研究国家税收政策，多方积极争取税源，努力增加地方可用财力。充分发挥专班作用，加大挖潜增收工作力度，增加财税收入。同时，根据镇（街）实际情况分类核定合适基数，建立财税激励机制，对完成和超额税收任务的镇（街）给予一定比例的奖励，进一步激发镇（街）发展经济积极性。二是破解要素制约问题。坚持把项目建设作为镇域经济发展的重要内容，全力以赴推进重点项目建设，抓好项目落地要素保障，在用地指标难落实的情况下，制订罗定市长期、中期、短期的用地台账，盘活土地存量，做好土地增量，落实“增减挂钩”“占补平衡”机制，优先保障各镇（街）用地少、产出高、符合产业布局的特色产业的土地供给，着力破解镇域经济发展中的资金、土地、技术等制约要素。三是加强人才选拔培养。突出选优配强镇（街）“领头雁”，分级分类抓好镇（街）干部大轮训，进一步提升抓经济促发展的能力。对实施重大人才计划中涉及的人才资助项目，向镇（街）基层一线倾斜。着力推动镇级乡村振兴人才驿站全覆盖，为镇（街）搭建柔性引才平台，推动镇域经济高质量发展。四是推行简政放权赋能。把加强简政放权赋能作为提升罗定市镇域经济的有力抓手，持续深化行政管理、经济体制、农业农村等领域改革，全面厘清市直部门与镇（街）权责关系，按照实际需要、宜放则放、应放尽放的原则，在镇（街）接得住、管得好的基础上，进一步研究逐步赋予镇（街）与其发展规模相适应的管理权限相关事宜，加大放权赋能力度，对于直接面向基层、量大面广、基层迫切需要的经济社会管理权限，坚决下放镇（街）。

（四）优化营商环境，提升镇域经济服务效能。一是强化服务意识，重点抓好“放管服”改革，落实落细“最多跑一次”改革举措，完善投资项目“一站式”服务、并联审批工作机制，增强“店小二”“保姆”式服务，打造优质高效的营商环境。二是持续招大引强，根据罗定市外出乡贤较多，且热心家乡事业发展的实际，借助罗定商会招商引资联络点平台，加强与外出创业乡贤沟通联络，鼓励支持罗定商会的企业、资金、人才、技术等回归，实现“以商引商”，壮大主导特色产业，助推镇域经济高质量发展。

（五）夯实民生保障，提升镇域经济发展成色。习近平总书记强调，民生是人民幸福之基，社会和谐之本。我们要把改善民生作为推动高质量发展的根本目的，不断增强人民群众获得感、幸福感。一是提升群众获得指数。全面落实“四个不摘”，建立健全动态监测帮扶机制，压实驻镇帮镇扶村工作任务，常态化落实产业、就业等各项帮扶举措。针对村级集体经济薄弱问题，深化农村产权制度改革，有效盘活农村闲置资源资产，支持村集体结合特色产业，发展农产品精深加工企业，确保2023年底罗定市全部村级集体年收入达10万元以上。抓好乡村振兴示范带建设，深入推进农村人居环境整治行动，做好垃圾处理、污水治理、农村改厕、村庄绿化等工作，建设美丽家园。二是提升群众幸福指数。聚焦人民群众最直接最关切的教育、医疗、住房、就业、养老等急难愁盼问题，重点抓好人民医院新院、中医院二期等项目建设，推进村卫生站实现镇村一体化管理，加快补齐教育教学、文化体育的短板弱项，落实重点群体就业稳岗，纵深推进居家和社区养老服务改革，加大保障房、公租房建设管理，持续增强群众的获得感和幸福感。三是提升群众安全指数。牢固树立底线思维和风险意识，更好统筹发展和安全，不断总结疫情常态化防控经验，及时适应疫情防控工作新变化、新要求，建立健全常态化防控和应急处置转换机制，全力保障人民群众生命安全和身体健康。提升应急管理能力和水平，持续开展维护政治安全“8+3”专项行动，持续对黄赌毒、盗砸抢、电信网络诈骗、养老诈骗等违法犯罪保持高压态势，积极探索完善“1+1+2”矛盾纠纷多元化解模式和“微调处+”模式，及时把矛盾纠纷化解在基层、解决在萌芽状态，为推进加快镇域经济，推动罗定市高质量发展营造良好的社会环境。

文件目录

附件 1

2022 年中共罗定市委决策文件一览表

时间	文件编号	文件名称
2022 年 7 月 15 日	罗办发〔2022〕2 号	中共罗定市委办公室 罗定市人民政府办公室关于印发《罗定市强化知识产权保护实施方案》的通知
2022 年 7 月 29 日	罗委办〔2022〕6 号	中共罗定市委办公室 罗定市人民政府办公室关于调整罗定市推进镇域经济发展领导小组成员的通知
2022 年 8 月 2 日	罗办发〔2022〕3 号	中共罗定市委办公室关于印发《罗定市拓展新时代文明实践中心（所、站）建设实施方案》的通知
2022 年 9 月 7 日	罗委办〔2022〕9 号	中共罗定市委办公室 罗定市人民政府办公室关于印发《罗定市推进罗定南药（肉桂）产业发展工作实施方案》的通知
2022 年 11 月 4 日	罗委办〔2022〕11 号	中共罗定市委办公室关于印发《学习宣传贯彻中共二十大精神总体工作方案》的通知
2022 年 11 月 23 日	罗办发〔2022〕5 号	中共罗定市委关于印发《罗定市未来五年教育高质量发展行动方案（2021—2025 年）》的通知

附件 2

2022 年罗定市政府政策性文件一览表

时间	文件编号	文件名称
2022 年 6 月 8 日	罗府〔2022〕18 号	罗定市人民政府关于印发《罗定市不动产登记若干历史遗留问题处理意见（试行）》的通知
2022 年 6 月 9 日	罗府〔2022〕19 号	罗定市人民政府关于印发罗定市县级储备粮油管理办法的通知
2022 年 6 月 21 日	罗府〔2022〕20 号	罗定市人民政府关于印发《罗定市房屋建筑和市政基础设施工程项目招标投标“评定分离”有关操作的指引（试行）》的通知
2022 年 8 月 22 日	罗府办〔2022〕11 号	罗定市人民政府办公室关于印发罗定市中心城区城市建设规划管理通则（修订版）的通知
2022 年 8 月 24 日	罗府办函〔2022〕98 号	罗定市人民政府办公室关于印发罗定市支持 2022 年晚造粮食生产 12 条措施的通知
2022 年 12 月 30 日	罗府办函〔2022〕130 号	罗定市人民政府办公室关于印发罗定市推动农业农村高质量发展做大做强镇域经济行动方案的通知

索 引

说 明

一、本索引采用主题分析方法，款目按汉语拼音字母（同音字按声调）顺序排列。

二、文中的类目题、分目题用黑体字标明，次分目题用楷体字标明，其余用宋体字排印。

三、索引款目后的数字表示内容所在的页码，数字后的英文字母（a、b、c）表示栏别（即版面的 1、2、3 栏）。

四、同一主题的内容在文中多处出现的，在其款目后用不同的页码标明。

五、本索引对“大事记”“人物·荣誉”“附录”等类目不做内容主题分析。

C

D

E

F

G

H

J

Q

R

S